Railway

走进铁路

主　编　孔祥峰
副主编　邓建芳　张国侯
主　审　耿　烽

东南大学出版社
SOUTHEAST UNIVERSITY PRESS
·南京·

内 容 提 要

本教材主要用于"铁道概论"课程的教学。"铁道概论"是铁路相关专业的专业基础课程，同时也是众多铁路爱好者们认识铁路、了解铁路、走进铁路的入门课程。铁路运输系统的组成结构复杂，通过各子系统之间的高度协作完成铁路运输任务。

本教材主要内容包括交通运输系统概述及中国铁路系统概况、线路桥隧、站场、车辆、机车、动车组、供电、通信、信号、运输组织、铁路新技术等知识模块。

图书在版编目(CIP)数据

走进铁路 / 孔祥峰主编. — 南京：东南大学出版社，2024.3
ISBN 978-7-5766-0928-8

Ⅰ.①走… Ⅱ.①孔… Ⅲ.①铁路工程-教材②铁路运输-教材 Ⅳ.①U2

中国国家版本馆CIP数据核字(2023)第206280号

责任编辑：褚婧　　责任校对：咸玉芳　　封面设计：王玥　　责任印制：周荣虎

走进铁路　Zoujin Tielu

主　　编	孔祥峰
出版发行	东南大学出版社
出 版 人	白云飞
社　　址	南京市四牌楼2号　邮编：210096
网　　址	http://www.seupress.com
电子邮箱	press@seupress.com
经　　销	全国各地新华书店
印　　刷	南京玉河印刷厂
开　　本	787 mm×1092 mm　1/16
印　　张	23.75
字　　数	500千字
版 印 次	2024年3月第1版第1次印刷
书　　号	ISBN 978-7-5766-0928-8
定　　价	68.00元

本社图书若有印装质量问题，请直接与营销部联系，电话：025-83791830。

前 言
PREFACE

铁路是一种成熟而应用广泛的陆上轨道交通，是人类历史上最伟大的发明之一，是世界各国的重要基础设施，是国民经济的大动脉，也是大众化的比较安全的交通出行运输载体，对推动各国经济社会发展有着举足轻重的作用。

"铁道概论"是铁路相关专业的专业基础课程，同时也是众多铁路爱好者们认识铁路、了解铁路、走进铁路的入门课程。铁路运输系统结构复杂，通过各组成子系统之间的高度协作完成铁路运输任务。随着中国铁路事业的快速发展，各子系统分工也发生着巨大变化，各子系统之间协同性更加紧密。铁路从业者需要了解整个铁路系统的概况，才能更好地完成岗位工作。通过对本教材的学习，铁路专业学生可以熟悉铁路运输系统，积淀铁路行业背景，强化专业知识的学习。非铁路专业学生通过学习本教材可以了解铁路运输系统的基础知识，提高对铁路行业的认知度，增强学生对铁路行业的认同感，培养学生家国情怀，传承铁路文化，烙下铁色基因。

本书能体现铁路运输系统的特点，内容编写采用模块化方式，各个知识模块之间有相应逻辑关系。主要内容包括交通运输系统概况、线路桥隧、站场、车辆、机车、动车组、供电、通信、信号、运输组织、铁路新技术等知识模块。本教材内容全面，注重理论联系实际，集科普性、行业性、系统性于一体，便于教学或自学。为满足学生学习的需求，各知识模块之间既有逻辑顺序，又有相对的独立性。

本书由南京铁道职业技术学院组织编写，其中模块一由鲍廷义编写，模块二由王孟君编写，模块三、四、五、十一由孔祥峰编写，模块六由王远编写，模块七由邢光兵编写，模块八由邓建芳编写，模块九由张国侯编写，模块十由石瑛编写，孔祥峰负责统稿，耿烽负责审稿。

本书可以作为高等职业技术教育教材，也可作为了解铁路运输系统基础知识的科普书籍。

由于编者水平有限，书中不妥之处在所难免，希望读者批评指正。

编者

2023 年 9 月

目 录
CONTENTS

模块一　交通运输系统概况 ··· 001
任务1-1　现代交通运输体系认知 ··· 002
任务1-2　铁路建设与发展历史 ·· 008
任务1-3　中国铁路系统运营管理 ··· 024

模块二　铁路线路桥隧 ·· 039
任务2-1　路基工程 ·· 040
任务2-2　桥梁工程 ·· 046
任务2-3　隧道工程 ·· 057
任务2-4　轨道工程 ·· 063

模块三　铁路站场 ··· 072
任务3-1　铁路车站、区间、区段基本常识 ··· 073
任务3-2　中间站认知及中间站作业 ·· 082
任务3-3　区段站认知及区段站作业 ·· 085
任务3-4　编组站认知及编组站作业 ·· 090

模块四　铁路车辆 ··· 102
任务4-1　铁路车辆基本常识 ··· 103
任务4-2　铁路车辆基本构造认知 ··· 118
任务4-3　铁路车辆运用与检修认知 ·· 128

模块五　铁路机车 ··· 137
任务5-1　认识铁路机车分类及型号 ·· 138
任务5-2　内燃机车认知 ·· 143
任务5-3　电力机车认知 ·· 150
任务5-4　机车运用与管理 ··· 156

模块六 铁路动车组 163
任务 6-1 铁路动车组基本常识 164
任务 6-2 动车组车辆构造认知 182
任务 6-3 动车组运用与检修认知 188

模块七 铁路供电 196
任务 7-1 电气化铁路供电基本常识 197
任务 7-2 电气化铁路供电设备认知 203
任务 7-3 电气化铁路供电运行与检修制度认知 210

模块八 铁路通信 218
任务 8-1 铁路通信概况 219
任务 8-2 铁路通信网 224

模块九 铁路信号 243
任务 9-1 铁路信号概述 244
任务 9-2 铁路信号基础设备、器材 247
任务 9-3 信号显示 260
任务 9-4 铁路信号系统 270

模块十 铁路运输组织 296
任务 10-1 旅客运输组织 297
任务 10-2 货物运输组织 308
任务 10-3 铁路行车组织 314

模块十一 铁路新技术 333
任务 11-1 高速铁路技术认知 334
任务 11-2 重载铁路认知 352
任务 11-3 磁悬浮铁路认知 360

参考文献 373

01

模块一　交通运输系统概况

【内容描述】

　　交通运输业是国民经济的重要组成部分，交通运输是利用交通工具、设施实现人员或货物空间转移的生产经营性活动过程，是人类社会生产、经济、生活中的一个重要环节，在现代社会的各个方面起着十分重要的作用。铁路运输作为现代交通运输方式的一种，已有近200年的发展史，是我国运输业中的主要运输方式之一，也是世界上大多数国家陆上运输的主要方式，铁路的技术进步和现代化进程深刻影响着整个世界经济的发展。

　　通过对本模块的学习，学生能够对现代交通运输的作用和特点、铁路建设发展情况和我国铁路的运营与管理等相关知识有一个系统的了解。

【学习目标】

学习目标	知识目标	(1) 了解交通运输业性质、特点、地位、作用 (2) 掌握我国现代铁路、公路、水路、航空、管道运输方式及特点 (3) 了解世界及我国铁路建设和发展的历程 (4) 了解我国铁路运输的体系、规划及相关职业岗位的有关知识
	能力目标	(1) 了解交通运输业性质、特点、地位、作用 (2) 掌握我国现代铁路、公路、水路、航空、管道运输方式及特点 (3) 熟悉世界及我国铁路建设和发展的历程 (4) 掌握我国铁路运输的体系、规划及相关职业岗位的有关知识
	素养目标	(1) 培养学生客观认识事物的工作作风 (2) 培养学生用发展的眼光看问题的良好习惯 (3) 培养学生严谨踏实、不断进取的工作态度 (4) 培养学生良好的思想品德、心理素质，强化家国情怀

【建议学时】

　　2～4学时。

任务 1-1　现代交通运输体系认知

【任务目标】

本任务要求学生了解我国现代交通运输体系常识。学生课前做好预习和调研，教师组织学生在课堂上进行小组讨论，然后全班交流。

【知识准备】

一、交通运输业的性质与特点

（一）交通运输业的性质

人类社会生活的基础是从事各种生产活动。在生产过程中，生产工具、劳动对象和劳动者本身的位置必然会发生变化，即位移。离开这种位置变化，一切生产活动将无法进行。

工业和农业是人类社会两个最基本的物质生产部门，而运输业同样也是一个物质生产部门，只是运输生产的产品不是改变劳动对象的性质和形态，而是改变旅客和货物在空间的位置（旅客和货物产生位移）。

运输业作为一个专门担当客货运输任务的物质生产部门，是为企业与企业、企业与供销部门、工业与农业、城市与乡村的相互联系服务的，对于国家社会经济的正常运行和发展有着举足轻重和全局性的作用。

（二）交通运输业的特点

（1）运输业在生产过程中对劳动对象所进行的是一种特殊形式的物理加工，加工后所得到的结果不是形成任何新的物质产品，而只是运输对象的位置变化。可见运输业的产品就是旅客和货物所在地点的改变，即位移，它的计量单位是人·公里和吨·公里。

（2）运输业的产品是旅客和货物的位移，运输业的生产过程不能分离，即位移的生产和消费是同时进行的。因此，运输业的产品既不能储存，也不能进行积累。

（3）运输业不能用调拨产品的办法来调节不同时期和不同地区对运输的需要，只能用调动交通运输业的一部分生产能力，如机车车辆等移动设备来进行调剂。

（4）交通运输业生产过程的空间范围极为广阔，旅客和货物的运输有时需要由几种运输方式共同完成。

二、交通运输业在国民生产中的地位和作用

(一) 交通运输业的地位

交通运输业是国民经济的重要组成部分,是保证人们在政治、经济、文化、军事等方面联系交往的手段,也是衔接生产和消费的一个重要环节。它是沟通工农业、城乡、地区、企业之间经济活动的纽带,是面向社会为公众服务的公用事业,是对国民经济和社会发展具有全局性、先进性影响的基础行业。

(二) 交通运输业的作用

交通运输业在整个社会机制中起着纽带作用,在经济和社会方面的作用体现如下:

1. 经济作用

(1) 运输促进了资源的开发和利用。

(2) 运输有利于开拓市场,不仅能创造出明显的空间效用,同时也具有明显的时间效用。

(3) 运输业的发展有利于鼓励市场竞争并降低市场价格。

(4) 运输业的发展有利于劳动的地区分工和市场专业化。

2. 社会作用

(1) 运输业的发展有效地支撑着国家的统一和有效管理。

(2) 运输业的发展促进了人类文明的进步和国民素质的提高,人类文明起源和进步与运输业的发展息息相关。

(3) 运输业的发展壮大是国防力量增强的重要保障。

(4) 运输业的发展能促进国际的友好交往和经济文化交流。

三、现代交通运输技术经济特征和适用范围

交通运输业是国民经济的基础产业,是社会发展和人民生活水平提高的基本条件,交通运输的发达程度也是衡量一个国家现代化程度的标志之一。

现代交通运输主要包括铁路、公路、水路、航空、管道五种运输方式(图1-1-1),它们各有其不同的技术经济特征与适用范围,必须综合协调发展,充分发挥各自的优势,这样不仅可以最大限度地节省运输建设投资和运输费用,而且能为各种运输方式的加速发展、技术的不断更新和质量的提高提供条件。

各种运输方式都有自己的特征和优缺点,因而它们都有各自最适合的应用范围。

(一) 铁路运输

铁路运输是以固定轨道作为运输道路,由各种牵引动力牵引车辆运送旅客和货物的运输方式。铁路运输具有运输能力比较大、运输速度比较快、安全程度比较高、运

走进铁路

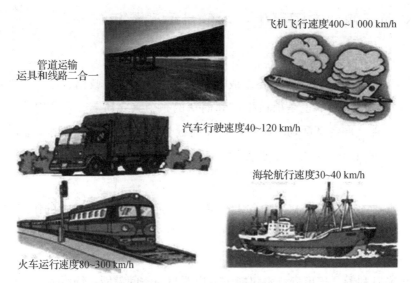

图 1-1-1　现代交通运输方式

输成本比较低、受天气条件的影响比较小的特点。列车载运货物和旅客的能力远比汽车和飞机大得多，并具有占地少、能耗低、污染小、全天候等特点。因此，在国土幅员辽阔的大陆国家，铁路运输是陆地交通运输的主力，适合用于经常性的、稳定的大宗货物运输，特别是中长途货物运输，也适合用于中长途、短途城际和现代高速旅客的运输。

（二）公路运输

公路运输是在公路上运送旅客和货物的运输方式。它的主要优点是机动、灵活性强，而且对客运量、货运量大小具有很强的适应性。在中、短途运输中效果最突出，特别是"门到门"的运输，不需要中途倒装，既加快了中、短途运输的送达速度，又加速了货物资金周转，还有利于保持货物的质量和提高客货的时间价值。此外，公路运输还可担负铁路、水路运输达不到的区域内的运输以及其终点的接力运输，它是其他运输方式的补充和衔接。相比之下，公路运输投资少、资金周转快、投资回收期短，且技术改造比较容易。但其装载量小，单位运输量的能源消耗大，运输成本高，产生的噪声和排放的污染物对环境有较大的污染。

（三）水路运输

水路运输是以船舶为交通工具，在水域沿航线载运旅客和货物的一种运输方式。水路运输按航行的区域分为远洋运输、沿海运输和内河运输等类型。

水路运输能力相当大，且具有占地少、投资省、运输成本低等特点。与铁路和公路运输相比，水路运输在运输长、大、重件货物时，更具有突出的优势。对于某些过重、过长的大重件货物，铁路、公路运输无法承担，而水上运输一般能完成。对大宗货物的长距离运输，尤其是远洋运输，水路运输是最为经济的。水路运输也是国际贸易的主要运输方式。但是水路运输速度比铁路运输等要慢，而且受自然条件的限制较大，冬季河道或港口冰冻时即须停航，海上风暴也会影响正常航行。

（四）航空运输

航空运输是用飞机运送旅客和货物的一种运输方式。在20世纪，航空运输是运输业中发展最快的行业。与其他运输方式相比，航空运输最大的特点是速度快，并具有一定的机动性。在当今的时代，其高速性具有无可比拟的特殊价值。航空运输不受地形地貌、山川河流影响，只要有机场并有航路设施保证，即可开辟航线，如果用直升机运输，则机动性更大。航空运输适用于长途旅客运输、货物运输及邮件运输，包括国际和国内运输，在通用航空运输方面（摄影、人工降雨、林业播种、抗灾救护等）更显优势。其缺点是载运能力小、能源消耗大、运输成本较高。

（五）管道运输

管道运输是以管道作为运输通道，并备有固定式机械动力装置的现代化运输方式。管道运输是近几十年来得到迅速发展的一种运输方式，主要以石油、天然气、成品油等流体能源为运送对象，现在发展到可以输送煤和矿石等固体物质（将其制成浆体，通过管道输往目的地，再经过脱水处理转入使用）。管道运输具有输送能力大（管径为1 200 mm的原油管道年输送量可达1亿t）、效率高、成本低、能耗小、占用土地少等优点，且不受地形与坡度的限制，易取捷径，可缩短运输里程；基本不受气候影响，可以长期稳定运行；沿线不易产生噪声且漏失污染少，是一种很有发展前景的现代化运输工具。管道运输适用于流体能源的运输，尤其是危险品油类的运输，管道埋于地下，受地面干扰少，运此类物品较为安全。

当然，管道运输也存在一些缺点，它适用于长期定向、定点、定品种输送，合理输出量范围较窄，若输量变换幅度过大，则管道的优越性就难以发挥，更不能输送不同品种的货物。

总之，五种交通运输方式既相对独立又互相依存，既有协作又有竞争。在国民经济和社会发展以及运输技术不断进步的条件下，如何综合利用和发展各种运输方式的问题日益受到各国的重视。然而，在不同的国家，由于国土面积、资源分布以及经济发展状况的差异，各种交通运输方式之间的关系也有所不同。但是，我们应该在保证运输安全、合理利用自然资源、保护环境等前提下，充分发挥各种运输方式的技术经济优势和功能，做到合理分工和协调发展，力求经济合理地满足运输需求。

▶四、现代综合运输体系建设

根据我国的国情和交通运输发展规划，我国的交通运输业体系建设是以铁路为骨干,公路为基础,努力发展航空制造业和航空运输技术,提高水路运输能力,加快沿海港口的建设,适当发展管道运输,建设一个全国统一的、协调的综合交通运输体系。

我国《"十四五"现代综合交通运输体系发展规划》指出:按照国家综合立体交通网"6轴7廊8通道"主骨架布局,构建完善以"十纵十横"综合运输大通道为骨干,以综合交通枢纽为支点,以快速网、干线网、基础网多层次网络为依托的综合立体交通网络。到2025年,综合交通运输基本实现一体化融合发展,智能化、绿色化取得实质性突破,综合能力、服务品质、运行效率和整体效益显著提升,交通运输发展迈向世界一流水平(表1-1-1)。具体建设目标如下:

表1-1-1 我国"十四五"时期综合交通运输发展主要指标

类别	指标	2020年	2025年	属性
设施网络	1. 铁路营业里程/万km	14.6	16.5	预期性
	其中:高速铁路营业里程	3.8	5	预期性
	2. 公路通车里程/万km	519.8	550	预期性
	其中:高速公路建成里程	16.1	19	预期性
	3. 内河高等级航道里程/万km	1.61	1.85	预期性
	4. 民用运输机场数/个	241	>270	预期性
	5. 城市轨道交通运营里程/km	6 600	10 000	预期性
衔接融合	6. 沿海港口重要港区铁路进港率/%	59.5	>70	预期性
	7. 枢纽机场轨道交通接入率/%	68	80	预期性
	8. 集装箱铁水联运量年均增长率/%	—	15	预期性
	9. 建制村快递服务通达率/%	50	>90	预期性
智能绿色	10. 重点领域北斗系统应用率/%	≥60	>95	预期性
	11. 城市新能源公交车辆占比/%	66.2	72	预期性
	12. 交通运输二氧化碳排放强度下降率/%	—	(5)	预期性
安全可靠	13. 道路运输较大及以上等级行车事故万车死亡人数下降/%	—	(12)	约束性
	14. 民航运输飞行百万小时重大及以上事故率/(次/10^6 h)	0	(<0.11)	约束性
	15. 铁路交通事故十亿吨公里死亡率/[人/(10^9 t·km)]	0.17	<0.3	约束性

注:括号内为5年累计数。

(一)设施网络更加完善

国家综合立体交通网主骨架能力利用率显著提高。以"八纵八横"高速铁路主通道为主骨架,以高速铁路区域连接线衔接,以部分兼顾干线功能的城际铁路为补充,主要采用250 km及以上时速标准的高速铁路网对50万人口以上城市覆盖率达到95%以上，普速铁路瓶颈路段基本消除。7条首都放射线、11条北南纵线、18条东西横线，以及地区环线、并行线、联络线等组成的国家高速公路网的主线基本贯通，普通公路质量进一步提高。布局完善、功能完备的现代化机场体系基本形成。港口码头专业化、现代化水平显著提升，内河高等级航道网络建设取得重要进展。综合交通枢纽换乘换装效率进一步提高。重点城市群一体化交通网络、都市圈"1小时"通勤网加快形成，沿边国道基本贯通。

（二）运输服务更加高效

运输服务质量稳步提升，客运"一站式"、货运"一单制"服务更加普及，定制化、个性化、专业化运输服务产品更加丰富，城市交通拥堵和"停车难"问题持续缓解，农村和边境地区运输服务更有保障，具备条件的建制村实现快递服务全覆盖。面向全球的国际运输服务网络更加完善，中欧班列发展质量稳步提高。

（三）技术装备更加先进

第五代移动通信（5G）、物联网、大数据、云计算、人工智能等技术与交通运输深度融合，交通运输领域新型基础设施建设取得重要进展，交通基础设施数字化率显著提高，数据开放共享和平台整合优化取得实质性突破。自主化先进技术装备加快推广应用，实现北斗系统对交通运输重点领域全面覆盖，运输装备标准化率大幅提升。

（四）安全保障更加可靠

交通设施耐久可靠、运行安全可控、防范措施到位，安全设施完好率持续提高。跨部门、跨领域的安全风险防控体系和应急救援体系进一步健全，重特大事故发生率进一步降低。主要通道运输安全和粮食、能源、矿石等物资运输安全更有保障，国际物流供应链安全保障能力持续提升。

（五）发展模式更可持续

交通运输领域绿色生产生活方式逐步形成，铁路、水运承担大宗货物和中长距离货物运输比例稳步上升，绿色出行比例明显提高，清洁低碳运输工具广泛应用，单位周转量能源消耗明显降低，交通基础设施绿色化建设比例显著提升，资源要素利用效率持续提高，碳排放强度稳步下降。

（六）治理能力更加完备

各种运输方式一体融合发展、交通基础设施投融资和管理运营养护等领域法律法规和标准规范更加完善，综合交通运输一体化融合发展程度不断提高，市场化改革持续深化，多元化投融资体制更加健全，以信用为基础的新型监管机制加快形成。

走进铁路

任务 1-2　铁路建设与发展历史

【任务目标】

本任务要求学生熟悉世界尤其是我国铁路建设和发展的历程。有条件的情况下教师可组织学生到铁路博物馆或铁路文化教育基地参观学习，聆听现场工作人员介绍铁路建设与发展史。学生根据活动要求做好课前准备，参观时针对现场工作进行提问，教师组织学生在课堂上进行小组讨论交流。

【知识准备】

▶ 一、世界铁路运输发展历程

铁路的兴起和发展与科学技术和社会的进步密不可分，与此同时，铁路的技术进步和现代化进程，又在深刻影响着整个世界经济的发展，推动着人类社会的文明进步。16 世纪中叶，英国采矿业开始兴起，为了将煤炭和矿石运到港口，便铺了两根平行的木材作为轨道，17 世纪时才逐步将木轨换成角铁形的板轨，角铁的一边起导向作用，以防车轮脱轨，马车则在另一边上行驶。经过多年的不断改进，今日的钢轨逐渐形成。因为现在的钢轨是从铁轨演变而来的，所以世界各国都习惯地把它叫作"铁路"。

1825 年英国修建了从斯托克顿至达林顿 21 km 长的铁路，这是世界上第一条公用铁路（图 1-2-1）。它的出现标志着近代铁路运输业的开端，使陆上交通运输迈入了以蒸汽机为动力的新纪元。铁路运输迅速、便利、经济等诸多优点，深受人们的重视。因此，英国全面展开了铁路的铺设工程，其他国家也相继开始兴建铁路。一些国家和地区铁路通车的年份见表 1-2-1。从表中可见，铁路在短时间内就得到了较快的发展。

图 1-2-1　英国斯托克顿至达林顿的铁路

（图片来源：中原铁路，《郑铁理论微课 365 | 中国铁路的发展变迁》，
https://www.thepaper.cn/newsDetail_forward_4673848）

模块一　交通运输系统概况

表 1-2-1　一些国家和地区铁路通车年份

国家或地区	通车年份	国家或地区	通车年份	国家或地区	通车年份	国家或地区	通车年份	国家或地区	通车年份
英国	1825	加拿大	1836	牙买加	1845	印度	1853		
美国	1830	俄国	1837	匈牙利	1846	澳大利亚	1854		
法国	1832	奥地利	1838	丹麦	1847	埃及	1855		
爱尔兰	1834	荷兰	1839	西班牙	1848	南非	1860		
比利时	1835	意大利	1839	墨西哥	1850	日本	1872		
德国	1835	瑞士	1844	巴西	1851	中国	1876		

19 世纪 70 年代后，以电的应用和电动机、内燃机的发明为主要标志的第二次工业革命，推动了铁路牵引动力的革命性变化。1891 年德国制成世界第一台 4 马力（1 马力＝735 W）的内燃机车，1925 年美国在中央铁路首次投入使用 300 马力的内燃机车。铁路牵引动力性能的迅速提升，推动着铁路在世界范围内快速发展。铁路的快速发展，带动了世界钢铁、建材以及机械制造业的迅猛发展，为人类社会从工业化初期迈入重工业化阶段奠定了坚实基础。

进入 20 世纪 50 年代，以信息技术和自动化技术为主要标志的第三次工业革命开始席卷全球。在相当长的一段时间里，一些国家基本上实现了工业化并且达到了比较高的水平，国民经济产业结构和交通运输体系有了新的调整，尤其是汽车和飞机制造业迅速发展，使铁路面临公路和航空运输的激烈竞争，铁路发展一度陷入低谷。1973 年波及世界各国的能源危机，使公路和航空运输发展受到了限制，而铁路运输，特别是电气化铁路运输较少受燃料价格上涨变化的影响，铁路在整个交通运输体系中的能耗所占比重较小。另外，由于在铁路运输过程中排放的废气及产生的噪声等对生态环境的污染与其他交通运输工具相比也是最低的，这进一步显现出了铁路的优势。特别是高速铁路的出现，使人们重新认识到铁路在国家经济和社会发展中具有不可忽视的重要地位和作用。

截至 2021 年底，世界铁路总长度超过 130 万 km。其中美国 26 万 km，中国 15 万 km，俄罗斯 8.7 万 km，印度 6.6 万 km，加拿大 4.7 万 km，德国 4.3 万 km。

世界能源资源紧缺和环境恶化的现实，迫使各国重新认识加快发展铁路的重要性，铁路以其独特的技术经济特征，再次进入人们的视野。在高新技术的推动下，高速铁路技术与货运重载技术快速发展，铁路自身所具有的节能、环保、快捷、安全的比较优势更加突出。按照完成单位运输周转量造成的环境成本测算，航空、公路客运分别是铁路客运的 2.3 倍和 3.3 倍，航空、公路货运分别是铁路货运的 15.2 倍和 4.9 倍。同时，在完成同样运输任务的情况下，铁路的占地和二氧化碳、氮氧化物等污染物的排放量远小于航空和公路等交通方式。由于铁路具有降耗和减排的显著优势，许多国家纷纷把发展铁路作为交通产业政策调整的重点。

1964年,世界上第一条高速铁路——东海道新干线在日本诞生,开创了世界铁路的新纪元。高速铁路的诞生和成功,让世界重新审视铁路的价值,经过50多年的发展,已有法国、德国、日本、中国、意大利、西班牙等十余个国家拥有了高速铁路,欧洲国家还计划建成泛欧高速铁路网。建设快捷、绿色、节能、安全、方便的高速铁路已经成为世界性的共识。高速铁路的诞生和发展,极大地改变了人们的时空观念,提高了铁路在客运市场中的竞争力。它集中反映了一个国家铁路线路结构、列车牵引动力、高速运行控制、运输组织和经营管理等方面的技术进步,也体现了一个国家的科技和工业水平。

货物运输方面,自20世纪50年代起,随着大功率电力机车和内燃机车、大轴重大容量货车的使用以及列车无线控制技术的发展,铁路重载运输得到了快速发展。铁路重载运输具有运量大、能耗低、经济性好等优点,70多年来,重载运输在美国、加拿大、南非、俄罗斯、澳大利亚、中国等一些幅员辽阔、矿产资源丰富的国家迅速发展,成为世界铁路发展的一个重要趋势。

▶二、中国铁路运输发展历程

自从1840年英国侵略者发动了鸦片战争,用炮舰打开了清政府闭关自守的大门之后,各资本主义列强相继侵略我国,强迫清政府订立了一系列丧权辱国的不平等条约。我国铁路的产生和发展过程,就是和帝国主义列强对我国的侵略过程联系在一起的。帝国主义列强在我国大肆争夺筑路权、贷款权、经营权,其目的不仅是要从铁路本身获得巨额利润和经济优惠,更重要的是通过对铁路的控制,向我国内地推销商品,掠夺原料,使我国在经济上长期依赖于帝国主义国家,并实现他们瓜分中国的野心。

(一)我国早期的几条铁路

1. 我国领土上出现的第一条铁路

1876年在上海修建的吴淞铁路(图1-2-2)是英国侵略者背着中国政府和人民,采用欺骗和蒙混的手段修筑的。这条铁路从上海至吴淞镇,全长14.5 km,采用轨距为762 mm的窄轨,13 kg/m的钢轨,用一台叫作"先导号"(Pioneer)的机车,重量仅15 t,速度24~32 km/h,客货车辆也是小型的。铁路沿线人民从一开始就反对洋人筑路,1876年8月上海至江湾段铁路通车营业后,发生了火车轧死行人的事故,激起群众的愤慨,迫使英国侵略者同意,由清朝政府用28.5万两白银将铁路买回来。然而腐败的清朝政府认识不到铁路这种形式运输工具的优越性,反而昏庸地将这条已经赎回的铁路拆毁。

图 1-2-2 吴淞铁路通车

（图片来源：中国国家铁路集团有限公司运输部，《铁道概论》）

2. 我国投资建设的第一条铁路

1881 年，唐胥铁路（唐山至胥各庄）建成。它是当时为了解决开平矿务局的煤炭运输问题而建。铁路全长约 10 km，采用 15 kg/m 的钢轨和 1 435 mm 的标准轨距。唐胥铁路虽然已修建，但是因为清朝皇室的东陵在此不远的地方，清朝政府生怕火车头"震动山陵"，所以当初只准用骡马拖拉车辆。经过往返疏通在 1882 年才改用机车牵引。我国工人利用矿场起重机锅炉和竖井架的槽铁等旧材料，建成了一台 0-3-0 型的蒸汽机车。这台机车只有 3 对动轮，没有导轮和从轮，机车全长 18 英尺（1 英尺＝0.304 8 m）8 英寸（1 英寸＝2.54 cm）。机车两侧各刻一条龙，该机车叫作"龙号"机车（图 1-2-3）。

图 1-2-3 "龙号"机车

（图片来源：中国国家铁路集团有限公司运输部，《铁道概论》）

3. 我国自主设计、施工修建的铁路

1905 年 10 月修建的京张铁路，是第一条完全由中国工程技术人员主持、设计、施工的铁路干线。京张铁路南起北京丰台，北至张家口，全长 201 km（图 1-2-4），采用 1 435 mm 的标准轨距，是在我国杰出的爱国工程师詹天佑主持下，全部用中国人民自己的智慧和才能建成的。铁路建筑工程相当艰巨，自丰台至南口有 50 km 的平原，但自南口进入燕山山脉军都山后，岭高、坡陡，隧道工程大，需要开凿 4 座隧道，分

别为长 366 m 的居庸关隧道，长 45 m 的五桂头隧道，长 141 m 的石佛洞隧道，长达 1 091 m 的八达岭隧道，共长 1 643 m。在当时的条件下，铁路完全靠人工修筑而成。从南口至青龙桥站 18 km 间的最大坡度达 33‰，如果再随地形继续升高，即使采用两台大马力机车一拉一推地牵引列车也爬不上去。为了保证列车能安全越过山岭，在詹天佑主持下，"人"字形爬坡线路（图 1-2-5）设计而成，解决了这一难题。京张铁路的修建历时 4 年，比原计划提前 2 年完工，不仅工程造价比关内外铁路低，而且为我国培养出了第一批自己的铁路工程师，为以后的铁路修建打下了基础。这条铁路的建成有力地打击了帝国主义的嘲讽、鄙视，批判了清朝官僚们一味崇洋媚外的思想，谱写了我国铁路建筑史上光辉的一页。

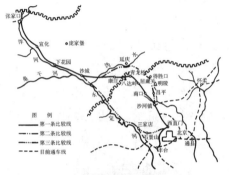

图 1-2-4 京张铁路选线定线始末

（图片来源：人民铁道网，《京张铁路选线定线始末》，http://www.peoplerail.com/rail/show-1827-375299-1.html）

图 1-2-5 京张铁路青龙桥"人"字形线路

（图片来源：中国国家铁路集团有限公司运输部，《铁道概论》）

总之，旧中国铁路的建设过程就是外国列强掠夺、霸占我国土地、资源，奴役我国人民的过程，具有浓厚的半封建半殖民地的色彩。不仅铁路的分布极不均衡、极不合理，而且技术设备落后，主要表现为少、偏、低三大特点。

少——铁路修建的里程太少。从 1876 年至 1949 年的 70 多年中，总共只有铁路 2.1 万 km（不包括台湾地区铁路）；新中国成立前夕能维持通车的线路只有 1.1 万多 km。通信信号设备少得可怜，能用的机车不过 1 700 多台，车辆也只有 3 万多辆。

偏——铁路分布不均衡、不合理。当时约占全国土地面积 15% 的东北和华北地区，铁路长度却占全国铁路总长的 65%；而占全国土地面积 60% 的西南和西北地区，铁路长度只占全国铁路总长度的 5%，有些省份甚至没有铁路。旧中国铁路的这种畸形现象，是殖民地铁路的共同特征，即铁路多建在沿海地区，便于帝国主义进行侵略和掠夺。

低——铁路线路和技术装备的质量差、标准低。设备种类繁杂、规格紊乱，机车类型有 120 多种，钢轨类型 130 多种；线路质量差，路基病害严重；约有 1/3 的车站没有信号机；自动闭塞的线路长度不到 2%，双线也只有 6%。各路的车辆不能互相通用和过轨,没有统一的调度指挥,因而造成运输事故多、运输效率极低的情况。

(二)新中国铁路的建设

一个多世纪以来,中国铁路建设在各个历史时期随着社会变革和发展,走过了艰难曲折的道路。但是,自1949年新中国成立以来,随着我国经济建设的发展、国力的强盛,我国铁路建设有了极大的发展,在路网建设、线路状况、技术装备和运输效率方面取得了光辉的成就。

1952年7月1日全线通车的成渝铁路(成都—重庆),全长505 km,始建于1950年6月15日,是我国在极其困难的条件下自行设计、自行施工、完全采用国产材料修建的第一条千里干线,结束了四川人民40多年没有正式铁路的历史(图1-2-6)。

"蜀道难,难于上青天"的宝成铁路(宝鸡—成都),全长668.2 km,于1952年7月1日动工,1958年1月1日正式运营通车。1961年将宝凤段电气化改造完成,由此拉开了我国电气化铁路建设的序幕。1975年7月1日宝成铁路全线完成电气化改造,成为中国第一条电气化铁路(图1-2-7)。

图1-2-6 成渝铁路

(图片来源:中国国家铁路集团有限公司运输部,《铁道概论》)

图1-2-7 宝成铁路

(图片来源:陕西学习平台,《宝成铁路:中国第一条电气化铁路从这里开始》,http://m.cnwest.com/sxxw/a/2021/12/29/20199347.html)

西北地区修建了包兰线、天兰线、兰青线、兰新线、青藏线、南疆线、北疆线等穿越沙漠的铁路。其中包兰线是众多沙漠铁路的开路先锋。1958年建成的包兰铁路东起包头,经五原、巴彦高勒、乌海,出内蒙古自治区,过宁夏回族自治区的银川、中卫,入甘肃到兰州,全长989.78 km。铁路建成了,但沙丘仍在移动,为了治理沙害,国家组织了铁路、林业、气象等部门的科研机构进行联合攻关,经过多年的不断努力,结合治沙实践,创造了机械固沙和植物固沙相结合的办法,使包兰铁路始终保持列车畅通无阻。

兰新铁路(兰州—阿拉山口),全长2 363 km,它成为中国通往哈萨克斯坦、俄罗斯等国的主要干线。阿拉山口站为换轨和货物换装站,建成了30 m跨度、6 663 m²的货物换装库,为亚洲最大的换装站。

走进铁路

在西南铁路大建设中，连接云贵川三省的铁路骨架——川黔、贵昆、成昆铁路建成。成昆铁路（成都—昆明）建成于1970年，全长1 100 km，是我国在艰险山区建成的第一条超过1 000 km的重要干线。它起自川西平原的成都，穿大、小凉山，跨大渡河、金沙江，一路向上走，抵达滇中高原的昆明。在当时的社会环境下，成昆铁路工程难度极大，沿线地带被外国专家们称为"铁路禁区"，长期被认为是不可能修筑铁路的地方。成昆铁路全线贯穿地势险峻、地形多样、地质复杂的山川河谷，途径崎岖陡峭、奇峰耸立、深涧密布、沟壑纵横及水流奔腾湍急的山岭重丘，线路所经区域有"露天地质博物馆"之称。全线有大小桥梁991座（图1-2-8）；有2 km以上的隧道34座，3 km以上的隧道9座，其中沙木拉打（图1-2-9）、关村坝隧道在6 km以上。桥隧长占线路总长的41%，全线122个车站，有41个位于桥、隧或半桥半隧中。在桥梁施工中，广泛采用了柔性墩、板凳墩和双柱式钢架墩等新结构。成昆铁路是一条用血肉之躯筑造的建筑工程，沿线留下大量丰碑及20余处烈士陵园。

图1-2-8　成昆铁路"一线天"石拱桥
（图片来源：西南铁路，《国内最大跨度空腹式铁路石拱桥——成昆铁路一线天桥》，https://www.163.com/dy/article/EFV89EDJ0514D000.html）

图1-2-9　成昆铁路线上最长隧道——沙木拉打隧道
（图片来源：凉山新闻网，《特别策划｜新成昆铁路全线通车！52张图，致敬来时路》，http://www.ls666.com/html/2022-12/26/content_140968.html）

20世纪70年代，湘黔、枝柳铁路大会战拉开序幕，湘渝铁路建成。这期间，进行了全国铁路技术改造、统一了标准、加强了管理，使铁路运能有较大的提高，为大西南的经济和社会发展打下了坚实的基础。

在改革开放的新形势下，我国经济走上了持续快速发展的道路。国家加大投资力度，支持铁路发展，加快铁路建设。

1987年5月6日，我国南北铁路大动脉京广铁路上修建的大瑶山隧道全程贯通（图1-2-10）。大瑶山隧道长14.295 km，地质构造复杂，修建隧道的技术要求高，工程难度大。大瑶山隧道是当时国内最长的双线铁路隧道，居世界双线铁路隧道的第10位。大瑶山隧道的建成，结束了我国不能修建10 km以上长大隧道的历史，标志着我国隧道建设技术达到了世界先进水平。对于加快衡广铁路复线建设，适应改革、开放、搞活的需要，促进华南地区经济发展具有重要意义。

1989年在我国铁路网中赋有铁路心脏之称的郑州北站，建成了亚洲最大的铁路综合自动化编组站（图1-2-11）。货车的中转、解体、编组作业的一整套生产管理由电子计算机完成，取代了手工操作。郑州北站运营管理综合自动化由货车管理信息系统、驼峰作业过程控制系统、枢纽地区调度监督系统、站内无线通信系统、调车场尾部道岔微机集中联锁系统等组成。它使我国铁路编组站现代化技术迈进了世界先进行列。

图1-2-10 大瑶山双线隧道
（图片来源：袁蓉生、徐博、肖勇勇，《强大！中国隧道施工技术实力位居世界前列！中国中铁和中铁五局做出巨大贡献！》，https://www.sohu.com/a/303983775_690862）

图1-2-11 郑州北站编组站
（图片来源：大河网，《河南一重大科技专项成果填补国内技术空白：郑州北站一天装货量超过整个欧洲》，https://baijiahao.baidu.com/s?id=1634371008419537156）

为了促进山西煤炭能源基地的开发和建设，增加晋煤外运通道，扩大"三北"地区煤炭运输的能力，1992年12月21日，我国第一条双线电气化开行重载单元列车的运煤专用铁路——大秦铁路建成运营。大秦铁路西起大同地区的韩家岭站，东至秦皇岛的柳村南站，全长653.2 km。大秦铁路重载运输是一项庞大的系统工程，按路、港、矿、电综合规划，组织同步建设。其重载组合列车技术体系有一系列重大技术装备与之配套，如大功率电力机车、装有转动车钩的新型运煤专用敞车、光缆数字通信系统、微机调度集中系统、AT供电系统、运营信息系统等，其综合技术水平和运输能力达到了当时国际水平，标志着中国铁路重载技术和运输组织管理向现代化管理方面迈出了重要的一步。大秦铁路被誉为"中国重载第一路"（图1-2-12），作为晋煤外运北通道，每年上亿吨煤经大秦线运至秦皇岛港后，经海运至东北、华东、华南等地区。

1996年9月1日上午9点13分，比原计划提前了4个月建成的京九铁路全线通车（图1-2-13）。京九铁路（北起北京，南至深圳，经广九铁路与香港九龙相连）沿线行经京、津、冀、鲁、豫、皖、鄂、赣、粤九省市，正线全长2 397.5 km，另加天津

走进铁路

图1-2-12 大秦铁路渭水河大桥两台和谐型机车以"1+1+可控列尾"模式牵引的2万t列车
（图片来源：才铁军，《中国铁路40年》，赵永摄）

至霸州、麻城至武汉联络线155.7 km，共计长2 553.2 km。这是我国京沪、京广两大干线之间纵贯南北的又一条长大干线，是我国铁路建设史上规模最大、投资最多，一次建成里程最长的铁路干线。京九铁路的建成，对完善我国路网布局，缓解南北运输紧张状况，带动沿线地方资源开发，推动革命老区经济发展，形成一条新的南北经济增长带，对连接港澳地区促进祖国的和平统一大业，都具有十分重要的意义（图1-2-14）。

图1-2-13 京九铁路始发列车驶出北京西站
（图片来源：央视新闻，《百年瞬间｜京九铁路全线通车》，https://baijiahao.baidu.com/s?id=17096568616651036 41&wfr=spider&for=pc）

图1-2-14 京九沿线老区人民喜迎火车
（图片来源：央视新闻，《百年瞬间｜京九铁路全线通车》，https://baijiahao.baidu.com/s?id=17096568616651036 41&wfr=spider&for=pc）

进入21世纪以后，我国铁路建设进入了黄金机遇期，铁路现代化建设事业发展更为显著，取得了令世人瞩目的辉煌成就。

1. 粤海铁路——我国第一条跨海铁路通道

粤海铁路于2003年建成通车，全长568.3 km，由广东省境内的湛江市，经雷州、徐闻至海安，纵贯雷州半岛，在海安通过火车轮渡跨越琼州海峡至海口市，再沿海南省西环线至汉河车站，与既有线汉河至三亚铁路接轨，到达三亚市。我国第一辆火车跨过琼州海峡，正式开上了海南岛（图1-2-15）。从此，粤海铁路通道把海南岛与我国其他省市连接起来，使铁路运输与海上运输连为一体，结束了海南岛与其他省市间不通火车的历史，全国主要城市可通过铁路直达海南岛，这对促进海南岛、雷州半岛等地经济发展及其与其他省市之间的政治、经济、文化交流，加快我国南海海洋资源开发与利用，具有十分重要的意义。

图1-2-15　"粤海铁1号"跨海渡船与海口南港铁路栈桥对接
（图片来源：中国国家铁路集团有限公司运输部，《铁道概论》）

2. 青藏铁路——世界一流高原铁路

青藏铁路由青海省省会西宁至西藏自治区首府拉萨，全长1 956 km，分两期修建。一期工程由西宁至格尔木，长814 km，已于1984年建成通车。2001年6月29日，中国西部大开发的标志性工程——青藏铁路二期工程（格尔木至拉萨段）开工建设，全长1 142 km，其中包括32 km的格尔木至南山口既有线改造，新建铁路1 110 km。参建者经过5年极限挑战、无私奉献、艰苦奋战，于2005年12月12日将铁路全线铺通，经过客货列车运营试验，最后青藏铁路于2006年7月1日全线开通运营。中国人凭借自己的力量，在堪称世界屋脊的青藏高原，面对多年冻土、高寒缺氧、生态脆弱三大世界难题，取得了重要突破，建成了世界上海拔最高、线路最长的高原铁路，青藏铁路成为与首都相连，能与世界接轨的钢铁大动脉，是世界铁路建设史上最宏伟的大工程，开创了西藏交通史上又一个新纪元（图1-2-16）。

列车运行在青藏铁路格拉段的冻土地带　　　　　　唐古拉站

图 1-2-16　青藏铁路

（图片来源：中国国家铁路集团有限公司运输部，《铁道概论》）

3. 高速铁路建设发展

2002 年 12 月建成的秦沈（秦皇岛—沈阳）客运专线，是我国自主研究、设计、施工，目标速度 200 km/h，基础设施预留速度 250 km/h 高速列车条件的第一条铁路客运专线。我国自主研制的"中华之星"电动车组在秦沈客运专线创造了当时"中国铁路第一速"——321.5 km/h，这为我国大规模建设快速铁路以及在北京至上海间修建 350 km/h 的高速铁路，积累了可贵的数据资料和经验。

以高速铁路为标志，我国铁路现代化建设已翻开崭新的一页。

北京至天津的城际铁路（图 1-2-17），全长 120 km，共设北京南站、亦庄站、永乐站、武清站、天津站 5 座车站，于 2008 年北京奥运会开幕前运营通车。京津间形成"半小时经济圈"，这对北京、天津两市的一体化进程，对环渤海地区经济社会的快速、协调发展，发挥了十分重要的推动作用。

图 1-2-17　京津城际铁路

（图片来源：中国国家铁路集团有限公司运输部，《铁道概论》）

京津城际铁路是我国高速铁路的示范性工程,是铁路高新技术的系统集成。京津城际铁路在建设中研制了 350 km/h 速度的高速动车组;集成创新了 CTCS-3D 列车运行控制系统;采用了满足 350 km/h 速度运行的轻量化的简单链形悬挂接触网系统;采用了具有自主知识产权的 CRTSⅡ型板式无砟轨道技术;自主设计开发了高速铁路客运服务系统;研制了高速综合检测列车等。它是我国第一条全新意义上的高速铁路,也是我国铁路全面进入高速时代的里程碑。

继京津城际高速铁路之后,2010 年 7 月,在我国上海举办世界博览会之际,上海至南京的沪宁城际高速铁路正式开通运营,线路全长 300 km。沪宁城际高速铁路的建成,与长三角率先实现现代化的发展要求相呼应,将大幅度扩展长三角地区经济活动空间和生产力辐射范围,改变我国区域经济、政治、文化和社会发展格局,成为拉动我国现代化建设的又一强大引擎。

2010 年 2 月 6 日,郑西(郑州东—西安北)高速铁路投入商业运营,由于郑州东和西安北车站工程量较大,在运营初期郑西高铁列车通过联络线分别引入郑州站和西安站,郑州东站和西安北站直到 2012 年 9 月 28 日才正式投入运营。郑西高速铁路是"四纵四横"中徐兰(徐州—开封—郑州—洛阳—西安—宝鸡—兰州)客运专线的中段,是我国在湿陷性黄土区建设的首条高速铁路,全长 523 km,设计速度 350 km/h。

2011 年 6 月 30 日,世界上一次建成里程最长的京沪高速铁路开通运营。京沪高速铁路全长 1 318 km,连接京沪两地,贯通我国东部最发达地区,设计速度 350 km/h,初期运营速度 300 km/h。2010 年 12 月 3 日,新一代"和谐号"动车组 CRH380AL 在京沪高速铁路枣庄—蚌埠试验段创造了 486.1 km/h 运营试验速度新纪录(图 1-2-18)。

图 1-2-18 跑出 486.1 km/h 的动车组驶入京沪高铁蚌埠南站

(图片来源:刘军喜摄,http://zqb.cyol.com/content/2010-12/04/content_3456731.htm)

2012年12月1日，世界上第一条高寒高速铁路——哈大高速铁路正式通车运营。哈大高速铁路全长921 km，它将东北三省主要城市连为一线，设计速度350 km/h，运营初期按冬、夏两张运行图运行。夏季最高运营速度300 km/h，哈尔滨至大连最短运行时间为3 h 30 min；冬季运营速度200 km/h，从哈尔滨到大连运行时间为5 h 18 min。

2012年12月26日，京广高速铁路全线开通运营，途经北京、河北、河南、湖北、湖南、广东等省（市），全长2 298 km，是世界上运营里程最长的高速铁路，设计速度350 km/h，初期运营速度300 km/h。

2015年12月30日，海南环岛高铁西段开通运营，与2010年12月开通运营的海南环岛高铁东段实现连通，标志着全球首条环岛高铁全线贯通，旅客乘坐高铁环游海南岛成为现实。

台湾高速铁路（台北—高雄）于2007年3月2日正式开通运营，全长345 km，运营最高速度为300 km/h。

2019年12月30日，京张高铁（北京至张家口）投入运营，中国高铁正式迈入智能化时代，同时也开启了世界智能铁路的先河。

近百年来我国除修复战争破坏和对既有铁路进行大规模的技术改造外，还规划设计了新线的建设。特别是进入21世纪，我国铁路建设取得了举世瞩目的大发展，截至2022年底全国铁路营业里程已达到15.5万 km（居世界第二），其中，高速铁路营业里程达到4.2万 km（居世界第一），复线率59.6%，电化率73.8%。西部地区铁路营业里程6.3万 km。全国铁路路网密度161.1 km/万 km^2。国家铁路营业里程13.4万 km，复线率61.9%，电化率75.6%。全国铁路机车拥有量为2.20万台。其中，内燃机车0.78万台，占35.5%；电力机车1.42万台，占64.5%。全国铁路客车拥有量为7.7万辆，其中动车组4 194标准组、33 554辆。全国铁路货车拥有量为99.7万辆。国家铁路机车拥有量为2.13万台。其中，内燃机车0.74万台，占34.7%；电力机车1.39万台，占65.3%。国家铁路客车拥有量为7.5万辆，其中动车组4 048标准组、32 380辆。国家铁路货车拥有量为91.0万辆。

【思政课堂】

百年京张铁路——从35 km/h到350 km/h的历史跨越

2019年12月30日，世界首条速度为350 km/h的智能高铁京张高铁开通运营（图1-2-19），习近平总书记作出重要指示："1909年，京张铁路建成；2019年，京张高铁通车。从自主设计修建零的突破到世界最先进水平，从时速35公里到350公里，京张线见证了中国铁路的发展，也见证了中国综合国力的飞跃。回望百年历史，更觉京张高铁意义重大。"

图 1-2-19　集中国高速铁路建造技术之大成的京张高铁开通运营

(图片来源：彭子洋摄，《百年跨越，逐梦京张——写在京张高铁开通暨中国高铁突破 3.5 万公里之际》，https://www.gov.cn/xinwen/2019-12/30/content_5465215.htm)

从零的突破到世界最先进水平

在中国铁路发展史上，"京张"二字的背后，是从无到有、从追赶到领跑的砥砺奋进。

1909 年，"中国铁路之父"詹天佑主持建成了由中国人自主设计和建造的第一条干线铁路——京张铁路，打破了中国人不能自建铁路的断言，令国人扬眉吐气。京张铁路全长 201.2 km，设清华园、清河、宣化等 25 个车站，运行速度 35 km/h，从北京至张家口最快 8 h 到达。

110 年后，京张高铁在青龙桥站地下中心位置 4 m 处穿过，与京张铁路的"人"字形线路构成一个"大"字，引领世界智能高铁之先，令国人倍感自豪。

京张高铁是我国《中长期铁路网规划》中"八纵八横"高速铁路网北京至兰州通道的重要组成部分，线路向西与同日开通运营的张家口至呼和浩特、张家口至大同两条高速铁路相连，向东与北京枢纽连通，形成内蒙古东部、山西和河北北部地区快速进京客运通道。

自 2015 年 12 月开工建设以来，铁路部门坚持智能、绿色、精品、人文的建设理念，按照建精品工程、创智能京张品牌的目标，组织优势力量，集成运用我国高铁建设成功实践，结合京张高铁工程特点，积极推进管理创新和科技创新，建成了世界上最大埋深 102.55 m、最大地下建筑 4.1 万 m^2 的高铁八达岭长城站（图 1-2-20）；在世界上首次实现了复兴号智能动车组速度为 350 km/h 的自动驾驶，进一步巩固和提升了我国高铁的领跑优势。

八达岭长城站位于八达岭长城核心区，是世界上埋置最深、洞室群最集中、暗挖断面最大的地下高铁车站。施工中采用了像外科手术一样的微震微损伤精准爆破技术、超大跨度隧道修建技术，加上新型耐久性结构体系设计，让古老雄伟的长城与现代智能的高铁和谐共处。

图 1-2-20　八达岭长城站

（图片来源：中国中铁融媒体中心，《藏在长城下的"避暑胜地"｜"共赴未来"云开放》，https://mp.weixin.qq.com/s?__biz=MzI0MTAzODAzNw==&mid=2651709245&idx=2&sn=979f6bf3ba0f2df565e5f41b7e1f5cba&chksm=f2e8d887c59f51918bfbaacdc9438bb08c36fba6cb6cada6deca439d13a3bf9fadbe05207708&scene=27#wechat_redirect）

铁路服务京津冀协同发展的大手笔

北京携手张家口举办冬奥会，是习近平总书记从国家战略来考虑的，"京津冀协同发展，通过发展冰雪产业带动区域脱贫振兴，解决发展不平衡的问题"。一条京张铁路，重新定义了区域城市之间的时空距离。京张高铁是铁路服务京津冀协同发展的大手笔。

京张高铁开通后，北京和张家口两个赛区间的转场时间缩短到了 1 h 左右，不仅满足了奥运赛事运输保障需求，而且为崇礼这座塞外小城的冰雪产业发展带来了新机遇。越来越多的滑雪爱好者乘坐高铁列车慕名而来。

2019 年 5 月，崇礼摘掉了贫困县的帽子。近年来，张家口滑雪游客接待量连年保持 20% 以上的增长率，仅崇礼就有超过 3 万人从事冰雪产业和旅游行业。

肩负起服务保障北京冬奥会的重任

京张高铁是国家《中长期铁路网规划》中"八纵八横"京兰通道的重要组成部分，也是服务于北京冬奥会的重要交通线路。从北京北站至张家口站，全长 174 km，设 10 个车站，全线分区段设置不同的运行速度。线路向西与张家口至呼和浩特、张家口至大同高速铁路相连，形成内蒙古东部、山西和河北北部地区快速进京客运通道；从八达岭西线路引出 9.3 km 至延庆站，从下花园北站引出 53 km 至太子城站，从太子城站延伸 15 km 可达崇礼站。

京张高铁太子城站位于张家口赛区核心区内，是世界上首个直通奥运赛场的高铁站。

京张高铁的开通，将北京、延庆、张家口三大冬奥赛区紧紧连在一起，清河站至延庆、太子城、崇礼站，分别只需 26 min、50 min、65 min，这对举办一届精彩、非凡、卓越的冬奥会起到了重要作用，也向全世界交出了一份优异的交通答卷。

自主创新、智能引领的成功范例

从京张铁路到京张高铁,自主创新始终是不变的魂。2021年1月19日,习近平总书记乘坐京张高铁在太子城站考察时强调,我国自主创新的一个成功范例就是高铁,从无到有,从引进、消化、吸收再创新到自主创新,现在已经领跑世界,要总结经验,继续努力,争取在"十四五"期间有更大发展。

京张高铁是世界上首条全线采用智能技术建造的高铁,采用BIM(建筑信息模型)技术进行设计、建设和管理,充分运用大数据,构建了铁路工程建设全生命周期管理模式。积极运用云计算、大数据、物联网、移动互联、人工智能等科技创新成果,创新应用京张高铁68个智能化项目和12个智能化提升项目,在世界上率先实现复兴号智能动车组350 km/h自动驾驶,实现京张高铁智能运维一体化、动车组数字化精准预防修、客站智能管理等一系列科技成果应用。

中国高铁领跑世界,京张高铁开启智能铁路新时代。就像践行"更快、更高、更强—更团结"奥林匹克格言的运动员一样,京张高铁是世界上首次全线采用智能技术建造的铁路,由我国自主研发的北斗卫星导航系统为其保驾护航,建成了世界冬奥会历史上首个直达比赛核心区的高铁站,打造了世界首个高铁5G超高清演播室(图1-2-21)。

图1-2-21 京张高铁5G超高清演播室

(图片来源:佟一博、孙立君、杨宝森、刘家豪,《人民铁道》报第12705期)

百年跨越,沧桑巨变。两条京张线,见证了中国日益提升的综合国力。中国铁路人正以饱满的热情,深入贯彻习近平总书记重要指示精神,立足新发展阶段,践行新发展理念,服务构建新发展格局,推动铁路高质量发展,让流动的中国更加充满活力。

复兴路上,交通强国、铁路先行!

(资料来源:李蓉,《人民铁道》报第12705期)

任务 1-3　中国铁路系统运营管理

【任务目标】

本任务要求学生熟悉我国铁路运输的体系架构、发展规划及近远期目标,掌握我国铁路的分类及特点、相关职业岗位的有关知识。学生课前查阅资料,教师组织学生在课堂上进行小组讨论,然后全班交流。

【知识准备】

▶一、我国铁路运输体系架构

对铁路进行行政管理的主要政府部门为国家铁路局,此外还包括国家发展和改革委员会、交通运输部及各个省(自治区、直辖市)设置的铁路管理部门。对国家铁路进行运营管理的主要为国铁集团(全称:中国国家铁路集团有限公司),各个省(自治区、直辖市)的铁路运输企业对各自所有的地方铁路进行相应管理。在铁路施工和设备制造方面,中国铁路工程集团有限公司和中国铁道建筑集团有限公司等是以铁路建筑施工为主的建筑集团,中国中车股份有限公司是中国铁路机车车辆的主要设计制造企业。

2013 年之前,中华人民共和国铁道部是中华人民共和国铁路事务的最高主管机关,是中华人民共和国国务院的组成部门之一。根据 2013 年 3 月 14 日批准通过的《国务院机构改革和职能转变方案》,为推动铁路建设和运营健康可持续发展,保障铁路运营秩序和安全,促进各种交通运输方式相互衔接,实行铁路政企分开,完善综合交通运输体系,原铁道部撤销,一分为三。

原铁道部拟定铁路发展规划和政策、制定法规的行政职责划给了交通运输部,交通运输部统筹规划铁路、公路、水路、民航发展,加快推进综合交通运输体系建设。

专门成立国家铁路局(副部级机构),由交通运输部管理,承担原铁道部的其他行政职责,负责拟定铁路技术标准,监督管理铁路安全生产、运输服务质量和铁路工程质量等。

组建中国铁路总公司(2019 年改为国铁集团),承担原铁道部的企业职责,负责铁路运输统一调度指挥,经营铁路客货运输业务,承担专运、特运任务,负责铁路建设,承担铁路安全生产主体责任。

(一) 国家铁路局

国家铁路局由交通运输部管理,是国家对铁路运输进行行政管理的部门。

国家铁路局的内设机构主要包括综合(外事)司、科技与法制司、安全监察司、运输监督管理司、工程监督管理司、设备监督管理司等。

下设七大铁路监督管理局和北京铁路督察室等地区监管局，具体见表1-3-1。

表1-3-1 国家铁路局地区监管局

名称	辖区
沈阳铁路监督管理局	中国铁路哈尔滨局集团有限公司、中国铁路沈阳局集团有限公司管界
上海铁路监督管理局	中国铁路济南局集团有限公司、中国铁路上海局集团有限公司、中国铁路南昌局集团有限公司管界
广州铁路监督管理局	中国铁路广州局集团有限公司、中国铁路南宁局集团有限公司管界
成都铁路监督管理局	中国铁路成都局集团有限公司、中国铁路昆明局集团有限公司管界
武汉铁路监督管理局	中国铁路郑州局集团有限公司、中国铁路武汉局集团有限公司管界
西安铁路监督管理局	中国铁路太原局集团有限公司、中国铁路呼和浩特局集团有限公司、中国铁路西安局集团有限公司管界
兰州铁路监督管理局	中国铁路兰州局集团有限公司、中国铁路乌鲁木齐局集团有限公司、中国铁路青藏集团有限公司管界
北京铁路督察室	中国铁路北京局集团有限公司

国家铁路局的主要职能：

（1）起草铁路监督管理的法律法规、规章草案，参与研究铁路发展规划、政策和体制改革工作，组织拟订铁路技术标准并监督实施。

（2）负责铁路安全生产监督管理，制定铁路运输安全、工程质量安全和设备质量安全监督管理办法并组织实施，组织实施依法设定的行政许可，组织或参与铁路生产安全事故调查处理。

（3）负责拟定规范铁路运输和工程建设市场秩序政策措施并组织实施，监督铁路运输服务质量和铁路企业承担国家规定的公益性运输任务情况。

（4）负责组织监测分析铁路运行情况，开展铁路行业统计工作。

（5）负责开展铁路的政府间有关国际交流与合作。

（6）承办国务院及交通运输部交办的其他事项。

（二）国铁集团

国铁集团实行两级法人（国铁集团和铁路局集团公司）、三级管理（国铁集团、铁路局集团公司和站段）的管理方式。国铁集团以铁路客货运输为主业，承担国家规定的公益性运输任务，负责铁路行业运输清算和收入进款管理，负责国家铁路新线投产运营的安全评估等。

国铁集团设置与运输组织紧密相关的运输部（总调度长室）、客运部、货运部、机辆部、工电部、安全监督管理局等多个部、局和运输调度指挥中心。这些部门共同负责铁路运输统一调度指挥，经营铁路客货运输业务，承担铁路安全生产主体责任等。

运输部（总调度长室）：负责运输系统各专业工作的综合协调，车务专业等行车规章制度建设，车务专业安全管理，列车运行图管理，运输生产力布局调整，运力资源配置工作；负责编制运输生产经营计划和运输综合分析，运输政策、运价政策、运输组织和客货运服务质量监督等工作。

客运部：负责客运相关资源的开发经营管理工作；负责铁路客运、行包的规章制度建设、安全管理、经营管理、价格管理和服务质量管理等工作。

货运部：负责铁路货运、物流全程服务的规章制度建设，安全管理，经营策略、营销策略制订，市场分析，产品开发，保价运输，价格管理和服务质量管理等工作；负责国家重点物资运输、专用线（专用铁路）接轨和自备车过轨运输管理等工作。

机辆部：负责机车车辆（含机车、动车组、客车、货车、铁路救援起重机）运用、检修的规章制度建设和安全管理等工作。

工电部：负责铁路工务、电务、供电、房建以及相关自轮运转特种设备、线路防护、自然灾害及异物侵限监测等设施设备的运用、维护的规章制度建设和安全管理等工作。

安全监督管理局：负责安全管理制度建设；负责安全管理的监督工作；负责组织或参与铁路交通事故的内部调查处理等工作。下设沈阳、北京、上海、武汉、成都、兰州6个安全监督管理特派员办事处，负责辖区的铁路安全监督管理工作。

运输调度指挥中心：负责全路运输调度集中统一指挥工作，组织完成铁路日常运输生产任务及应急救援指挥和特种运输、军事运输组织、施工管理、运输十八点统计等工作。

（三）运营部门

中国国家铁路集团有限公司（简称"国铁集团"）为国家授权投资机构和国家控股公司，由财政部代表国务院履行出资人职责。

(1) 国铁集团所属运输企业包括18个铁路局集团公司和3个专业运输公司，具体见表1-3-2。

表1-3-2 中国国家铁路集团有限公司所属运输企业

中国国家铁路集团有限公司所属企业		
	名称	管辖线路
铁路局集团公司	中国铁路哈尔滨局集团有限公司	覆盖黑龙江省大部分，兼跨内蒙古呼伦贝尔市
	中国铁路沈阳局集团有限公司	跨及辽宁（不含旅顺西站）、吉林省、内蒙古东南部、黑龙江省南部、河北省东北部部分地区
	中国铁路北京局集团有限公司	分布在北京、天津、河北及山东、河南、山西的部分地区

续表 1-3-2

	中国国家铁路集团有限公司所属企业	
	名称	管辖线路
铁路局集团公司	中国铁路太原局集团有限公司	主要分布在山西省
	中国铁路呼和浩特局集团有限公司	主要分布在内蒙古
	中国铁路郑州局集团有限公司	横跨河南、山西、山东三省,素有"中国铁路心脏"之称
	中国铁路西安局集团有限公司	陕西省及甘肃、四川、宁夏、山西等部分铁路
	中国铁路济南局集团有限公司	主要分布在山东
	中国铁路武汉局集团有限公司	湖北省全境、河南省南部以及安徽省部分地区铁路
	中国铁路上海局集团有限公司	主要分布在上海、江苏、浙江、安徽等地区
	中国铁路南昌局集团有限公司	主要分布在江西、福建,以及湖南、湖北部分地区
	中国铁路广州局集团有限公司	主要管辖广东、湖南、海南三省铁路
	中国铁路南宁局集团有限公司	跨越广西、广东、湖南、贵州四省区
	中国铁路成都局集团有限公司	辐射四川、贵州、重庆及云南昭通、湖北恩施地区
	中国铁路昆明局集团有限公司	包括云南省(不含昭通市)以及四川、贵州部分地区
	中国铁路兰州局集团有限公司	包括甘肃、宁夏以及四川、青海、内蒙古部分地区
	中国铁路乌鲁木齐局集团有限公司	主要位于新疆
	中国铁路青藏集团有限公司	跨青海、西藏
专业运输公司	中铁集装箱运输有限责任公司	
	中铁特货运输有限责任公司	
	中铁快运股份有限公司	

各铁路局集团公司一般设置与国铁集团部、局职能对应的运输管理部门,对铁路局集团公司管辖范围内的铁路日常运输生产实施统一指挥和组织。国铁集团于 2020 年在西藏自治区林芝市全资成立川藏铁路有限公司,目前主要负责川藏铁路的建设、运营、维护与管理。

(2) 为加强内部安全监督管理,中国国家铁路集团有限公司内部设立了 6 个安全监督管理特派员办事处。分别为:

① 中国国家铁路集团有限公司沈阳安全监督管理特派员办事处。

负责中国铁路哈尔滨局集团有限公司、中国铁路沈阳局集团有限公司管界内的相关铁路监管工作。

② 中国国家铁路集团有限公司北京安全监督管理特派员办事处。

③ 中国国家铁路集团有限公司武汉安全监督管理特派员办事处。

④ 中国国家铁路集团有限公司上海安全监督管理特派员办事处。

⑤ 中国国家铁路集团有限公司成都安全监督管理特派员办事处。

⑥ 中国国家铁路集团有限公司兰州安全监督管理特派员办事处。

(3) 为加强内部审计监督管理，中国国家铁路集团有限公司内部设立6个审计特派员办事处。分别为：

① 中国国家铁路集团有限公司沈阳审计特派员办事处。

② 中国国家铁路集团有限公司北京审计特派员办事处。

③ 中国国家铁路集团有限公司武汉审计特派员办事处。

④ 中国国家铁路集团有限公司上海审计特派员办事处。

⑤ 中国国家铁路集团有限公司成都审计特派员办事处。

⑥ 中国国家铁路集团有限公司兰州审计特派员办事处。

(四) 建造企业

铁路有关的建造企业主要涉及以下5家国资委管理的央企。

1. 中国中车集团有限公司

以中国中车股份有限公司（简称：中国中车）为经营主体，由原先的中国南车股份有限公司、中国北车股份有限公司合并而来，经营范围主要是铁路机车车辆、动车组、城市轨道交通车辆等的研发、设计、制造，大家熟知的"和谐号""复兴号"都出自该公司。

2. 中国铁路通信信号集团有限公司

以中国铁路通信信号股份有限公司（简称：中国通号）为经营主体，是轨道交通控制系统提供商。

3. 中国铁路工程集团有限公司

以中国中铁股份有限公司（简称：中国中铁）为经营主体，业务范围涵盖了几乎所有基本建设领域。

旗下主要有中铁一局集团有限公司至中铁十局集团有限公司（即中铁一局至中铁十局），以及中铁大桥局、隧道、电气化局、港航局集团有限公司等。

4. 中国铁道建筑集团有限公司

以中国铁建股份有限公司（简称：中国铁建）为经营主体，主要负责高原铁路、高速铁路、高速公路、桥梁、隧道和城市轨道交通工程设计及建设。

旗下主要有中铁十一局集团有限公司至中铁二十五局集团有限公司（即中铁十一局至中铁二十五局），以及负责海外业务的中国土木工程集团有限公司等。

5. 中国铁路物资集团有限公司（简称：中国铁物）

承担着全国铁路战略物资供应与管理工作，被业内称为中国铁路"总后勤部"。

▶二、我国铁路运输发展规划和目标

2004年《中长期铁路网规划》实施以来，我国铁路发展成效显著，对促进经济社会发展、保障和改善民生、支撑国家重大战略实施、增强我国综合实力和国际影响力等有重要作用。如今，铁路基础网络初步形成、服务水平明显提升、创新能力显著增强、铁路改革实现突破。总体上看，当前我国铁路运能紧张状况基本缓解，瓶颈制约基本消除，基本适应经济社会发展需要。但我国铁路仍然存在不足，主要体现在：路网布局尚不完善、运行效率有待提高、结构性矛盾较突出、支持政策尚需强化。为此，厚植行业发展优势，要求建设现代铁路基础网络，加快构建发达完善、竞争力强、引领发展的现代铁路网，促进运营管理、服务品质、人才科技、关联产业、治理能力等全方位提升。

全国铁路规划研究进展：

(1)《交通强国建设纲要》已于2019年9月正式发布；

(2)铁路篇章以国家有关部门牵头开展成果为重要支撑的《国家综合立体交通网规划纲要》于2021年2月正式发布；

(3)《"十四五"现代综合交通运输体系发展规划》于2022年1月正式发布；

(4)《铁路"十四五"发展规划》已于2021年12月定向印发（宝汉、汉巴未纳入）；

(5)《中长期铁路网发展规划》（2035年）修编正在开展，中铁一院承担了国家铁路局牵头开展的2021—2050年西北及西藏六省区铁路网规划方案研究。

（一）规划目标

到2025年，铁路网规模达到16.5万km左右，其中高速铁路5万km左右，网络覆盖进一步扩大，路网结构更加优化，骨干作用更加显著，更好发挥铁路对经济社会发展的保障作用。到2030年，路网规模达到18.5万km左右，高速铁路6万km左右，网络覆盖及路网质量更加优化，基本实现内外互联互通、区际多路畅通、省会高铁连通、地市快速通达、县域基本覆盖。到2035年，路网规模达到20万km左右，高速铁路7万km左右（含部分城际铁路），铁路率先实现现代化，实现城区20万人口以上城市铁路全覆盖。

（二）规划建设

1. 高速铁路网

为满足快速增长的客运需求，优化拓展区域发展空间，在"四纵四横"高速铁路的基础上，增加客流支撑、标准适宜、发展需要的高速铁路，部分利用速度为 200 km/h 铁路，形成以"八纵八横"主通道为骨架、区域连接线衔接、城际铁路补充的高速铁路网，实现省会城市高速铁路通达、区际之间高效便捷相连。

(1) 构筑"八纵八横"高速铁路主通道

"八纵"通道：沿海通道、京沪通道、京港（台）通道、京哈—京港澳通道、呼南通道、京昆通道、包（银）海通道、兰（西）广通道。

"八横"通道：绥满通道、京兰通道、青银通道、陆桥通道、沿江通道、沪昆通道、厦渝通道、广昆通道。

(2) 拓展区域铁路连接线

在"八纵八横"主通道的基础上，规划建设高速铁路区域连接线，进一步完善路网、扩大覆盖。

(3) 发展城际客运铁路

在优先利用高速铁路、普速铁路开行城际列车服务城际功能的同时，规划建设支撑和引领新型城镇化发展、有效连接大中城市与中心城镇、服务通勤功能的城市群城际客运铁路。在京津冀、长三角、珠三角、长江中游、成渝、中原、山东半岛等城市群，建成城际铁路网；在海峡西岸、哈长、辽中南、关中、北部湾等城市群，建成城际铁路骨架网；在滇中、黔中、天山北坡、宁夏沿黄、呼包鄂榆等城市群，建成城际铁路骨干通道。

2. 普速铁路网

扩大中西部路网覆盖面，完善东部网络布局，提升既有路网质量，推进周边互联互通，形成覆盖广泛、内联外通、通边达海的普速铁路网，提高对扶贫脱贫、地区发展、对外开放、国家安全等方面的支撑保障能力。到 2025 年，普速铁路网规模达到 13.1 万 km 左右，并规划实施既有线扩能改造 2 万 km 左右。

(1) 形成区际快捷大能力通道

推进普速干线通道瓶颈路段、卡脖子路段及关键环节建设，形成跨区域、多路径、便捷化大能力区际通道。如：京津冀—东北通道，京津冀—长三角、海峡西岸通道，京津冀—珠三角、北部湾通道，京津冀—西北（西藏）通道，京津冀—西南通道，长三角—西北通道，长三角—成渝通道，长三角—云贵通道，长三角—珠三角通道，珠三角—西南通道，山东半岛—西北通道，西北—西南通道。

(2) 面向"一带一路"国际通道

推进我国与周边互联互通，完善口岸配套设施，强化沿海港口后方通道。其中包括：西北方向、西南方向、东北方向、沿海方向。

(3) 促进脱贫攻坚和国土开发铁路

扩大路网覆盖面，完善进出西藏、新疆通道，促进沿边开发开放。

(4)强化铁路集疏运系统

以资源富集区、主要港口及物流园区为重点,规划建设地区开发性铁路以及疏港型、园区型等支线铁路,形成干支有效衔接、促进多式联运的现代铁路集疏运系统,畅通铁路运输的"最先一公里"和"最后一公里"。上述路网方案实现后,远期铁路网规模将达到20万km左右,其中高速铁路7万km左右。形成由"八纵八横"高速铁路主通道为骨架、区域性高速铁路衔接的高速铁路网;建成由若干条纵横普速铁路主通道为骨架、区域性普速铁路衔接的普速铁路网;京津冀、长三角、粤港澳大湾区、成渝地区双城经济圈等重点城市群率先建成城际铁路网,其他城市群城际铁路逐步成网。研究推进超大城市间高速磁悬浮通道布局和试验线路建设。

3. 综合交通枢纽

统筹运输网络格局,按照"客内货外"的原则,优化铁路枢纽布局,完善系统配套设施,修编铁路枢纽总图。

(1)客运枢纽

按照"零距离"换乘要求,同站规划建设以铁路客站为中心、与其他交通方式有机衔接的综合交通体,特大城市要强化铁路客运枢纽、机场、城市轨道交通的便捷连接。实施站区地上地下立体综合开发,打造高效便捷的综合客运枢纽和产城融合发展的临站经济区。同步强化客运枢纽场站设施,完善动车段(所)、客运机车车辆以及维修设施,完善客运枢纽(高铁车站)快件集散等快捷货物服务功能设施。

(2)货运枢纽

合理布局铁路物流中心、铁路集装箱中心站及末端配送服务设施,扩大货物集散服务网络。按照"无缝化"衔接要求,完善货运枢纽多式联运、集装箱运输、邮政快递运输、国际联运以及集疏运等"一站式"服务设施,提升枢纽集散能力和服务效率。优化货运枢纽编组站,完善货运机车车辆设施。布局建设综合维修基地、应急救援基地以及配套完善铁路战备设施等。以发展枢纽型园区经济为导向,推进传统货运场站向城市物流配送中心、现代物流园区转型发展。

三、我国铁路分类及特点

按照产权性质划分,现有中国铁路系统可以分为国家铁路、地方铁路、合资铁路、专用铁路和铁路专用线。

(一)国家铁路

国家铁路是指由中国国务院铁路主管部门管理的铁路,简称国铁。国务院铁路主管部门是指中华人民共和国交通运输部,管理是指对国家铁路的行政管理。由于国家铁路十分重要,因此,对国家铁路的管理不仅涉及行政管理,而且国家还要求交通运输部对国家铁路实行高度集中、统一指挥的运输管理体制，具体运营由中国铁路总公司负责。

（二）地方铁路

地方铁路是指由地方人民政府管理的铁路。国家铁路与地方铁路管理主体不同，前者管理主体是国务院铁路主管部门，后者是地方人民政府；前者代表的是国家，代表的是中央人民政府的总体经济利益，后者虽然也是国家的一个部分，但代表的是地方本地区的经济利益。

地方铁路从无到有，目前已发展成为我国地方运输事业中一支重要的运输力量，在地方经济发展中起着重要的、积极的作用。

（三）合资铁路

合资铁路是中国改革开放后出现的新事物。建立适应市场经济的新体制，对于中国铁路建设和管理是一种有益的探索。合资铁路一般指中国铁路总公司与地方政府、企业或其他投资者合资建设和经营的铁路。

合资铁路打破了多年来我国铁路建设投资主体单一的局面，调动了中央和地方的积极性，拓宽了筹资渠道，铁路建设初步形成了投资主体多元化的格局。

（四）专用铁路

专用铁路是指由企业或者其他单位管理，专为本企业或者本单位内部提供运输服务的铁路。专用铁路的概念也是按管理权限和管理主体划分的。一般来说，专用铁路大都是大中型企业自己投资修建，自备机车车辆，用来完成企业自身的运输任务的铁路。也有一些军工企业、森林管理部门因运输生产需要修建了一些专用铁路。目前，我国共有专用铁路 25 000 多 km，其中工矿铁路 13 000 多 km，森林铁路有 9 000 多 km，其他专用铁路 3 000 km。

在我国，拥有专用铁路线路的一般为大型企业，专用铁路线路下设有工务段、机务段、电务段、车辆段、大修段和车站。

专用铁路在企业或者有关单位的内部运输生产方面起着重要的作用，它是我国铁路运输网的一个组成部分，同时也是整个交通运输网的一个组成部分。因此，加强对专用铁路的管理，是国家的一项重要任务。在过去的几十年里，中国专用铁路的管理取得了一定的成绩，但也存在不少问题，尤其是运输安全管理确实到了需要依法管理的地步。特别是兼办公共客货运输营业的专用铁路，其运输生产活动必须遵守铁路运输企业的有关规定，要依法经营，依法管理，依法维护本单位的合法权益和铁路运输安全。

（五）铁路专用线

铁路专用线是指由企业或者其他单位管理的与国家铁路或者其他铁路线路接轨的

岔线。铁路专用线与专用铁路都是企业或者其他单位修建的，主要用来为本企业内部运输服务，两者所不同的是，专用铁路一般都自备动力，自备运输工具，在内部形成运输生产的一套系统的运输组织，而铁路专用线则仅仅是一条线，其长度一般不超过30 km，其运输动力使用的是与其相接轨的铁路的动力。

铁路专用线虽然是为满足企业或者单位内部的运输需要而修建的，但是其本身也是国家铁路网的一个组成部分。

四、我国铁路行业职业岗位及特点

表1-3-3列出了车、机、工、电、辆、供所有核心岗位对应的专业基础技能及职业资格证书（表1-3-3），学生通过学习能对铁路运输方面的知识有一个全面的了解，对铁路"车机工电辆供"这六大系统的联动关系有一个宏观的认识，满足学生认识铁路运输工作的初步需要，为今后的工作和学习打下一定的基础。

表1-3-3 铁路行业职业核心岗位及专业基础技能

序号	岗位	技能竞赛	职业资格证书	对应专业基础知识点
1	铁路线路工	轨道几何形位检查	铁路线路工（初级工、中级工）	轨道结构
		道岔几何形位检查		线路平纵断面、线路组成
		钢轨钻孔、撤垫板、更换扣件、复紧扣件、调整轨缝、更换夹板、方正轨枕、更换钢轨、锯轨		线路标志
2	货车检车员	技术状态检查	货车检车员（中级工）	货车转向架
		技术状态测试		货车制动装置
		故障分析与判断		货车车钩缓冲装置
		故障处理		货车车体
3	客车检车员	单车技术检查	客车检车员（中级工）	客车车体
		车辆关键部件性能试验		客车走行部
		车辆故障排查处理		
		制动故障排查处理		客车制动装置
		车电故障排查处理		客车上部服务设施
		应急处置、辅（Al）修、专项检修		
		辅助传动系统分解；辅助传动系统检测、修理；辅助传动系统组装、试验		内燃机车基本工作原理

续表 1-3-3

序号	岗位	技能竞赛	职业资格证书	对应专业基础知识点
4	铁路机车电工（电力）	牵引电机检修	机车电工（中级工）	受电弓、主断路器知识
		辅助电机机组检修		两位置转换开关知识
		变压器及互感器检修		司机控制器知识
		机车变流装置检修		直流电机知识
		机车整流柜检修		三相异步电动机及劈相机
		机车变流柜检修		三相异步牵引电动机知识
		机车整流柜常见故障判断与处理		牵引变压器知识
5	通信工	数据通信设备维护与故障处理	通信工（中级工）	铁路数字移动、通信系统知识
		调度通信设备维护与故障处理		调度通信系统
		综合通信设备维护与故障处理		综合视频、监控系统
		应急通信设备维护与故障处理		应急通信系统
6	信号工	道岔转辙设备测试、检修、故障处理	信号工（初级工）	道岔转辙设备
		轨道电路设备测试、检修、故障处理		轨道电路设备
		色灯信号机测试、检修、故障处理		色灯信号机
		继电联锁、计算机联锁设备测试、检修、故障处理		继电器、计算机联锁设备
		区间闭塞设备测试、检修、故障处理		区间闭塞设备
		调度集中设备、列车调度指挥系统测试、检修、故障处理		调度集中设备、列车调度指挥系统
7	接触网工	接触悬挂安装维修	接触网工（初级工）	牵引供电系统
		支持、定位装置安装维修		牵引变电所
		支柱和基础安装维修		接触网
		附加悬挂安装维修		牵引供电系统运营管理
8	货运员	装车作业	货运员（初级工）	需求受理
		卸车作业		装载加固
		货运相关信息		集装箱运输
		货物（货车）交接作业		鲜活货物运输
		需求受理		军事运输
		系统操作		超限超重货物运输
		核算结账		危险货物运输
		国际联运		国际联运
		货物损失处理		货物损失处理

续表 1-3-3

序号	岗位	技能竞赛	职业资格证书	对应专业基础知识点
9	连结员	工作交接	连结员（初级工）	手信号、听觉信号
		作业前检验		专业知识
		扳道作业		调车作业基本规定
		调车作业		车辆停留及防溜
		车辆停留及防溜		调车作业标准
		手推调车		调车工具、备品使用及交接
		非正常情况下调车作业		列车编组
10	助理值班员（内勤）	工作交接	助理值班员（内勤）（中级工）	接发列车作业标准
		正常接发列车		车机联控标准
		调车作业		接发列车有关规定
		联锁终端或 E4-V6502 控制台等设备操作		行车指挥有关规定
		监视信号及进路表示		接发特殊列车
		非正常接发列车		非正常接发列车
		接发列车应急处置		正常调车作业
		特殊情况下调车作业		特殊调车作业
11	助理值班员（外勤）	工作交接	助理值班员（外勤）（中级工）	接发列车作业标准、车机联控标准
		正常接发列车		接发列车相关规定、行车指挥有关规定
		故障处理		接发特殊列车
		非正常接发列车作业		非正常接发列车
		调车作业		正常调车作业
		特殊情况下调车作业		特殊调车作业

【思政课堂】

铁路成为"一带一路"建设的靓丽名片

习近平总书记指出："高铁是我国装备制造的一张亮丽的名片，成为我国对外经济技术合作的'抢手货'，要抓住机遇、乘势而上。"铁路部门认真贯彻落实习近平总书记关于铁路"走出去"的重要指示批示精神，务实推进政府间重点合作项目，深化政策、规则、标准合作对接，推动共建"一带一路"高质量发展，铁路"走出去"取得了一系列新进展。

一、蒙内铁路

蒙内铁路（Mombasa-Nairobi Standard Gauge Railway，SGR），全称蒙巴萨至内罗毕标准轨距铁路，是肯尼亚共和国境内一条连接蒙巴萨与内罗毕的铁路，由中国按照国铁Ⅰ级标准帮助肯尼亚建设，是东非铁路网的组成部分，是肯尼亚独立以来的最大基础设施建设项目，也是肯尼亚实现2030年国家发展愿景的"旗舰工程"（图1-3-1）。

图1-3-1 肯尼亚蒙内铁路

蒙内铁路东起蒙巴萨西站，西至内罗毕南站，于2014年12月12日开工建设，于2017年5月31日通车运营。

蒙内铁路全长480 km，东侧通过港区支线接入赖茨港站（原蒙巴萨港站），西侧于内罗毕南站与内马铁路相连；线路共设33个车站，其中客货站9个、会让站22个、编组站2个；线路设计速度120 km/h。

蒙内铁路成为肯尼亚经济社会发展和民生改善的助推器。通车运营以来，蒙内铁路平均上座率超过90%，深受肯尼亚人民欢迎。据初步估算，蒙内铁路对肯尼亚的国民生产总值贡献率超过2%。蒙内铁路为肯尼亚创造了近5万个就业岗位，绝大部分工作本地化率超过80%，同时也为肯尼亚培养了1 700余名高素质铁路专业技术和管理人才。

二、中老昆万铁路

中老昆万铁路（China/Kunming-Laos/Vientiane Railway），即"中老国际铁路通

道"，简称"中老铁路（China-Laos Railway）"，是一条连接中国云南省昆明市与老挝万象市的电气化铁路，由中国按国铁Ⅰ级标准建设，是第一个以中方为主投资建设、共同运营并与中国铁路网直接连通的跨国铁路（图1-3-2）。

图1-3-2　中老昆万铁路

2010年5月21日，中老昆万铁路昆玉先建段开工建设；2015年12月2日，中老昆万铁路磨万段举行开工奠基仪式；2016年4月19日，中老昆万铁路玉磨段开工建设；2016年12月25日，中老昆万铁路举行全线开工仪式；2021年12月3日，中老昆万铁路全线通车运营；2023年4月，中老铁路跨境客运列车正式开行。

三、雅万高铁

雅万高铁（Jakarta-Bandung High-Speed Railway），是一条连接印度尼西亚共和国大雅加达都市区和西爪哇省的高速铁路，是东南亚首条高速铁路（图1-3-3）。雅万高铁是共建"一带一路"倡议以及中国和印度尼西亚务实合作的标志性项目，全长142 km，最高运营速度350 km/h，也是中国高铁首次全系统、全要素、全产业链在海外落地的项目。全线采用中国技术、中国标准。建成通车后，两地间的旅行时间将由现在的3个多小时缩短至40 min。

雅万高速铁路是中国境外首条采用中国标准和技术合作建设的速度为350 km/h的高速铁路。雅万高速铁路作为印度尼西亚和东南亚第一条高速铁路，将有力带动沿线地区打造"雅万高铁经济带"。雅万高铁项目的成功实施，创造了中国和印度尼西亚务实合作的新纪录，将为两国各领域合作特别是基础设施和产能领域的合作树立新的标杆。

图 1-3-3　印度尼西亚雅万高铁

四、亚吉铁路

亚吉铁路（Addis Ababa-Djibouti Railway），全称埃塞俄比亚至吉布提标准轨距铁路，是非洲大陆一条连接埃塞俄比亚和吉布提以货运为主的铁路，是东非地区首条标准轨距电气化铁路，是落实"一带一路"倡议和中非合作论坛约翰内斯堡峰会"十大合作计划"的早期收获，是中非"三网一化"和产能合作的标志性工程，是中国企业在海外建设的第一条全产业链"走出去"的铁路，被誉为"新时期的坦赞铁路"（图1-3-4）。

亚吉铁路是非洲第一条全线采用中国电气化铁路标准施工的现代电气化铁路，由中国铁建所属中国土木工程集团有限公司和中国中铁所属中铁二局集团有限公司共同承建，全长752.7 km，设计速度为120 km/h，总投资约40亿美元。2016年10月5日正式通车。

图 1-3-4　埃塞俄比亚亚吉铁路

（资料来源：王涛，《亚吉铁路：从"中国制造"到"中国运营"》，
https://news.cri.cn/zaker/20180214/ff6de137-8300-78f2-e6ba-f5c4a06add3f.html）

02

模块二　铁路线路桥隧

【内容描述】

铁路线路是为了进行铁路运输所修建的固定路线，是铁路固定基础设施的主体。铁路线路是由路基、桥隧建筑物（桥梁、隧道等）和轨道（主要包括钢轨、联结零件、轨枕、道床、道岔等）组成的一个整体的工程结构。轨道是铁路线路的组成部分，直接承受由车轮传来的巨大压力并且将之传递、扩散到路基或桥隧建筑物上的整体结构。在列车的动力作用下，铁路线路的各个组成必须具有足够的强度和稳定性，保证列车按照规定的最高速度安全、平稳和不间断地运行。

通过对本模块的学习，学生能够对铁路路基、桥梁、隧道和轨道的基本分类、结构组成、施工方法等相关知识有一个系统的了解。

【学习目标】

学习目标	知识目标	(1) 掌握铁路线路桥隧基本常识 (2) 了解铁路线路桥隧的基本构造 (3) 了解铁路线路桥隧常见的施工方法
	能力目标	(1) 能识别常见的路基、桥梁、隧道和轨道的组成 (2) 能掌握铁路线路桥隧常见施工方法
	素养目标	(1) 培养认真、细致的工作作风 (2) 培养尊重客观、尊重劳动的职业精神 (3) 积极参与学习过程，遵守秩序，服从安排

【建议学时】

2~4学时。

任务 2-1 路基工程

【任务目标】

本任务要求学生掌握铁路路基的结构组成,高速铁路路基面的形状以及高速铁路路基是如何施工的。通过学习,学生能够识别常见的路基结构断面形式,能够掌握典型铁路路基的施工方案。

【知识准备】

铁路线路是由路基、桥梁、隧道和轨道组成的一个整体的工程结构(图 2-1-1)。路基和桥隧建筑物是铁路线路的基础,它们直接承受轨道传递过来的荷载。因此,路基和桥隧建筑物的状态与线路质量密切相关。在铁路线路的施工过程中,是先修筑路基和桥隧建筑物,然后才铺设轨道。

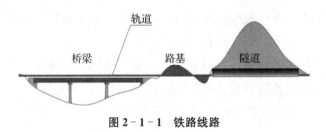

图 2-1-1 铁路线路

▶ 一、铁路路基的组成

铁路路基是承受并传递轨道重力及列车动态作用力的结构,是轨道的基础,是保证列车安全运行的重要建筑物,主要分为填方路基(也称路堤)、挖方路基(也称路堑)和半填半挖路基(也称半路堤半路堑),如图 2-1-2 所示。

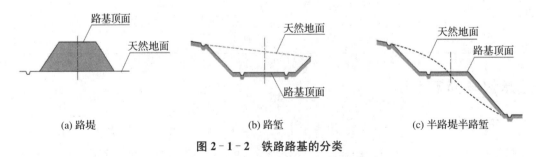

图 2-1-2 铁路路基的分类

(1)填方路基:铺设轨道的路基面高于自然地面,经填筑而形成的路基。填方路基的组成包括路基面、边坡、护道、取土坑或纵向排水沟等。

（2）挖方路基：铺设轨道的路基面低于自然地面，经开挖而形成的路基。挖方路基的组成包括路基面、侧沟、边坡、弃土堆和截水沟等。

（3）半填半挖路基：铁路路基横断面形式的一种，其横断面一部分为挖方，一部分为填方。

二、高速铁路路基面形状

无砟轨道支承层（或底座）外侧路基面两侧设置不小于4‰的横向排水坡。有砟轨道由路基面中心向两侧设置不小于4‰的横向排水坡。单线地段路基横断面和双线地段路基横断面如图2-1-3和图2-1-4所示。

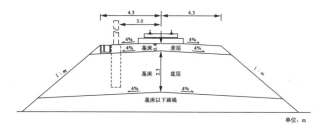 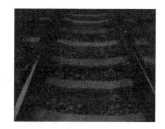

图2-1-3 单线地段路基横断面示意图

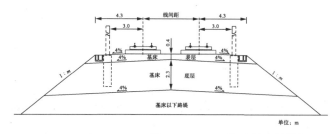 

图2-1-4 双线地段路基横断面示意图

路基面在无砟轨道正线曲线地段一般不加宽，当轨道结构和接触网支柱等设施的设置有特殊要求时，根据具体情况分析确定；有砟轨道正线曲线地段加宽值应在曲线外侧按表2-1-1的规定加宽。曲线加宽值应在缓和曲线内渐变。

表2-1-1 有砟轨道曲线地段路基面加宽值

设计最高速度/（km·h^{-1}）	曲线半径 R/m	路基外侧加宽值/m
250	$R \geqslant 10\,000$	0.2
	$10\,000 > R \geqslant 7\,000$	0.3
	$7\,000 > R \geqslant 5\,000$	0.4
	$5\,000 > R \geqslant 4\,000$	0.5
	$R < 4\,000$	0.6

续表 2-1-1

设计最高速度/(km·h^{-1})	曲线半径 R/m	路基外侧加宽值/m
300	R≥14 000	0.2
	14 000＞R≥9 000	0.3
	9 000＞R≥7 000	0.4
	7 000＞R≥5 000	0.5
	R＜5 000	0.6
350	R＞12 000	0.3
	12 000≥R＞9 000	0.4
	9 000≥R＞6 000	0.5
	R＜6 000	0.6

▶三、铁路路基是怎样建成的？

（一）铁路路基填料分类标准

路基填料是指构成铁路路基等土工建筑物的原材料。普通填料按工程性质及级配特征可分为 A、B、C、D、E 组填料。有机土（有机质含量大于 5%）严禁作为路基填料使用。

A 组——优质填料，包括硬块石，级配良好的漂石土、卵石土、砾块石、砂砾、砾砂、粗砂及中砂。

B 组——良好填料，包括不易风化的软块石（胶结物为硅质或钙质），级配不良的漂石土、卵石土、碎石土、砾石土、砂砾、砾砂、粗砂及中砂，细粒土含量在 15%～30% 范围的漂石土、卵石土、碎石土、砾石土及细砂、黏砂、砂黏土。

C 组——可使用的填料，包括软块石（胶结物为泥质，易风化），细粒土含量在 30% 以上的漂石土、卵石土、碎石土、粉土、粉黏土。

D 组——不应使用的填料，包括严重风化的软石块、粉黏土、黏土。

E 组——严禁使用的土，如有机土。

（二）铁路施工工艺

由于地质因素、自然因素、列车荷载的影响，铁路路基会出现下沉、老化等病害现象，这会影响铁路行车的安全，严重干扰正常的运输生产。为了确保线路平整，需要通过对铁路路基进行合理设计，来避免这些现象的发生。随着列车运行速度不断提升，列车对路基产生的动应力增加，特别是原有的路基病害处，动应力的加大致使病害加重，病害加重又使轨道状态恶化，形成恶性循环，影响行车安全。另外，随着人们生活水平的不断提高，人们对列车乘坐的舒适度也有了更高的要求，舒适度与列车平稳性指标和车体振动加速度指标相关,这就要求路基具有更好的均匀性并保持良好状态,这对路基的强度、刚度和稳定性提出了更高的要求。

铁路路基是通过填筑或开挖形成的土石结构,路基填筑前或开挖后首先要计算路基沉降和稳定是否满足要求,否则要进行地基处理,包括桩基、换填、强夯等措施(图2-1-5)。路基应选用具有最佳含水量的优质填料分层填筑碾压(图2-1-6),在每一层压实密度都检验合格后,再进行下一层施工,保证路基本身变形极小。

图2-1-5 地基处理　　　　　　图2-1-6 路基分层填筑碾压

铁路路基填筑材料对土石的质量、粒径组成、石子大小、形状、杂质含量等有特殊要求,需要经过严格的测试,路基填筑后要有很好的排水性能,保证路基不积水。列车运行产生的振动对路基表面影响最为显著,该影响自上而下逐步减小,因此路基不同部位对填料的要求是不一样的,路基表层要求最高,表层以下一定范围次之,再下层要求相对减低。

在我国,高速铁路路基施工要严格按照"三阶段、四区段、八流程"的施工工艺流程进行,如图2-1-7所示。

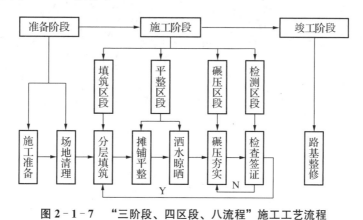

图2-1-7 "三阶段、四区段、八流程"施工工艺流程

三阶段:准备阶段→施工阶段→竣工阶段。
四区段:填筑区段→平整区段→碾压区段→检测区段。

八流程:施工准备→场地清理→分层填筑→摊铺平整→洒水晾晒→碾压夯实→检查签证→路基整修。

"基础不牢,后患无穷",路基结构采用优质填料分层压实,具有足够的强度和刚度;路基具有牢固的基础和通畅的排水,才能保持平顺,经受住天寒地冻和雨水冲刷等恶劣气候的考验,保证铁路路基长期稳定、安全。

四、高速铁路路基技术的特点

(一)严格控制路基变形和工后沉降

工后沉降是高速铁路路基设计的主要控制因素,一般路基发生强度破坏之前,已经出现了不能容许的变形。我国对无砟轨道的路基施工后沉降要求一般为不应超过扣件可调高量 15 mm,路桥路隧差异沉降不超过 5 mm。有砟轨道路基施工后沉降量:一般地段不大于 5 cm,工后沉降速率应小于 2 cm/年。

(二)路桥及横向构筑物间设置过渡段

路桥及横向构筑物间的过渡段,是以往设计及施工中的薄弱环节,也是既有线路发生路基病害的重要部位(图 2-1-8)。桥台与路堤的刚度相差显著,高速列车通过时对轨道结构及列车自身会产生冲击,列车运行的平稳性和舒适度会降低,结构物和车辆的损坏会加速。为保证列车高速运行时的平稳舒适性,对路桥过渡段采用刚度过渡的设计方法。在桥台后一定范围内,采用刚度较大的级配碎石作为过渡填筑段,与路堤相接处采用1:2的斜坡过渡。

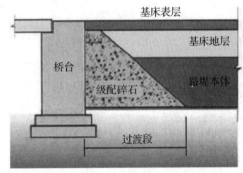

图 2-1-8 路桥过渡段

(三)为了有效地控制施工后沉降量及沉降速率,需要开展路基动态设计

根据沉降观测资料及沉降发展趋势、工期要求等,采取相应的措施,如调整预压土高度,确定预压土卸荷时间,以及铺轨前对路基进行评估及合理确定铺轨时间,以确保铺轨后路基施工后沉降量与沉降速率控制在允许范围内。路基动态设计的成果可以为后续的轨道安装打下良好的基础。

【思政课堂】

在冻土路基上如何修建铁路

青藏铁路（图 2-1-9，全长 1 956 km）是我国铁路路基施工技术创新与发展的典型，是实施西部大开发战略的标志性工程，是历时 22 年建成的横贯在被称为"世界屋脊"的冰冻荒野上通往西藏腹地的第一条铁路，更是世界上海拔最高、线路最长的高原铁路，是人类铁路建设史上前所未有的伟大壮举，共包含 675 座桥梁和 10 座隧道。青藏铁路建设主要面临三大难题：

一是多年冻土。线路经过的连续多年冻土区长达 550 km，另有部分岛状冻土、深季节冻土，复杂的地质条件对设计和施工技术提出了很高的要求。

二是高寒缺氧。沿线地处雪域高原，线路位于海拔 4 000 m 以上地段 960 km，占线路总长的 49%，翻越唐古拉山的铁路最高点海拔 5 072 m，全线平均海拔 4 438.4 m。沿线空气稀薄，氧气只有海平面的 50%～60%，年平均气温在 0 ℃ 以下，极端最低气温为 −45 ℃，属于"生命禁区"，这对参建人员是严峻考验。

三是生态脆弱。由于特殊的地理环境和严酷的气候条件，线路经过地区生态环境具有不可逆转性，一旦受到破坏，短期内极难恢复，甚至根本无法恢复，这对环境保护工作提出了严格要求。

面对多年冻土，广大铁路科技工作者投入了大量的心血来解决难题，在工程设计中遵循以下三大基本原则（单独应用或综合考虑）：一是保护冻土原则，即保持冻土处于冻结状态；二是控制融化原则，即控制多年冻土逐渐融化或局部融化；三是破坏冻土原则，即预先融化或清除多年冻土。

低温热棒——中国人自己的冻土治理技术（图 2-1-10），成功解决了 40 多年来一直困扰中国科学家和青藏铁路建设者的重大技术难题——青藏铁路路基多年冻土层夏季融沉、冬季冻胀的不稳定问题。

图 2-1-9 青藏铁路

图 2-1-10 低温热棒处理技术

热棒上部（放热段）装有散热片，热棒的下部（吸热段）直接埋入多年冻土中。对于青藏铁路多年冻土区的冻土层，在相当长的时间段内，环境温度低于热棒吸热段周围冻土层温度，热棒中的液体物质吸收冻土中的热量，蒸发成气体。蒸汽在管内压差的驱动下，沿热棒中心通道向上流动至热棒上部，遇到较冷的管壁后，放出汽化潜热，冷凝成液体，在重力作用下，沿管壁流回吸热段再蒸发。如此循环往复，把自然界大气中的冷量源源不断地传输到地基冻土中。由于热棒具有单向传热的特点，夏天大气中的热量就不会通过热棒传到冻土中。通过热棒的单向导冷作用，冬天在地下冻土层中储存的大量冷量，在夏季使冻土不致融化，形成"永冻层"，提高了冻土的强度，可有效防止以冻土为路基的铁路、公路在运行时的融沉。该技术后来也被广泛应用于冻土地带的铁路、公路、桥梁、涵洞、隧道、固变电铁塔、矿山等工程建设。

青藏铁路是举世瞩目的伟大工程。广大青藏铁路建设者在"生命禁区"，以不畏艰险的英雄气概和求真务实的科学态度，挑战生理、心理极限，攻克"多年冻土、高寒缺氧、生态脆弱"三大世界性工程难题；以敢于超越前人的大智大勇，建设世界一流高原冻土铁路，彰显了铁路建设者拼搏奋斗、开拓创新、攀登不止的崇高精神；十多万建设大军建设青藏铁路的伟大实践，催生出的"挑战极限、勇创一流"的青藏铁路精神，成为建设者和青藏两省区人民共同创造的精神财富。

任务 2-2　桥梁工程

【任务目标】

本任务要求学生掌握铁路桥梁的分类，高速铁路桥梁的结构组成以及高速铁路桥梁是如何施工的。通过学习，学生能够识别常见的铁路桥梁结构形式，能够掌握典型铁路桥梁的施工方案。

【知识准备】

▶一、铁路桥梁的分类

自古以来修路人总是"逢山开路，遇水架桥"。铁路列车能够跑起来，离不开路，也离不开桥。

桥梁的组成包括桥面、桥跨结构、墩台及基础三大部分（图 2-2-1）。桥面就是桥梁上铺设的轨道及人行道和护栏部分；桥跨结构就是桥梁承受荷载、跨越障碍的部分；墩台则是桥跨结构的支撑体，其中设于桥梁中部的称为桥墩，设于桥梁两端的叫作桥台，桥墩与桥台的底部称为基础。

两个相邻墩台之间的空间叫桥孔；墩台之间在设计水位处的距离叫孔径；从桥跨结构底部到设计水位的高度，以及两相邻墩台之间的限界空间叫作桥下净空；每一桥

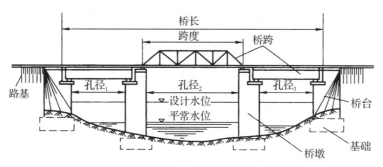

图 2-2-1 桥梁的组成

跨两端支点间的距离叫作跨度；桥台挡砟墙之间的长度为桥长。其中，孔径和桥下净空的大小应满足泄洪、排水及通航等要求。

铁路桥梁按照结构及受力特点的不同，可以分为梁式桥、拱式桥、斜拉桥和悬索桥（图 2-2-2）。按照材料的不同，可以分为混凝土桥、钢桥以及钢-混凝土组合桥。钢材具有较高的单位拟承载力，因此在较大跨度的桥梁中采用钢梁。预应力混凝土梁由于性能优越、施工简便、节能环保，在铁路建设中被大量采用。

(a) 梁式桥　　　　　　　　　　　(b) 拱式桥

(c) 斜拉桥　　　　　　　　　　　(d) 悬索桥

图 2-2-2　铁路桥梁按照结构及受力特点的分类

▶二、高速铁路桥梁结构构造

高速铁路客运专线上，列车对桥梁的动力作用大，为满足行车安全、乘坐舒适以及适应高速铁路线路的构造要求,高速铁路桥梁必须具有足够的强度、更高的刚度、良好的稳定性、更大的抗扭能力、更好的耐久性和较高的减振降噪特性,同时,还要利于检查与维修。

(一) 桥面布置

客运专线铁路桥梁桥面结构主要由人行道栏杆(声屏障)、人行道盖板、电缆槽、防撞墙(挡砟墙)、排水孔、防水层及保护层、轨道系统等组成。无砟轨道桥面与有砟轨道桥面相比结构要稍复杂一些,下面我们以京津城际铁路桥梁为例对桥面结构做如下具体介绍。

如图2-2-3所示,京津城际铁路桥面栏杆内净宽13.2 m,正线线间距5 m,线路两侧设防撞墙(高1 m、强度C40)取代护轮轨,防撞墙内净宽9.1 m;在箱梁翼缘板两侧的遮板上安装可拼装式混凝土桥梁栏杆(高1.2 m),穿越居民区时,安装声屏障(高2.15 m);桥面喷涂聚脲弹性涂料防水层(厚度2 mm),防水层上无保护层,梁缝间用橡胶止水带连接。桥面现状如图2-2-4所示。

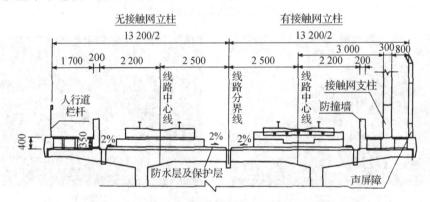

图2-2-3 京津城际铁路箱梁桥面断面图(单位:mm)

图2-2-4 京津城际桥面现状图

高速铁路桥梁要保证耐久性,首先得有良好的防排水系统,为此,京津城际铁路桥梁采用了一种新型防水层材料。用于桥面中间部位的防水层主材料喷涂聚脲弹性防水涂料(简称 SPUA)。聚脲弹性涂料是一种双组分、不含溶剂、快速固化型涂料。A 组分由预聚物或半预聚物与异氰酸酯反应制得,B 组分由端氨基树脂和端氨基扩链剂组成。A 组分和 B 组分从专用喷涂设备的喷枪内混合喷出,快速反应固结成灰色的弹性体膜。防水层系统构造见图 2-2-5,防水层涂膜平均厚度不得小于 2.0 mm,每平方米涂料用量约 2.3 kg。

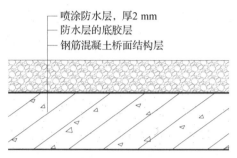

图 2-2-5 防水层系统构造示意图

防撞墙外侧的有砟轨道的桥面结构与无砟轨道的桥面结构类似,只是具体尺寸有所区别,有砟轨道的防撞墙又称挡砟墙,在挡砟墙内侧填充石碴并铺设钢轨,有砟轨道桥面无侧向挡块及两布一膜滑动层,并且两线间无排水孔。

(二)梁体结构

目前,我国客运专线桥梁以 32 m 单箱双线预应力混凝土简支箱梁为主导梁形(图 2-2-6),利用 40 m、24 m 预应力混凝土简支箱梁进行辅助调跨,跨越道路时多采用连续梁形式。客运专线铁路桥梁梁体混凝土强度不低于 C50,钢筋净保护层厚度除顶板不小于 30 mm,其余均不小于 35 mm。在每片简支箱梁底板端部设进人孔,以方便日后支座及箱梁内部的检查和维修。

图 2-2-6 京津城际 32 m 简支箱梁断面图

(三）支座

桥梁支座是连接桥梁上部结构和下部结构的重要部件，起着将上部结构静荷载和动荷载集中传递至桥梁墩台的作用。同时，其还能协调上部结构在荷载、温度变化等因素作用下产生的变形。支座受力性能的优劣及其对桥梁变形的适应性将直接关系到桥梁运营安全、抗震性能及耐久性。

对于高速铁路桥梁支座，尽量做到少维修，少更换。由于长钢轨纵向力、制动力、列车动力作用和机车车辆横向摇摆力等动力影响较之普通铁路桥梁更大，因而对支座的减振、消振性能就提出了新的要求。为满足减振、消振性能的要求，除个别桥梁采用钢支座外，其余均采用盆式橡胶支座，其中部分支座具有调高功能。

盆式橡胶支座利用被半封闭钢制盆腔内的弹性橡胶块，在三向受力状态下具有流体的性质特点，来实现桥梁上部的转动，同时依靠中间钢板上的 F4 板与上座板的不锈钢板之间的低摩擦系数来实现上部结构的水平位移，使支座所承受的剪切不再由橡胶完全承担，而是间接作用于钢制底盆及 F4 板与不锈钢之间的滑移上。从试验的数据来看，橡胶处于三向约束状态时的抗压弹性模量为 50 000 kg/cm^2，比无侧向约束的抗压弹性模量大近 20 倍，因而支座承载能力大为提高，解决了板式橡胶支座承载能力的局限，能满足大的支承反力、大的水平位移及转角要求。

客运专线简支梁的四个支座分别为固定、纵向活动、横向活动及多向活动支座（图 2-2-7）。目前，我国客运专线用的盆式橡胶支座主要有 ALGATMT、KTPZ、TGPZ 等类型。

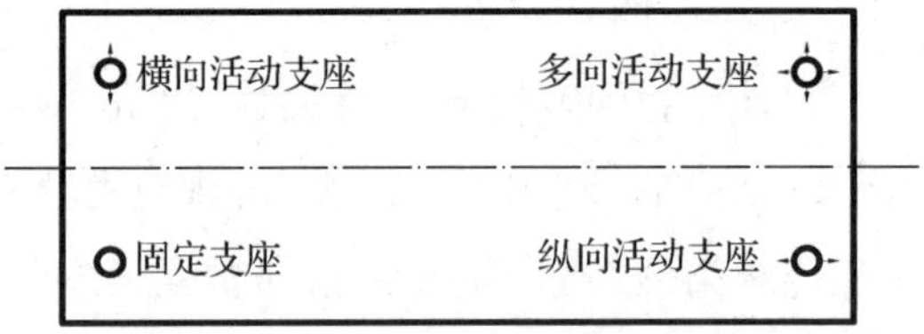

图 2-2-7　简支箱梁支座布置示意图

KTPZ-TG 调高盆式橡胶支座具有液压及机械双重调高能力，最大调高量为 70 mm。TGPZ 调高盆式橡胶支座为机械调高支座，最大调高量为 60 mm。连续梁采用 ALGATMT 调高盆式橡胶支座，ALGATMT 支座可通过机械或液压调高，液压调高最大调高量为 60 mm。预制简支箱梁采用改变上支座板顶面坡度的方式以适应梁体坡度（20‰）的要求，当坡度大于 20‰时，现浇简支梁采用梁底调整，简支箱梁的每个支撑垫石内侧装有防落梁装置，并做接地处理。打开防尘罩后的支座如图 2-2-8 所示。

客运专线无砟轨道的特点是只能利用扣件系统和轨道板下的 CA 砂浆垫层进行少量调高，当轨道系统的调高不能满足线形和坡度时，就需要对桥梁的支座进行调整来满足线路的平顺要求。目前，京津城际铁路的全线桥梁和石太客专的部分桥梁采用可调高盆式橡胶支座。

图 2-2-8　KTPZ-TG 调高盆式橡胶支座

支座调高方式主要有以下两种：

（1）液压调高

在支座预留的孔道中，利用油泵直接向支座中注入快速钢化树脂材料，使其提升。

（2）机械调高

① 通过千斤顶直接将梁顶起，在支座的上座板与梁底间插入薄钢板。

② 支座承压橡胶板中油腔可取代千斤顶实现自顶升，待抬升后再用临时支撑将梁撑住，然后支座回油，在支座的上座板与梁底间插入钢板。

（四）墩台

对于高速铁路，为了保证桥上轨道结构的强度、平顺性和稳定性，以及满足梁轨相对位移限值的要求，必须对不同跨度的桥梁下部的刚度加以限制。

为保证桥墩具有足够的刚度，高度 30 m 以下的桥墩一般为实体墩，高度 30 m 以上的桥墩一般为空心墩，禁止使用轻型墩，也不采用石砌墩台。为便于检查养护，在墩顶设有凹槽，梁底进人孔位于墩顶。墩顶预留千斤顶顶梁位置。简支梁墩顶相邻跨支座纵向间距由普通铁路桥梁的 70 cm 放大至 120 cm。如图 2-2-9 所示。

图 2-2-9　高速铁路桥墩构造

为保证轨道平顺，对墩台基础工后沉降及相邻墩台工后沉降差给予严格的限制，以保证墩台发生沉降后，桥头和桥上线路坡度的改变不致影响列车的正常运行，即使要进行线路高程调整，其调整工作量不致太大，不会引起桥面改建和桥梁结构加固。

（五）紧急疏散通道

在发生事故时，为了方便旅客逃生和工作人员对设备进行检查与维修，在超过 3 km 长的特大桥上设置紧急疏散通道，紧急疏散通道间距一般为 3 km 左右，如图 2-2-10 所示。

图 2-2-10　紧急疏散通道

▶三、高速铁路桥梁是怎样建成的？

由于高速铁路桥梁架设具有特殊性，在工程项目施工建设中，架设方法也存在着特殊性。一般而言，高速铁路桥梁工程项目对施工刚度和强度要求较高，为了满足这一需求，需要工程施工人员深入项目实际，从施工架设地理环境出发，探讨出科学、合理的高速铁路桥梁架设方法。整体而言，高速铁路桥梁跨度一般是小跨度和中跨度，且使用的是单室箱形截面梁，也就是箱形梁。对于这种结构的桥梁，在实际施工过程中，工程人员会选择使用膺架法、悬灌法以及架桥机和造桥机相结合的方法。这些方法的使用能在很大程度上保证箱形梁架设的完整性。

在施工架设过程中，架桥机配合施工人员针对预制桥梁进行架设，而且能实现全过程的全孔跨预制（图 2-2-11）。它可以将预制好的梁片放置到预制好的桥墩上去。架桥机属于起重机范畴，因为其主要功能是将梁片提起，然后运送到位置后放下。

架桥机与一般意义上的起重机有很大的不同。其要求的条件苛刻，并且存在梁片上走行，或者叫纵移。架桥机分为架设公路桥、常规铁路桥、客专铁路桥的架桥机等。

与架桥机相配合的是造桥机（图 2-2-12）。造桥机是在施工现场制造架设使用的设备。造桥机主要用于大跨度桥梁架设，桥梁每段由很多小节拼成。造桥机将预制好的小节吊装到位，在跨中拼好。一般施工时根据吊重、跨度以及桥型来选择造桥机。

模块二　铁路线路桥隧

图 2-2-11　架桥机

图 2-2-12　造桥机

造桥机主要用于铁路箱梁施工，当节段拼装完成后，还要在架桥机上进行横向湿接缝及张拉作业等后期施工，待后期施工完成后，造桥机才向下一跨移动。而架桥机通常用 40 m 以内的 T 梁、箱梁架设，架完后向下一跨移动。

工程人员使用钢（桁）梁支撑箱梁梁体外模，在预设的桥位上浇筑混凝土。目前，高速铁路桥梁架设中的造桥机主要使用移动模架法，相比架桥机而言，造桥机在国外桥梁架设中是应用非常普遍的机械设备，这种机械设备的使用在国外更加成熟。

【思政课堂】

世界领先的桥梁工程

全球首座高速铁路悬索桥——五峰山长江大桥

五峰山长江大桥位于连镇高铁扬州东至大港南站间,是世界上首座运行荷载量最大的高速公铁两用悬索桥(图2-2-13),全长6.4 km,主跨采用1 092 m钢桁梁悬索桥横跨长江航道,上层公路为八车道高速公路,设计速度为100 km/h,下层为四线高速铁路,设计速度为250 km/h。五峰山长江大桥荷载的公路、铁路车道数量和荷载重量,都分别远远超过国际同类桥梁,刷新多项世界纪录,实现了"中国制造"向"中国创造"历史性跨越。

图2-2-13 五峰山长江大桥

五峰山长江大桥建设创造了七项世界第一:一是世界上首座高速铁路悬索桥;二是世界上公路、铁路车道数最多,荷载重量最大的铁路悬索桥;三是目前世界上主缆直径最大的悬索桥,单根主缆设计内力88 500 t,主缆直径达1.3 m;四是世界上陆地沉井基础面积最大的悬索桥;五是世界首座采用板桁结合新型加劲梁结构的公铁两用悬索桥;六是世界首次在铁路道砟桥面采用轧制不锈钢复合钢板;七是世界首次在正交异性板U肋与顶板之间采用全熔透焊接技术。

五峰山长江大桥在建设过程中有七大技术创新:一是千米级高速铁路悬索桥刚度指标体系与结构构造创新;二是千米级高速铁路悬索桥上部结构施工控制技术创新;三是千米级高速铁路悬索桥大吨位缆载吊机、大直径主缆挤紧和缠丝设备创新;四是千米级高速铁路悬索桥大节段钢梁整体制造、运输和架设施工工艺创新;五是超大陆上沉井基础施工工艺创新;六是地连墙防护锚碇基础施工技术创新;七是大型双壁钢围堰整体运输、吊装及围堰封底施工工艺创新（图2-2-14、图2-2-15）。

图2-2-14　五峰山长江大桥北锚碇　　　图2-2-15　五峰山长江大桥主缆施工

京沪高铁第一桥——南京大胜关长江大桥

在京沪高铁上有一座大桥，建成时是世界首座六线铁路大桥，是世界上跨度最大的高速铁路桥，也是世界上设计荷载最大的高速铁路桥，其一个桥墩面积就相当于7个篮球场；钢梁总重达8.2万t，相当于两个"鸟巢"；混凝土总量达122万m^3，是南京长江一桥、二桥、三桥的总和；可同时并行6列火车，它就是京沪高铁第一桥——南京大胜关长江大桥（图2-2-16）。

图2-2-16　南京大胜关长江大桥

南京大胜关长江大桥设计速度为300 km/h，为世界同类桥梁的最高时速。其体量大、跨度大、荷载大、速度高的"三大一高"特点，给大桥的养修维护工作带来了诸多挑战。

走进铁路

南京大胜关长江大桥维修养护的最大的挑战也是最普通的工作是夜间登高作业。作为南京大胜关长江大桥的"女管家",南京桥工段大胜关大桥原车间主任朱素华初来大胜关工作时,登高前内心也非常害怕,双腿总是不由自主地颤抖。然而,登高作业是高铁桥梁养护作业的家常便饭,作为车间的带头人,看着职工们在登高时的畏难表情,她下定决心,战胜恐惧,带头爬上去为职工做表率。车间职工看到一个女同志都爬上了桥,也就打消了恐惧,鼓足勇气跟着爬了上去。

爬是爬上去了,可是桥上的工作条件却特别不好。夏天,风吹雨淋,蚊虫满天飞。冬天,桥上寒风凛冽,一遍检查下来,手套、口罩冻得硬邦邦的;遇到刮风下雨,湿透的工作服被江风吹透,就像无数根针扎进骨头里,有一种从骨髓里发出来的疼痛感。几年下来,关节炎、腰肌劳损等职业病都找上门来。

按规定,车间主任每个月要有不少于两次的"天窗点"跟班作业。实际上,朱素华每个月"天窗点"跟班作业都在5次以上。在作业现场,她是唯一的女性,更是实实在在的女汉子。大胜关长江大桥两个336 m的主跨为钢桁拱连续梁,从拱趾到拱顶总高96.2 m,拱顶最高处距离水面100多米,相当于40层楼的高度,朱素华徒手爬上爬下;高铁箱梁内部黑暗沉闷,朱素华钻进钻出。每次跟班,朱素华既是指挥人员,又是作业人员。在她的带领下,车间职工苦干、实干,潜心探索大桥养修规律,一丝不苟排查隐患,不断为高铁桥梁"强筋壮骨",确保了高铁列车安全、平稳运行。

大胜关长江大桥维修养护的另一个挑战是螺栓的检查和补装。大胜关长江大桥全长9 273 m,主桥长1 615 m。整个大桥上的高强度螺栓多达382万套,如果有螺栓折断,会影响节点板的联结强度,一旦螺栓脱落则危及高铁运行安全。因此,螺栓检查、补装是大桥养护的重头戏。受作业条件、作业机具等方面的限制,大桥有些隐蔽部位的螺栓只能委托外单位受过专门训练的"蜘蛛人"进行检查、换装,但因螺栓不在可视范围,如何判定"蜘蛛人"的作业质量成了一个难题。经过反复琢磨,大胜关长江大桥车间集思广益,想出了一个妙招:在"蜘蛛人"的安全帽上安装摄像头,检修作业时必须全程录像,作业完毕后,把录像的数据汇总到车间进行回放,一旦发现检查、补装不到位,必须重检重装。这样就大大提高了委外作业人员的责任心,保证了螺栓补装的质量。

在京沪高铁通车运营的前几年,测量大胜关长江大桥梁缝的结构几何尺寸,是利用"天窗点"每个月测量一次,测量数据不具备连续性且误差较大。针对这一问题,大胜关长江大桥车间组织展开QC(Quality Control,质量控制)技术攻关,建立了梁缝自动测量模型,在大桥4号和10号墩的梁端处安装了测量装置,并将数据采集线接入大桥监控指挥中心,实现了梁缝结构几何尺寸的自动测量,既解决了人工读数误差问题,又达到了数据连续监测的目的。围绕大桥养护的重点和难点问题,近年来,他们陆续完成了《探索京沪高铁大胜关南引桥区段轨道平面位移调整技术》《京沪高铁大胜关南引桥9号墩起桥墩偏移整治》等QC成果,获得全国铁道行业质量管理活动优秀奖;撰写并发布了《关于大胜关大桥养修模式的探索》等论文,有效解决了高速铁路桥梁养护方面的诸多难题,确保了大桥安全畅通。如今,南京大胜关长江大桥已经安全通车10多年。

任务 2-3 隧道工程

【任务目标】

本任务要求学生掌握铁路隧道的组成,高速铁路隧道的洞门结构以及高速铁路隧道是如何施工的。通过学习,学生能够识别常见的铁路隧道结构形式,能够掌握典型铁路隧道的施工方案。

【知识准备】

铁路隧道是修建在地下或水下并铺设轨道供列车通行的建筑物。根据其所在的位置,可分为山岭隧道、水下隧道、城市隧道三大类,这三类隧道中修建最多的是山岭隧道(图 2-3-1)。

图 2-3-1 铁路隧道

▶ 一、铁路隧道的组成

隧道由主体建筑物和附属建筑物两大部分构成。主体建筑物是为了保持隧道的稳定,保证隧道的正常使用而修建的,主要由洞身衬砌和洞门组成,也包括必要时在洞门口加筑的明洞。附属建筑物是指为了保证隧道正常使用,方便养护、维修作业,以及满足供电、通信等方面需要的各种辅助设施,如隧道的防排水设施、避车洞、电缆槽、运营通风设施等。

国内客运专线隧道拟定的建筑限界及内轮廓需要满足下列条件（图2-3-2）：

(1) 有效净空面积：100 m²；

(2) 线间距：5 m；

(3) 双侧救援通道：1.5 m；

(4) 技术作业空间：30 cm；

(5) 线路中线距安全空间：3 m。

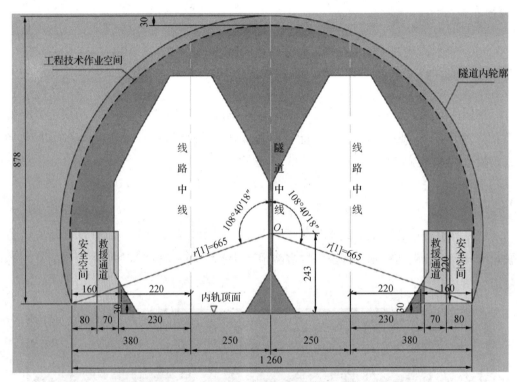

图2-3-2　高速铁路隧道限界（单位：cm）

同时，我国高速铁路隧道建设过程中需要考虑的因素包括：大断面隧道支护结构的安全性、适用性、耐久性与经济性；防排水技术措施的可靠性、施工可行性、运营可维护性；复杂地质条件下大断面隧道施工方法的安全性与经济性；新型、简洁的景观、环保洞门的开发；复杂地形条件下的洞口处理技术；隧道综合防汛救灾措施的系统性、高效性。

二、铁路隧道洞门结构

铁路隧道洞门结构需要贯彻"早进晚出"的原则，必要时适当接长明洞，以减少对地表的破坏；确定洞门形式应综合考虑地质、地形、地物和周边自然环境等因素，保证结构和运营安全以及排水通畅；要因地制宜，采取新型环保洞门结构，缓解空气动力学效应对洞口周围环境的影响。在线路中线与等高线基本正交的情况下，隧道洞口里程按拱顶与地面标高等高点里程外延。线路中线与等高线斜交的情况下，按隧道高侧边坡高度不超过 15 m、低侧基础稳定的原则确定洞口里程。

隧道洞门优先采用斜切类洞门，洞口地形条件适宜（纵坡不陡、横坡不偏、路堑不长）；洞周有景观要求（有村庄、公路或位于景区等）；同一座隧道有条件时采用相同类型洞门。当洞口地面横坡较陡，边仰坡放坡开挖存在不可控风险时，采用接长明洞的方式，比如选择斜切类及端墙类洞门；端墙类洞门边仰坡高度控制在 10 m 以内，高挖不存在安全隐患时，可以适当放宽，但挖高不宜超过 20 m，并做好坡面挡护。如图 2-3-3 所示。

图 2-3-3　高速铁路常见洞门结构形式

洞口边仰坡应采取防护措施按"安全、可靠、绿化"的原则设计，当边仰坡高度小于 12 m 时，对土质边仰坡采用液压喷播植草方式，对岩质边坡采用挂网喷混凝土植生防护方式；边坡刷方高度超过 12 m 时，采用桩挡结构防护，以达到收坡效果。挡墙顶部边坡防护方式同上。边仰坡绿化的植物种类应适应当地的环境条件，并与所连接路基段绿化协调一致。隧道洞口边仰坡刷防线外 5 m 采用防护栅栏隔离措施，有落石时，采用防护网防护，防护网高度为 4 m。

隧道洞口排水系统设计首先应保证洞内水顺畅排出，并避免洞外水冲刷隧道洞门及边仰坡。隧道洞内侧沟或中心沟应与路堑侧沟顺接，洞口地段沿出洞方向上坡时，应在洞外设反向排水沟，沟底坡度不小于 2‰，避免洞外水流入洞内。在隧道洞口边仰坡坡顶 5 m 以外设置截水天沟，坡度根据地形设置，但不应小于 3‰，以免淤积；天沟形式根据洞口地形地质条件进行设计，并根据地形确定水沟流向。当隧址区地表有漏斗、洼地等可能汇集地表水的不良地形地貌时，应根据调查情况判别地表水与地下水的联系，对漏斗、洼地采用铺设土工布、填土平整、浆砌铺面等措施，并采取措施截排地表水，避免地表水汇集。

三、铁路隧道是怎样建成的？

隧道施工方法主要依据工程地质和水文地质条件，结合隧道长度、断面大小、衬砌类型、施工设备、工期要求和施工技术水平等因素综合研究确定。所选用的施工方法既要体现技术先进性，同时也要保证经济合理和安全实用。目前铁路山岭隧道常用的施工方法主要分为两类，即钻爆法、隧道掘进机法或盾构法。

"钻爆法"从字面上便不难理解，是指采用炸药爆破开挖施工的方法，这得益于诺贝尔先生对炸药的发明，它是在岩层中钻凿孔眼，装入炸药进行爆破开挖，其主导思想是"化整为零、积零为整"（图2-3-4）。即先部分开挖，再将各开挖部分连起来，该方法包括全断面法、台阶法、弧形导坑法、交叉中隔壁法等。

图2-3-4 隧道钻爆法施工

钻爆法是我国目前铁路山岭隧道建设中应用最广、最为成熟的施工方法，该方法因最早应用于矿山采掘巷道的挖掘，因而也称为矿山法。矿山法历史悠久，现在人们还习惯将钻爆开挖加钢、木结构临时支撑的开挖方法称为传统矿山法。由于木支撑耐久性差，撤换不安全，目前已很少采用。现在的钻爆法是指用钻爆开挖，喷混凝土、锚杆作初期支护，再施作模筑混凝土二次衬砌。它是按新奥法原理施作的，采用喷锚衬砌，是如今大力推广的方法。

隧道掘进机法或盾构法机械化程度较高，原理是用刀具切割岩体全断面，整体向前推进。盾构隧道施工法是使用盾构机，一边控制开挖面及围岩不发生坍塌失稳，一边进行隧道掘进、出渣，并在机内拼装管片形成衬砌、实施壁后注浆，在尽量不扰动围岩的情况下修筑隧道的方法（图2-3-5）。

图2-3-5　隧道盾构法施工

此外，当隧道穿越江、河、湖、海的水底地层时，也可用沉管法（图2-3-6）。就是将箱形或管形混凝土管段构件事先预制好，再分段沉埋至河底或海底而构成隧道的施工方法。

图2-3-6　隧道沉管法施工

【思政课堂】

我国自主研制"彩云号",助力"一带一路"

正在建设的大瑞铁路是我国《中长期铁路网规划》中,完善路网布局和西部开发性新线项目之一,是国家"一带一路"倡议中,泛亚铁路西线和中缅国际铁路通道的重要组成部分,是中国连接中南半岛经济走廊的重要环节。大瑞铁路建成后将大大改变云南西部的交通运输格局,大瑞铁路不仅拉近了城市间的"交通圈",而且也让"城市圈"走出国门,连动世界,让"一带一路"合作共赢的大通道更加宽阔。大瑞铁路上的高黎贡山隧道,是大瑞铁路全线重点控制性工程,是亚洲最长的山岭铁路隧道,位于喜马拉雅地震带,地质情况之复杂极为罕见,囊括了隧道施工的所有不良地质和重大风险,施工难度在世界隧道修建史上首屈一指。

2017年8月,我国自主研制的硬岩掘进机——"彩云号"在昆明下线,用于高黎贡山隧道开挖工作,完成人工无法完成的长距离隧道掘进。高黎贡山隧道全长34.5 km,"彩云号"所要经过的12.8 km路程并不轻松,其不仅要钻透高黎贡山坚硬的岩石,而且要经受高地热、高地应力、高地震烈度的层层考验,所以,"彩云号"不仅块头大,还有大智慧。"彩云号"的设计建造历经3年多,先后有上百人参与其中,它的结构及工艺非常复杂,技术含量高,不仅集光、机、电、液、传感、信息等各种先进技术于一体,而且涉及地质、土木、机械、力学、液压、电气、控制、测量等多门学科技术,全身上下有上万个部件(图2-3-7)。"彩云号"在满足快速破岩需求的同时,还在强

图2-3-7 "彩云号"硬岩掘进机

化辅助工法等多方面实现了突破,更能适应软岩大变形、断层破碎、突泥大涌水、高地热、高地应力、岩爆等不良地质条件。在高黎贡山如此复杂的地质条件下,"彩云号"在地下却通行无阻,每月可以掘进 400 m 以上。

"彩云号"硬岩掘进机迸发出惊人的力量,"跑"出了中国速度,也"跑"出了行业新标杆,它标志着我国硬岩隧道掘进机研制技术达到世界先进水平,也标志着我国在硬岩隧道施工领域迈上了一个新台阶。

任务 2-4 轨道工程

【任务目标】

本任务要求学生掌握铁路轨道的分类,了解高速铁路轨道经历的从有砟轨道到无砟轨道、从有缝线路到无缝线路的转变,同时需要掌握单开道岔的基本组成。

【知识准备】

轨道结构直接关系列车运行安全性、旅客乘坐舒适性,必须具备高平顺性、高可靠性和高稳定性。

▶ 一、从有砟到无砟

轨道由钢轨、扣件、联结零件、轨枕、道床等部分组成,是列车运行的重要基础设施。铁路发展至今共有两种形式的轨道结构,即有砟轨道和无砟轨道。所谓"砟",即小石子,有砟轨道和无砟轨道的区别就在于有没有这些"小石子"。

(一)有砟轨道

普速铁路都是有砟轨道。不同粒径的小石子交错铺设成一张坚固而又有一定弹性的床,称之为"道床";在道床上面按照一定间距铺设搁置钢轨的混凝土或木头"枕头",称之为"轨枕";钢轨通过扣件紧紧地固定在轨枕之上,这便是有砟轨道(图 2-4-1)。

列车在有砟轨道线路上长年奔驰,线路上沉积的煤屑与粉尘土粒经雨水混合后就和钢轨下面的石砟黏结成块,必须用铁洋镐和铁耙子来松一松,过滤掉泥土,然后再回填,使轨道恢复原样。20 世纪 60 年代左右,铁路工务主要工作是铺设钢轨、枕木,肩挑、背扛、手抬是那个年代铁路工务员工的工作写照,干活离不开洋镐、叉子、耙子"三件宝"。

由于道砟的存在,有砟轨道的整体稳定性较差,列车通过时产生的部分变形不能恢复,经常需要现场作业人员到线路上去处理这些小石子,使钢轨恢复到原来的线形

图 2-4-1 有砟轨道

线位，养护维修工作量较大。同时，在高速情况下，小石子还会被运行中的高速列车吸起来并飞溅到线路外侧去，称之为"飞砟"，其具有很大的安全隐患。

（二）无砟轨道

随着列车运行速度的不断提高，有砟轨道道砟粉化及道床累积变形（材质、降雨、排水不畅等因素造成）速率加快，必须通过轨道结构强化措施来满足高速运行的列车对线路高整体性、高稳定性、高平顺性的要求。自20世纪60年代起，国外在研究强化有砟轨道方法的同时相继研发了无砟轨道结构，其在高速铁路上的应用范围愈来愈广，逐渐取代有砟轨道登上历史舞台。目前，无砟轨道是我国高速铁路的主要结构形式和发展趋势。

无砟轨道，即没有小石子的轨道结构，是采用混凝土沥青混合料等整体基础取代散粒碎石道床的轨道结构，其结构整体性和稳定性大幅提升，视觉上也更加整洁美观（图2-4-2）。

我国高速铁路无砟轨道结构是一个较为庞大的体系，总体上可分为两大类，即预制板式无砟轨道和现浇混凝土式无砟轨道。其中预制板式无砟轨道分为CRTS Ⅰ型、CRTS Ⅱ型、CRTS Ⅲ型三种；现浇混凝土式无砟轨道分为CRTS Ⅰ型、CRTS Ⅱ型双块式两种。

其中，CRTS Ⅲ型板式无砟轨道是我国结合既有无砟轨道技术提出的具有自主知识产权的新型轨道体系，对完善我国无砟轨道技术体系、提高无砟轨道技术核心竞争力、实施中国铁路"走出去"战略具有重大意义。

图 2-4-2　无砟轨道

图 2-4-3 所示为 CRTS Ⅲ 型板式无砟轨道结构，由钢轨、扣件、预制轨道板、配筋的自密实混凝土、限位挡台、中间隔离层（土工布）和钢筋混凝土底座等部分组成。

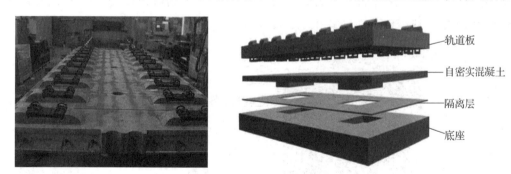

图 2-4-3　CRTS Ⅲ 型板式无砟轨道结构图

我国的高铁工程技术人员在对国外技术消化吸收的基础上进行再创新，成就了像"绣花"一样精细的轨道板生产工艺。一块貌不惊人的混凝土板，在一定程度上决定着高速列车能否"飞"得更平稳、更安全。高速铁路无砟轨道板大多采用工厂集中预制的方式制造生产，这种方式有利于制作具有更高精度、更加精良的高铁轨道板，制造精度达到了十分之一毫米级——这是目前土木工程界的最高制造精度。轨道铺设施工的时候，只需要将预制好的轨道板运输至施工现场铺设即可，因此工厂集中预制方式大大提高了无砟轨道的建造速度。为了实现轨道板的精准铺设，每一块轨道板在出厂前都会被独立编号，编号是每块轨道板独一无二的标识。依据设计图纸，带有独立编号的轨道板被运输至指定位置进行铺设，开启它漫长的铁路服役生涯。

二、从有缝到无缝

京沪高速铁路是连接我国政治中心和经济中心两个超大城市的高速铁路，由北京南站至上海虹桥站，连接京津冀和长江三角洲两大城市群，是我国"四纵四横"客运专线网中的"一纵"，也是我国《中长期铁路网规划》中投资规模大、技术水平高的一项工程，是我国第一条以"高速铁路"命名的铁路，全线铺设无缝线路和无砟轨道，线路设计速度为 350 km/h。这么长的钢轨是怎么生产的呢？

由于车轮会对钢轨产生冲击，列车运行速度过高的时候，钢轨间的缝隙有造成火车脱轨的危险，当火车的运行速度超过 140 km/h，就必须使用无缝轨道。无缝长钢轨是由 5 根 100 m 长的钢轨在焊轨基地焊接成一根 500 m 长的钢轨，运到铺设现场后再焊接而成（图 2-4-4）。钢轨在焊接前存放在堆场上，它们都有独一无二的条形码，这是钢轨的"身份证"，焊接之前，要对钢轨进行十多项检查，合格后才能焊接。焊接机将两根钢轨迅速融为一体，焊接最高温度超过 1 000 ℃，焊接后的钢轨还要进行打磨，打磨好后，要进行正火处理，增加钢轨韧性，正火处理后，还要上下左右精校直，再利用数控机床对焊缝精铣，对焊缝进行探伤，看看有没有伤损，最后经检测合格后钢轨才能堆放在成品场，等待运出焊轨基地到现场铺设（图 2-4-5），成为高铁列车平稳运行的"基石"。

图 2-4-4　无缝钢轨

图 2-4-5　钢轨运输

三、轨道上两股钢轨的相互位置

为了确保行车安全，轨道除了应具有合理的组成外，还应保持两股钢轨的规定距离和轨顶面的相对水平位置。

轨距是钢轨头部踏面下 16 mm 范围内两股钢轨工作边之间的最小距离，如图 2-4-6 所示。

目前世界上铁路轨距，分为标准轨距、宽轨距和窄轨距 3 种。标准轨距尺寸为 1 435 mm。大于标准轨距的称为宽轨距，如 1 520 mm、1 524 mm、1 676 mm 等。小于标准轨距的称为窄轨距，如 1 067 mm、1 000 mm、762 mm 等。

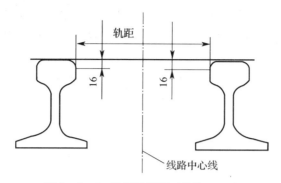

图 2-4-6　轨距示意图（单位：mm）

我国铁路直线轨距绝大多数为标准轨距，仅在云南省境内尚保留有 1 000 mm 轨距。

【知识拓展】

火车的轨距为什么要设计成 1.435 m？

现代火车的鼻祖是最早出现在英国的蒸汽机车，从那时候开始英国的铁路宽度就是 1.435 m。可英国的铁路宽度又是谁定下来的？很简单，是由造马车的人定下来的，因为最早参与蒸汽机车制造的工程师原来就是造马车出身的，而马车的轮距刚好是 1.435 m。问题接着往下推，英国的马车轮距又是谁定下来的？用 1.5 m，或者 2 m 这种更简单的数字不是更方便吗？

我想在英国使用马车的一千多年里，肯定有 1.5 m 或者 2 m 轮距的马车出现过，但因为某种原因逐渐被淘汰，最后剩下的就只有 1.435 m 轮距的马车这一种类型。为什么其他型号会被淘汰？答案：车辙。古代没有柏油路，马车走来走去留下两条深深的辙沟，在中世纪那种物质条件下，过上几百年也不会有太大的变化。这样一来，轮距与地上已有车辙吻合的马车寿命就会长一点，轮距与已有车辙不合的马车估计就会坏得快一些。物竞天择，最后只剩下轮距 1.435 m 的马车这一款，这样说来，地上的车辙也必定是 1.435 m 无疑。可最早这 1.435 m 宽的车辙是谁留下的？

历史再往前推，你会发现这些辙沟几乎都来自罗马的战车。公元前 55 年，罗马入侵大不列颠之后，两轮战车开始流入英伦三岛，这个时候的轮距便是 1.435 m，那么罗马人又为何采用这个标准设计战车呢？这便触及问题的根源，因为战车使用两匹马进行牵引，而两个马屁股并排就是 1.435 m 宽。由此我们得知，很多工程学上的数据可能并非源自技术人员的严谨计算，而仅仅是某一领域的历史传承，这种现象也被科学家们称为"路径依赖"。

事情到此结束了吗？没有。马屁股宽度决定战车宽度，战车宽度决定车辙距离，车辙距离决定马车轮距，马车轮距决定火车轨距，火车轨距决定什么呢？决定航天飞机的推进器尺寸。这并非危言耸听，如果你观察过美国航天飞机发射的场景，一定会发现在机身两侧各有一个圆筒状的推进器。这两个推进器的尺寸为什么不做得大一点，那样不是可以装纳更多的燃料吗？这个还真不行！推进器产自犹他州的工厂，从工厂运送至发射台要经过无数的隧道，而隧道比铁路宽不了多少。一旦把推进器的尺寸放大了，就要面临无法通过隧道的窘境。

当然，就标准铁轨的 1.435 m 轨距来说，世界上还存在与之不同的宽轨和窄轨。不过采用这种标准的国家和地区大多是有意为之，比如民国时割据山西的阎锡山，用的就是与中央政府截然不同的窄轨。那样一来，即使轨道连接也无法通车，这在很大程度上可以避免外界的渗透和入侵。

1937 年，国际铁路协会做出规定：1 435 mm 的轨距为国际通用的标准轨距，1 520 mm 以上的轨距是宽轨，1 067 mm 以下的轨距算作窄轨。该组织之所以这样规定，其中的一个重要原因是为了纪念被誉为世界"铁路之父"的英国人斯蒂芬森。早在 1825 年，这位伟大的发明家研制出的最原始的"运动"号蒸汽机，拉动了世界上第一列旅客列车，曾引起轰动。当时铁路的轨距是 4 英尺 8 英寸半（注：4 英尺 8 英寸半不等于 4.85 英尺，因为：1 英尺等于 12 英寸，4 英尺 8 英寸半等于 4.708 33 英尺），这个尺寸来源于马车两个车轮之间的距离。古代的战车靠两匹马拉动，并排两匹马的屁股宽度决定了车轮的制式，这个宽度就被定为 4 英尺 8 英寸半，折合成公制就是 1 435 mm。

▶ 四、列车是如何实现转向的？

（一）道岔的类型

道岔是一种使机车车辆从一股道转入另一股道的线路连接设备，通常在车站、编组站大量铺设。有了道岔，就可以充分发挥线路的通过能力。即使是单线铁路，铺设道岔，修筑一段大于列车长度的岔线后，就可以对开列车。

由于道岔具有数量多、构造复杂、使用寿命短、限制列车速度、行车安全性低、养护维修投入大等特点，其与曲线、接头并称为轨道的三大薄弱环节。它的基本形式有 3 种，即线路的连接、交叉、连接与交叉的组合。常用的线路连接有各种类型的单式道岔和复式道岔；交叉有直接交叉和菱形交叉；连接与交叉的组合有交分道岔和交叉渡线等。

双开道岔为 Y 形，即与道岔相衔接的两股道向两侧分岔。三开道岔如同 Ψ 形，同时衔接三股道，由两组转辙机械操纵两套尖轨。复式交分道岔为 X 形，实际上相当于四组单开道岔和一副菱形交叉的组合。除此之外，还有一种交叉设备，通常使用的叫作菱形交叉。它由两组锐角辙叉和两组钝角辙叉组成，但没有转辙器，所以股道之间不能转线。如果将复式交分道岔的 X 形的上面两点和下面两点分别连接起来，就是交叉渡线。它不仅能开通较多的方向，而且占地不多，所以车站经常采用。

（二）单开道岔构造

道岔因其构造不同而形式多样，最常见的是普通单开道岔。单开道岔由转辙器、辙叉及护轨、连接部分和岔枕组成（图 2－4－7），单开道岔以它的钢轨每米质量及道岔号数区分类型。目前我国的钢轨有 75 kg/m、60 kg/m、50 kg/m、45 kg/m 和 43 kg/m 等类型，标准道岔号数（用辙叉号数来表示）有 6、7、9、12、18、24 号等，且 9 号及 12 号最为常用。在侧线通过高速列车的地段，则需铺设 18 号、24 号等大号码道岔。

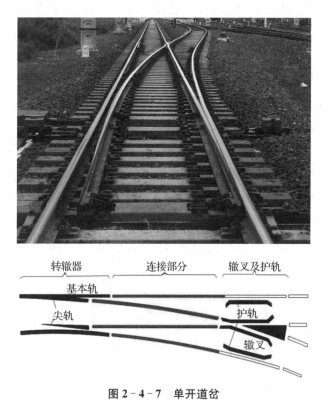

图 2－4－7　单开道岔

目前我国铁路干线上大量使用着 60 kg/m 钢轨固定型辙叉的 12 号单开道岔。为适应既有线提速改造的要求，我国自行设计、制造的新型 60 kg/m 钢轨 12 号提速道岔已基本达到了国际先进水平，是我国高速道岔的雏形。

（三）高速道岔的特征

综观国内外高速道岔结构，其特征主要如下：

1. 转辙器

（1）转辙器尖轨采用矮形特种断面钢轨制造的藏尖式、曲线形、弹性可弯式跟端尖轨。

(2)为防止车轮轮缘冲击和扎伤尖轨尖端,要使尖轨尖端埋藏在基本轨轨头侧面刨切部分,以便使尖轨轨头非工作边与基本轨工作边紧密贴合。

(3)为增大导曲线半径,道岔侧股应设计为曲线形尖轨,曲线尖轨半径与导曲线半径相一致。

(4)曲线尖轨有切线形和割线形之分。尖轨与基本轨的平面连接方式有普遍采用切线形曲线尖轨的趋势。日本、法国和德国高速道岔均为切线形。一般在尖轨顶宽 2.5~5 mm 处作斜切以减小其薄弱部分的长度。我国采用相离半切线形尖轨,俄罗斯采用割线形曲线尖轨。

(5)曲线尖轨尖端有有冲击角和无冲击角之分。一般半切线形曲线尖轨尖端有冲击角,如我国的高速道岔;而切线形曲线尖轨尖端有的有冲击角,如法国的高速道岔,有的则无冲击角,如日本的高速道岔。冲击角的大小直接关系到逆岔侧向过岔速度。

(6)曲线尖轨的长度一般都较长,少则十几米,长则四十到五十多米,由尖轨跟端部分、尖轨可弯部分及尖轨扳动部分的长度组成。为保证尖轨的转换可靠性及扳动到位,常设置多根转辙杆,如法国的 65 号道岔,尖轨长 57.5 m,采用 6 根转辙杆;日本的 38 号道岔,尖轨长 42.1 m,也采用 6 根转辙杆;德国的 26.5 号道岔,尖轨长 31.74 m,采用 4 根转辙杆;我国的 18 号道岔,尖轨长 21.45 m,设置了 3 根转辙杆。

(7)尖轨跟端经模压加工成与标准钢轨相同的断面,并用焊接方法使其与相邻的钢轨连接,同时用能纵向调节的弹性扣件牢固扣压,以提高转辙器的稳固性和可靠性。

(8)直股尖轨为直线形,尖轨尖端轨距不作任何加宽,有利于高速直向过岔。

2. 辙叉及护轨

(1)有高锰钢整铸辙叉和可动心轨或可动翼轨之分。为消灭辙叉有害空间,减小翼轨冲击角,加大导曲线半径,一般可采用由特种断面钢轨制成的可动心轨式高锰钢曲线辙叉,它是保证道岔直向过岔速度与区间轨道高速运行速度相一致的主要有效技术措施。

(2)可动心轨辙叉长度一般为 10 m 左右,较长的则可达到 15~20 m,比固定式辙叉长度增长很多。

(3)可动心轨辙叉一般是由可动心轨、翼轨和尾轨构成。为提高辙叉的耐磨性和整体性,可动心轨辙叉多采用高锰钢铸造。

(4)在构造上,心轨实际尖端较翼轨顶面低一些,心轨与翼轨头贴靠范围内,采用埋藏心轨尖端的轨头。

(5)在固定式辙叉中,为减小辙叉咽喉和翼轨缓冲段的冲击角,防止车轮爬轨,提高过岔速度,普遍采取加长翼轨缓冲段的长度,减小辙叉咽喉宽度,改变翼轨在辙叉理论中心处的外形的措施。

(6)可动心轨辙叉一般不设护轨,但侧股有时会设置护轨,一般采用 H 型护轨、防磨护轨或弹性护轨，以增强护轨工作边横向强度。为防止辙叉磨耗，应加长护轨缓冲段长度，以减小护轨冲击角。为使车轮导向更有效，减少心轨磨耗，应使护轨稍高于基本轨。

3. 道岔导曲线

道岔导曲线线形以圆曲线为主，有时也采用复心曲线，采用缓和曲线的道岔更自然优越。一般18号道岔多用圆曲线形导曲线，日本的38号道岔导曲线为复心曲线，大号码道岔以采用缓和曲线导曲线为佳，如法国的46号、65号道岔导曲线为单支三次抛物线形导曲线，半径最大处位于导曲线终点即曲线辙叉跟端，而瑞士的25号道岔导曲线则为螺旋曲线形。

4. 其他方面

（1）为能与车轮踏面形状相适应，道岔内钢轨轨顶坡度设置为1∶40，一般是在道岔垫板、滑床板和尖轨轨头设置坡度。

（2）为消灭道岔内钢轨接头，多采用半焊或全焊无缝道岔，以提高高速过岔的平稳性与舒适性。

（3）设置低刚度轨下胶垫，提高道岔轨道弹性。

（4）采用弹性扣件扣压道岔钢轨。

（5）道岔岔枕除采用硬质木岔枕外，现多采用混凝土岔枕或新型合成材料岔枕，以及铺设枕式或板式无砟道岔。

模块三　铁路站场

【内容描述】

车站既是铁路办理客、货运输业务的基地,又是铁路系统的一个基层生产单位。在车站上,除办理旅客和货物运输的各项作业以外,还办理和列车运行有关的各项工作,如列车的接发、会让、越行;列车的解体与编组;机车的换挂与车辆的检修等。

为了完成上述作业,车站上设有客货运输设备及与列车运行有关的各项技术设备,还配备了客运、货运、行车、装卸等方面的工作人员。设备较完善的车站,还进行列车解体和编组等工作。

通过对本模块的学习,学生能够对铁路车站、区间、区段的界定,类型,作用,股道、道岔编号及股道有效长等基本知识有一个系统的了解。

【学习目标】

学习目标	知识目标	(1) 了解线路车站、区间、区段的基本常识 (2) 掌握车站、区间、区段的界定,类型,作用 (3) 掌握股道、道岔编号及股道有效长的基本知识
	能力目标	(1) 能正确区分车站、区间、区段 (2) 会描述车站的作业和设备
	素养目标	(1) 培养虚心向现场师傅学习的工作作风 (2) 培养尊重客观、尊重劳动的职业精神 (3) 能独立完成调研,进行知识自我更新

【建议学时】

2~4学时。

任务 3-1　铁路车站、区间、区段基本常识

【任务目标】

本任务要求学生了解铁路车站、区间、区段的基本常识。有条件的学校，教师应组织学生到铁路线路、车站参观，听现场工作人员介绍铁路车站、区间、区段的基本知识。学生根据活动要求做好课前准备，参观时针对现场工作提问，教师组织学生在课堂上进行小组讨论和交流。

【知识准备】

一、车站的作用与类型

（一）车站的定义

铁路车站是供铁路列车停靠，供乘客登车或者供货物上下列车的地方。站台可大致分为岛式站台、侧式站台、港湾式站台、高架站台、地下站台、越行站等几类。早期的车站通常是客货两用的。这类车站现在仍然有，但是在欧美，货运一般已集中在主要的车站。大部分的铁路车站都在铁路的旁边，或者在线路的终点。车站内有站台（平台、站台）方便乘客乘降。站台用隧道或桥梁与车站的大厅连接。其他车站设备包括售票室、候车室，在站台上供候车的座椅等等。

部分铁路车站除了供乘客及货物上下外，亦有供机车及车辆维修或添加燃料的设施。多间铁路公司一起使用的车站一般称为联合车站或换乘站。有时换乘站亦指可换乘其他交通工具（如电车、地铁、公共汽车或渡轮）的车站。

为了保证行车安全和必要的线路通过能力，以满足人们对运输的需要，须通过分界点将一条铁路线路划分成若干个区段和许多个区间及闭塞分区。如图3-1-1所示，甲、乙、丙、A、B、C、D、E、F、G、H车站都是分界点。

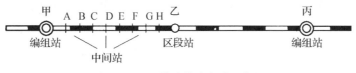

图 3-1-1　铁路线路车站示意图

（二）车站的作用

(1) 车站是办理客货运输的基地。旅客购票、候车、乘降和货物的承运、保管、装卸、交付，以及相关的作业都是在车站进行的，可以说车站是铁路与旅客、货主联系

的枢纽，是客货运输的始发、中转和终到作业的地点，是铁路与运输有关的行车、客运、货运、机务、车辆、工务、电务、供电等部门协调地进行生产活动的场所。

（2）车站是铁路运输的基本生产单位。在车站，除了办理客货运输各项作业，还进行机车的换挂、整备，以及车辆的检查、修理等作业。此外，车站还进行列车的接发、会让、越行，车列的解体、编组等作业。车站不仅是铁路内部各项作业的汇合点，也是提高铁路运输效率和运输安全的保证。

（3）车站是铁路运输的窗口，是铁路和外部（工农业和城市）联系的纽带，服务水平和效率也在此体现。据统计，我国铁路货车一次全周转时间中，车辆在站作业和停留时间占60%~70%。机车的大部分周转时间也在车站停留。因此，合理地布置和有效地运用车站和枢纽的各项设备，是保证列车快速、安全、正点运行，加速车辆周转，降低运输成本的关键。

（三）车站的类型

目前，我国铁路上有大小车站几千个，这些车站所承担的任务量、业务性质不同，其办理的作业类型，服务的对象及重点也有所不同，因此，车站有不同的分类。

（1）按业务性质分，车站分为营业站和非营业站。营业站分为客运站、货运站、客货运站。

客运站是专门办理旅客运输业务的车站，通常设置在政治、经济、文化中心城市和旅游胜地等有大量旅客集散的地点。它的主要任务是组织旅客安全、迅速、准确、方便地上下车；办理行包、邮件的装卸搬运；组织旅客列车安全、正点到发和客车车底取送；为旅客提供舒适的服务条件。

货运站是专门办理货物运输业务的车站，通常设置在大城市，工矿、林区、口岸等有大量货物到发、装卸的地点。主要担当货物列车的始发、终到和有关调车作业、货车装卸、取送作业，以及与货运有关的业务。

客货运站是既办理旅客运输业务又办理货物运输业务的车站。铁路网上绝大多数的车站都属于客货运站。

（2）按技术作业分，车站分为中间站、区段站、编组站。区段站和编组站总称为技术站。

中间站设置在技术站之间的区段内，如图3-1-1中的A—H间各站均为中间站。它的主要工作是办理列车的接发、会让和通过作业，摘挂列车的调车和装卸作业。有些中间站还办理市郊列车的折返、补机摘挂、列车技术检查和凉闸、列车的始发和终到等各项作业（只办理接发列车工作的中间站，单线区段称为会让站，双线区段称为越行站）。

区段站设置在划分货物列车牵引区段或区段车流集散的地点，如图3-1-1中的乙站。它的主要工作是办理货物列车的中转作业，解体与编组区段、摘挂列车，更换货运机车和乘务人员，进行车辆技术检修和货运检查整理。

编组站设置在大量车流集散的地点，如图3-1-1中的甲站和丙站。它的主要工作是承担大量货物列车的解编作业，编组直达、直通、区段、摘挂列车，更换货运机车和乘务人员，进行车辆技术检修和货运检查整理等。

（3）车站还可以按其他一些特征加以区分。例如：位于两铁路局（分局）管辖分界处的车站，称为分界站；位于海河港湾地区的车站，称为港湾站；位于工业企业专用铁道的接轨点或铁路枢纽内工业区附近的车站，称为工业站。规模较大的车站，可根据线群的配置及用途划分成数个车场。按照站内各个车场相互位置配列的不同，车站又可分为横列式、纵列式和混合式等类型。

（4）按所担负的任务量及在铁路网中的地位分，车站分为特等站和一、二、三、四、五等站（表3-1-1）。

表3-1-1 铁路车站等级划分标准

等级	客运方面		货运方面	编解作业方面
	日上、下车及换乘人数	日行包到发、中转件数	日平均装卸整车数	平均办理作业车数
特等	60 000以上 （20 000以上）	20 000以上 （25 000以上）	750以上 （400以上）	6 500以上 （4 500以上）
一等	15 000以上 （8 000以上）	1 500以上 （500以上）	350以上 （200以上）	3 000以上 （2 000以上）
二等	5 000以上 （4 000以上）	500以上 （300以上）	200以上 （100以上）	1 500以上 （1 000以上）
三等	（2 000以上）	（100以上）	（50以上）	（500以上）
四等	不具备三等条件的车站			
五等	只办理列车会让、越行的会让站与越行站			

二、区间与分界点

为了保证行车安全和必要的线路通过能力，铁路上每隔一定距离需要设置一个车站（线路所或通过色灯信号机），它们把每一条铁路线划分成若干个长度不同的线段，每一线段称为区间，而车站（线路所或通过色灯信号机）就成为相邻区间的分界点，因此，区间和分界点是组成铁路线路的两个基本环节。

（一）分界点

车站上除了正线外，还配有其他线路，所以，把车站定义为在铁路线上设有配线的分界点。此外，还有无配线的分界点。

(二) 区间

根据分界点的不同，区间分为站间区间、所间区间和闭塞分区。

车站与车站之间的线段称为站间区间。如图 3-1-2 所示，在单线铁路上，车站与车站间以进站信号机柱的中心线为车站与区间的分界线；在双线或多线铁路上，车站与车站间分别以各线的进站信号机柱或站界标的中心线为车站与区间的分界线。

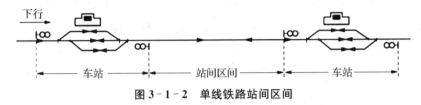

图 3-1-2　单线铁路站间区间

双线铁路所间或线路所与车站之间的线段称为所间区间。如图 3-1-3 所示，双线铁路所间或线路所与车站间，以该线上的通过信号机柱的中心线为所间区间的分界线。设有进站信号机的线路所，所间区间的分界方法与站间区间相同。

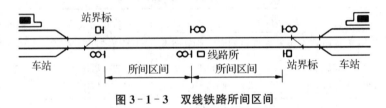

图 3-1-3　双线铁路所间区间

自动闭塞区间两架通过色灯信号机间或进出站信号机与通过色灯信号机间的线段称为闭塞分区。双线铁路自动闭塞分区如图 3-1-4 所示。自动闭塞区间同方向相邻的两架色灯信号机间，以该线上的通过信号机柱的中心线为闭塞分区的分界线。

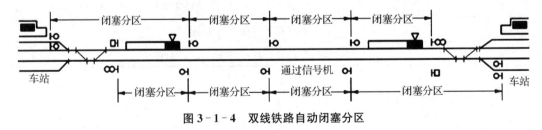

图 3-1-4　双线铁路自动闭塞分区

区段通常是指两相邻技术站间的铁路线段，它包含若干个区间和分界点，区段长度一般取决于牵引动力的种类或路网状况。

三、车站线路种类与线间距

(一) 车站线路种类

车站线路按用途分为正线、站线、段管线、岔线及特别用途线，如图 3-1-5 所示。

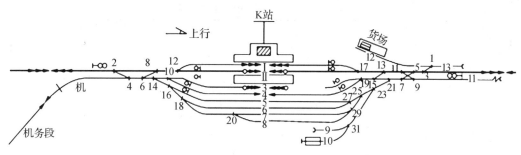

Ⅱ—正线；1、3、4—到发线；5、6、7、8—调车线；9、10—站修线；
11、13—牵出线；12—货物线；机—机车走行线

图 3-1-5　车站线路图

(1) 正线：指连接车站并贯穿或直股伸入车站的线路。

(2) 段管线：指机务、车辆、工务、电务等段专用并由其管理的线路。

(3) 岔线：指在区间或站内接轨，通向路内外单位的专用线路。

(4) 特别用途：指安全线和避难线。岔线、段管线与正线、到发线接轨时，均应铺设安全线。为防止在长大下坡道上失去控制的列车发生冲突或颠覆，应根据线路情况，计算确定后，在区间或站内设置避难线。

(5) 站线：包括到发线、调车线、牵出线、货物线及站内指定用途的其他线。

① 到发线：供接发旅客列车与货物列车的线路。

② 牵出线：供列车解体、编组及转线等牵出使用的线路。

③ 货物线：供货物装卸车使用的线路。

④ 调车线：供车列解体和编组并存放车辆的线路。

⑤ 站内指定用途的其他线：主要有机车走行线、机车整备线、车辆站修线、驼峰迂回线及驼峰禁溜线等。

(二) 线间距

线间距是指两相邻线路中心线之间的距离。线间距应能保证行车和车站工作人员的安全，主要根据铁路限界、在相邻线路间办理作业的性质、设在相邻线路间的设备，以及线路上通行的列车速度等因素来确定，同时考虑留有适当的发展余地。线间距的大小还应根据《铁路技术管理规程》的有关规定确定。客货共线铁路线间距和客运专线铁路线间距如表 3-1-2 和表 3-1-3 所示。曲线部分的线间距按曲线半径大小，根据计算适当加宽。

表 3-1-2 客货共线铁路线间距

序号	线路				线间最小距离/mm
1	区间双线	$v \leqslant 120$ km/h			4 000
		120 km/h$<v \leqslant$160 km/h			4 200
		160 km/h$<v \leqslant$200 km/h			4 400
2	三线及四线区间的第二线与第三线				5 300
3	站内正线				5 000
4	站内正线与相邻到发线	无列检作业			5 000
		有列检作业或上水作业	$v \leqslant 120$ km/h	一般	5 500
				改建特别困难	5 000
			120 km/h$<v \leqslant$160 km/h	一般	6 000
				改建特别困难	5 500
			160 km/h$<v \leqslant$200 km/h	一般	6 500
				改建特别困难	5 500
5	到发线间或到发线与其他线				5 000
6	站内线间设有高柱信号机时,相邻两线（含正线）均需通行超限货物列车				5 300
7	站内线间设有高柱信号机时,相邻两线（含正线）只有一条通行超限货物列车				5 000
8	牵出线与其相邻线	调车作业繁忙车站			6 500
		改建困难或仅办理摘挂取送作业			5 000

注：线间有建（构）筑物或有影响限界的设施时,最小线间距按建筑限界计算确定。

表 3-1-3 客运专线铁路线间距

序号	线路		线间最小距离/mm
1	区间双线	$v=160$ km/h	4 200
		160 km/h$<v \leqslant$200 km/h	4 400
		200 km/h$<v \leqslant$250 km/h	4 600
		250 km/h$<v \leqslant$300 km/h	4 800
		300 km/h$<v \leqslant$350 km/h	5 000
2	三线及四线区间的第二线与第三线		5 300
3	站内正线	$v \leqslant 250$ km/h	4 600
		250 km/h$<v \leqslant$300 km/h	4 800
		300 km/h$<v \leqslant$350 km/h	5 000

续表 3-1-3

序号	线路	线间最小距离/mm
4	站内正线与相邻到发线	5 000
5	到发线与相邻到发线	5 000
6	安全线与其他线路	5 000

注：线间有建（构）筑物或有影响限界的设施，最小线间距按建筑限界计算确定。

四、股道和道岔的编号及股道有效长

（一）站界及警冲标

1. 站界

为了保证行车安全和分清工作责任，车站与其两端所衔接的区间以进站信号机或站界标分割明确的界限，通常称为"站界"。如图 3-1-6 所示，在单线铁路上，以车站两端进站信号机柱的中心线为界，外方是区间，内方则属于车站范围。如图 3-1-7 所示，在双线铁路上，站界按上、下行分别确定，一端以进站信号机柱的中心线为界，另一端以站界标中心线为界。

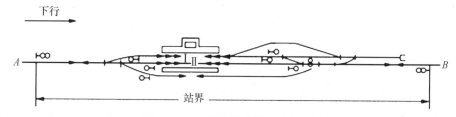

图 3-1-6 单线铁路横列式中间站

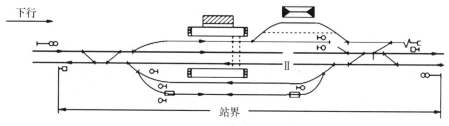

图 3-1-7 双线铁路横列式中间站

2. 警冲标

如图 3-1-8 所示，警冲标是信号标志的一种，设在两会合线路线间距离为 4 m 处的中间，用来指示机车车辆不得侵入的安全停留位置，防止来自机车车辆的侧面冲撞。

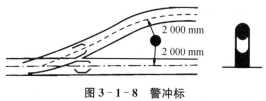

图 3-1-8 警冲标

(二)股道和道岔的编号

为了作业和维修管理方便,站内的道岔及股道应由工务部门会同电务部门、车站共同统一顺序编号。同一车站或车场内的线路和道岔不得有相同的编号。

1. 股道编号方法

站内正线用罗马数字(Ⅰ,Ⅱ,Ⅲ,…)编号,站线用阿拉伯数字(1,2,3,…)编号。

(1)如图3-1-9所示,单线铁路车站从靠近站舍(信号楼)的线路起,向远离站舍(信号楼)方向顺序编号(包括正线在内);位于站舍(信号楼)左右或后方的线路,在站舍前的线路编完后,再由正线一侧向外顺序编号。

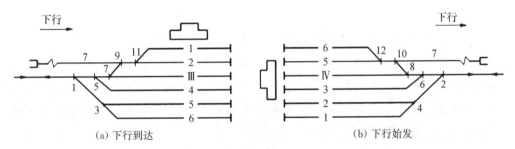

图3-1-9 尽头式铁路车站线路、道岔编号

(2)如图3-1-9所示,双线铁路车站从正线起按列车运行方向分别向外顺序编号,上行为双数,下行为单数。

(3)如图3-1-9所示,对于尽头式铁路车站,当站舍位于线路终点处时,应面向终点方向由左侧开始顺序编号;当站舍(信号楼)位于线路一侧时,从靠近站舍的线路起,向远离站舍方向顺序编号。

(4)有数个车场的车站,应分别从靠近站舍(信号楼)的线路起,向远离站舍(信号楼)方向顺序编号。股道编号用阿拉伯数字,在股道编号前冠以罗马数字表示车场,如三场五股道,应写为Ⅲ5股道。

2. 道岔编号方法

(1)由上行列车到达方向起,顺序编为双号;由下行列车到达方向起,顺序编为单号。

当车站一端有两个方向时,道岔应按主要方向编号。对于上、下行方向的划分,当车站值班员室(信号楼)位于站中心附近时,以车站值班员室(信号楼)中心线为界;当车站值班员室(信号楼)距站中心较远时,以车站(车场)中心线为界。

(2)尽头式车站向线路终点方向顺序编号,上行到达方向编为双号,下行到达方向编为单号。

(3)每一道岔应有单独的号码。渡线道岔,以及同一连接线上的数个道岔均应连续编号。交分道岔每组应根据电动转辙机的安装方式编号，对两组尖轨和两组可动心轨分别编 4 个号码，根据动作关系按渡线道岔的办法连续编号。

（4）当一个车站有几个车场时，每个车场的道岔必须单独编号。为与车场作区分，道岔号码为 3 位及以上数字，第一位数表示车场号码，后面的数字表示道岔号码。当两个车场共用一个咽喉区时，可根据作业情况划分。

（5）联锁区内的道岔号码应连续编排，在联锁道岔编完后，适当预留一些号码，再对非联锁道岔编号。

（三）股道有效长

车站线路的长度分为全长和有效长两种。全长是指车站线路一端的道岔基本轨接头至另一端道岔基本轨接头的长度。如为尽头式线路，则指道岔基本轨接头至车挡的长度。

股道有效长是指在线路全长范围内可以停留机车车辆而不妨碍信号显示、道岔转换和邻线行车的部分。

股道有效长的起止范围由下列因素确定：

（1）警冲标。

（2）道岔尖轨始端（无轨道电路时）或道岔基本轨接头处的钢轨绝缘（有轨道电路时）。

（3）出站信号机（或调车信号机），是用来指示列车可否进入区间的信号装置。

（4）车挡（为尽头式线路时）。

（5）减速器。

股道有效长度应视股道的用途及连接形式而定，其基本原则是保证本道及相邻股道的停留与作业安全。对于双方向使用的线路，应区分上、下行，分别确定上、下行方向的有效长。图 3-1-10（a）所示为股道下行方向有效长的确定，图 3-1-10（b）所示为股道上行方向有效长的确定。

货物列车到发线的有效长度，应根据规定的列车长度及列车停车时的附加距离（规定为 30 m）等因素确定。

我国铁路采用的货物列车到发线有效长度在Ⅰ、Ⅱ级铁路上为 1 250 m、1 050 m、850 m、750 m、650 m，在Ⅲ级铁路上为 850 m、750 m、650 m、550 m。开行重载列车为主的铁路可采用大于 1 050 m 的到发线有效长度。

采用何种有效长度，应根据运输能力的要求、机车类型及所牵引列车长度，结合地形条件，并考虑与相邻各铁路到发线有效长度相配合来确定。

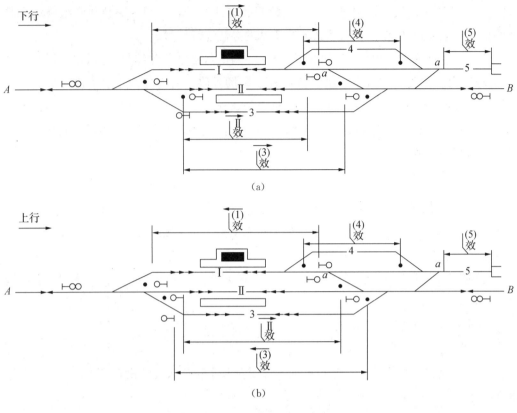

图 3-1-10 股道有效长度的确定

任务 3-2　中间站认知及中间站作业

【任务目标】

本任务要求学生了解中间站布局基本常识，掌握中间站作业及主要设备布局，能正确区分会让站、越行站，会正确描述中间站作业及主要设备。教师组织学生到中间站参观，听现场工作人员介绍中间站基本常识。学生根据活动要求做好课前准备，参观时针对现场工作提问，教师组织学生在课堂上进行小组讨论和交流。

【知识准备】

中间站是为沿线城乡居民及工农业生产服务，提高铁路区段通过能力，保证行车安全而设的车站，主要办理列车的到发、会让和越行，以及客货运业务。

中间站设备虽然规模较小，但数量很多。它遍布全国铁路沿线中小城镇和农村，对发展地方工农业生产、沟通城乡物资交流起着很重要的作用。中间站的设置位置，既要符合线路通过能力的要求,又要适当满足地方工农业生产发展的需要,并考虑地形、地质等自然条件。

我国铁路中间站可分为无货场的中间站和有货场的中间站。无货场的中间站,一般只办理列车的通过、会让和越行,以及少量客货运作业,不设货场,不办理摘挂列车甩挂车组的作业;有货场的中间站,除办理与无货场的中间站同样的作业外,另设有货场,办理摘挂列车甩挂车组的作业。

一、中间站的作业和设备

(一)中间站的主要作业

(1)列车的通过、会让、越行。在双线铁路上还办理调整反方向运行列车的转线作业。

(2)旅客乘降和行李包裹的承运、保管与交付。

(3)货物的承运、装卸、保管与交付。

(4)摘挂列车的车辆摘挂和向货场甩挂或专用线取送车辆的调车作业。

当中间站有工业企业线接轨或者是加力牵引起终点,以及机车折返时,还需办理工业企业线的取送车、补机的摘挂、待班和机车整备、转向等作业。在客货运量较大的个别中间站,还需办理始发、终到旅客列车及编组始发货物列车的作业。

(二)中间站的主要设备

为了完成以上作业,中间站应根据作业性质和工作量大小配置以下设备:

(1)客运设备:包括旅客站舍(售票房、候车室、行包房)、旅客站台、雨篷和跨线设备(天桥、地道、平过道)等。

(2)货运设备:包括货物仓库、货物堆放场、货物站台和货运室、装卸机械等。

(3)站内线路:包括列车到发线、货物装卸线,以及调车用的牵出线和安全线等。

(4)信号及通信设备:包括信号机、信号表示器、站内电话、对讲机、广播及扩音设施等。

二、中间站布置图

中间站布置图按到发线的相互位置,主要分为横列式和纵列式两种。

1. 横列式中间站布置图

横列式中间站布置的特点是到发线沿正线横向排列。这种布置图具有站坪长度短,工程投资省,设备布置紧凑,便于管理,到发线使用灵活等优点。因此,在中间站广泛采用此种布置图,单线铁路横列式中间站和双线铁路横列式中间站分别如图3-1-6和图3-1-7所示。

2. 纵列式中间站布置图

纵列式中间站布置图的特点是到发线沿正线纵向排列，通常逆运转方向错移一个货物列车到发线的有效长度。利用纵列式中间站布置图有利于组织列车不停车会车，提高区间通过能力；能适应重载列车到发的需要；便于车站值班员与司机交接行车凭证。但这种布置图站坪长度长、工程投资大，且增加了中间咽喉，车站定员多，管理也不方便；车站值班员瞭望信号确认进路也不方便，车长与值班员联系时工作走行距离长。因此，这种布置图利少弊多，故一般只在山区地势陡窄处或需组织不停车会让时采用，纵列式中间站布置图如图 3-2-1 所示。

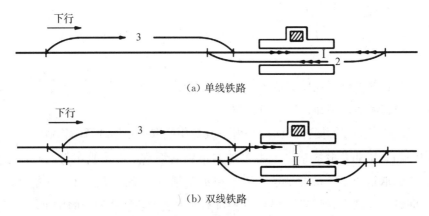

(a) 单线铁路

(b) 双线铁路

图 3-2-1　纵列式中间站布置图

▶三、会让站和越行站

在我国铁路上，还有数量不多的主要为提高线路通过能力而设置的车站，称为会让站和越行站。根据《铁路技术管理规程》规定，会让站和越行站均属于中间站。

(一) 会让站

会让站设在单线铁路上，主要办理列车的到发和会让，也办理少量的客货运业务。因此，会让站应铺设到发线、旅客乘降设备，并设置信号及通信设备、技术办公用房，但没有专门的货运设备。在会让站，既可以实现会车，也可以实现越行。两列反向列车互相交会，即先到的列车在本站停车，等待反方向的列车到达或通过本站后，再继续开行，称为会车。两列同向列车先后到达，先行列车在本站停车，等待后行列车通过本站或到达本站停车后先行，称为越行。图 3-2-2 所示为会让站布置图。

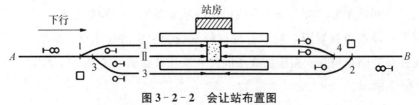

图 3-2-2　会让站布置图

(二)越行站

越行站设在双线铁路上,主要办理同方向列车的越行业务,必要时办理反方向列车的转线业务,也办理少量的客、货运业务。因此,越行站应有到发线、旅客乘降设备、信号及通信设备、技术办公房屋等。图 3-2-3 所示为越行站布置图。

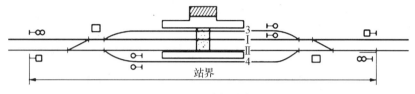

图 3-2-3 越行站布置图

在正常情况下,规定双线铁路的每一条正线只开行某一方向的列车。车站上的到发线是按方向分别设置的。相对方向运行的列车,在区间内或车站上都可以交会。每一方向等待越行的列车可停在到发线上,不用跨越正线。车站两端设有渡线,在必要时可用于调整列车运行方向或反方向接发列车。

任务 3-3　区段站认知及区段站作业

【任务目标】

本任务要求学生掌握区段站构造及区段站作业的相关内容。教师组织学生到区段站参观,听现场工作人员介绍区段站基本常识。学生根据活动要求做好课前准备,参观时针对现场工作提问,教师组织学生在课堂上进行小组讨论和交流。

【知识准备】

区段站多设在中等城市和铁路网上牵引区段(机车交路)的起点或终点。区段站的主要任务是改编区段到发的车流,为邻接的铁路区段供应或整备机车,或更换货运机车及乘务人员,为无改编中转货物列车办理规定的技术作业。此外,区段站还办理一定数量的列车编解作业和客货运业务。在设备条件具备时,还进行机车、车辆的检修业务。区段站位于铁路网上各牵引区段的分界处,其设置位置主要取决于 3 个因素,即机车牵引区段的长度、路网的布局和地区发展规划。

一、区段站作业与设备

区段站的作业和设备尽管在数量和规模上都不是最大的,但作业和设备的种类是比较齐全的。

（一）区段站作业

根据区段站所担负的任务，主要办理的作业可以归纳如下：

（1）客运作业：与中间站办理的客运业务基本相同，只是数量较大。

（2）货运作业：与中间站办理的货运业务基本相同，但作业量较大。在某些区段站，还进行冷藏车的整备及牲畜车的供水作业。

（3）运转作业：

① 与旅客列车有关的运转作业：主要办理旅客列车的接发作业及机车更换、技术检查等。有的车站还办理局管内或市郊旅客列车的始发、终到作业及个别车辆的甩挂作业。

② 与货物列车有关的运转作业：主要办理无改编中转列车的接发和与之相关的作业。对区段和摘挂列车要进行解体和编组作业。同时，还办理向货场、工业企业专用线取送作业车等作业。有些区段站，对部分改编中转列车，还要办理变更运行方向、变更列车重量或换挂车组等作业。

（4）机车作业：主要是换挂机车和乘务组，对机车进行整备、修理和检查等。

（5）车辆作业：主要办理列车的技术检查和车辆的检修业务。在少数设有车辆段的区段站，还办理车辆的段修业务。

由此可知，区段站所办理的作业，无论从数量上还是种类上，都比中间站更为复杂。在所办理作业涉及的各类列车中，无改编中转列车所占比重较大，区段站作业成为区段站行车组织工作的重要环节。

所有到达区段站的货物列车，按其在该站所进行的作业性质，可以分为两类：一类是到达本站不解体，只做技术检查和机车换挂等作业，然后继续运行的列车，这种列车称为无改编中转列车；另一类是列车到达本站后，要将车列解体，车组进入调车场集结编组形成列车后由车站出发，这种列车称为改编列车。

所谓解体，就是把车列中不同去向的车辆分别送到调车场的指定线路上；所谓编组，就是把停留在调车线上同一去向的车辆，按有关规定连挂起来，编成一个新的列车。编组应按货物列车编组计划进行。

（二）区段站设备

为保证完成上述作业，在区段站上应设有以下各项设备：

（1）客运业务设备：主要有旅客站房、旅客站台、雨篷及跨线设备等。

（2）货运业务设备：主要指货场及其有关设备，如装卸线、存车线、货物站台、仓库、雨篷、堆放场及装卸机械等。

（3）运转设备：

① 供旅客列车使用的运转设备：主要有旅客列车到发线，必要时设客车车底停留线。

② 供货物列车使用的运转设备：主要有货物列车到发线、调车线、牵出线、机车走行线及机待线等。

（4）机务设备：设置在机务段（或机务折返段）所在的车站上，如采用循环交路，在到发场或其附近应设机车整备设备。采用长交路轮乘制时，可设机车运用段或机务换乘点。

（5）车辆设备：主要指列车检修所和站修所等。

除上述各项设备外，区段站还有信号、通信、给水、排水、电力设备及技术办公房屋等。

二、区段站布置图

区段站是为相邻牵引区段服务的，主要办理无改编中转列车的作业，因此，区段站设备的布置主要应考虑如何缩短中转列车的停站时间和提高车站的通过能力。

区段站布置图能表示出车站各项设备的总体布局，根据正线、旅客列车到发线（场）及上、下行货物列车到发线（场）的相互位置的不同，区段站常见的布置图分为横列式、纵列式及客货纵列式等类型。

（一）配置主要设备的基本原则

（1）旅客列车到发线应紧靠正线，一般要使旅客列车到发有顺直的进路。所有客运设备应设在靠城镇的一侧，以利客运业务的组织及旅客出入车站。

（2）货物列车到发场也应尽可能紧靠正线，以便使无改编货物列车到发有顺直便捷的进路。

（3）调车场应尽量靠近到发场，使车列转线的行程较短，干扰较少。

（4）机务段（或机务折返段）的位置尽可能接近到发场，并且要有便捷的通路，以利机车及时出入段。

（5）货场的位置，一方面应尽可能设于靠城镇一侧，便于货物搬运；另一方面又要尽可能靠近调车场，以减少车辆取送时间及干扰。工业企业线应尽可能从调车场或货场接轨，以利车辆的取送。

（6）站修所（或车辆段）要靠近调车场，以缩短车辆的取送行程。

（二）区段站的基本图形

1. 横列式区段站布置图

横列式区段站布置图的特点是上、下行到发线（场）平行布置在正线一侧，编组场在到发场的一侧。

图 3-3-1 所示为单线铁路横列式区段站布置图。1、Ⅱ、3 道是旅客列车到发线，在必要时也可以接发货物列车。4、6、7 道是货物列车到发线。车站到发线的布置，应

保证可以从上、下行两个方向同时接发列车。5 道是机车走行线，下行出发和到达的货物列车机车，可经由 5 道出入段。8~11 道是调车线。调车场两端均有牵出线，并设有一个简易驼峰，以保证解体、编组和取送车辆等调车作业的顺利进行。

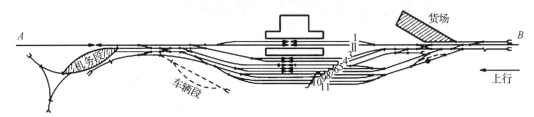

图 3-3-1　单线铁路横列式区段站布置图

两端咽喉区可以保证下列平行作业：

A 端咽喉区可以保证列车到（发）、机车出入段、调车 3 项平行作业。

B 端咽喉区可以保证列车到（发）、机车出入段两项平行作业；列车到（发）、调车两项平行作业。

单线铁路横列式区段站的优点是布置紧凑，站坪长度短；占地少，设备集中，投资省，管理方便，车站定员少；作业灵活性大，对部分改编中转列车的甩挂作业较方便；对各种不同地形的适应性强，便于进一步发展。其缺点是一个方向的列车机车出入段走行距离长，货场取送车和正线有交叉干扰，且对站房同侧的工业企业线接轨不方便。

我国大部分单线铁路区段站均采用横列式布置图。其适用于客货运量不大、地形受限的单线铁路。部分运量不大的双线铁路也采用横列式布置图。

2. 纵列式区段站布置图

纵列式区段站布置图的特点是上、下行两个方向的到发场分设于正线两侧，并逆运行方向全部错移，形成到发场在正线两侧纵向配置的布局，其中一个到发场一侧设置一个双向共用的调车场。

图 3-3-2 所示为双线铁路纵列式区段站布置图。图中，客运业务设备、客运运转设备、货场、机务设备、车辆设备的位置大体与横列式区段站的布置图相似。不同之处是，上、下行两个方向的到发场分设于正线两侧，且逆行车方向全部错移。A 端咽喉区可以保证两项平行作业：列车到和列车发；B 端咽喉区可以保证 3 项平行作业：列车到、列车发和调车作业；中部咽喉区能保证 4 项平行作业：下行列车发、上行列车发、机车出入段和调车作业。

纵列式区段站的优点如下：作业的交叉干扰较横列式区段站要少，如疏解了下行中转货物列车与上行旅客列车在车站两端咽喉区前进路上的交叉点；上、下行方向的机车出入段走行距离都短；当机车采用循环运转制时，到发线上的整备设备比较集中，

图 3-3-2　双线铁路纵列式区段站布置图

与站房同侧的工业企业线接轨比较方便（这种布置的缺点是站坪长度长，占地面积大）；设备分散，投资大，定员较多，管理不便；一个方向货物列车的机车出入段要横切正线。因此，一般只有在采用循环运转制交路或机车无须进段整备时，才能充分发挥纵列式区段站的优越性。

3. 客货纵列式区段站布置图

由于运量增长或新线引入，既有的横列式区段站横向发展受到限制，或客、货运量大，站内作业交叉干扰严重，故将原有站场改为旅客列车运转车场，并沿正线在适当距离处另建与其纵列的货物列车运转车场，形成客货纵列式区段站布置图。

如图 3-3-3 所示，在双线铁路客货纵列式区段站中，货物运转车场的上、下行场分别在正线两侧横列布置。

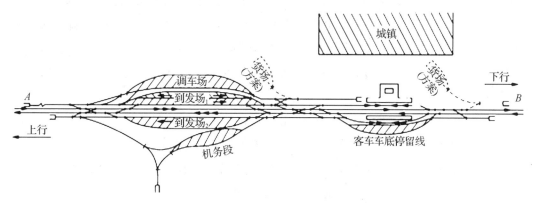

图 3-3-3　双线铁路客货纵列式区段站布置图

客货纵列式区段站的优点是货物运转设备较纵列式相对集中，客货作业相互干扰少，管理也较纵列式方便。此外，客货纵列式区段站的调车场更有可能布置在城镇一侧，有利于工业企业线的接轨和取送作业。其缺点是：客、货运转场分开，定员增加；机务段位置往往不容易与客、货运车场很好配合；客、货两场距离较近时，靠客运市场一端牵出线的长度往往不能满足整列调车需要或部分位于曲线上；有一个方向列车机车出入段需横切正线。

任务 3-4 编组站认知及编组站作业

【任务目标】

本任务要求学生掌握编组站构造及编组站作业的相关内容。教师组织学生到编组站参观,听现场工作人员介绍编组站基本常识。学生根据活动要求做好课前准备,参观时针对现场工作提问,教师组织学生在课堂上进行小组讨论和交流。

【知识准备】

编组站是铁路网上办理货物列车解体编组作业,并设有比较完善的调车设备的车站。它是铁路运输的主要基本生产单位,在铁路货物运输任务中,起着十分重要的作用。编组站通常设在几条主要干线的汇合处,也可以设在有大量装卸作业地点的大城市、港口或大工矿企业附近。

编组站和区段站统称为技术站。它们办理的技术作业种类大致相同,都办理列车的接发、编解、机车乘务组的更换、机车整备及车辆检修等作业。但二者又有区别,区段站以办理无中转列车为主,办理改编列车较少,办理少量区段列车和摘挂列车的改编作业;而编组站按照编组计划要求,除办理通过列车外,主要是解体和编组直达、直通、区段、摘挂及小运转等各种货物列车,以办理改编列车为主,所以编组站又叫货物列车制造工厂。

按照列车编组计划的要求,要在编组站编解各种类型的列车,从而为合理的车流组织服务。归纳起来,编组站在路网上和枢纽中的主要任务如下。

(1) 解编各种类型的货物列车,如改编货物列车、无调中转列车、本站作业车等。

(2) 组织和取送本地区的车流——小运转列车。

(3) 设在编组站的机务段,还需供应列车动力,整备检修机车。

(4) 设在编组站的车辆段及其下属单位(站修所、列检所),还要对车辆进行日常维修和定期检修等。

▶ 一、编组站的主要作业及设备

(一) 编组站的主要作业

1. 改编货物列车作业

改编货物列车作业是编组站最主要的作业,包括列车到达作业、解体作业、编组作业及出发作业。这几项作业既复杂数量又多,是分别在相应的不同地点和车场办理的。

2. 无调中转列车作业

无调中转列车作业比较简单，主要是换挂机车和列车的技术检查，作业时间短，办理地点只限于到发场（或专门的通过车场）。

3. 货物作业车作业

货物作业车指到达本站及工业企业线或段管线内进行货物装卸或倒装的车辆。与改编中转列车相比，货物作业车增加了送车、装卸及取车3项作业。

4. 机车整备和检修作业

编组站的机车整备和检修作业与区段站相同。

5. 车辆检修作业

编组站上的车辆检修作业包括在到发线上进行的列车的技术检查及不摘车维修；在列检或调车过程中发现车辆损坏需摘车倒装后将其送往车辆段或站修所进行修理（站修）；根据任务扣车送段维修（段修）。

根据具体情况，编组站有时还需办理少量以下作业：

（1）客运作业：包括旅客乘降或换乘。

（2）货运作业：包括货物装卸、换装等。

（3）军运列车供应作业。

为了减少对编组站解编作业的干扰，确保主要任务的完成，应尽量不在编组站上办理或少办理客、货运业务。

（二）编组站的设备

编组站的设备与区段站基本一样，有调车设备、行车设备、机务设备、车辆设备，根据需要，编组站有时也设有客运设备、货运设备等。调车设备是编组站的核心设备。

1. 调车设备

调车设备是编组站的核心设备，包括调车驼峰、调车场、牵出线、辅助调车场等几部分，用以办理列车的解体和编组作业。

2. 行车设备

编组站的行车设备是指办理货物列车的到发线，用以办理货物列车的到达和出发作业。根据作业量的大小和不同的作业性质，可设置到发场或到达场、出发场（包括通过车场）。

3. 机务设备

编组站的机务设备即机务段。编组站一般应设机务段，且规模比较大，供本务机车和调车机车办理检修和整备作业。为了减少另一方向列车机车出入段走行距离，必要时，还可修建第二套整备设备。

4. 车辆设备

包括列检所、站修所和车辆段。

5. 货运设备

编组站一般不设专门的货运设备，按照具体情况可设零担中转站台、冷藏车加冰设备以及牲畜车的上水设备。

6. 其他设备

(1) 客运设备。编组站的客运业务很少，一般利用正线办理旅客列车到发（通过）。旅客列车较多时，也可以设置1~2条到发线及1~2个旅客站台。

(2) 站内外连接线路设备。如进出站线路、站内联络线和机车走行线等。

此外，编组站还必须有信号、联锁、闭塞、通信和照明的设备。

二、编组站布置图形

编组站的主要作业是进行列车的解编作业，而列车的到达、解体、集结、编组和出发等作业是在编组站的各个车场完成的。因此，到达场、调车场、出发场、到发场就成为列车改编作业的主要场地。调车设备是编组站的核心设备。调车设备的数量与规模及各车场的相互位置，可构成不同的配置图形。

（一）按照调车设备的套数及调车驼峰方向分类

(1) 单向布置图：只有一个调车场，上、下行合用一套调车设备，它的驼峰调车方向与主要改编车流运行方向一致。

(2) 双向布置图：有两个调车场，上、下行各有一套调车设备，一般情况下，两个系统的驼峰应顺着各自的主要改编车流运行方向。

（二）按照每一套系统内车场的相互位置和数目分类

(1) 横列式布置图：上、下行到发场与调车场并列配置。

(2) 纵列式布置图：到达场、调车场、出发场等主要车场顺序纵向排列。

(3) 混合式布置图：主要车场纵列，另一部分车场横列。

编组站布置图的基本类型，归纳起来主要有单向横列式、单向纵列式、单向混合式、双向横列式、双向纵列式、双向混合式，其他类型都是在这些类型的基础上派生的，且数量很少。

铁路现场习惯上将编组站布置图形称为"几级几场"布置图。"级"是指车场排列形式，一级式就是车场横列，二级式就是到达场、调车场纵列，三级式就是到达场、调车场、出发场顺序排列。"场"是指车场，车站有几个车场，就叫几场。编组站布置类型及典型布置形式如表3-4-1所示。

表 3-4-1　编组站布置类型及典型布置形式

典型布置形式	横列式	混合式	纵列式
单向	单向横列式	单向混合式	单向纵列式
	单向横列式一级三场	单向混合式二级四场 单向混合式二级五场	单向纵列式三级三场
双向	双向横列式	双向混合式	双向纵列式
		双向混合式二级四场 双向混合式二级五场	双向纵列式三级六场 双向纵列式三级八场

三、典型编组站布置图及作业流程分析

（一）二级四场编组站

图 3-4-1 所示为单向二级四场编组站布置图。图中各衔接线路方向的共用到达场和编组场（调车场）纵列配置；上、下行的出发场分别并列在编组场两侧，供编组成列的列车停放、技检，列车按列车运行图规定时间发车；办理上、下行无改编中转列车作业的通过车场或股道，分别设在两出发场的外侧。到达场与调车场间大多设有机械化驼峰供解体用，编组场尾部设有两条牵出线供编组用。

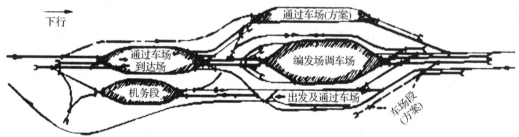

图 3-4-1　单向二级四场编组站布置图

单向二级四场编组站作业流程如图 3-4-2 所示。

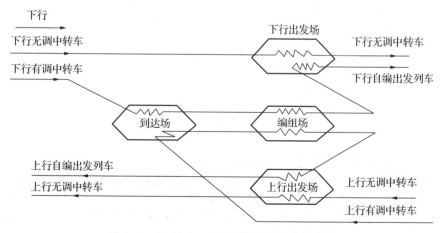

图 3-4-2　单向二级四场编组站作业流程图

1. 改编中转列车

顺驼峰方向改编中转列车，中转列车接入峰前到达场，经到达技术作业后由解体调车机车推上驼峰解体，解体后的车辆在调车场集结，尾部调机编组出发列车，并将其转线至下行出发场；该列车在出发场进行出发技术作业并等待出发。

反驼峰方向改编中转列车并将其接入共用峰前到达场。其后，解、编、发过程与顺驼峰方向相同，只是编成车列转入了反向出发场。

2. 无改编中转列车

双方向无改编中转列车分别进入各自的通过车场，技术作业完毕后出发。由于通过车场设在到发场外侧，无改编中转列车接发与改编中转列车转线互不干扰，且列车与调车场连通，这在有成组甩挂作业时也很方便。

3. 本务机车出入段

反驼峰方向到达解体列车的本务机车经到达场入口咽喉由机务段尾部入段，走行距离短且方便。反方向无改编中转列车和自编出发列车的本务机车出入段，在上行（反向）出发场出口咽喉与机务段之间走行径路顺直。顺驼峰方向到达解体列车的本务机车由到达场出口咽喉经峰下机走线入段，进路交叉少。顺驼峰方向无改编中转列车的本务机车由出发场出口咽喉发车，沿出发场空闲线路至峰下机走线出、入段也方便。顺向自编出发列车本务机出段路径与无改编中转列车本务机出段路径相同。

单向二级四场编组站图形的主要缺点如下：

（1）尾部能力低。二级式编组站的驼峰解体能力较大。由于上、下行出发场与调车场并列布置，因此，自编列车都经牵出线转线，产生多余的折返行程，从而造成调车场头部和尾部能力不相适应，影响全站设备能力的发挥。

（2）反向改编列车到达与自编列车出发产生交叉。单向二级四场编组站一般适用于解、编作业量较大或解、编作业量大而地形困难的区域性编组站。尤其是当顺向改编车流较大或顺、反向改编车流较均衡而顺向车流为重车流时，单向二级四场编组站在运营上是有利的。当头部配置两台空调机，实行双推单溜作业方式，尾部设两条牵出线和两台调机时，二级四场编组站图形可适应 4 500～5 200 辆/日的解编作业量。

（二）单向三级三场编组站

如图 3-4-3 所示，单向三级三场纵列式编组站布置图的基本特征是各衔接方向共用的到达场、调车场、出发场依次纵列配置。

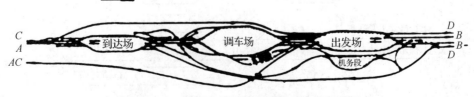

图 3-4-3　单向三级三场纵列式编组站布置图

单向三级三场纵列式编组站布置图的主要优点如下：各方向改编列车在站内的到达、解体、集结、编组、出发过程都是"流水式"的；各方向改编车辆在站内行程短，无多余的走行，车辆在站停留时间缩短了，改编能力大大提高了；车站只有一套调车系统且同类车场集中布置，有利于实现编组站现代化。其主要缺点如下：反向改编列车走行里程较长，占地较大，投资费用也较大。三级三场布置图尤其适用于作业量较大且顺驼峰方向改编车流较强的大型编组站。一般日均解编量达到 6 500～8 000 辆/日，采用现代化的驼峰调车设备后，解编能力将进一步提高，可达到 8 000～10 000 辆/日。

（三）双向三级六场编组站

图 3-4-4 所示为典型的双向三级六场编组站布置图。从图中可以看出，其特点是上、下行方向各有一套到达场、调车场、出发场，每套 3 个车场均依次纵列布置，并组成两个相应并列的独立系统。双向均为"流水式"作业，避免了一级三场一个方向解体转线折返走行距离长的缺点，使车站具有较大的改编能力和通过能力。该图形由于车场多、线路容量大，对于调整运行秩序和适应运量波动，有较大的潜力和机动性。若采用机械化驼峰，其日均解编能力可达 12 000～14 000 辆/日；若采用自动化驼峰，其日均解编能力最大可达 20 000 辆/日。

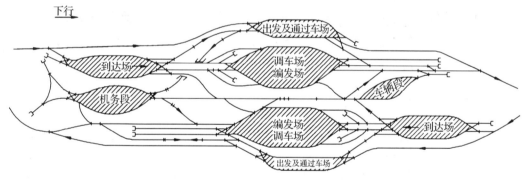

图 3-4-4 双向三级六场编组站布置图

但是，对位于 3 个以上衔接方向的编组站来说，产生的折角改编车辆的重复解体和转场作业，会造成多余的走行和作业干扰，这是其在运营上最突出的问题。一般在两套调车系统间设置场间联络线处理交换车流。此外，由于这种编组站车场分散，股道数量多，工程费用和占地面积都很大，只有在解编作业量很大时才考虑采用。

四、调车设备

编组站的主要任务是对货物列车进行解体和编组，其运营特征集中反映在解体和编组的调车作业过程中。调车作业的效率与安全，除了与调车人员的技术水平和熟练程度有关外，还取决于所采用的调车设备和技术设施。调车工作按使用设备的不同，可以分为牵出线调车和驼峰调车。

(一)平面牵出线

平面牵出线是车站的基本调车设备,基本上设于平道上。调车时车辆溜放的动力是调车机车的推力。牵出线设于调车场尾部,适合于车列的编组、转线,车辆的摘挂、取送等调车作业。

(二)驼峰

驼峰是专门用来解体溜放车辆的一种调车设备。调车时车辆溜放的动力以其本身的重力为主,调车机车的推力为辅。驼峰一般设在调车场头部,适合于车列的解体作业。

1. 驼峰的分类

驼峰按日均解体作业能力分为大能力驼峰、中能力驼峰和小能力驼峰。大能力驼峰日均解体能力4 000辆以上。中能力驼峰日均解体能力2 000~4 000辆。小能力驼峰日均解体能力2 000辆以下。

驼峰按设备条件分为简易驼峰、非机械化驼峰、机械化驼峰、半自动化驼峰和自动化驼峰。

2. 驼峰的平、纵断面

驼峰是指峰前到达场(不设峰前到达场时为牵出线)与调车场头部之间用于高效解体车列的部分线段。驼峰包括推送部分、溜放部分和峰顶平台。驼峰各组成部分示意图如图3-4-5所示。

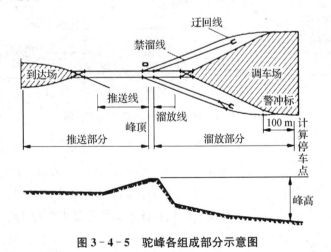

图3-4-5 驼峰各组成部分示意图

(1)推送部分。推送部分是指经由驼峰解体的列车的第一钩车位于峰顶平台始端时,车列全长所在的线路范围。设置推送部分的目的是使车辆得到必要的势能,并使车钩压紧,以便于摘钩。

(2)溜放部分。溜放部分是指由峰顶(峰顶平台与溜放部分的变坡点)到计算停车点的线路范围。驼峰调车场的调速制式不同，计算停车点的位置也不同。溜放部分一般分为3个坡段，即加速坡、中间坡和道岔区坡，以便保证车组有较快的溜放速度和充分的溜放间隔。

（3）峰顶平台。推送部分和溜放部分的连接部分，设有一段便于调车人员进行摘钩作业的平坦地段，叫作峰顶平台。

此外，为了便于作业，驼峰部分还设有从到达场往峰顶推送车列用的推送线、从峰顶往调车场溜放车组用的溜放线，以及存放禁止溜放车辆的禁溜线和迂回线等。

（三）驼峰调速设备

1. 调速工具的作用

车列在驼峰编组场进行解编作业时，为了保证作业安全和作业效率，必须在规定地点设置一定种类的调速工具用以调控溜放车辆的速度。调速可分为间隔调速和目的调速两种。

（1）间隔调速：确保溜放过程中前、后钩车之间有足够的间隔，该间隔距离应满足减速器制动与缓解位置的及时调整和道岔的及时转换的要求，从而避免前、后钩车在溜放过程中追尾或错入股道或进入相邻线路时在警冲标处发生侧面冲突。

（2）目的调速：保证各钩车以一定的安全速度溜放到调车场指定地点并与停留车安全连挂，以避免超速（>5 km）连挂和过大"天窗"的产生。

2. 驼峰调速工具及其简单原理

（1）调速工具的种类

驼峰调车场调速工具，是为了提高驼峰的改编能力，保证作业安全所必需的设备。目前，我国铁路上常用的主要调速工具有减速器、减速顶、加速顶、加减速小车、制动铁鞋及手闸等。在机械驼峰上，除调车场内使用铁鞋制动外，在驼峰溜放部分均采用车辆减速器，而在自动化驼峰上，根据车辆的走行性能、重量、预定的停车地点，以及溜放速度等条件，由自动化装置控制减速器的制动能力。

（2）减速器

减速器主要有压力式减速器和重力式减速器两种形式。压力式减速器是以压缩空气作为动力，由钢轨两侧的制动夹板挤压车轮进行制动。重力式减速器主要借助于车辆自身的重量使制动夹板产生对车轮的压力而进行制动。

图3-4-6所示为压力式钳形减速器外形图，当需要对车辆进行制动时，操纵制动按钮，使压缩空气进入气缸，活塞杆5和杠杆4的末端即被压向下方，而缸体6连同杠杆3的末端则上升。这样，由于两杠杆末端分开，使夹板1合拢而挤压车轮进行制动。

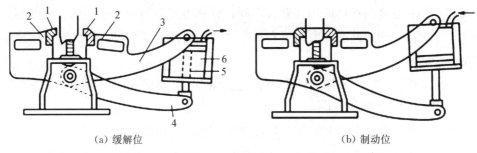

(a) 缓解位　　　　　　　　　　　　(b) 制动位

1—夹板；2—制动梁；3、4—杠杆；5—活塞杆；6—缸体

图 3-4-6　压力式钳形减速器外形图

(3) 减速顶

减速顶是一种不需要外部能源，可以自动控制车辆溜放速度的小型目的调速工具，其灵敏度高、性能良好、维修简便，在各编组场普遍使用。如图 3-4-7 所示，减速顶一般安设在钢轨内侧或外侧，由外壳、吸能帽、活塞组合件和止冲装置等组成。车轮经过减速顶时，吸能帽斜对轮缘部分，对高于临界速度的车辆可起减速作用，对低于临界速度的车辆不起减速作用，在线路上安装许多这种装置，就能对车辆进行连续的速度控制。

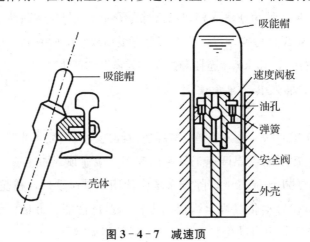

图 3-4-7　减速顶

五、编组站综合自动化

(一) 驼峰自动化

驼峰自动化是强化铁路编组站最有效的措施之一，也是编组站现代化的主要内容和重要标志。驼峰调车作业的自动化，不仅能提高驼峰作业效率和编组站的改编能力，而且能保证作业安全，改善劳动条件和减轻劳动强度。

驼峰自动化主要包括车辆溜放速度的自动调节和自动控制；车辆溜放进路的自动选排和自动控制；驼峰机车推送速度的自动调节和自动控制；摘解制动软管和提钩作业的自动化等。其中，最关键的是车辆溜放速度的自动控制，它是驼峰自动化的核心内容。

(二)编组站综合自动化

编组站综合自动化包括从列车到达、列车出发的全部站内作业过程的自动化,以及货车情报的收集、作业计划的编制和传递的自动化。整个系统可分为两大部分:作业控制系统和情报处理系统。控制系统是电子计算机通过基础设备(站场、信号、机车设备,测重、测长、测速及测阻工具),对列车到达、出发和调车作业的进路,以及推峰解体的调车速度和货车溜放速度进行实时控制的系统。情报处理系统的任务是由电子计算机编制车站的基本计划和作业计划,并传递和下达这些计划。同时,要对场内货车进行跟踪,随时将场内各股道上的情况及作业结果存储到计算机的相应文件内,以供随时取用。情报系统还要通过电传打字机和相邻编组站进行到达和出发预确报的交换,以及货场报表的填制、整理和统计分析。

随着电子计算机在铁路上的广泛应用,我国的几个主要的编组站早已采用电子计算机进行信息处理和控制,如丰台西站、郑州北站等。目前,郑州北站实现了货物列车解体作业自动化(溜放速度控制、溜放进路控制和推峰机车遥控)、编组作业自动化(编组场尾部采用道岔,信号计算机集中),以及信息处理自动化(调车作业计划的编制,编组站现在车管理,列车确报的收集、转发,以及统计报表和分析等)。

▶六、铁路枢纽

在铁路网中,在几条铁路干线相互交叉或接轨的地点,需要修建一个联合车站,或修建几个专业车站,以及连接这些车站的联络线、进站线路、跨线桥等设备,由这些车站和设备组成的整体称为公路枢纽。铁路枢纽是连接铁路干、支线的中枢,是为城市、工业区或港埠区服务及与国民经济各部门联系的重要纽带,也是交通运输枢纽的主要组成部分。

铁路枢纽是客货流从一条铁路线转运到另一条铁路线的中转地区,也是城市、工业区客货到发和联运的地区。铁路枢纽除办理枢纽内各种车站的有关作业外,在货物运转方面还办理无改编中转和有改编中转列车的作业,以及枢纽地区小运转列车的作业;在客运作业方面办理通过、管内和市郊旅客列车有关的运转作业;在货运业务方面办理各种货物的承运、装卸、发送、保管等作业;此外,还要供应运输动力、进行机车车辆的检修等作业。

(一)铁路枢纽内的设备

铁路枢纽内一般应具备下列设备:

(1) 铁路线路:包括引入正线、联络线、环线、直径线、工业企业线等。

(2) 车站:包括客运站、货运站、编组站、工业站、港湾站等。

(3) 疏解设备:包括铁路线路与铁路线路的平面和立交疏解、铁路线路与城市道路的跨线桥和平交道口等。

（4）其他设备：包括机务段、车辆段、客车整备所、动车段（所）等。

（二）铁路枢纽分类

（1）按铁路枢纽在路网中的地位和作用的不同分为路网性铁路枢纽、区域性铁路枢纽和地方性铁路枢纽。

① 路网性铁路枢纽。凡承担的客货运量和车流组织任务涉及整个铁路网的枢纽，属于路网性铁路枢纽。这种枢纽一般位于几条铁路干线交叉或衔接的铁路网点上的具有重要政治和经济地位的大中工业城市。路网性铁路枢纽办理大量的跨局通过车流和地方车流，设有较多的专业车站，它的设备规模和能力都很大，如北京、沈阳、上海等枢纽。

② 区域性铁路枢纽。凡承担的客货运吊和车流组织主要为一定的区域范围服务的枢纽，属于区域性铁路枢纽。这种枢纽一般位于铁路干线和支线交叉或衔接的铁路网点上的大中城市，办理管内的通过车流和地方车流，它的设备规模和能力仅次于路网性铁路枢纽，如太原、柳州、蚌埠等枢纽。

③ 地方性铁路枢纽。凡承担的客货运量和车流组织主要为某一工业区或港湾等地方作业服务的枢纽，属于地方性铁路枢纽。这种枢纽一般位于铁路网端或大工业企业和水陆联运地区，办理大量的货物装卸和小运转作业，它的设备规模和能力较小，如秦皇岛属港湾铁路枢纽、大同属工业铁路枢纽等。

（2）按衔接线路、车站数和规模分，铁路枢纽分为特大、大、中、小型枢纽。

（3）按主要服务对象分，铁路枢纽分为工业、港湾、综合性枢纽。

（4）按布置图形分，铁路枢纽分为一站、三角形、十字形、顺列式、并列式、环形、尽头式和混合式枢纽等。图3-4-8所示为混合式铁路枢纽示意图，图3-4-9所示为环形铁路枢纽示意图。

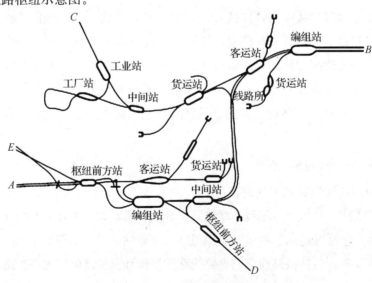

图3-4-8　混合式铁路枢纽示意图

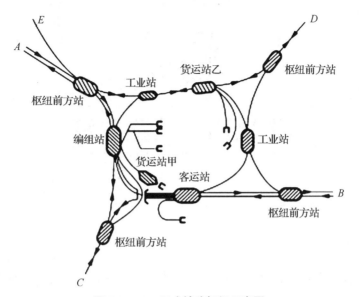

图 3-4-9 环式铁路枢纽示意图

04

模块四　铁路车辆

【内容描述】

铁路车辆和动车组是铁路运输的重要设备，是运送旅客、装运货物或作其他特殊用途的运输工具。除动车组的动车外，铁道车辆一般设有动力传动装置，需要多节车辆连挂成列，并由机车牵引才能在铁道线路上运行。为了完成运输任务，铁路部门必须拥有相应数量的、性能良好的车辆。

通过对本模块的学习，学生能够对铁道车辆的基本分类、结构组成、代码标识、运用与检修等相关知识有一个系统的了解。

【学习目标】

学习目标	知识目标	(1) 掌握铁路车辆基本常识 (2) 了解铁路车辆基本构造 (3) 了解铁路车辆的运用与检修
	能力目标	(1) 能识别常见铁路客车、货车种类 (2) 能识别铁路车辆标记、主要技术参数
	素养目标	(1) 培养认真、细致的工作作风 (2) 培养尊重客观、尊重劳动的职业精神 (3) 积极参与学习过程，遵守秩序，服从安排

【建议学时】

2～4学时。

任务 4-1 铁路车辆基本常识

【任务目标】

本任务要求学生掌握铁路车辆类型、车辆标记和主要技术参数等相关知识。教师组织学生到车辆段参观,听现场工作人员介绍铁路车辆基本常识。学生根据活动要求做好课前准备,参观时针对现场工作提问,教师组织学生在课堂上进行小组讨论和交流。

【知识准备】

一、车辆的分类

铁路车辆是铁路运输的重要设备,是用来运送旅客、装运货物或作其他特殊用途的运载工具。它一般没有动力装置,必须把车辆连挂成列,由机车牵引才能沿线路运行。铁路车辆的"根"在英国,发展至今按用途分为客车、货车及特种车三大类型。下面分别介绍几种主要车辆的用途。

(一) 客车

客车可分为运送旅客、为旅客服务和具有特种用途的客车 3 种。

1. 运送旅客车辆

主要有硬座车、软座车、硬卧车、软卧车及双层车等,现在主要型号为 25 型客车,包括 25T 型空调硬座客车、国际联运硬卧车、25T 软卧车、双层客车等,如图 4-1-1 到图 4-1-4 所示。

图 4-1-1　25T 型空调硬座客车

图 4-1-2 国际联运硬卧车

图 4-1-3 25T 软卧车

图 4-1-4 双层客车

2. 为旅客服务的车辆

(1) 餐车：供旅客在旅行中就餐用的车辆（图4-1-5）。车内设有厨房、餐室等设备。

图 4-1-5 25T 餐车

(2)行李车：运送旅客行李及物品的车辆。车内设有行李间及行李员办公室等设备。

3. 具有特种用途的车辆

主要有邮政车、空调发电车、公务车、医疗车、卫生车、试验车、维修车、文教车等，如图4-1-6和图4-1-7所示。

图4-1-6 25G空调发电车

图4-1-7 GW25K公务车

4. CR200J动力集中动车组车辆

复兴号CR200J型电力动车组（以下简称动集），是中国铁路复兴号系列中的一款动力集中式的电力动车组，如图4-1-8所示。为加快推进铁路装备现代化，充分利用既有线路和机、客车的检修资源，提高既有线铁路运输服务品质，满足中国铁路总公司运输和经营发展要求，中国铁路总公司和中国中车指挥研制开发了速度为160 km/h的动力集中电动车组，并将其正式纳入"复兴号"序列，"复兴号"将逐步全面取代普速线路既有客运车辆，大幅改善乘客添乘体验，提升中国铁路运输品质。

图4-1-8 CR200J动力集中动车组

(二) 货车

货车是供运送货物的车辆。原则上需要编组成货物列车使用,因运送的货物种类繁多,货车类型也有很多,按用途可分为通用货车、专用货车和特种用途货车3种。

1. 通用货车

通用货车是装运普通货物的车辆,其货物类型多不固定,也无特殊要求,通用货车在所有货车中所占比例较大,一般有敞车、棚车、平车、冷藏车和罐车等。

(1) 敞车:主要用来运送煤炭、矿石、钢材等不怕湿的货物。必要时,在所装运的货物上面加盖防水篷布,也可代替棚车装运货物。因此,敞车具有很大的通用性,是货车中数量最多的一种,如图4-1-9所示。

图4-1-9 C70EH型敞车

C80型系列运煤专用敞车是为大秦线开行2万t级运煤重载列车而设计制造的专用车,载重都为80 t,车辆自重20 t,采用新型K6型转向架,车辆速度可达120 km/h,比其他敞车的运能提高了31%。

(2) 棚车:主要用来运送日用品、粮食、仪器等比较贵重的和怕晒、怕湿的货物。大多数棚车是通用型的,如图4-1-10所示。

图4-1-10 P70通用棚车

活动侧墙棚车（P66型）：载重60 t，容积135 m³，车体为全钢焊接底架结构，全车4对（8扇）车门是活动的，车门开度可达到7.67 m，而且每侧墙的4扇门可实现多种开门组合，能做到任何一处都无侧墙遮挡装卸，不仅给长、大或贵重货物的装卸提供了很大方便，还给叉车机械化装卸创造了作业条件，大大提高了装卸效率。活动侧墙棚车的使用，也为在我国推广托盘运输提供了必要条件。

（3）平车：主要用来运送钢材、木材、汽车、机器等体积或重量较大的货物，也可借助集装箱装运其他货物。有的平车装有活动墙板，可用来装运矿石等散粒货物。如图4-1-11所示。

图4-1-11　NX70（H）型共用车

（4）冷藏车：主要用来运送鱼、肉、水果、蔬菜等鲜活易腐货物，冷藏车内有制冷设备和加温设备。

（5）罐车：主要用来运送油、酸、水等各种液体，液化气体及粉末状固体货物。用压缩空气使粉末状固体货物液态化，可提高装卸效率，减少粉尘污染，并可节约大量的袋装用纸，具有很好的经济效益。如图4-1-12所示为轻油罐车。

图4-1-12　GQ70（H）型轻油罐车

2. 专用货车

专用货车一般指只运送一种或很少几种货物的车辆。其用途比较单一，同一种车辆要求装载的货物重量或外形尺寸比较统一，有时其在铁路上的运营方式也比较特别，如固定编组、专列运行等。专用货车一般有矿石车、集装箱车、毒品车、家畜车、水泥车、粮食车、长大货物车、活顶棚车、特种车等。

（1）矿石车（漏斗车）：车体有固定的侧、端墙和卸货用的特殊车门，主要用以运送矿石、煤炭等货物。有的车体下部呈漏斗形，并设底门卸货（又称漏斗车，图4-1-13），有的车体能向一侧倾斜，由侧门卸货（又称自翻车）。

图4-1-13　KM70（H）型煤炭漏斗车

（2）水泥车：为密封式罐型车体，车顶有装水泥的舱孔，设气卸式卸货装置，用压力空气卸货。供运送散装水泥之用，如图4-1-14所示。

图4-1-14　U70型散装水泥罐车

（3）集装箱车：无车底板和车墙板。车底架上设固定式、翻转式锁闭装置和门止挡，以便锁闭集装箱。供运送各种系列集装箱之用，如图4-1-15所示。

图 4-1-15 X6K 型集装箱专用平车

(4) 长大货物车：车体长度在 19 m 以上、无墙板、载重 70 t 以上，用以装运各种长大重型货物，如大型机床、发电机、化工合成塔等。长大货物车按其结构形式可分为钳夹式长大货车（图 4-1-16）、凹底平车（图 4-1-17）、落下孔车（图 4-1-18）等。由于这些车的载重及自重都较大，为适应线路允许的轴重要求，车轴数较多。

图 4-1-16 D35 型钳夹式长大货车

图 4-1-17 载重 320 t 的 D32A 型凹底平车

图 4-1-18　载重 230 t 的 DK23 型落下孔车

3. 特种用途车

按特种用途设计制造的货车，其结构和用途都有所不同，如检衡车、救援车、除雪车等。

铁路货车的发展向着提升运营速度、降低车辆重心、减轻车辆自重、发展重载大型车辆、提高专用车比例五个方向发展。

二、车辆代码和标记

（一）车辆代码

为了对车辆进行识别与管理，适应全国铁路用微机联网管理的需要，运用中的每一辆车都有编码，铁路车辆无论是客车还是货车，每一辆车都有自己独特的"身份证"，业内称为"车辆标记"。每一辆车的编码是唯一的，代码由车种、车型、车号3段组成。

（1）车种代码：原则上在该车种汉语拼音名称中选取一个或两个大写字母作为车种代码。客车用两个字母表示，货车一般用一个字母表示。具体见表 4-1-1。

（2）车型代码：必须与车种代码连用，它是为区分同一车种中结构、装载量等不同的车辆而设，一般由 1~2 个数字构成，必要时其后还可以再加大写拼音字母。

如：C62B——C 表示车种；62 表示重量系列；B 表示材质区别。

（3）车号代码：采用七位数字代码，因车种、车型不同，使用数字规定区分范围。

客车：

软座车起讫号码为 10000~19999；

硬座车起讫号码为 20000~49999；

软卧车起讫号码为 50000~59999；

硬卧车起讫号码为 60000~89999。

货车：

棚车起讫号码为 3000000～3599999；

敞车起讫号码为 4000000～4899999；

平车起讫号码为 5000000～5099999。

如图 4-1-19：C80B 4375210，C 是车种，表示货车是敞车；80 是辅助型号，表示重量系列；B 也是辅助型号，表示车辆的材质区别；4375210 是车号。

一辆车的代码是该车的重要标识，必须涂刷在车辆显眼的位置（如侧墙）上。

我国铁路车辆车种型号见表 4-1-1。

表 4-1-1 部分车辆车种型号表

序号	货车车种	基本型号	序号	客车车种	基本型号
1	棚车	P	1	软座车	RZ
2	敞车	C	2	硬座车	YZ
3	平车	N	3	软卧车	RW
4	罐车	G	4	硬卧车	YW
5	冷藏车	B	5	行李车	XL
6	特种车	T	6	邮政车	UZ
7	长大货物车	D	7	餐车	CA
8	集装箱车	X	8	公务车	GW
9	家畜车	J	9	试验车	SY
10	水泥车	U	10	代用坐车	ZP
			11	硬座双层客车	YZS

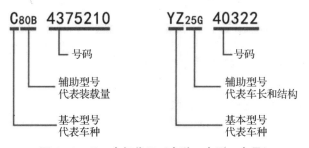

图 4-1-19 车辆代码（车种、车型、车号）

（二）车辆标记

为了表示车辆的类型和特征，满足运用、检修和统计的需要，每一铁路车辆上均应具有规定的各种标记。

车辆标记分为运用标记、产权标记和检修标记等。

1. 运用标记

运用标记是铁路运输部门运用车辆的依据（图4-1-20）。

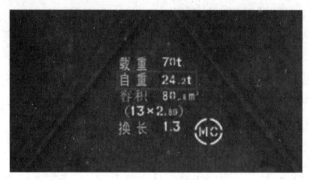

图4-1-20　车辆运用标记

(1) 自重、载重及容积

自重为空车时车辆本身的重量，以"吨"为单位；载重即车辆允许的最大装载重量，以"吨"为单位；容积是货车内部可容纳货物的体积，以"立方米"为单位并在括号内注明"内长×内宽×内高"的尺寸。

(2) 车辆全长及换长

车辆全长为该车辆两端钩舌内侧间的距离，以"米"为单位。

为了方便编组列车时的统计工作，将车辆全长换算成辆数表示的长度，称为换长，换算时以长度11 m为计算标准，即：

$$换长 = \frac{车辆全长（m）}{11\ m}$$

计算中保留一位小数，尾数四舍五入。如：换长为1.3，1.5等。

(3) 表示车辆设备、用途的标记（主要在货车上有此标记）

例如：

Ⓜ️Ⓒ——表示可以参加国际联运的客货车；

——表示禁止通过机械化驼峰的货车；

㋜——表示具有车窗、床托等的棚车，可以运送人员；

㋲——表示具有拴马环或其他拴马装置的货车。

2. 产权标记

(1) 国徽

凡参加国际联运的客车须在侧墙外中部悬挂国徽（图4-1-21）。

图 4-1-21　带国徽的车体

（2）路徽

凡产权归中国铁路总公司的车辆均应在侧墙或端墙适当的部位涂刷路徽，如图 4-1-22 所示。对于货车还应在侧梁适当部位安装产权牌。

图 4-1-22　中国铁路路徽

（3）路外厂矿企业自备车辆的产权标志

路外厂矿企业的自备车因运送货物或需委托路内厂、段检修而需要在正线上行驶时，一般在侧墙上或其他相应部位用汉字涂打上"××企业自备车"字样。

（4）配属标记

所有客车以及个别有固定配属的货车，必须涂刷上所属局、段的简称。

3. 检修标记

（1）厂修、段修标记

标记分段修、厂修两栏，如图 4-1-23 所示。

图 4-1-23 铁路客车检修标记

如图 4-1-23 所示标记中,第一栏为段修标记,第二栏为厂修标记;左侧为下次检修年月,右侧为本次检修年月及检修单位的简称。

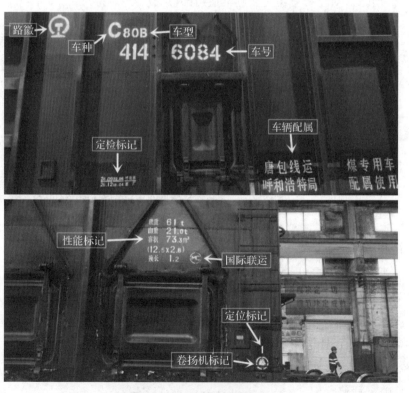

图 4-1-24 铁路货车标记

图 4-1-25 铁路罐车标记

（2）辅修及轴检标记（图 4-1-26）

辅修及轴检是定期进行的。辅修周期为 6 个月。轴检需视轴承的不同形式规定周期，有 3 个月、6 个月等。

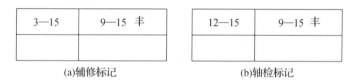

(a)辅修标记　　　　　　　(b)轴检标记

图 4-1-26　辅修及轴检标记

图 4-1-26 所示的辅修标记表示这辆车在 9 月 15 日由丰台车辆段施行辅修，辅修到期时间是次年的 3 月 15 日。

（三）车辆的主要技术参数

车辆的技术参数是表示车辆技术规格的某些指标，是从总体上表征车辆性能及结构的一些数字，主要包括车辆尺寸参数和车辆经济参数。

1. 车辆尺寸参数

（1）车辆全长

车辆全长指车辆两端的车钩均处在锁闭位置时，钩舌内侧面之间的距离，如图 4-1-27 中的 A。

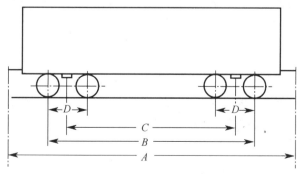

图 4-1-27　车辆主要尺寸

(2) 车辆全轴距

车辆全轴距指任何车辆最前位车轴和最后位车轴中心线间的距离,如图4-1-27中的B。

(3) 车辆定距

车辆定距又称车辆销距,是车辆底架两心盘中心线之间的水平距离,如图4-1-27中的C。

(4) 车辆固定轴距

车辆固定轴距指同一转向架最前位车轴和最后位车轴中心线间的距离,如图4-1-27中的D。

2. 车辆经济参数

车辆技术经济参数是表明车辆结构和运用的某些特征的一些指标,除了前文"车辆标记"部分提到的自重、载重、容积等参数外,还包括以下几项:

(1) 自重系数

自重系数是车辆自重与标记载重的比值。自重系数小,说明机车运送每一吨货物所做的功少,比较经济,所以自重系数越小越好。今后我国将大量制造大吨位的货车,以压缩车辆的自重系数,这有利于降低货运成本,满足货物重载运输的需要。

(2) 轴重

轴重并不是指车轴本身的重量,而是车辆总重(自重+载重)与轴数之比,也就是车辆每一轮对施加于轨道的重力。计算公式为:

$$轴重 = 车轴允许担负的最大重量 + 轮对自重$$

四轴车辆轴重计算公式为:

$$轴重 = \frac{轴重 + 轮对自重}{4}$$

车辆的轴重受轨道和桥梁结构强度(允许的载荷)的限制,所以不允许超过规定数值。目前,我国重载货运专线允许的轴重为25 t,其他客货混运线路允许的最大轴重为23 t。

(3) 单位容积

单位容积是车辆设计容积和标记载重之比。这是表明车辆载重力与容积能否达到充分利用的指标。

(4) 每延米轨道载重

每延米轨道载重是车辆总重量与车辆全长之比(单位为t/m)。在车辆设计中,该指标与桥梁、线路强度密切相关。按目前桥梁设计规范,车辆每延米轨道载重可取到8 t。我国规定的线路允许载重一般不得超过6.6 t/m。

（5）最高试验速度

最高试验速度是指车辆设计时，按安全及结构强度等条件所允许的车辆最高行驶速度。

（6）最高运行速度

以往常用"构造速度"作为参数，因其概念不够明确，现多以"最高试验速度"和"最高运行速度"来替代它。

【知识小词典】

车辆的方位

车辆本身具有对称结构，1台车上往往装有几个完全相同的构件，如转向架、轴箱等，怎么区分它们呢？为了便于在设计、制造、检修、运用过程中确定同类型的零部件哪一个装在哪里，需要设置车辆的方位。

设置车辆方位时一般以制动缸活塞杆推出的方向为一位端，相反的方向为二位端，并在车上规定的部位涂刷上方位标志。对有多个制动缸的车辆，则以手制动安装的位置为一位端。个别情况下还可以人为地规定某端为一位端。如客车就以手制动端为一位端；一些长大货车转向架、手制动装置众多，则可人为规定一端为一位端。

有了方位，我们就可以对车辆的各个转向架、轮对以及底架上横梁等编号。编号规则为：当面对车辆一位端站立时，对排列在纵向中心线上的零部件，如转向架、轮对、底架上的横梁等，由一位端向二位端顺序编号；对分布在中心线两侧的构件，如侧墙、立柱、轴箱、侧架等，则左侧为奇数、右侧为偶数，从一位端向二位端顺序编号。如图 4-1-28 所示。

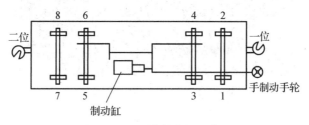

图 4-1-28　车辆定位示意图

任务 4-2 铁路车辆基本构造认知

【任务目标】

本任务要求学生掌握铁路车辆基本构造的相关知识。如有条件,教师可组织学生到车辆段参观,听现场工作人员介绍铁路车辆基本构造。学生根据活动要求做好课前准备,参观时针对现场工作提问,教师组织学生在课堂上进行小组讨论和交流。

【知识准备】

车辆的种类虽然多,构造却大同小异。近年来,随着科技的进步和需求的变化,铁路车辆的外形开始有了改变,尤其是客车车厢不再是清一色的老面孔,但是它们的基本构造并没有重大的改变,只是具体的零部件有了更科学先进的结构设计。为适应和满足旅客和货物运输的不同要求,各种类型的铁道车辆被相继推出,它们的构造也各有不同。铁路车辆一般由5个部分组成,即车体、车内设备、走行部(转向架)、车钩缓冲装置及制动装置。以货车车辆为例,其组成如图4-2-1所示。

图 4-2-1 货车车辆基本结构

▶ 一、车体

车体是旅客乘坐或装载货物的部分,一般车体和车底架构成一个整体,其结构与车辆的用途有关。

车底架是车体的基础。它承受车体和所装货物的重量,并通过上下心盘将重量传给走行部。在列车运行时,它还承受机车牵引力和列车运行过程中的各种冲击力,所以车底架必须具有足够的强度和刚度。

货车车底架由中梁、侧梁、枕梁、横梁及端梁等组成,如图4-2-2所示。

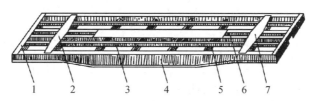

1—端梁；2、7—枕梁；3—纵梁；4—侧梁；5—横梁；6—中梁

图 4-2-2　货车车底架

中梁位于车底架的中央，为车底架的骨干，两端是安装车钩缓冲装置的地方，是主要承受垂直载荷和纵向作用力的杆件。

枕梁是车底架和转向架摇枕衔接的地方。在枕梁下部安装的上旁承和上心盘，分别与转向架摇枕上的下旁承和下心盘相对，并将重量传给走行部。

客车车底架构造和货车车底架相似。客车两端必须设置通过台，所以它的两端各有一个通过台架。车体采用薄壁筒形结构，由底架、侧墙、车顶、内外端墙、门窗等组成。为了满足旅客在旅行生活中的需要，车体内部设有坐卧设备、车电设备、通风设施和空调取暖设备等。新型客车的结构得到了不断的改善和提高，全车结构采用铝合金型材、玻璃钢、不锈钢等新材料。空调双层客车载客定员大幅度提高，适用于繁忙的城际、旅游区段等的旅客运输。类型不同的货车内部设备也千差万别，一般来说比客车简单。如棚车中的拴马环、床托等分别为运送大牲畜及人员所设。其他车辆如冷藏车、家畜车等各有其特殊的内部设备。

▶ 二、走行部

走行部可以引导车辆沿轨道运行，并把车辆的重量和货物载重传给钢轨，它应保证车辆以最小的阻力在轨道上运行，并顺利地通过曲线（图 4-2-3）。走行部能否保持良好的状态，对车辆的安全、平稳、高速运行有很大影响。我国铁路货车大部分是四轴货车，其走行部由两台相同并独立的二轴转向架组成。

图 4-2-3　客车走行部

(一)转向架的作用

采用转向架可以缩短车辆的固定轴距,车体与转向架之间可以相对自由地转动,便于通过曲线。同时,转向架结构也可使车辆的载重量、长度和容积有所增加,运行品质得以改善,满足了现代铁路运输发展的需要。

(二)转向架的组成

每一个转向架由两组轮对、轴箱油润装置、侧架、摇枕、弹簧减振装置等组成,并通过摇枕上的下心盘、中心销和车体底架枕梁上的上心盘对接后与车体连接为一体。

1. 轮对

两个车轮紧密地压装在一根车轴上组成轮对(图4-2-4)。轮对承受车辆的全部重量,并在负重的情况下以较高的速度引导车辆在钢轨上行驶。

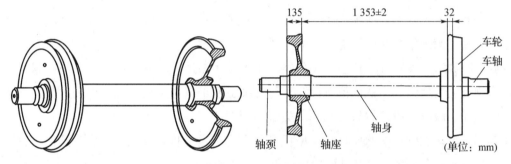

图4-2-4 轮对

车轮与钢轨头部直接接触的表面,称为踏面,如图4-2-5所示。踏面做成一定的斜度,可使车辆的重心落在线路中心线上,以减少或避免车辆的蛇行运动,使轮对较顺利地通过曲线,减少车轮在钢轨上的滑行距离。车轮内侧外缘凸起的部分叫轮缘,如图4-2-5所示。它的作用是引导车辆沿钢轨运行,防止车辆脱轨,保证车辆在线路上安全运行。

图4-2-5 车轮踏面与钢轨的接触

车轮两端伸进轴箱的部分叫轴颈,用以安装轴承。轴座是压装、固定车轮的部分,也是车轴受力最大、直径最大的部分。车轴的中部为轴身。

2. 轴箱油润装置

轴箱油润装置将轮对和侧架联结在一起,并将车辆的重量传给轮对。其主要作用是保护轴颈,使轴承与轴颈间得到润滑,减少摩擦,防止在高速运行条件下发生热轴现象,保证车辆安全运行。

铁路车辆上有两种类型的轴箱装置,即滚动轴承轴箱装置和滑动轴承轴箱装置。现在大量采用的是滚动轴承轴箱,如图4-2-6所示。

滚动轴承轴箱由轴箱体、轴箱盖、滚动轴承等组成。在轴箱内加入适量的软干油,当车轴和轴承转动时,就能将油脂带入摩擦表面。滚动轴承适合高速运行,它能减少运动阻力,减少燃油事故,延长检修周期,缩短检修时间,加速车辆周转,节省油脂,降低运营成本。

图4-2-6 滚动轴承轴箱

3. 侧架、摇枕及弹簧减振装置

货车转向架的构架由左右两个独立的侧架与摇枕组成,侧架和摇枕(图4-2-7、图4-2-8)是货车转向架的主要部件。它们不仅承受、传递各种作用力,而且能将转向架各零部件组成一个整体。

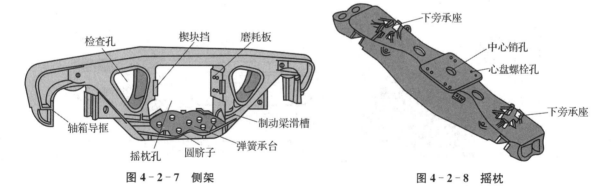

图4-2-7 侧架　　　　　　　　　图4-2-8 摇枕

(1)侧架

侧架是安装弹簧减振装置、轴箱装置及制动装置的地方。

(2)摇枕

摇枕中间用螺栓固定下心盘,两旁铸有旁承座,车体的重量和载荷通过下心盘经摇枕传给两侧的枕弹簧及侧架。

(3) 下心盘

下心盘装在摇枕中央，与装在车体底架枕梁中央的上心盘相对应，下心盘上装有中心销，通过中心销与上心盘连接。上、下心盘之间可相对转动，当车辆通过曲线时，转向架可以绕心盘自由回转，减少车辆通过曲线的阻力。

(4) 下旁承

摇枕两端各设一个下旁承，与车体底架枕梁两端的上旁承相对。上、下旁承之间不能压死，必须留有适当的空隙（游间），当车辆在线路上运行车体发生左右摇摆或通过曲线时，向下倾斜一侧的上旁承和下旁承相互接触而支撑车体，从而防止车体过度摇动和倾斜。

(5) 弹簧减振装置

弹簧减振装置的作用是缓和或消减车辆运行受到的冲击和振动。它由摇枕弹簧和减振器组成。

为了更好地减轻振动，除了弹簧装置以外，还采用其他的减振设备，如我国货车转向架上采用摩擦减振器，客车转向架上采用油压减振器，高速客车、双层客车和地下铁道车辆转向架上还装有空气弹簧。

空气弹簧是利用装在橡胶容器中的压力空气的气体体积可变化的原理制成的。

如图4-2-9所示，当橡胶容器受压时，里面的空气体积变小，外力撤销后，空气体积又恢复原状，从而达到缓和冲击和减振的作用。空气弹簧与一般刚性弹簧相比，具有良好的吸收高频振动和隔音性能以及自重轻等优点，因此，空气弹簧在高速客车上得到了应用。

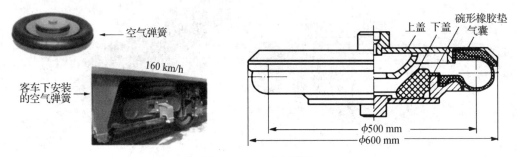

图4-2-9 空气弹簧

目前，我国铁路货车主型转向架除转8AG型外，还有下交叉支撑的转K2型转向架，该转向架有更加稳定的结构。

客车转向架是一种无导框式（又称构架式）转向架，构架侧梁下面的轴箱弹簧，直接放置在轴箱体两侧的弹簧托板上，如图4-2-10所示。

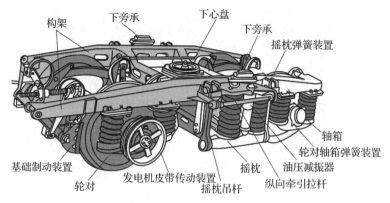

图 4-2-10 客车转向架

三、车钩缓冲装置

铁路车辆的显著特点之一是它们极少单独运行,不论客车还是货车,总是连挂运行,机车和车辆或车辆之间连挂在一起,靠的是车钩缓冲装置,车钩缓冲装置可以传递牵引力和制动力,缓和列车运行或调车作业时所产生的冲击力。

车钩缓冲装置包括车钩、缓冲器两部分,安装在车底架中梁的两端。图 4-2-11 所示为货车车钩缓冲装置。

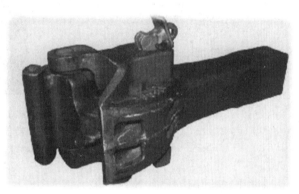

图 4-2-11 车钩缓冲装置

(一) 车钩

车钩由钩头、钩身和钩尾 3 个部分组成。钩头里装有钩舌、钩舌销、钩提销、钩舌推铁和钩锁铁等零部件。

我国在铁路开行的单元重载列车中装设的是旋转式车钩,如图 4-2-12 所示。在车辆的一端装设旋转车钩,在另一端装设普通的固定车钩。当车辆进入翻车机位时,翻车机带动待翻车辆旋转,以车钩纵向中心线为轴旋转 180°,未进翻车机位的车辆静止不动,被翻转车辆与其连挂的旋转车钩一起翻转,实现不摘车作业,缩短了卸货作业时间。

在高速动车上采用的车钩是密接式车钩,如图 4-2-13 所示。它由密接式车钩、橡胶缓冲器、风管连接器、电气连接器和风动解钩系统等组成。车辆连挂时,两车钩相邻钩头上的凸锥和凹锥孔相互插入,起到紧密连接作用,同时两车之间的电路、空气管路自动接通。在两车分解时,车钩亦可自动解钩,车辆间的电路和空气通路自动切断。

图 4-2-12 旋转式车钩

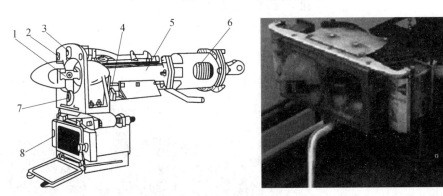

1—钩舌；2—解钩风管连接器；3—总风管连接器；4—截断塞门；5—钩身；
6—缓冲器；7—制动风管连接器；8—电气连接器

图 4-2-13 密接式车钩

（二）缓冲器

为了缓和并减小车辆在连挂、起动、制动时产生的冲击力，提高列车运行的平稳性，延长车辆使用寿命，在车钩的后面装有缓冲器。缓冲器不仅可以起到缓和冲击的作用，还可以吸收一部分冲击时产生的动能。

缓冲器有多种类型，如 2 号、3 号、ST、MT-2、MT-3 型缓冲器等，目前我国货车上常用的 2 号（环簧）缓冲器如图 4-2-14 所示。

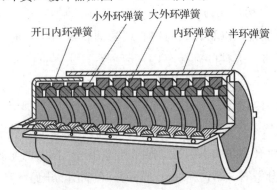

图 4-2-14 货车用的 2 号缓冲器

为了适应客车高速运行和货车载重量大的需求，还可采用弹性胶泥缓冲器和 G2 号缓冲器等。

四、制动装置

制动装置是用外力迫使运行中的机车车辆减速或停车的一种设备。它不仅是列车安全、正点运行的重要保证，而且也是提高列车重量和运行速度的前提条件。因此，制动装置的性能好坏，会影响铁路的运输能力和行车安全。

我国机车车辆上安装的制动机主要有空气制动机和人力制动机。空气制动机利用压缩空气产生制动力，一般作为列车制动用。人力制动机是用人力进行制动，一般只在调车时对个别车辆或车组实行人力制动。

车辆上的制动装置一般包括 3 个部分，即空气制动机、人力制动机和基础制动装置。

（一）空气制动机

空气制动机又叫作自动制动机，是利用压缩空气控制制动的设备。

空气制动机的部件，一部分装在机车上，另一部分装在车辆上。装在机车上的有空气压缩机、总风缸、制动阀等。由空气压缩机产生的压缩空气储存在总风缸内，车辆空气制动机所需压缩空气是由机车总风缸供给的，是制动所用的动力来源。列车中每个车辆的制动、缓解作用，都是通过机车司机操纵制动阀来实现的。

（二）人力制动机

在每节车辆的一端，都装有一套人力制动机，可以用人力来使单节车辆或车组减速或停车。

我国铁路货车上多用链式人力制动机（又叫链子闸），如图 4-2-15 所示，其结构简单、操纵灵活、制动力强。

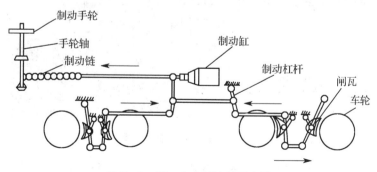

图 4-2-15 人力制动机示意图

当进行人力制动时，可将制动手轮按顺时针方向转动，使制动链绕在轴上，拉动制动杠杆，就如同空气制动机中制动缸活塞杆向外推动一样，可使闸瓦紧压车轮而产生制动作用。

(三) 基础制动装置

基础制动装置设在转向架上,是利用杠杆原理,将空气制动机或人力制动机产生的力量扩大适当倍数,再均衡地向各个闸瓦传力的装置。客车多采用双瓦式基础制动装置,货车多采用单瓦式基础制动装置。

车辆运行过程中,闸瓦会因制动时与车辆踏面摩擦而变薄,致使制动力减弱、制动效率降低,为此必须经常调整制动缸活塞的行程。目前,新造车上安装了闸瓦间隙自动调整器,使车辆在运行过程中可以自动调整制动缸活塞行程的大小,进而保证应有的制动力。

车辆制动技术按照制动的实现方式分有踏面制动、盘形制动、电制动、涡流制动、磁轨制动、翼板制动等。而在这么多种制动方式中,目前国内机车车辆主要采用摩擦制动(包括踏面制动和盘形制动)方式,动车组主流使用的是摩擦制动(包括踏面制动和盘形制动)和电制动方式。

1. 踏面制动

施加踏面制动时,制动闸瓦紧贴车轮踏面,通过机械摩擦将车辆的动能转换为热能。其本质是通过一定的方式阻碍车轮转动,产生制动,如图4-2-16所示。

图4-2-16 踏面制动装置

踏面制动的优点是结构简单,可节省转向架的下部空间,同时制动还起到了清洁车轮踏面的作用。踏面制动的缺点是由于踏面制动是直接摩擦车轮踏面,因此踏面磨损较快;另外,在车轮高速运行时制动会使踏面温度升高,对车轮的结构造成影响,从而影响车轮对车体的支撑作用,而这对于车轮来说是致命的。除此以外,由于车轮材质基本是固定的,因此要想拥有较好的摩擦面以及稳定的摩擦系数,必须不断地调整闸瓦的材料来适应车轮的材质特性,相对来说这具有一定的难度。

2. 盘形制动

盘形制动是利用制动夹钳使闸片夹紧固定装置在车轴上的制动圆盘而产生制动力的。如图4-2-17所示,专门设置制动盘用于摩擦,这样就可以根据制动的需求对制动盘进行选型,选择与闸瓦匹配的材质,以得到更好的摩擦效果、稳定的摩擦系数以及较低的噪声。同时由于不再摩擦车轮,也不再会有温升问题,而制动盘温度升高对车辆运行影响不大。

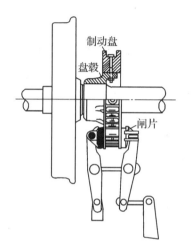

图 4-2-17 盘形制动装置

盘形制动也不是十全十美的,与踏面制动相比,盘形制动需要独立设置制动盘,会占用较多的转向架空间,同时因为新增加了设备,成本上也会增加。

我国的动车组、双层客车及地铁车辆上使用的是盘形制动。采用盘形制动的优点是:动能转变成热能后散发快;闸片和制动圆盘材质相互间摩擦性能好,制动时减速均匀、平稳、无噪声,尤其在高速运行制动时表现得更为明显,旅客的舒适度得到了提高;盘形制动使车轮的磨耗减轻,车轮热裂纹消除,因此能减轻维修工作量。

3. 轨道电磁制动

闸瓦制动和盘形制动都属于黏着制动,受轮轨黏着力的限制。在列车速度较高的情况下,可采用不受黏着限制的非黏着的制动方式——轨道电磁制动。轨道电磁制动分为磁轨制动和轨道涡流制动两种。

磁轨制动(图4-2-18)是通过电磁作用,使该设备上的磨耗板与钢轨摩擦而产生制动力。磁轨制动多用作紧急制动。

轨道涡流制动是一种独特的制动装置,在转向架两侧的两个车轮之间装设条形电

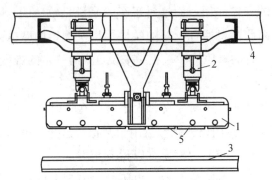

1—电磁铁；2—升降风缸；3—钢轨；4—转向架构架侧梁；5—磨耗板

图 4-2-18 磁轨制动

磁铁，电磁铁的磁极端面与钢轨表面保持 6～7 mm 的很小间隙。它靠电磁铁与钢轨间的相对速度引起的电涡流作用形成制动力。目前，它们作为一种辅助制动方式，用在某些黏着制动力不够的高速列车上。

随着列车速度的不断提高，动能的加大，仅靠传统的闸瓦制动方式和自动空气制动机操纵控制列车是无法达到要求的。因此，高速列车的制动必须采用综合方式，即多种制动协调使用，方能获得较好的效果。

任务 4-3　铁路车辆运用与检修认知

【任务目标】

本任务要求学生掌握铁路车辆运用与检修的相关知识。如有条件，教师可组织学生到车辆段参观，听现场工作人员介绍铁路车辆运用与检修。学生根据活动要求做好课前准备，参观时针对现场工作提问，教师组织学生在课堂上进行小组讨论和交流。

【知识准备】

为了完成运输任务，铁路必须拥有相应数量的、性能良好的车辆。因此，一方面铁路工业部门要不断地新造足够数量的车辆；另一方面车辆部门还要做好车辆的日常维修保养工作，使已有车辆经常处于质量良好的状态，才能确保车辆安全、高速、平稳地运送旅客和货物，并延长其使用寿命。

车辆段（图 4-3-1、图 4-3-2）是设在铁路沿线负责车辆检修工作的基层单位，一般设在编组站、国境站、铁路枢纽以及货车大量集散和始发终到旅客列车较多的地点。它主要承担车辆的定期检修和日常保养工作，因此段内一般设有修车库、修车线及辅助车间等。在车辆段所负责范围内的每一编组站和区段站上均设有列车检修所，并根据需要设立了站修所等日常检修单位。

图 4-3-1 客车车辆段示意图

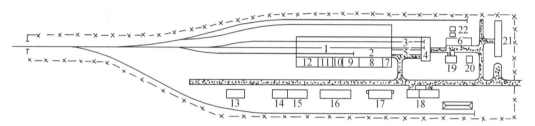

1—修车库；2—转向架车间；3—轮对轴箱互换间；4—轮轴间；5—挂瓦间；6—油线间；
7—机械钳工间；8—配件架修间；9—车钩缓冲装置间；10—备品库；11—制动间；
12—木工间；13—利材间；14—材料棚；15—材料库；16—设备维修间；17—锻工弹簧间；
18—食堂；19—空气压缩机间；20—变电间；21—段办公室；22—储油库

图 4-3-2 货车车辆段示意图

车辆段通常分为货车车辆段、客车车辆段、动车段（动车运用所），分别负责货车车辆、客车车辆、动车组的综合运用、车体整备、车体整体检修。

动车段（动车运用所）是中国铁路第六次大提速的产物，CRH（和谐号电力动车组）系列动车组投入使用，使中国铁路开启"追风时代"，列车速度到达 200 km/h 以上。随着各铁路局 CRH 系列动车组的配属数量日益增多，CRH 系列动车组的整备、检修需要更加专业化、系统化、集约化，随即重要的铁路客运枢纽城市成立了动车段（动车运用所）。

▶一、铁路车辆运用与检修制度

我国铁路车辆的计划预防检修分为定期检修和日常维修两大类。

1. 定期检修

车辆定期检修就是按照规定的期限，对整个车辆或某些部分进行全部或部分的检修。定期检修包括厂修、段修、辅修和轴检。

厂修由车辆工厂负责,是指对车辆进行全面而彻底的修理,修后的车辆性能要求达到或接近新车的水平。段修由车辆段承担,要求对车辆各部分作全面的检查,修换其损坏和磨耗过限的零部件。辅修和轴检主要是对制动装置和轴箱油润部分进行检修。

2. 日常维修

为使车辆经常保持良好的技术状态,在定期检修之间的运用期内,还必须对车辆进行日常检查和维修工作。只有将日常检查和定期检修配合起来,才能保证车辆完好和正常运用。

日常维修工作由列车检修所和站修所等单位承担。列车检修所对经本站中转或到达本站的列车中所有车辆进行技术检查和修理,同时还负责扣修定检到期的车辆。站修所的任务是进行货车的摘车修理、轴检和辅修工作。为了保证车辆的良好运用和加速车辆周转,在日常维修中应尽量采取不摘车修理方式。

客车和货车不同,客车有固定的配属段,并按照规定的区段运行。所以客车的日常维修工作主要是在旅客列车终到后、始发前在客车整备所进行(又称为库列检),在运行途中还要进行列车的技术检查。此外,在旅客列车上还派有固定的检车乘务员,负责检查车辆和车电设备的技术状态,防止因车辆技术状态不良而发生摘车或晚点现象,对某些检车乘务员无力处理的故障,要及时联系前方旅客列检所协助办理。

客车维修分工如图4-3-3所示。

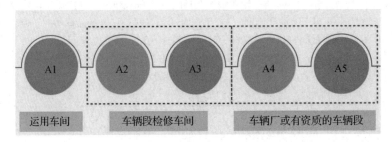

图4-3-3 客车维修分工

▶二、运用与检修技术

为保证列车安全运行,一种全新的车辆运行安全防范预警系统已在全路建立起来,即"地对车安全监控体系"。它采用五大监控系统全方位地对运行中列车的车辆进行动态监控,五大监控系统采用不同的检测手段。由于这五个系统的英文名称首字母都是T,所以该预警系统也被称为"5T"系统。

1. 车辆轴温智能探测系统(THDS)

该系统也称红外线轴温探测设备,是铁路用来防止机车和客货车燃轴、切轴,保证行车安全的设施。

红外线轴温探测器（图4-3-4）由红外探头、控制部分、记录部分、信号传输部分及电源部分组成。

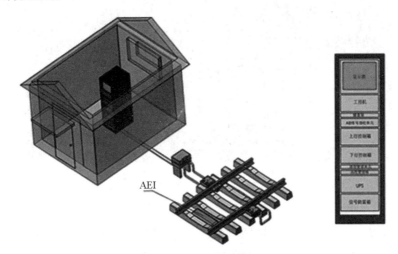

图4-3-4　红外线轴温探测器

当列车通过时，安装在线路两侧的红外探头拾取每个轴承所产生的红外线，并将红外线能转变成电能，即电信号。然后电信号被传输到记录器，红外值班员可根据记录的脉冲波形进行分析、比较来监测运行在铁路线上的机车车辆的轴承状况。红外探头安装位置如图4-3-5所示。

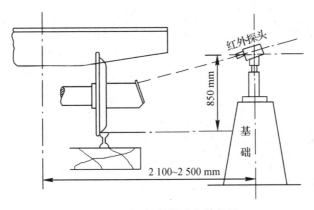

图4-3-5　红外探头安装位置

目前，我国铁路线上建成了红外线轴温探测网，其由地区轴温探测点和红外调度中心组成，并用微型计算机对其进行控制和监测。

2. 车辆运行品质动态监测系统（TPDS）

TPDS系统（图4-3-6）能对车轮滚动周期内车轮不同方向着地时轮轨动态的作用进行有效监测，可识别出运行状态不良的车辆，有效地防范货车脱轨特别是防范空载货车在直线段脱轨,并监测车轮踏面擦伤、剥离以及货物超偏载等引起的危及行车安全的情况,有效地保证了车辆运行安全。

图 4-3-6 TPDS 系统

3. 车辆滚动轴承故障轨边声学诊断系统(TADS)

TADS 系统(图 4-3-7)可以实时采集运动货车滚动轴承噪声,通过在室内对资料进行分析,及时发现货车轴承早期故障,进行在线(计算机联网)诊断预报。该系统能够比红外线轴温探测系统更及时地防范切轴事故。

图 4-3-7 TADS 系统

4. 货车故障轨边图像监测系统(TFDS)

TFDS 系统(图 4-3-8)利用轨边高速摄像头,对运行货车进行动态检测,以及时发现货车运行故障,重点检测货车走行部、制动梁、悬吊件、枕簧、车钩缓冲装置等安全关键部位,重点防范制动梁脱落事故,防范摇枕、侧架、车钩缓冲器大部件裂损、折断,防范枕簧丢失和窜出等危及行车安全的隐患。

图 4-3-8 TFDS 系统和其拍摄的图片

5. 客车运行安全监控系统（TCDS）

TCDS 系统（图 4-3-9、图 4-3-10）随车对速度 160 km/h 及以上的客车的轴温、制动系统、转向架安全指标、火灾报警、客车供电、电器及空调系统运行安全状况进行检测，重点防范客车热轴事故，火灾事故，转向架、制动系统、供电、电器及空调故障。

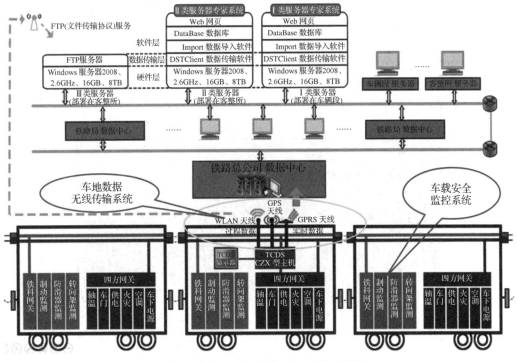

图 4-3-9 TCDS 系统数据通信示意图

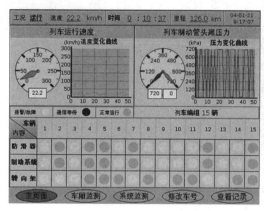

图 4-3-10　TCDS 列车级显示功能示意图

【知识拓展】

高原内电双源动力集中动车组

2021 年 6 月 25 日，拉林铁路（拉萨至林芝铁路）开通运营，复兴号高原内电双源动车组同步投入运营，历史性地实现了复兴号对 31 个省区市的全覆盖（图 4-3-11）。该动车组采用整列一体化设计，两端分别挂电力动力车和内燃动力车，可在电气化和非电气化线路间自由切换、贯通运用，编组为 12 辆，设一等、二等和商务车厢，定员 755 人，创新采用弥散式和分布式相结合的方式连续供氧，为旅客提供良好乘车体验，完全适应高海拔、连续长大隧道环境。

图 4-3-11　西藏首条电气化铁路建成通车，复兴号实现 31 个省区市全覆盖

一、双动力牵引模式

拉林铁路为在建的川藏铁路的重要组成部分，为同时满足川藏铁路全线电气化和非电气化线路的运营需求，CR200JS-G 型复兴号动车组采用了全球首创的"内燃机＋电力"的动力车组合：列车一端为源自 HXD1D 电力机车技术的单节动力车，另一端

则是技术源自 FXN3 型内燃机车的双节无驾驶室动力车。列车可以根据线路情况和实际需求实现电力和内燃动力驱动的切换，也可使用电力＋内燃的双动力进行协同牵引，在国际上首创内电双端双控策略，在任意一端司机室就可以切换内燃、电力动力驱动模式。

牵引电机采用中车株洲电机生产的 YQ-1224-4 型牵引电机，单轴牵引功率达到了 1 200 kW，具有功率重量比大、转速范围宽以及结构简单紧凑等多项优点，同时采用了耐低温材料和防风沙设计来满足青藏高原地区高海拔、低温、多风沙的环境运行要求，其电气间隙和爬电距离均满足了 4 000 m 以上海拔的应用要求。内燃动力则采用了大连中车柴油机公司生产的 16V165B 型柴油机，针对高原运用环境和客运舒适性，采用了增压器进气压力可调技术等提升了内燃机组在高原低气压和低温环境下的适应能力，内燃动力车的辅助系统主要部件采用了模块化设计，辅助系统模块同发动机之间也采取了软连接的方式来降低管路振动和提高连接可靠性。

二、良好的舒适性

由于拉林铁路运营环境的特殊性，新型高原动车组拖车同标准版动车组拖车相比有着诸多不同的技术特征。高原动车组的拖车是在 CR200J 型动车组拖车的基础上改进而来的，为保证高海拔地区的运营安全和在最大程度上提高乘客的乘坐舒适性，其采用了诸多新兴技术：

1. 由于拉林线桥隧比较高，拖车采取了全封闭车体的设计，能够保证在进出隧道时乘客不会出现耳鸣的现象；同时设置了压力波保护装置，基本消除了隧道活塞效应对乘客的影响。

2. 内燃动力车排气系统加装消音器，动力间隔墙也使用了降噪涂料，柴油机同车体采用柔性连接的方式来降低柴油机运行时的振动。除了对动力车进行降噪处理外，在原有车型既有的隔音降噪措施的基础上，在拖车地板和车厢端部等噪声源处增设了隔音棉和隔音涂层，列车端部同动力车相连的车厢也采用了气密门来对噪音进行隔绝。经测量在动车组达速运行时，车厢内噪音只有 60 dB，符合列车运行中对车厢噪音的要求。

3. 拖车采用了"一体式"供氧方案，供氧系统将通过管路将富氧空气输送至风道中来对拖车车厢进行供氧。在海拔 4 000 m 以上可以保持车厢内的氧浓度不低于 23.6%，为了满足应急供氧需求拖车还配备了大容量蓄电池和应急电源来保证供氧系统的正常运转；在司机室同时配备了"弥散式＋分布式"制氧系统，以保证高海拔环境下司乘人员的安全。

4. 为应对高原强度极高的紫外线照射对车体和乘客的影响，拖车的外涂装、风挡篷布以及车窗密封胶条等外露的橡胶和塑料件都采用了防紫外线设计，以保证使用寿命；车窗也张贴了防紫外线膜，将紫外线透光率降低到了 1% 左右；车窗卷帘也使用了紫外线防护效能好的材质，对靠窗乘客做到最大程度的防护。

三、智能监测系统

全车布置 2 500 余个监测监控点，增加了关键传感器的冗余、故障判断、状态确定等功能，实现了列车的全方位实时监控；内燃动力车对行车状态的监控、故障监测与检修维护三个方面全面升级为数字化与智能化控制。

在行车状态监控方面，首次采用贯通全列的安全监控网，将动力车与拖车之间的安全信息进行互联传输；在故障监测方面，首次采用了柴油机健康监测系统，该系统能够实现故障的预警和维修指导；在检修维护方面，整车采用以太网控车技术，对关键的柴油机、主变流、辅助变流、列车供电、辅助供电等各子系统进行全方位的监测，传输容量较传统设备提升了 100 倍，传输速率也提高了 60 倍，支持车的无线通信，可为车辆故障处理、问题分析提供充分的数据，也为远程技术支持提供了技术保障。

（资料来源：了不起的中国制造，《驶向西藏的复兴号动车组，有多"与众不同"?》，https://www.163.com/dy/article/GKILH39B0511DTU9.html）

05

模块五　铁路机车

【内容描述】

"火车跑得快，全凭车头带"，"火车"是俗语，其实就是列车，"车头"也是俗语，其实就是机车，机车是有机器的车，这机器就是蒸汽机，或内燃机，或电机。

铁路机车是铁路运输的牵引动力。铁路车辆不具备动力装置，需要将其连挂成列，由机车牵引沿钢轨运行。在车站内，车辆的转线以及货物车辆的取送等各项调车作业，都要由机车完成。因此，为了完成客货列车的牵引和车站的调车工作，必须保证提供足够数量的牵引性能良好的机车；同时，还必须加强对机车的保养与检修工作，且应正确合理地运用机车。

通过对本模块的学习，学生能够对铁路机车的基本分类、结构组成、代码标识、运用与检修等相关知识有系统的了解。

【学习目标】

学习目标	知识目标	(1) 了解铁路机车种类、名称、主要用途 (2) 了解内燃机车基本构造、主要装置功能 (3) 了解电力机车基本构造、主要装置功能 (4) 掌握铁路机车运用管理制度
	能力目标	(1) 能识别和分析铁路机车的优缺点 (2) 会描述内燃机车主要装置的功能 (3) 会描述电力机车主要装置的功能 (4) 会描述铁路机车检修制度
	素养目标	(1) 培养认真、细致的工作作风 (2) 培养尊重客观、尊重劳动的职业精神 (3) 积极参与学习过程，遵守秩序，服从安排

【建议学时】

2～4学时。

走进铁路

任务 5-1　认识铁路机车分类及型号

【任务目标】

本任务要求学生掌握铁路机车类型识别、车辆标记和主要技术参数识别的技能。如有条件,教师可组织学生到车辆段参观,听现场工作人员介绍铁路车辆基本常识。学生根据活动要求做好课前准备,参观时针对现场工作提问,教师组织学生在课堂上进行小组讨论和交流。

【知识准备】

▶一、铁路机车类型识别

铁路采用的机车类型很多,可有不同的分类。

1. 按牵引动力分,可分为蒸汽机车、内燃机车和电力机车等。

(1) 蒸汽机车

蒸汽机车是利用蒸汽机把燃料(一般用煤)的化学能变为热能,再变为机械能,而驱动车辆运行的机车,如图 5-1-1 所示。1814 年英国人乔治·史蒂芬森发明了第一台蒸汽机车,人类加快了进入工业时代的步伐。由于其热效率极低,现在我国已经淘汰蒸汽机车。蒸汽机车结构简单、维修方便,但是动力性能差、效率低。

图 5-1-1　蒸汽机车

(2) 内燃机车

内燃机车是以内燃机作为原动力，通过传动装置驱动车轮的机车，如图 5-1-2 所示。我国铁路上采用的内燃机绝大多数是柴油机。燃油（柴油）在气缸内燃烧，将热能转换为由柴油曲轴输出的机械能，但机械能并不用来直接驱动动轮，而是通过传动装置转换为符合机车牵引特性要求的机械能，再通过走行部驱动机车动轮在轨道上转动。在我国，柴油机车使用最为广泛。内燃机车这一概念习惯上指的是柴油机车。内燃机车中内燃机和动轮之间加装一台与发动机同等重要并符合牵引特性的传动装置。传动装置有 3 种：机械传动装置、液力传动装置和电力传动装置。装有电力传动装置的内燃机车，称为电力传动内燃机车。装有液力传动装置的内燃机车，称为液力传动内燃机车。装有机械传动装置的内燃机车，称为机械传动内燃机车。

图 5-1-2　内燃机车

(3) 电力机车

电力机车是指由电动机驱动车轮的机车，如图 5-1-3 所示。因电力机车所需电能由电气化铁路供电系统的接触网供给，所以，其是一种非自带能源的机车。

电力机车具有功率大、过载能力强、牵引力大、速度快、整备作业时间短、维修量少、运营费用低、便于实现多机牵引、能采用再生制动，以及节约能量等优点。使用电力机车牵引车列，可以提高列车运行速度和承载重量，从而大幅度提高铁路的运输能力和通过能力。

走进铁路

图 5-1-3　电力机车

2. 按用途的不同，机车可分为客运机车、货运机车、调车机车和工矿机车。

（1）客运机车

客运机车也就是牵引旅客列车的机车，如图 5-1-4 所示。相对货运机车来说，客运机车的牵引力要小一些，速度要快些。这是因为客车的编组较少，载重量也比货车小得多，没有必要"大马拉小车"造成浪费。

图 5-1-4　客运机车

（2）货运机车

货运机车是用来牵引货车的。货运机车的牵引力要比客运机车大得多，但速度没有客运机车那么快。如图 5-1-5 所示为货运机车牵引集装箱。

图 5-1-5　货运机车牵引集装箱

（3）调车机车

调车机车主要在铁路车站内或编组站（场）用于车列的解体和编组，如牵出、转线和车辆的取送等作业，这种机车起动和停车频繁，它的特点是机动灵活，因此车身较短，能通过较小的曲线半径，而速度相对要求不高，一般不用来跑长途（图 5-1-6）。

图 5-1-6　调车机车

（4）工矿机车

工矿机车是担任采掘、冶金、石油、化工、森林等企业内部运输和工厂内部运输任务的机车。一般来说，工矿机车功率比铁路干线用的机车小，速度要求也不高，但必须有足够的牵引力。在某些特殊工厂运输用的机车还必须有防火、防爆等设施。

走进铁路

从铁路运输的角度来说，机车是交通工具；从能力转换角度来说，机车是把热能或电能转化为轮轨牵引力的转换器。

现代机车是技术进步的产物，它集机械、电子、信息、控制等先进技术于一身，科技含量高，是高科技的发展结果。

【知识拓展】

告别的蒸汽机车

一、世界上最早的蒸汽机车

火车的诞生是以蒸汽机的发明为前提的，1784 年英国的瓦特发明了蒸汽机，蒸汽机给工业生产提供了机械动力，而且能够运用到交通工具上。1804 年，英国的矿山技师德里维斯克利用瓦特的蒸汽机造出了世界上第一台蒸汽机车，速度为 5~6 km/h。因为当时使用煤炭或木柴作燃料，所以人们都叫它"火车"。

1814 年，被称为"火车之父"的英国人乔治·史蒂芬森在前人创造的蒸汽机车模型的基础上，通过多次试验，制造出了一台能够使用的蒸汽机车。这台机车能牵引 30 t 重量，还解决了火车经常脱轨的问题。但是这台机车的缺点很多，它不仅走得慢，震动厉害，噪声大，而且烟筒里冒出了很高的火苗。

乔治·史蒂芬森继续进行试验、改进，又经过 11 年的艰苦研究，世界上第一台客货运蒸汽机车"旅行号"于 1825 年终于诞生了。

乔治·史蒂芬森在 1829 年制造的"火箭号"是最早成功应用于商业中的蒸汽机车，如图 5-1-7 所示。

图 5-1-7 世界上最早的商业用蒸汽机车——火箭号

二、我国蒸汽机车

1952年,四方机车车辆厂制造出了我国第一台"解放"型蒸汽机车。其后,四方、大连、唐山、大同等机车车辆厂陆续生产了近万台蒸汽机车。蒸汽机车一度成为我国铁路运输的主要牵引动力。1988年12月21日,大同机车厂停止蒸汽机车生产,标志着我国蒸汽机车制造史的结束。2005年12月9日,在内蒙古大板附近的铁道边上,最后一列蒸汽机车执行完任务,这是蒸汽机车退出历史舞台的最后一刻。蒸汽机车的退出,让很多人产生了一种怀旧心理,深圳市福顺通科技发展有限公司制作的仿蒸汽式的旅游观光小火车,填补了很多人的这种怀旧情怀,让蒸汽机车再次出现在人们的视野中。

(一)解放型、建设型

解放型机车是中等功率的货运机车,多为调车和小运转用。建设型机车是1957年在解放型机车的基础上设计而成的,与解放型机车相比,其锅炉采用全焊结构,蒸汽压力提高至约147 N/cm,并加装了加煤机、给水加热器、自动调整楔铁等设备,是干线货运主要蒸汽机车之一。

(二)胜利型、人民型

胜利型机车是1956年试制成功的,其结构特点是增加了过热和蒸发传热面积的比值,采用特洛菲莫夫分动式汽阀,煤水车底架、水柜、煤槽均采用电焊焊接结构等。胜利型机车是主要的客运蒸汽机车之一,在干线上已逐步被柴油机车所取代。人民型机车是在胜利型机车的基础上改进设计,于1958年制成的。锅炉采用全焊结构,并增加了加煤机、给水加热器和自动调整楔铁等装置。人民型机车是铁路干线和支线上的主要客运蒸汽机车之一。

(三)FD型

FD型机车是我国在苏联20世纪30至40年代制造的机车的基础上改制而成的大功率货运机车。1956年试制成功,当时称和平型机车、老前进型机车。由于其锅炉蒸发量不能满足运行的需要,仅生产了40多台。1964年机车厂对锅炉进行重新设计,采取了加装燃烧室,改变烟管排列,改进烟箱通风装置等技术措施,使锅炉的供汽能力显著提高,满足了铁路运输生产的需要。

任务5-2 内燃机车认知

【任务目标】

本任务要求学生掌握内燃机车构造的相关知识。教师组织学生到机务段参观,听现场工作人员介绍内燃机车基本构造。学生根据活动要求做好课前准备,参观时针对现场工作提问,教师组织学生在课堂上进行小组讨论,然后全班交流。

【知识准备】

一、内燃机车基本构造认知

内燃机车的种类虽然很多,但其主要组成和工作原理基本相同。内燃机车都是由柴油机、传动装置、走行部、车钩缓冲装置、制动装置、辅助装置和控制设备等组成的。内燃机车总体结构如图5-2-1所示。

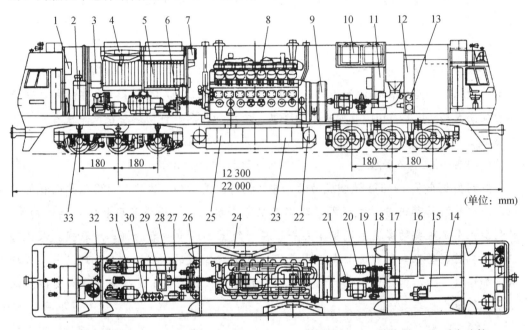

1—余热锅炉控制箱;2—余热锅炉;3—更衣箱;4—冷却风扇;5—散热器;6—后变速箱;
7—膨胀水箱;8—柴油机;9—主发电机;10—电阻制动柜;11—计算机柜;
12—机车信号装置安装柜;13—制动阀类安装柜;14—高压柜;15—低压柜;16—主硅整流柜;
17—前通风机;18—前变速箱;19—测速发电机;20—励磁机;21—起动发电机;22—总风缸;
23—蓄电池箱;24—空气滤清器;25—燃油箱;26—静液压油箱;27—起动机油泵;
28—机油热交换器;29—后通风机;30—机油滤清器;31—空气压缩机组;
32—空气干燥器;33—转向架

图5-2-1 内燃机车总体结构

(一) 柴油机

内燃机车的动力装置又称压燃式内燃机。不同内燃机车的主要结构特点体现在汽缸数、汽缸排列形式、汽缸直径、活塞冲程、增压与否等方面。现代机车用的柴油机都配装废气涡轮增压器,以利用柴油机废气推动涡轮压气机,提高了压力的空气经中间冷却器冷却后被送入柴油机进气管,从而大幅度提高了柴油机功率和热效率。柴油机工作有四冲程和二冲程两种方式,大部分柴油机采用四冲程工作方式,包括进气、压缩、燃烧膨胀、排气4个过程。

从转速来看,柴油机分为高速机(1 500 r/min左右)、中速机(1 000 r/min)和低速机(中速机转速以下)。为满足各种功率下的不同需要,需生产有相同汽缸直径和活塞的缸数不同的产品。功率较小时采用6缸、8缸直列或8缸V形柴油机,功率较大时采用12缸、16缸、18缸和20缸V形柴油机,其中以12缸、16缸的柴油机最为常用。

1. 柴油机的组成

柴油机由固定部件、运动部件、配气机构,以及进排气、燃油、冷却、润滑等系统组成。

2. 柴油机工作原理

柴油机在工作时,每一工作循环要经历进气、压缩、燃烧膨胀和排气4个过程。根据完成一个工作循环的方式的不同,柴油机分为二冲程柴油机和四冲程柴油机。我国制造的DF型、DF2型和DF3型机车使用的是二冲程柴油机,而DF4系列、DF8系列、BJ(北京)型和DFH(东方红)型等系列机车使用的是四冲程柴油机。

下面以四冲程柴油机为例介绍柴油机工作原理。单缸四冲程柴油机工作循环示意图如图5-2-2所示。柴油机在工作过程中,活塞6在汽缸5内做连续的上下往复运动,连杆7连接活塞与曲轴的曲柄8,曲轴做连续的回转运动。汽缸盖2上设有喷油器3、进气阀1和排气阀4。进、排气阀由凸轮轴通过配气机构来控制它们的开或闭,喷油器受燃油系统供油装置控制。

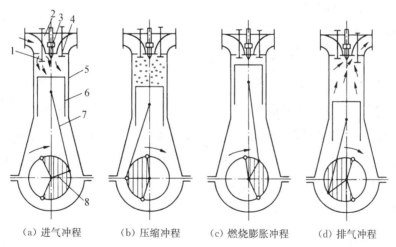

(a)进气冲程　(b)压缩冲程　(c)燃烧膨胀冲程　(d)排气冲程

1—进气阀;2—汽缸盖;3—喷油器;4—排气阀;5—汽缸;6—活塞;7—连杆;8—曲柄

图5-2-2　单缸四冲程柴油机工作循环示意图

四冲程柴油机工作循环过程如下:

(1)进气冲程

如图5-2-2(a)所示,在曲轴的驱动下,活塞由上止点向下移动,同时在配气

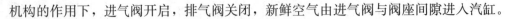

机构的作用下,进气阀开启,排气阀关闭,新鲜空气由进气阀与阀座间隙进入汽缸。

(2) 压缩冲程

如图 5-2-2(b) 所示,在曲轴的驱动下,活塞由下止点开始向上移动,同时在配气机构的作用下,进气阀关闭,排气阀仍处于关闭状态。此时,随着活塞向上移动,进入汽缸内的新鲜空气不断地被压缩,其压力和温度不断升高,为燃油自燃创造了必要条件。

(3) 燃烧膨胀冲程

如图 5-2-2(c) 所示,当活塞接近上止点时,燃烧供油装置使喷油器打开,向汽缸内喷入 25.5 MPa 的高压雾状燃油。此时(进、排气阀仍处于关闭状态),燃油与汽缸内的高温高压空气混合,迅速自行燃烧。燃气的压力、温度瞬间迅速上升,燃气迅速开始膨胀,推动活塞下行,通过曲柄连杆机构使曲轴转动,并由曲轴向外输出机械能,直到活塞到达下止点。这是柴油机做功冲程,即把燃料的化学能转变为热能,再转变为机械能的过程。

(4) 排气冲程

如图 5-2-2(d) 所示,在曲轴的驱动下,活塞由下向上移动。同时排气阀开启,进气阀仍处于关闭状态。这时汽缸内膨胀做功的废气开始由排气阀与阀座的间隙排出,直至废气排尽。

在配气机构的作用下,柴油机又重新回到第一冲程,进气阀重新打开,排气阀关闭,并按上述顺序,循环往复地工作。

(二) 传动装置

传动装置是为使传到动轴上的柴油机的功率能符合机车牵引要求而在两者之间设置的媒介装置。柴油机扭矩-转速特性和机车牵引力-速度特性完全不同,不能用柴油机来直接驱动机车动轮:柴油机有一个最低转速,低于这个转速就不能工作,柴油机就无法使机车起动;柴油机功率基本上与转速成正比,只有在最高转速下才能达到最大功率值,而机车运行的速度经常变化,使柴油机功率得不到充分利用;柴油机不能逆转,机车也就无法换向。所以,内燃机车必须加装传动装置来满足机车牵引要求。

常用的传动方式有机械传动、液力传动和电力传动。

1. 机械传动装置

机械传动装置是由离合器、齿轮变速箱、轴减速箱等组成的。因其功率受到限制,在铁路内燃机车中不再采用。

2. 液力传动装置

液力传动装置主要由液力传动箱、车轴齿轮箱、万向轴等组成。液力变扭器(又称变矩器)是液力传动机车最重要的传动元件,由泵轮、涡轮、导向轮组成。泵轮和柴油机曲轴相连,泵轮叶片带动工作液体使其获得能量,并在涡轮叶片流道内流动过程中将能量传给涡轮叶片,由涡轮轴输出机械能做功,通过万向轴、车轴齿轮箱将柴油机功率传给机车动轮;工作液体从涡轮叶片流出后,经导向轮叶片的引导,又重新返回泵轮。液力传动机车操纵简单、可靠,特别适用于多风沙和多雨的地带。

3. 电力传动装置

电力传动装置分为如下 3 种。

(1) 直流电力传动装置

牵引发电机和电动机均为直流电机,发动机带动直流牵引发电机,发电机产生直流电,直接供各牵引直流电动机驱动机车动轮。

(2) 交-直流电力传动装置

发动机带动三相交流同步发电机,发出的三相交流电经过大功率半导体整流装置变为直流电,供给直流牵引电动机驱动机车动轮。

(3) 变-直-交流电力传动装置

发动机带动三相同步交流牵引发电机,发出的直流通过整流器到达直流中间回路,逆变器调节中间回路中恒定直流电压的振幅和频率,将直流电逆变成三相变频调压交流电压,并供给三相异步牵引电动机驱动机车动轮。

(三) 机车走行部

走行部包括车架、车体、转向架等基础部件。

1. 车架

车架是机车的骨干,是安装动力机、车体、弹簧装置的基础。车架为一个矩形钢结构,由中梁、侧梁、枕梁、横梁等主要部分组成,上面安装有柴油机、传动装置、辅助装置和车体(包括司机室),下面由两个转向架支撑并与车架相连,车架中梁前、后两端的中下部装设车钩、缓冲装置。车架承受荷载最大,并传递牵引力使列车运行,因此,车架必须有足够的强度和刚度。

2. 车体

车体是车架上部的外壳,起保护机车上的人员、机器设备不受风、沙、雨、雪的侵袭和防寒作用。按其承受荷载情况,分为整体承载式和非整体承载式车体;按其外形,分为罩式和棚式车体。

3. 转向架

转向架是机车的走行装置,又称台车,由构架、旁承、轴箱、轮对、车轴齿轮箱(电力传动时包括牵引电动机)、弹簧、减振器、均衡梁,以及同车架的连接装置、基础制动装置等主要部件组成。其作用是承载车架及其上面装置的重量,并把重量均匀分配给每个轮对;传递牵引力和制动力;帮助机车平衡运行和顺利通过曲线。

通常用轴式来表示机车走行部的特征,如 B-B,表示该机车有两台二轴转向架,共

4个轮轴，轮轴的驱动方式为成组驱动；而 Co-Co 则表示该机车有两台三轴转向架，共 6 个轮轴，每一轮轴均为单独驱动。其中，字母"B"或"C"代表数字 2 或 3，即每个转向架上的轮轴数。下脚有"o"表示每根轮轴都有单独的驱动装置，一般为电传动；下脚无"o"表示整个转向架的轮轴是成组驱动，一般为液力传动。又如 2(Bo-Bo) 表示该机车是由两节机车连挂组成的 8 轴机车，每节机车是由两个二轴转向架组成，8 根轮轴都是单独驱动的动轴。

（四）辅助装置

辅助装置是用来保证柴油机、传动装置、走行部、制动装置和控制调节设备等正常工作的装置。其主要设备包括以下几部分：燃油系统——给柴油机供应燃油的设备及管路系统；冷却系统——保证柴油机和液力传动装置能够正常工作的冷却设备和管路系统；机油管路系统——给柴油机正常润滑的设备及管路系统；空气滤清器——过滤空气中灰尘等脏物的装置；压缩空气系统——给列车的空气制动装置、砂箱、空气笛及其他设备提供压缩空气的系统；辅助电气设备——蓄电池组、直流辅助发电机、柴油机启动电机等。

（五）制动装置

内燃机车都装有空气制动机和手制动机。此外，多数电力传动机车增设电阻制动装置，液力传动机车装有液力制动装置。

（六）控制设备

控制设备是控制机车速度、行驶方向和停车的设备，主要包括机车速度控制器、换向控制器、自动控制阀和辅助制动阀。操纵台上的监视表和警告信号装置有空气、水、油等压力表，主要部位温度表，电流表、电压表，主要部位超温、超压或压力不足等音响和显示警告信号装置。为了保证安全，便于操作，内燃机车上还装设有机车信号和自动停车装置。

二、内燃机车的工作原理

燃料在汽缸内燃烧，所产生的高温高压气体在汽缸内膨胀，推动活塞往复运动，连杆带动曲轴旋转对外做功，燃料的热能转化为机械功。柴油机发出的动力传输给传动装置，通过对柴油机、传动装置进行控制和调节，将适应机车运行工况的输出转速和转矩送到每个车轴齿轮箱以驱动动轮，动轮产生的轮周牵引力驱动整个列车前进。

电力传动装置的工作原理如图 5-2-3 所示。柴油机与发电机转子连接在一起，组

图 5-2-3 电力传动装置的工作原理图

成发电机组,柴油机发出的动力传输给主发电机,主发电机转子旋转,机械能转化为交流电能,整流柜将三相交流电变换为直流电,供给牵引电动机使用,电动机把电能再转变成机械能,驱动机车动轮。

三、我国内燃机车发展历程

内燃机车是以"内燃机"为动力源的机车,由于机车功率较大,所以绝大多数的内燃机车采用的动力源是柴油机。

动力源(柴油机)发出的功率变成能够牵引列车的牵引力,中间须有一个传动装置。当今世界内燃机车的传动装置基本有3种类型,即机械传动、电力传动和液力传动装置。机械传动方式弊端较多,在20世纪70年代以后逐步被淘汰。电力传动方式又分为直-直传动方式、交-直传动方式和交-直-交传动方式3种。我国最早生产的东风型、东风3型机车就是直-直电力传动内燃机车,此后生产的东风4、东风5、东风7、东风8、东风9、东风10、东风11、东风12等系列机车均为交-直电力传动内燃机车,2007年以后批量生产的和谐系列内燃机车是交-直-交电力传动内燃机车。

1957年以前,我国没有内燃机车的设计和制造能力。为了实现牵引动力现代化,自主设计和制造内燃机车的目标,国务院、第一机械工业部、铁道部(机车车辆管理局)、铁道部科学研究院(机车车辆研究所)、相关机车工厂以及相关高等院校,在"向科学进军"的号角声中,做了许多准备工作。

1956年,国务院发布的《铁路十二年科技发展规划》中提出"技术政策的中心环节是牵引动力的改革,要迅速地、有步骤地由蒸汽机车转到电力机车和内燃机车上去",从而确定了牵引动力改革的方向。铁道部及时成立了筹备小组,召开了一系列有关内燃、电力机车的技术会议,相关高等院校也以教育、科研、生产劳动相结合的方式参与设计和制造工作,并派有关人员出国考察。

1958年,国家技术委员会、铁道部、第一机械工业部等单位,共同拟定了我国制造铁路内燃机车的主要技术要求和技术任务书,确定长辛店、大连、戚墅堰、四方等工厂研制我国铁路第一批内燃机车。

1958年8月,长辛店机车车辆厂研制成功第一台电力传动内燃机车,定名为建设型,建设型内燃机车共有两台。建设型001号内燃机车,装用两台当时国内生产的300马力B2-300型柴油机;002号机车装用一台仿制匈牙利ND1型机车的16V170型柴油机。机车为直流电力传动,轴式Bo-Bo,轴重16 t,机车整备质量64 t,最高速度为80 km/h。这两台机车曾经历了线路上的运行试验,由于功率偏小,没有合适的使用线路,因此未正式投入运营和批量生产。

1958年2月和4月,国家技术委员会、铁道部和第一机械工业部等单位,商讨我国研制双节4 000马力内燃机车的工作,确定了内燃机车的试制技术任务书。同年7

月，大连厂在苏联专家的指导下，以苏联ТЭ3型内燃机车的资料和2Д100型柴油机为基础完成了巨龙型内燃机车的设计，于同年9月24日完成试制，于9月26日举行了出厂典礼。巨龙型内燃机车于9月28日驶进北京。此后，巨龙型内燃机车经历了多次试验、试运和改进，于1966年8月正式定名为东风型，代号DF，并陆续在国内干线上担当牵引任务。

东风型内燃机车装用仿制的二冲程2Д100型（1962年定名为10L207E型）中速柴油机和ZQFR-1350型牵引发电机，持续功率为$2 \times 2\,000$马力，机车为双节组合，轴式为2（Co-Co），轴重21 t，持续速度为18 km/h，持续牵引力为190 kN，最高运行速度为100 km/h，采用直-直传动方式。

如果说新开发的建设型内燃机车实现了我国生产内燃机车的零的突破，那么，巨龙型机车的研制成功，则开创了我国铁路使用内燃机车的新纪元。

此间还生产了东风2型调车兼小运转内燃机车。大连厂将东风型内燃机车的牵引齿轮传动比由75∶17改为71∶21，制造出东风3型客运内燃机车。

大连厂初期生产的东风型、东风3型、东风2型内燃机车是国产内燃机车的第一代产品，这一代产品的主要技术特征是采用直-直传动方式，这种传动方式所配套的柴油机和牵引发电机体积相对偏大、效率偏低，限制了其进一步发展的空间。但这一代机车对发展内燃机车起到了引领作用。

国产东风系列机车是我国铁路内燃机车结构的骨干，共有13个系列42个型号，广泛运用于全路的非电化区段，在牵引动力内电化的进程中作出了重要贡献。2000年以前生产的电传动内燃机车全部采用交-直传动方式，与世界先进国家相比，科技含量和技术性能相对较低，机车功率的提升也比较困难。为了适应日益增长的铁路运输任务的需求，铁道部于20世纪末期开始谋划主要干线的电气化改造和开发研制新型交-直-交传动机车。

任务5-3　电力机车认知

【任务目标】

本任务要求学生掌握电力机车的相关知识。教师组织学生到机务段参观，听现场工作人员介绍电力机车基本构造。学生根据活动要求做好课前准备，参观时针对现场工作提问，教师组织学生在课堂上进行小组讨论，然后全班交流。

【知识准备】

一、电力机车概况

电力机车是从接触网上获取电能的，电动机利用电能驱动列车运行。电力机车平均热效率比内燃机车高，它能提高铁路运输能力，合理利用资源、保护生态环境，是铁路最理想的牵引动力。

接触网供给电力机车的电流有直流和交流两种。电流控制方式不同，所用的电力机车也不一样，大致可以分为直-直流电力机车、交-直流电力机车、交-直-交流电力机车 3 类，我国目前使用的干线电力机车主要是交-直流（交流传动直流供电）电力机车，主要的机型为韶山（SS）系列电力机车。

直-直流电力机车采用直流制供电，牵引变电所内设有整流装置，它将三相交流电变成直流电后，再送到接触网上。因此，电力机车可直接从接触网上取得直流电供给直流串励牵引电动机使用，这样能简化机车上的设备。直流制的缺点是接触网的电压低，一般为 1 500 V 或 3 000 V，接触导线要求很粗，要消耗大量的有色金属，加大了建设投资。

交-直流电力机车采用交流制供电，目前世界上大多数国家都采用工频（50 Hz）交流制，或 25 Hz 低频交流制。在这种供电制下，牵引变电所将三相交流电变成 25 kV 工业频率单相交流电，把交流电变成直流电的任务在机车上完成。由于接触网电压比直流制时提高了很多，接触导线的直径可以相对减小，这样可减少有色金属的消耗和建设投资。因此，工频交流制得到了广泛采用，世界上绝大多数电力机车也是交-直流电力机车。

交-直-交流电力机车从接触网上引入的仍然是单相交流电，它首先把单相交流电整流成直流电，然后再把直流电逆变成可以使频率变化的三相交流电供三相异步电动机使用。这种机车具有优良的牵引能力，但是制造和维修很复杂，德国制造的"E120"型电力机车就是这种机车。

图 5-3-1 所示为 SS9 型电力机车整体外观图。2006 年我国开始大规模采用交流传动技术，生产和谐号（HXD）系列电力机车，并将其投入使用，图 5-3-2 所示为 HXD1 型电力机车。从世界铁路发展的大趋势来看，交流传动电力机车凭借其自身的多方面优势必将取代直流传动电力机车。

图 5-3-1 SS9 型电力机车外观

图 5-3-2　HXD1 型电力机车

▶二、电力机车结构组成

从外部看,电力机车的车体是一个厢形的壳体,由上部的车体和下部的走行部组成。它的大部分机械、电机设备、电器和电力电子装置都是安装在车体内的。走行部位于车体之下,主要引导机车沿轨道运行,并把车体和载荷的重量传给钢轨。电力机车的走行部通常又称为转向架。

1. 车体

电力机车的车体通常为长方体,它由底架、侧墙、端墙和车顶组成。车体通过中心销支承在转向架上,或者通过牵引杆装置、支撑装置与转向架相连用来传递牵引力或制动力。车体下部装有制动装置,顶部装有受电弓和其他电器。底架位于车体下部,是主要的承载构架。在底架的两端还分别装有车钩及其缓冲装置,用以实现相互连接。司机室一般设在车体的两端,与走廊相连。司机室内安装有控制设备,如司机控制器、制动阀、按钮开关、监测仪器和各种信号指示灯等。

2. 转向架

转向架起支承车体、转向和制动的作用。目前我国电力机车采用的转向架有两种,一种是二轴转向架,另一种是三轴转向架。每台机车可以有两个转向架,也可采用三个转向架。

3. 电机部分

牵引电机采用抱轴式半悬挂或空心轴传动全悬挂结构,其安装在转向架上,当牵引电机受电旋转时,通过电枢轴轴端的齿轮带动轮轴上的大齿轮使轮轴转动。牵引电机转速不同,机车运行速度就不同;电枢的转向改变,机车运行的方向也改变。

4. 电器部分

电器部分包括硅整流机组、制动电阻、司机控制器、接触器、继电器、转换开关、按钮开关、电空阀等。这些电器的开闭和转换等操作可完成机车的起动、调速、反向等转换工作，这些控制电器，均由稳压电源和蓄电池组成的 110 V 直流电源供电。

为保护机车的电气设备在使用中免受（或少受）损害，机车还装有监视各机组工作、显示各电气设备工作状态的保护设备和仪表等。司机可以通过它们了解机车工作状态，以便进行正确驾驶。

5. 空气管路系统

空气管路系统直接影响机车的工作可靠性和运行的安全性，是机车的重要系统。与其他类型机车相比，电力机车空气管路系统更有其重要性，这是因为电力机车除了起动和制动都离不开空气管路系统外，受电弓的升降、主断路器的分闸和合闸等都要用到压缩空气。

三、电力机车的电气设备及其电路

电力机车上设有各种复杂的电气设备，而所有电气设备分别装设在主电路、辅助电路和控制电路这三大电路中。

1. 主电路

主电路是将牵引电动机及相关的各种电气设备连接而成的一个系统，具有电压高、电流大的特点。主电路中包括的电气设备主要有受电弓、主断路器、主变压器（即牵引变压器）、整流调压装置、电抗器、牵引电动机和制动电阻等。

（1）受电弓。机车顶部一般装有两套单臂受电弓，受电弓紧压接触网导线滑行，从电网上取得电流。机车运行时只需升起一套受电弓，另一套受电弓作为备用。接触网上送来的 25 kV 工频单相交流电就由此引入机车。

（2）主断路器。主断路器是机车的总电源开关和保护开关，用来接通或断开电力机车高压电路。当主电路发生短路、接地现象或整流调压电路、牵引电动机等设备发生故障时，它能自动切断机车电源，实现对机车上设备的保护。

（3）主变压器。主变压器又称牵引变压器，它把从接触网上取得的 25 kV 高压电降低为牵引电动机所适用的电压。变压器一般有 4 个绕组：1 个一次侧绕组接 25 kV 高压电；3 个二次侧绕组，其中牵引绕组用来向牵引电动机供电，励磁绕组用来在电阻制动时给电动机提供励磁电流；辅助绕组用来给机车的辅助电机供电。

（4）硅整流装置。硅整流装置用来把牵引变压器二次侧牵引绕组的交流电整流成可调节的直流输出电压，从而可以改变牵引电动机的端电压，达到调节机车速度的目的。

2. 辅助电路

辅助电路是将辅助电极（如劈相机、压缩机电机、通风机、油泵等）、辅助设备（如取暖设备、电热玻璃等）及其相关的电气设备连接而成的一个系统。它的电源来自主变压器的辅助绕组，劈相机将单相交流电转变成三相交流电后，供给牵引通风机、油泵机组和空气压缩机等辅助电极使用。辅助电路工作电压一般为交流 380 V、220 V 或直流几百伏。

3. 控制电路

控制电路将主电路和辅助电路中各电气设备的控制电器（包括各种控制开关、接触器、电控阀等）同电源、照明、信号等控制装置连成一个电系统。一般采用低压直流电源，电压值为 50～110 V，所以又叫低压线路。

以上 3 个电路系统在电气方面一般是相互隔离的，但三者通过电磁、电空或机械传动等方式相互联系，配合动作，用低压电控制高压电，以保证操作的安全和实现机车的运行。

▶四、电力机车的基本工作原理

交-直流电力机车通过受电弓将接触网供给的单相工频交流电引入机车内部，经牵引变压器降压，再经整流装置将交流电转换为直流电，然后向直流（脉流）牵引电动机供电，牵引电动机旋转带动车轴和车轮转动，由于轮轨间的黏着作用从而产生牵引力使列车前进。牵引电动机的转速不同，机车的运行速度就不同。电动机的转向改变，机车的运行方向也随之改变。如图 5-3-3 所示。

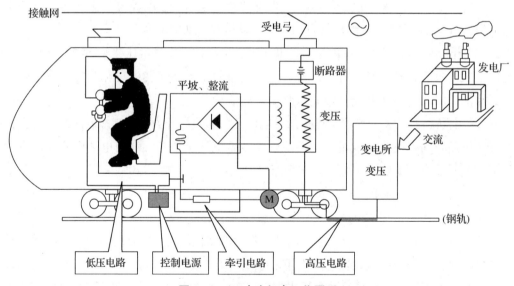

图 5-3-3　电力机车工作原理

当机车需要制动时，除使用空气制动装置外，还可以采用电气制动。当司机把控制手柄从牵引位转到制动位时，牵引电动机就改成发电机运行，产生一个与速度成比例的阻力阻止列车运行。如果发出的电能被制动电阻变成热能散掉就称之为电阻制动；如果将电能重新送回电网中再加以利用，就称之为再生制动。从能量利用角度来看，电阻制动不如再生制动,但电阻制动的主电路工作可靠、稳定,技术比较简单,故目前在电力机车上得到了广泛使用。

五、当代国产电力机车

(1)韶山(SS)型系列电力机车

国产韶山(SS)系列电力机车概况见表5-3-1。

表5-3-1 几种国产韶山(SS)系列电力机车概况

机车型号	SS1	SS3	SS4,SS4改进型	SS6	SSTE	SS9
用途	货运	客货两用	货运	客货两用	客运	客运
轴式	Co-Co	Co-Co	2(Bo-Bo)	Co-Co	Co-Co	Co-Co
网压	25 kV 50 Hz	25 kV 50 Hz	25 kV 50 Hz	25 kV 50 Hz	25 kV 50 Hz	25 kV 50 Hz
额定功率/kW	4 200	4 320	6 400	4 800	4 800	4 800
最大牵引力/kN	487	470	627.8	485	485	
最大速度/(km·h^{-1})	95	100	100	100	170	170
机车总重/t	138	138	184	138	138	126
轴重/t	23	23	23	23	23	21

(2)和谐(HXD)型系列电力机车

从2004年以来我国先后生产了HXD1型、HXD2型、HXD3型以及HXD3B型大功率交流传动电力机车,它们成为支撑我国铁路主要干线货运牵引的主力机型。

HXD1型货运机车采用交-直-交传动,轴式为Bo-Bo,两节连挂,共8轴。机车总功率为9 600 kW,双机重联可负担2万t货物运输,成为首批大秦铁路运煤货物列车。

HXD2型货运机车采用交-直-交传动,轴式为Bo-Bo,由两节相同的4轴机车重联组成。机车总功率为9 600 kW,可单机牵引7 000 t重载列车,三机重联可满足$2×10^4$ t以上重载列车的牵引要求。

HXD3型货运机车采用交-直-交传动,轴式为Co-Co,其特点是黏着系数高,牵引力大,整车输出功率达到7 200 kW,能有效避免机车起动时空转,采用6台1 200 kW交流牵引电动机及计算机控制技术,可以时刻监控、掌握机车运用状态,实现故障预警、预报,所有高度集成板均双备份,出现故障后,可自动切换,确保机车正常运行。

任务 5-4　机车运用与管理

【任务目标】

机车的检修和运用是铁路运输工作的重要组成部分，也是机务部门的基本任务。确保机车检修质量，经济、合理地运用机车，对完成铁路运输任务具有十分重要的意义。

本任务要求学生掌握铁路车辆运用与管理的相关知识。如有条件，教师可组织学生到机务段参观，听现场工作人员介绍铁路机车运用与管理，学生可在现场运用检修知识。学生根据活动要求做好课前准备，参观时针对现场工作提问，教师组织学生在课堂上进行小组讨论和交流。

【知识准备】

▶ 一、机务段及整备作业

机务段是设在铁路沿线负责机车检修和运用工作的基层生产单位，一般设在编组站或区段站上。在机车交路的折返点，还应设有机务折返段。机务段和机务折返段设置的基本原则是满足牵引列车的最大需要，并能充分发挥各项设备的能力和机车运用效率；对于段间距离，应考虑乘务员的连续工作时间，并结合编组站、区段站的位置尽可能长距离地设置。

（一）机务段类型

机务段按所担当的任务可分为货运机车机务段、客运机车机务段和客货运机车混合机务段；按机型可分为内燃机车机务段、电力机车机务段或混合机务段。

（二）机务段任务

机务段的任务是认真贯彻上级的命令指示，执行列车运行图、机车周转图；在机车运用方面，负责计划和组织本段机车和乘务组完成邻接区段的列车牵引任务和车站调车任务，并对日常运用机车进行整备和日常保养；在机车检修方面进行段修范围内的机车定期检修和日常维修工作，按计划供应质量良好的机车，确保运用机车的状态良好。

（三）机务段生产机构及职能

机务段设有管理部门和生产车间。生产车间包括运用车间、检修车间、整备车间、设备车间、监控车间和机务折返段等。

运用车间主要负责机车的运用与保养工作；检修车间主要负责机车段修范围内的定期检修，以及机车的日常维修；整备车间负责机车用的燃料、润滑油、水、砂等物资供应和机车的各种整备作业（表5-4-1）；设备车间负责机务段内的各种机械设备、水电动力设施的管理与维修；监控车间负责列车运行监控记录装置或自动停车装置等设备的检测、运行信息转储及设备维护；机务折返段是机务本段的派出行车单位，主要负责折返段所在站的专用调车机车的运用及折返机车的整备作业及保养，并负责组织乘务员休息。

表5-4-1 机车整备作业项目

需要供应物资			需要供应物资		
项目	内燃机车	电力机车	项目	内燃机车	电力机车
燃料	Y	N	机车转向	Y（N）	N
水	Y	N	机车擦拭	Y	Y
砂	Y	Y	检查	Y	Y
润滑油	Y	Y	给油	Y	Y
擦拭材料	Y	Y	交接班	Y	Y

注："Y"标识需要，"N"标识不需要。

二、机车运用

（一）机车交路与机车运转制

机车运用的一个特点是，机车只要离开机务段，就要受负责运输的有关人员的调度和指挥。所以机务部门和行车部门的关系特别密切，必须协调配合才能安全、优质地完成运输任务。

1. 机车交路

铁路机车牵引列车总是按区段接续进行的，机车在固定区段担当运输任务，往返运行的回路称为机车交路。

确定机车交路的原则：

（1）充分利用各种条件，有利于提高线路通过能力；

（2）考虑编组站的分工，合理发挥机车的长距离运行；

（3）统筹安排乘务员劳动时间，提高机车运用效率；

（4）近、远期结合，适应铁路发展规划。

2. 机车运转制

机车从事列车牵引作业的方式称为机车运转制。机车按运转制来分，有肩回运转制和循环运转制两种，如图5-4-1所示。

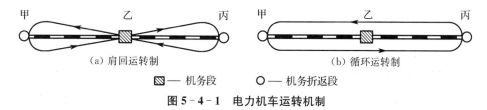

图5-4-1 电力机车运转机制

(1) 肩回运转制

机车担当与机务段相邻区段的列车牵引任务，列车每次返回机务段所在站都需要入段作业的运转机制叫肩回运转制，如图5-4-1（a）所示。采用肩回运转制时，机车由机务段出段后，从机务段所在站牵引列车到折返段所在站，进入折返段进行整备及检查，然后再牵引相反方向的列车返回机务段所在站，再进入机务段进行整备及检查。这种运转方式，机车每往返一次，就要进入机务段进行作业。

采用肩回运转制时，机车要在段内进行整备，在车站不需另设整备设备。

(2) 循环运转制

机车担当与机务段相邻区段的列车牵引任务，除因检修需要入段外，其余每次返回机务段所在站时，只在车站上进行整备作业的运转机制叫循环运转制，如图5-4-1（b）所示。采用循环运转制时，机车从机务段出发，在一个牵引区段（如乙—甲间）往返牵引列车后回到机务段所在站（乙站），机车不入段，只在到发线上进行整备作业，然后仍继续牵引同一车列或换挂另一个已经准备好了的列车，运行到另一个牵引区段（如乙—丙间）的折返段所在站（丙站），再从丙站牵引列车返回甲站。这样，机车在两个区段上牵引列车循环运转，平时不进机务段，到定期检修到期时才入段检修。

采用循环运转制时，由于机车很少进机务段，节省了整备时间，机车交路可以延长，使内燃、电力机车的牵引性能充分发挥，从而提高了机车运用效率，加速了机车周转。但是，循环运转制一般只有在上、下行都有大量不需要改编的中转列车经过机务段所在站时才能采用，而且采用循环运转制要在车站上增设相应的整备设备。

（二）乘务制度和乘务方式

机务段在为邻接区段提供机车的同时，还要负责列计划及组织机车乘务员的工作。加强对乘务员的政治思想教育和业务培训，不断提高全体乘务员的思想和业务水平，这是保证完成和超额完成国家运输任务的关键。

现行的机车乘务制度基本上可以归纳为两类。

1. 包乘制

每台机车配备2~3个固定的乘务组值乘。

采用包乘制时，三班乘务员固定使用一台机车，轮流值乘。包乘制的主要优点是机车乘务员对自己驾驶的机车非常熟悉，有利于机车的操纵和维修保养。但是，机车运用和乘务员的组织工作比较复杂，常会因为安排不当或运行秩序被打乱而影响机车的运用效率。

2. 轮乘制

机车由各个乘务组轮流值乘。

采用轮乘制时，机车乘务组值乘的机车是不固定的，这样可以有效地使用机车和合理安排乘务员的作息时间，以较少的机车或乘务组，完成较多的运输任务。当然，轮乘制对乘务员的驾驶技术要求更高，对机车的质量和保养要求也更严。

机车乘务员的换班方式，即乘务方式，主要有外段驻班制、立即折返制和随乘制3种。

包乘制和轮乘制既可提高旅行速度和加快机车周转，又可节省机车和乘务人员，提高劳动生产率，便于组织运输生产，已成为各国铁路机车运用的共同发展趋势。

▶三、机车检修

我国铁路机车实行计划预防修理制，即定期检修结合日常检查和保养的机车检修制度，今后将逐步扩大针对主要零部件的专业化集中修和定期检测状态修。

机车定期检修的修程及周期是根据各种类型机车的构造特点、运用条件、实际技术状态和一定时期的生产技术水平来确定的。修程不同，修理范围及要求也不同。内燃机车、电力机车的定期修程为大修、中修、小修和辅修4级。其中，大修为厂修修程，一般在机车修理工厂进行，修后机车需达到新车水平；中修、小修和辅修为段修修程，在机务段进行。大修是对机车全面恢复性的修理，是大范围解体检修，修后机车基本达到新车水平；中修是对机车主要部件进行检查修理，主要针对走行部件进行解体检修，恢复机车主要性能；小修是对机车关键部件进行检查修理，是小范围解体检修，是有针对性地恢复机车运行要求，有技术诊断条件者，可按其状态进行修理；辅修是对机车进行保养清扫，做故障诊断，按状态修理。

在修理机车过程中，为提高检修质量、缩短检修时间、有利于组织均衡生产，零部件的检查与修理，一般采用"互换修"，即用已经修好的同种零部件直接替代在修程中需要修理零部件。

内燃、电力机车的检修周期一般根据机车的走行千米数确定，如表5-4-2所示。

表5-4-2　内燃、电力机车检修周期表

修程	内燃机车	电力机车	补机、小运转机车	
			内燃	电力
大修	(80±10)万 km	160万～200万 km	8～10年	不少于12年
中修	23万～30万 km	40万～50万 km	2.5～3年	不少于3年
小修	4万～6万 km	8万～10万 km	4～6个月	3～6个月
辅修	不少于2万 km	1万～3万 km	不少于2个月	不少于1个月

【思政课堂】

"毛泽东号"精神

　　一台悬挂着金色毛泽东像的火车头，冲破硝烟、穿越时光、呼啸而来。它就是"毛泽东号"机车，一台诞生于战火纷飞年代、承载着红色基因的火车头。一路驶来，"毛泽东号"车轮铿锵、汽笛嘹亮，创造出一个又一个奇迹，更体现着工人阶级跟党走的坚定意志。13任司机长、185名机车乘务员与这台机车一起见证了铁路的发展、国家的巨变。

　　伴随着"毛泽东号"机车的发展变迁，一代代"毛泽东号"人用伟大实践和突出成就展示了"人民铁路为人民"的初心和为国家建设作贡献的使命担当，形成了以"报效祖国、忠于职守、艰苦奋斗、勇当先锋"为内涵的"毛泽东号"精神。其火车头的形象和作用，凸显了铁路人不懈奋斗的价值追求，成为激励一代又一代铁路儿女接续奋斗的伟大精神力量。

★"毛泽东号"精神的历史渊源

　　"毛泽东号"精神源于"毛泽东号"机车，这台从战火纷飞年代一路驶来的火车头，自诞生之日便承载着红色基因，更体现了工人阶级跟党走的坚定意志。

　　"毛泽东号"机车诞生于哈尔滨机务段。抗日战争胜利后，国民党反动派悍然发起内战。为给东北民主联军提供更多的支援，把急需的物资运送到前线，东北铁路局组织铁路职工修复了大量线路，并领导哈尔滨机务段的工人开展了"死车复活"运动，解决机车严重不足的问题。

　　1946年8月，工人们把滨洲线肇东车站的一台报废机车拉了回来，他们四处寻找配件，千方百计修复机车，连续奋战27个昼夜，给这台已经报废的旧机车赋予了新的生命。

　　在机车修复期间，铁路工人所表现出来的跟党走的坚定信念、敢于斗争的革命精神以及对美好未来的强烈追求，深深感动着驻哈尔滨机务段军事代表宋力刚。他认为，铁道好比我们党的路线，车头好比共产党，车厢好比人民，毛主席就是这列火车的指挥人。应该用领袖的名字命名这台机车，以表达工人阶级的心情，扩大党的政治影响力。

　　1946年10月30日，这是一个值得铁路人永远铭记的日子。这一天，这台经过修复后焕然一新的机车，被中共中央东北局正式命名为"毛泽东号"（图5-4-2）。从此，"毛泽东号"这台承载着中国铁路人梦想与希望的机车，开始了它史诗般的伟大征程。

　　1949年3月21日，"毛泽东号"完成了在哈尔滨机务段的历史使命，随解放大军南下入关，3月27日顺利到达丰台站，正式落户于丰台机务段（现为中国铁路北京局集团有限公司丰台机务段）。

图 5-4-2　1946 年 10 月 30 日,"毛泽东号"机车命名时,首批包乘组成员合影

迎来新中国诞生的"毛泽东号"也迎来了新的使命。在此后的新征程中,"毛泽东号"的滚滚车轮伴随着新中国的发展一路勇往直前,见证了中国铁路的巨大变化,在长期实践中,逐渐形成了"报效祖国、忠于职守、艰苦奋斗、勇当先锋"的"毛泽东号"精神,成为引领铁路工人奋勇前进的一面光辉旗帜(图 5-4-3)。

图 5-4-3　2019 年 8 月 6 日,"毛泽东号"机车胜利实现安全走行 1 100 万 km

★"毛泽东号"精神的内涵

"报效祖国、忠于职守、艰苦奋斗、勇当先锋"的"毛泽东号"精神,有着极其深刻的内涵,是中国铁路的宝贵精神财富。

☆报效祖国是"毛泽东号"精神的灵魂

从"毛泽东号"诞生之日起,铁路工人就把他们的报国之志倾注其中,培育了"毛泽东号"的"根"和"魂"。"毛泽东号"之所以能够在各个时期取得辉煌成就,正是因为他们始终不忘报效祖国的强大初心，始终保持着"困难面前有我们，我们面前无困难"的豪迈品格，在祖国和人民最需要的时候挺身而出。

解放战争时期，"毛泽东号"承担着运送部队和军用物资的光荣任务。当时有一句响亮的口号："解放军打到哪里，铁路修到哪里，'毛泽东号'机车就开到哪里。"从关外到关内，"毛泽东号"主动担当困难区段列车牵引任务，冒着敌人的枪林弹雨，穿梭在解放战争的铁路运输线上，一次次安全圆满地完成了运输任务。为了多拉快跑，"毛泽东号"率先试行新行车制、循环运转制，使机车质量和运用效率大为提高，有力地支援了解放战争，而且为新中国铁路事业积累了宝贵的经验。

新中国成立之初，为了培养铁路职工的主人翁意识，"毛泽东号"机车组奉命前往郑州、济南等地首推包车责任制；抗美援朝时，"毛泽东号"率先垂范，拉开了铁路系统以超轴活动支援"抗美援朝、保家卫国"运动的序幕，创造了比标准牵引定数超轴18%的纪录。

社会主义建设初期，"毛泽东号"人满怀建设新中国的火热激情，积极开展劳动竞赛，向全国产业工人发出了竞赛倡议书。在劳动竞赛中，他们"多拉快跑"，大力推行包车负责制，摸索出"好、快、狠、稳、准"的操纵方法，此举不仅极大提高了机车运行质量，还有力地促进了全国铁路运输秩序的恢复和发展，同时也为全国产业工人作出了引领示范，成为那个火红年代名副其实的"火车头"。

在此后的征程中，"毛泽东号"转战南北，在铁路运输中发挥了中流砥柱的作用。在武汉，他们"三闯武胜关"，为恢复北线畅通创造奇迹；在徐州，他们一封家书传友谊，雪夜送粮情感人；在包头，他们奋不顾身灭大火，保证运输作贡献；唐山大地震，他们更是发扬"特别能吃苦、特别能战斗"的光荣传统，冒着余震的危险，及时把人民群众急需的救灾物资运往灾区。在此期间，"毛泽东号"还率先在全国铁路系统开展超轴运动，不断刷新蒸汽机车的牵引纪录，成为铁路运输战线上一面勇往直前的旗帜。

改革开放后，他们依然冲锋在前，担当急难险重任务。抗击非典，驰援汶川，他们担当首趟"抢字""救字"列车牵引任务，为灾区输送物资，确保趟趟安全、列列正点。

（资料来源：中国国家铁路集团有限公司党组宣传部，《铁路红色基因》）

06

模块六　铁路动车组

【内容描述】

　　动车组是新型铁路运载工具，它是由动车和拖车，或者由若干动车固定地连挂在一起组成的车组，现在其已经成为铁路旅客运输的主要运输设备。除高速铁路、城际客运、市郊客运用的动车组外，城市中的地铁列车和轻轨电车也属于动车组范畴。

　　通过对本模块的学习，学生能够对动车组的基本分类、结构组成、检修和运用等相关知识有一个系统的了解。

【学习目标】

学习目标	知识目标	(1) 了解铁路动车组种类 (2) 掌握铁路动车组的构造组成 (3) 掌握铁路动车组的关键技术
	能力目标	(1) 能识别常见的铁路动车组种类 (2) 能识别铁路动车组的组成部件
	素养目标	(1) 培养认真、细致的工作作风 (2) 培养尊重客观、尊重劳动的职业精神 (3) 积极参与学习过程，遵守秩序，服从安排

【建议学时】

　　2～4学时。

任务 6-1 铁路动车组基本常识

【任务目标】

本任务要求学生了解铁路动车组常识。教师组织学生到动车检修基地参观，听现场工作人员介绍铁路动车组工作情况。学生根据活动要求做好课前准备，参观时针对现场工作提问，教师组织学生在课堂上进行小组讨论和交流。

【知识准备】

一、动车组定义及分类

（一）动车组的定义

动车组是由动车和拖车或由若干动车所组成的自带动力、固定编组、两端均可操纵驾驶的列车。动车组中带有动力的车辆称为动车（Motor Car），用"M"表示，不带动力的车辆称为拖车（Trailer Car），用"T"表示，列车两端都带有司机室，可在线路上往复运行。

除高速铁路、城际客运、市郊客运运用的动车组外，城市中的地铁列车和轻轨电车也属于动车组范畴。

（二）动车组的优点

相比于传统的机车车辆牵引模式，动车组在旅客运输方面有着很突出的优势。

（1）动车组列车在运行中是固定编组的，在车站需要折返或换向运行时无需摘挂机车，因此可以节约停站时间，提高列车使用效率，减少车站咽喉作业能力的压力。

（2）动车组采用轻量化设计，轴重低，加速度设置大，这样可在显著提高列车的运行速度、提高运输效率的同时，不过分增加工务部门对线路维修养护工作的负担。

（3）动车组采用密接式、半永久式车钩，减少了动车运行的纵向冲动，同时也降低了噪声和振动的影响，从而提高了旅行舒适度。

（4）动车组多采用电空联合制动，制动减速度大，制动距离短，制动方式灵活，可以在短时间内反复缓解制动，也可以阶段制动、阶段缓解。在保证安全的前提下，可明显提高行车密度，提高整个铁路网的运输能力。

（三）动车组的分类

动车组的分类方式主要有 3 种：按动力配置方式分类、按牵引动力类型分类和按转向架连接方式分类。

1. 按动力配置方式分类

按照动力配置方式分类，动车组可分为动力分散动车组和动力集中动车组。

(1) 动力集中动车组：指将列车的动力设备集中在列车的一端或两端车辆上且动力车辆不载客的动车组，如我国的 CR200J。

(2) 动力分散动车组：指动力设备分散布置在若干车辆上，并且每辆车均能载客的动车组，如我国的 CRH1、CRH2、CRH3、CRH5、CR400、CR300 等。

2. 按牵引动力类型分类

按照牵引动力类型分类，动车组可分为电动车组、内燃动车组以及混合动力动车组。

(1) 电动车组：指以电力为动力源的动车组，其通常是在电气化铁路上运行。我国绝大部分高速动车组都采用电力牵引。

优点：牵引功率大、轴重轻、经济性好、利于环保等。

(2) 内燃动车组：指以内燃机为动力源的动车组。根据内燃机的种类，内燃动车组可分为柴油动车组和燃气轮动车组。我国铁路内燃动车组绝大多数是柴油动车组，用于尚未电气化的铁路区段。

优点：运用线路投资少、见效快。

(3) 混合动力动车组：指以多种动力驱动的动车组，如油电混合型（内燃机＋接触网电能或者内燃机＋动力蓄电池）、电电混合型（接触网电能＋动力蓄电池）等。

优点：可实现电气化和非电气化铁路间跨线运行，为乘客出行提供方便。

3. 按转向架连接方式分类

按照转向架连接方式分类，动车组可分为独立式动车组和铰接式动车组。

(1) 独立式动车组：采用传统的转向架与车体的连接方式，每节车的车体都由两台转向架支撑，车辆与车辆之间通过车端连接装置相连接，动车组解编后车辆可独立行走。

(2) 铰接式动车组：指动车组车体与车体之间用弹性铰相连接，在两个车体连接处共用一台转向架，因此每节车辆不能从动车组中解编下来独立行走。

我国目前投入运营的动车组，大部分是独立式动力分散型电动车组。

动力分散型动车组具有牵引力功率大，最大轴重小，起动、加速、制动性能好，对轨道冲击小，车外噪声较小，黏着性能好，可靠性高，列车利用率高，编组灵活，运用成本低等诸多优点。因此，动力分散型动车组是当今世界铁路动车组，特别是高速动车组技术发展的方向。动力分散型动车组与动力集中型动车组的比较如图 6-1-1 所示。

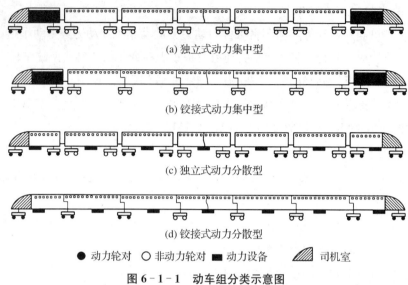

图 6-1-1 动车组分类示意图

(图片来源：铁道人，https://zhuanlan.zhihu.com/p/145358899)

二、国内动车组发展史

(一) 和谐号动车组

从 2004 年起，我国通过技术引进、消化吸收再创新形成了和谐号 CRH（China Railway High-speed）系列动车组，主要包括 CRH1、CRH2、CRH3 和 CRH5 四大技术平台。

1. CRH1 动车组技术平台

CRH1 动车组技术平台是由中车青岛四方机车车辆股份有限公司与加拿大庞巴迪公司的合资公司青岛四方阿尔斯通铁路运输设备有限公司（原名：青岛四方庞巴迪铁路运输设备有限公司）研制生产的，目前有 CRH1A、CRH1B、CRH1E、CRH380D、CRH1A-A 等型号。CRH1 动车组技术平台典型动车组如图 6-1-2 所示。

CRH1A 型动车组的原型车是加拿大庞巴迪公司为瑞典国铁（SJ）设计的 Regina C2008 型电动车组。

2007 年 2 月，首批 CRH1A 型动车组投入运用。采用不锈钢车体，8 辆编组，5M3T 动力配置，轴重不大于 16.5 t，牵引总功率为 5 300 kW，最高运营速度 200 km/h 或 250 km/h（不同批次）。

2007 年，在 CRH1A 型动车组基础上扩编成 16 辆编组座车，形成 CRH1B 型动车组，采用 10M6T 动力配置。

2009 年 10 月，以 ZEFIRO250 系列为基础研发的 16 节车厢的大编组卧铺动车组 CRH1E 型动车组下线。其采用了新头型设计，最高运营速度为 250 km/h。

模块六　铁路动车组

(a) CRH1A 型动车组

(b) CRH1E 型动车组

(c) CRH380D 型动车组

(d) CRH1A-A 型动车组

图 6-1-2　CRH1 动车组技术平台典型动车组

（图片来源：下关站，www.xiaguanzhan.com）

CRH380D 型动车组是 2012 年基于 ZEFIRO380 平台研发的高速动车组，采用 4M4T 动力配置，牵引功率 10 000 kW，可重联增至 16 辆，最高运营速度 350 km/h。CRH380D 型动车组车体采用通长的铝合金型材，总定员为 556 人。

2015 年，研制 CRH1A-A 型动车组下线，其最高运营速度 250 km/h，采用铝合金车体以减轻重量并改善列车气密性，采用流线型设计降低气动阻力，优化转向架悬挂参数以提高稳定性，同时对部分列车设备进行了重新布置。

2. CRH2 动车组技术平台

CRH2 动车组技术平台是由中车青岛四方机车车辆股份有限公司消化吸收日本川崎重工 E2-1000 系动车组技术后研制生产的，目前有 CRH2A、CRH2B、CRH2E、CRH2C、CRH2G、CRH380A、CRH380AL、CRH6A、CRH6F 等型号。CRH2 动车组技术平台典型动车组如图 6-1-3 所示。

2007 年 1 月，首批 CRH2A 型动车组投入运营，其最高运营速度 250 km/h，采用 8 辆编组、4M4T 的动力配置方式。动车组轴重不大于 15 t，牵引总功率为 4 560 kW，车体材质为铝合金。

2013 年，在 CRH2A 型动车组基础上对定员、旅客服务、司机操作等方面进行了变更，如取消一等包厢等，最终形成统型 CRH2A 型动车组。

(a) CRH2A 型动车组

(b) CRH2C 型动车组

(c) CRH2G 型动车组

(d) CRH380A 型动车组

(e) CRH6A 型动车组

(f) CRH6F 型动车组

图 6-1-3　CRH2 动车组技术平台典型动车组

（图片来源：下关站，www.xiaguanzhan.com）

2007 年，先后在 CRH2A 型动车组基础上扩编研制形成 CRH2B、CRH2E 型 16 辆编组座车/卧铺动车组，加装了半主动减振器、车端耦合减振器（车端阻尼器）、头车两侧车灯，对空调通风系统也进行了改进。

在 CRH2A 型动车组基础上通过技术升级提升运行速度形成 CRH2C 型动车组，共分为两个阶段。首列 CRH2C 第一阶段动车组于 2007 年 12 月下线，在 CRH2A 型动车组的基础上进行了调整，动力配置由 4M4T 调整为 6M2T、最高运营速度 310 km/h。首列 CRH2C 第二阶段动车组于 2010 年下线，在第一阶段的基础上进行提升，最高运营速度 350 km/h。

CRH380A、CRH380AL 型动车组是 2010 年在 CRH2C 型动车组基础上自主研制的高速动车组，最高运营速度 350km/h。其中，CRH380A 型动车组编组为 6M2T，牵引功率为 9 360 kW，采用了通长铝合金型材的车体和低气动阻力的流线型车头。

CRH380AL 型动车组为 CRH380A 型的长编组形式，采用 14M2T 动力配置，牵引功率为 21 021 kW。

除上述动车组外，2013 年研制了 CRH6A 和 CRH6F 型城际动车组，2015 年研制了 CRH2G 型高寒动车组。高寒动车组可在 $-40 \sim +40$ ℃ 极端气候条件下正常运营，最高运营速度 250 km/h，转向架采用高寒适应性设计，车下设备舱采用密封结构，空调系统采用防风沙和空气过滤设计等。CRH6A 型城际动车组最高运营速度 200 km/h，CRH6F 型城际动车组最高运营速度 160 km/h。

3. CRH3 动车组技术平台

CRH3 动车组技术平台是由中车唐山机车车辆有限公司和中车长春轨道客车股份有限公司消化吸收西门子 Velaro-E 动车组技术研制生产的，目前有 CRH3C、CRH380B、CRH380BG、CRH380BL、CRH380CL、CRH3A 等型号。CRH3 动车组技术平台典型动车组如图 6-1-4 所示。

(a) CRH3C 型动车组

(b) CRH380B 型动车组

(c) CRH380CL 型动车组

(d) CRH3A 型动车组

图 6-1-4 **CRH3 动车组技术平台典型动车组**

CRH3C 型动车组最高运营速度 350 km/h，采用 8 辆编组，4M4T 动力配置，牵引功率 8 800 kW，轴重不大于 17 t，2008 年 8 月正式投入运营。

CRH380BL 型动车组是在 CRH3C 型动车组基础上自主研制的新一代高速动车组，2010 年 5 月底首列样车完成试制。与 CRH3C 型动车组相比，CRH380BL 型动车组采用 16 辆编组，8M8T 动力配置，牵引功率为 18 400 kW，最高运营速度 350 km/h。

CRH380B 和 CRH380BG 型动车组是以 CRH380BL 型动车组为基础研发的，各系统结构及功能基本保持不变。CRH380B 型动车组为 CRH380BL 型的短编形式；CRH380BG 型动车组为高寒型，针对哈大客专的高寒运用环境进行了适应性优化，可适应－40～＋40 ℃环境运营要求。

CRH380CL 型动车组是在 CRH3C 和 CRH380BL 型动车组基础上于 2011 年研发的高速动车组，为 16 辆编组（8M8T），采用了新头型以降低列车高速运行时的气动阻力，最高运营速度 350 km/h。

2016 年，研制了时速 250 km 的 CRH3A 型动车组，为 8 辆编组（4M4T），牵引总功率 5 500 kW，最高运营速度 250 km/h，采用国产化网络控制系统。

4. CRH5 动车组技术平台

CRH5 动车组技术平台是由中车长春轨道客车股份有限公司消化吸收阿尔斯通 SM3 型动车组技术后研制生产的，目前有 CRH5A、CRH5G、CRH5E 等型号。CRH5 动车组技术平台典型动车组如图 6-1-5 所示。

(a) CRH5A 型动车组

(b) CRH5G 型动车组

图 6-1-5　CRH5 动车组技术平台典型动车组

CRH5A 型动车组为 8 辆编组,采用 5M3T 的动力配置方式。第一列国产 CRH5A 型动车组于 2007 年下线,最高运营速度 250 km/h,车体材质为铝合金。

2014 年,研制了 CRH5G 型耐高寒抗风沙动车组,该型动车组是在 CRH5A 型动车组基础上,根据兰新、哈大线等典型高寒风沙地区的运用条件进行改进形成,其最高运营速度 250 km/h。

2015 年,研制了 CRH5E 型动车组,为耐寒型卧铺动车组,可以在 −40 ℃ 的环境下长时间运营,可实现夜间卧、白天坐两种运营模式。

(二)复兴号动车组

为解决我国动车组技术引进后带来的自主化、简统化及运用适应性问题,按照国家创新驱动发展战略,2013 年起,我国研制了 CR400 平台和 CR300 平台复兴号系列动车组,8 辆编组相同速度等级的复兴号动车组可互联互通、实现重联运营。2017 年以后,为满足我国智能高铁发展需求,研制了京张和京雄智能动车组。

复兴号动车组是在充分吸收我国多年来动车组运用检修经验的基础上,以市场需求为目标、坚持问题导向、坚持自主创新,在开展正向设计、全面提高自主化水平基础上研制的具有完全自主知识产权的标准化、系列化、简统化动车组,该动车组达到了国际领先水平,可满足未来发展需求。

1. CR400 平台动车组

CR400 平台动车组运行速度为 350 km/h 的复兴号动车组,有 CR400AF 和 CR400BF 两种技术平台,包括 8 辆编组(CR400AF、CR400BF)、16 辆编组(CR400AF-A、CR400BF-A)、17 辆编组(CR400AF-B、CR400BF-B)、8 辆编组高寒型(CR400AF-G、CR400BF-G)等不同技术配置动车组,如图 6−1−6 和图 6−1−7 所示。

图 6−1−6　**CR400AF 型动车组**

图 6-1-7　CR400BF 型动车组

CR400 平台 8 辆编组复兴号动车组为运行速度 350 km/h 的动力分散式电动车组，采用 4M4T 的动力配置。

为满足大客流干线客流运输需求，2017 年我国研制了运行速度 350 km/h 的 16 辆编组复兴号动车组，即 CR400AF-A 和 CR400BF-A，采用 8M8T 配置，总长度超过 410 m，可满足 350 km/h 的运营要求；与 8 辆编组复兴号动车组重联相比，16 辆编组复兴号动车组将中间车头部分更换为正常车厢，可方便旅客在全列车内通行，每列定员达到了 1 193 人。

2018 年，为进一步提升京沪高铁等繁忙干线动车组列车的载客能力，研制了 17 辆编组复兴号动车组，全长约 440 m，载客定员 1 283 人，载客能力较 16 辆编组提升了 7.5%。

2. CR300 平台动车组

为满足不同速度等级线路使用需求，2018 年在 CR400 平台动车组基础上研制了运行速度 250 km/h 的 CR300 平台动车组，如图 6-1-8 和图 6-1-9 所示。

图 6-1-8　CR300AF 型动车组

图 6‑1‑9　CR300BF 型动车组

（三）智能动车组

京雄高铁复兴号智能型动车组 CR400AF‑C 型动车组是复兴号动车组的家族产品，定位为复兴号的智能型动车组，由中车青岛四方机车车辆股份有限公司研制。动车组聚焦智能、舒适、绿色及新形象，较 CR400AF 型动车组新增 ATO（Automatic Train Operation，列车自动运行系统）、PHM（Prognostics and Health Management，故障预测与健康管理）、5G、以太网、抬头显示等系统，多场景提升智能行车、智能运维、智能服务水平；增设司机登乘门、优化商务及一等客室，提升噪声、空气质量、压力控制水平，设置盲文标识，全面提升乘坐及环境舒适性；采用灰水回收、变频空调等节能技术，选用环保材料践行环保理念；开发新头型，新头型与 CR400AF 型动车组相比可降低 2% 气动阻力。

京张高铁复兴号智能型动车组 CR400BF‑C 型动车组是复兴号动车组的家族产品，定位为复兴号的智能型动车组，由中车长春轨道客车股份有限公司研制。动车组采用了低阻力新型流线型车头，运行阻力较 CR400BF 型动车组减少约 10%，能耗降低约 7%；首次实现有人值守的自动驾驶；首次应用应急自走行技术，可在京张线任意点自走行至临近站；首次采用智能列车安全监控系统，实现多系统、整车级交互监测。2019 年底两列智能动车组在京张高铁投入运营。

此后，在京张、京雄智能动车组优化技术方案的基础上，我国研制了 8 辆编组智能型 CR400AF‑Z、CR400BF‑Z 型动车组和 17 辆编组智能型 CR400AF‑BZ、CR400BF‑BZ 型动车组，动车组采用以太网控车；二等座椅增加 USB 和手机卡槽，PIS（Passenger Information System，乘客信息系统）系统增设卫生间禁烟语音提示和无线局域网组网功能，增设超员视频联动功能。如图 6‑1‑10 和图 6‑1‑11 所示。

图 6-1-10 CR400AF-Z 型动车组

图 6-1-11 CR400BF-Z 型动车组

（图片来源：下关站，www.xiaguanzhan.com）

三、我国动车组型号编排规则

我国动车组型号及车组号如图 6-1-12 所示。

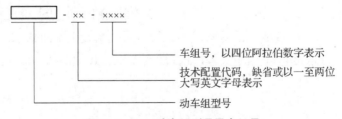

图 6-1-12 动车组型号及车组号

（一）动车组型号及技术配置代码

1. 复兴号动车组

复兴号动车组型号及技术配置代码如图 6-1-13 所示。

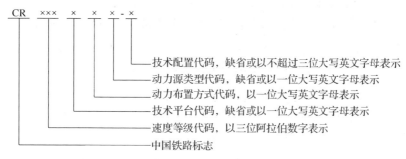

图 6-1-13 复兴号动车组型号及技术配置代码

其中，速度等级代码是根据最高试验速度值确定的，以三位阿拉伯数字表示：

450——最高试验速度为 400 km/h$<v\leqslant$450 km/h；

400——最高试验速度为 350 km/h$<v\leqslant$400 km/h；

350——最高试验速度为 300 km/h$<v\leqslant$350 km/h；

300——最高试验速度为 250 km/h$<v\leqslant$300 km/h；

250——最高试验速度为 200 km/h$<v\leqslant$250 km/h；

200——最高试验速度为 150 km/h$<v\leqslant$200 km/h；

150——最高试验速度为 100 km/h$<v\leqslant$150 km/h。

技术平台代码以一位大写英文字母表示：

A——中车青岛四方机车车辆股份有限公司申请定型的动力分散动车组；

B——中车长春轨道客车股份有限公司申请定型的动力分散动车组；

C——中车株洲电力机车有限公司、中车唐山机车车辆有限公司申请定型的动力集中动车组；

D——中车大连机车车辆有限公司、中车南京浦镇车辆有限公司申请定型的动力集中动车组；

M——中车株洲电力机车有限公司、中车南京浦镇车辆有限公司申请定型的动力集中动车组；

N——中车大连机车车辆有限公司、中车唐山机车车辆有限公司申请定型的动力集中动车组。

动力布置方式代码以一位大写英文字母表示：

F——动力分散动车组；

J——动力集中动车组。

动力源类型代码以一位大写英文字母表示：

N——内燃型；

S——内燃、电力分置式双源制；

H——内燃、电力集成式双源制。

电力型缺省，其他混合动力、多源制、多流制等能源类型根据需要确定。

技术配置代码以不超过三位大写英文字母表示，用以区分同型号下的不同编组、运用环境、综合检测用途等不同技术配置下的一般改进型产品：

A——动力分散动车组的 16 辆编组；

B——动力分散动车组的 17 辆编组；

C——京张、京雄智能动车组；

G——高寒配置（动力分散）/高原配置（动力集中）；

J——综合检测动车组；

Z——智能配置。

以上编码可共同使用，如 17 辆编组动力分散智能配置动车组技术配置代码为 BZ。动力集中动车组长、短编通过车组号区分，不在技术配置代码中体现。

例如：CR400AF-A-2065 为中车青岛四方机车车辆股份有限公司申请定型的 16 辆编组动力分散动车组，运行速度 350 km/h，2065 为车组号。

2. 和谐号动车组

和谐号动车组型号命名方式分速度等级命名和技术序列代码命名两种方式。

（1）速度等级命名

CRH380 系列动车组型号以速度等级命名，其型号及技术配置代码如图 6-1-14 所示。

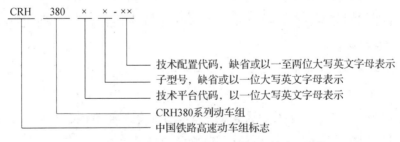

图 6-1-14　CRH380 系列动车组型号及技术配置代码

技术平台代码以一位大写英文字母表示：

A——中车青岛四方机车车辆股份有限公司申请定型的动车组、8 辆编组、座车；

B——中车长春轨道客车股份有限公司/中车唐山机车车辆有限公司申请定型的动车组、8 辆编组、座车；

C——中车长春轨道客车股份有限公司申请定型的动车组（采用与代码 B 对应的车辆不同的牵引及控制系统）、8 辆编组、座车；

D——青岛四方阿尔斯通铁路运输设备有限公司申请定型的动车组、8 辆编组、座车；

其余字母预留。

子型号以一位大写英文字母表示，缺省时为基本型：

G——耐高寒动车组；

J——综合检测动车组；

L——基本型的 16 辆编组动车组；

M——更高速度等级试验列车改为综合检测动车组；

N——永磁电机动车组；

其余字母预留。

技术配置代码以一至两位大写英文字母表示，用以区分同一基本型号下的不同技术配置，每个型号的基本型产品技术配置代码缺省。

例如：CRH380AN 为中车青岛四方机车车辆股份有限公司申请定型的 8 辆编组永磁电机动车组。

（2）技术序列代码命名

以技术序列代码命名的和谐号动车组型号及技术配置代码如图 6-1-15 所示。

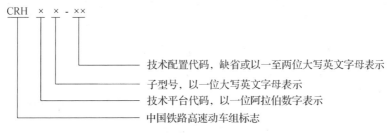

图 6-1-15　和谐号动车组型号及技术配置代码

技术平台代码以一位阿拉伯数字表示：

1——青岛四方阿尔斯通铁路运输设备有限公司申请定型的动车组；

2——中车青岛四方机车车辆股份有限公司申请定型的动车组；

3——中车唐山机车车辆有限公司/中车长春轨道客车股份有限公司申请定型的动车组；

5——中车长春轨道客车股份有限公司申请定型的动车组；

6——中车青岛四方机车车辆股份有限公司申请定型的城际动车组；

7 及后续数字——预留的动车组技术平台标识代码。

子型号以一位大写英文字母表示：

A——速度 200～250 km/h、8 辆编组、座车；

B——速度 200～250 km/h、16 辆编组、座车；

C——速度 300～350 km/h、8 辆编组、座车；

D——速度 300～350 km/h、16 辆编组、座车；

E——速度 200～250 km/h、16 辆编组、卧车；

F——速度 160 km/h、8 辆编组、城际动车组；

G——速度 200～250 km/h、8 辆编组、耐高寒座车动车组；

H——预留；

I——预留；

J——综合检测动车组；

K 及后续字母——预留的动车组子型号。

技术配置代码缺省或以一至两位大写英文字母表示，用以区分同一基本型号下的不同技术配置，每个型号的基本型产品技术配置代码可缺省。

例如：CRH5E 为中车长春轨道客车股份有限公司申请定型的 16 辆编组卧铺动车组，运行速度为 250 km/h。

(3) 其他动车组

CJ2——中车唐山机车车辆有限公司申请定型的城际动车组，运行速度 250 km/h，8 辆编组座车。

CJ3——中车唐山机车车辆有限公司申请定型的城际动车组，运行速度 160 km/h，4 辆编组座车。

CJ5D——中车长春轨道客车股份有限公司申请定型的油电混合动力动车组，运行速度 120～160 km/h，3 辆编组座车。

CJ5E——中车长春轨道客车股份有限公司申请定型的电电混合动力动车组，运行速度 120～160 km/h，3 辆编组座车。

CJ5E-A——中车长春轨道客车股份有限公司申请定型的城际动车组，运行速度 160 km/h，4 辆编组座车。

CJ6——中车株洲电力机车有限公司申请定型的城际动车组，运行速度 160 km/h，4 辆编组座车。

其他代码预留。

(二) 动车组中车辆的车种及车辆号

动车组中车辆的车种名称、车种代号见表 6-1-1。

表 6-1-1 车种代号、车种名称

序号	车种代号	车种名称
1	ZY	等座车

续表 6-1-1

序号	车种代号	车种名称
2	ZE	二等座车
3	KZ	控制车/一等座车
4	MS	商务座车
5	ZYS	一等/商务座车
6	ZES	二等/商务座车
7	ZEC	二等座车/餐车
8	ZYT	一等/特等座车
9	ZET	二等/特等座车
10	WR	软卧车（动力分散）
11	WY	硬卧车（动力分散）/一等卧车（动力集中）
12	WE	二等卧车（动力集中）
13	WG	高级软卧车
14	CA	餐车
15	WRC	软卧车/餐车
16	JC	检测车
17	DGN	多功能车

注：动力集中动车组的动力车车种代号按机车相关规定执行。

【知识拓展】

国外高铁动车组

1. 德国

德国最具代表性的高速动车组是城际特快列车（InterCity Express，ICE）。1988年，ICE-V试验列车研发成功；此后，德国逐渐形成以ICE1、ICE2、ICE3、ICE4为代表的系列高速动车组。ICE系列高速动车组均由西门子公司制造，其中ICE1、ICE2采用动力集中方式设计，ICE3首次采用动力分散方式设计以适应高速运行。

目前，运营中的最新一代ICE主力车型为ICE4（图6-1-16），用于逐步替换ICE1、ICE2的新一代动车组。其中，12节编组的动车组于2017年12月投入使用；7节编组的动车组于2020年12月交付。

ICE4实现了在一个技术平台下的灵活可变编组，以适应不同加速度、速度、定员要求的乘客运输任务。ICE4可实现5~14节的任意组合，最高运行速度达280 km/h。其中，7节和12节编组为基本型，最高运行速度分别为230 km/h和250 km/h，2列

7节编组动车组可实现重联运行。

图 6-1-16　ICE4 动车组

Velaro Novo 是西门子公司 Velaro 技术平台最新一代的高速动车组。其继承了 ICE4 的设计理念，通过同一个平台内的不同配置，以适应 280～360 km/h 不同速度等级的要求。

2. 法国

法国自 1978 年制造出第 1 列 TGV 高速列车以来，至今高速列车已发展到了第 4 代。法国最新一代列车于 2015 年 12 月开始研发，该车型最早被阿尔斯通公司命名为"AveliaHorizon"，后被法国国营铁路公司（简称法铁）正式命名为 TGV-M（图 6-1-17），"M"代表"现代"或"模块化"。根据计划，该车型于 2023 年起分期交付，取代自 1996 年起使用的 TGV-DUPLEX 双层列车。Avelia 是阿尔斯通公司最新一代的高速列车技术平台，它继承并发展了 TGV 和 AGV 系列高速列车的技术优势。Avelia 最高速度 320 km/h，为动力集中型动车组。

图 6-1-17　TGV-M 动车组

3. 日本

日本是第一个开通高速铁路的国家,其高铁技术以新干线为代表,最高运营速度320 km/h。日本拥有多达十几种不同型号的高速列车,是列车种类最多的国家,列车全部采用动力分散形式。经过多年发展,列车形成两大系列:(1)以百位数字表示的高速列车,从 0 系开始,发展出 100 系、200 系、300 系、400 系、500 系、700 系、800 系、N700 系,最新车型为 N700S(图 6-1-18);(2)E 系高速列车,包括 E1、E2、E3、E4、E5 等型号。

N700S 由日本 JR 东海铁路公司主导研制,2018 年 3 月试运行,2020 年 7 月投入运营。"N700S"取 Su-preme 首字母"S",意为 N700 系的顶级车辆。该车型是继 2013 年推出 N700A 后,川崎公司和日立公司参与研制的用于测试前沿技术的高速试验列车,造价约合 6 亿人民币。该车型于 2019 年 5 月 13 日起开始为期 3 年的整车型式试验,计划以 400 km/h 速度进行测试,后期运营速度为 360 km/h。

图 6-1-18　N700S 动车组

(资料来源:《中国铁路》编辑部,《国外新型高速动车组技术现状与发展趋势》,https://mp.weixin.qq.com/s?__biz=MzAwNTIxNzM5MQ==&mid=2649317669&idx=1&sn=6574494aa66b56165ba82131d281f024&chksm=833dcc25b44a453312bf7bebd5a34d3c9ffd45c0179eef3911705798ccc52849371a820bec09&scene=27,2023 年 9 月 5 日)

走进铁路

任务 6-2　动车组车辆构造认知

【任务目标】

本任务要求学生掌握动车组车辆基本构造的相关知识。如有条件,教师可组织学生到动车所参观,听现场工作人员介绍动车组车辆基本构造。学生根据活动要求做好课前准备,参观时针对现场工作提问,教师组织学生在课堂上进行小组讨论,然后全班交流。

【知识准备】

动车组通常包括车体、转向架、高压牵引系统、制动系统、网络系统、辅助供电系统、驾驶设施、车内设备等功能组成部分,如图 6-2-1 所示。

图 6-2-1　动车组系统组成

（一）车体

动车组车体分为带司机室车体和不带司机室车体两种,是容纳乘客和司机驾驶的地方（图 6-2-2）。动车组车体为整体承载结构,提供了包括自重、有效载荷、安装在车体上的所有结构部件、设备件及正常运营载荷和特殊试验载荷在内的所有载荷的承载功能。车体多采用铝合金或不锈钢材料（图 6-2-3）,车体前端的自动车钩具有重联和救援功能。动车组车体主要包括车体结构、车端连接、设备舱、车端减振器、前端开闭机构等。

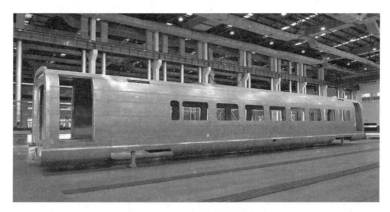

图 6-2-2　动车组车体

（图片来源：https://m.sohu.com/a/638442773_121284234/?pvid=000115_3w_a）

图 6-2-3　铝合金型材

（图片来源：http://jilinqixing.com/productinfo/851472.html）

与传统客车采用的碳钢车体相比，动车组车体在轻量化、车体外形气密性、隔声降噪等方面具有更高的技术性能要求，以满足动车组高速运行时的安全性、舒适性需求。

（1）轻量化方面：目前动车组车体普遍采用与其基本等长的大型中空铝合金型材组焊而成，为薄壁筒形整体承载结构。

（2）车体外形方面：为节能降耗及提高旅客乘坐舒适性，车体采用流线型车头、车体表面平顺化设计、转向架及车间风挡扰流和导流控制技术，将空气阻力降到最低。

（3）气密性方面：为避免动车组高速通过隧道或列车交会时产生较大的车内空气压

力变化而引起旅客耳鸣、恶心、呕吐等现象,动车组的气密性应符合《动车组密封设计及试验规范》(TB/T 3250—2010)的要求。

(二)转向架

转向架处于车体和轨道之间,作为动车组的走行机构,其直接承载整车重量,通过减振器、钢弹簧及空气弹簧等悬挂部件缓冲车轮和轨道间振动冲击,保证乘坐的舒适性;同时转向架还传递车辆牵引力和制动力,使动车组可以实现加速前进和减速停车。转向架具有一定的转向能力,能适应线路弯道曲线,保证车辆安全顺利通过曲线。转向能力直接影响动车组运行品质和行车安全。

动车组转向架主要包括轮对轴箱装置、一系悬挂、构架、二系悬挂、中央牵引、传动装置、基础制动、轴端及辅助设备等。我国动车组均以传统两轴无摇枕转向架为主,动车组的动力车和拖车分别采用动力转向架(一般称动车转向架)和非动力转向架(一般称拖车转向架)。动车转向架(SKMB-200)结构简图如图6-2-4所示。

图6-2-4 动车转向架(SKMB-200)
(图片来源:https://m.sohu.com/picture/392687223)

与传统的铁路客车转向架相比,动车组转向架的运行速度更快,轮轨接触及载荷工况更为复杂、恶劣,这对其动力学性能、结构强度和旋转部件可靠性提出了更高的技术要求。

(1)动力学性能方面:车辆的临界速度更高,需要对轮对定位装置、一系悬挂及二系悬挂各零部件结构及参数进行更复杂的设计,同时需要优化车轮踏面廓形,实现轮轨关系与悬挂参数的系统匹配,以满足高速运用工况下车辆的稳定性、安全性、平稳性等动力学指标。

(2)结构强度方面:车辆高速运行工况下,来自轮轨的振动冲击更大,结构承载件载荷工况更为复杂，全寿命周期内受载频次更高，需合理选材和设计结构，并通过充分的仿真计算、台架试验、线路振动及动应力测试和服役性能跟踪等手段进行强度可靠性评估及验证。

（3）旋转部件方面：动车组运用速度更高，轴箱轴承、齿轮箱及联轴节的转速更高，振动和载荷条件也更恶劣，为了满足安全性及可靠性要求，在结构可靠性及内部润滑方面需要进行特殊的设计，并通过充分的仿真分析、台架试验验证及长期的服役性能跟踪，确保旋转部件在寿命期内安全可靠。

随着我国高速铁路网规模日益扩大，动车组面临着特有的超大规模路网、跨时区跨温度带复杂地理气候条件、超长距离持续高速运营的巨大挑战。因此未来需对动车组转向架的环境适应性、高速性能和高可靠性继续进行深入研究，夯实技术基础。此外，高速驱动、轻量化、智能化、低噪环保等技术也将是转向架的未来发展方向。

（三）高压牵引系统

动车组高压牵引系统主要作用是在牵引运行时将接触网电能转换成机械能，再生制动时将机械能转换成电能并反馈给接触网。

动车组高压牵引系统主要由高压电器设备和牵引系统设备组成。高压电器设备包括受电弓、真空断路器、避雷器、电流互感器、电压互感器、高压隔离开关、接地保护开关等。牵引系统设备包括牵引变压器、牵引变流器（含整流器、中间直流环节、牵引逆变器）、牵引电机等。

牵引运行时，接触网 AC 25 kV 单相工频交流电，经过受电弓、真空断路器等高压设备传输给主变压器，主变压器降压输出单相交流电供给牵引变流器，牵引变流器的脉冲整流器将单相交流电变换成直流电，经中间直流电路输出并供给牵引逆变器，牵引逆变器输出电压/频率可调的三相交流电驱动牵引电机，牵引电机的转矩和转速通过齿轮变速箱传递给轮对以驱动列车运行，从而实现电能到机械能的转换。

再生制动时，控制牵引逆变器使牵引电机处于发电状态，牵引逆变器工作于整流状态，牵引电机发出的三相交流电被整流为直流电并对中间直流环节进行充电，使中间直流环节电压上升。同时脉冲整流器工作于逆变状态，中间直流回路直流电被逆变为单相交流电，该交流电通过牵引变压器、真空断路器、受电弓等高压设备反馈给接触网，从而实现机械能到电能的转换。

（四）辅助供电系统

辅助供电系统是负责向动车组除牵引系统之外的其他所有用电设备供电和配电的系统，一般由辅助变流器、蓄电池、充电机等组成。

辅助供电系统分为辅助交流系统和辅助直流系统。辅助交流系统通过辅助变流器将来自牵引变流器中间直流环节的直流电逆变为三相交流电，经交流母线分别向空调、电加热设备、充电机等交流负载供电；辅助直流系统通过充电机将来自辅助交流系统的交流电整流为直流电，经直流母线分别向蓄电池、照明设备、网络系统、信息显示设备等直流设备供电，当充电机无法提供电力时，蓄电池将按既定的供电策略，采用逐步减载的方式为动车组各级负载提供一定时间的不间断供电，从而保证动车组的运用安全和应急处置的实施。

当动车组通过分相区时，如果速度大于设定值，动车组牵引系统会由牵引工作模式变为再生制动工作模式。此时，牵引变流器将再生制动产生的电能整流为直流电，反向传输给中间直流环节，从而使辅助变流器正常工作。因此，通过分相区时辅助交流和辅助直流系统可以正常给各负载供电，使其正常工作。

（五）制动系统

制动，俗称"刹车"，制动系统是保证列车减速或准确停车及安全运行所必需的系统。动车组制动系统主要由制动控制装置、供风装置、基础制动装置等部件组成，其中制动控制装置负责接收司机、列车控制系统的制动指令，进行制动力的管理；供风装置为列车用风设备提供清洁、干燥的压缩空气；基础制动装置包含制动夹钳单元、制动盘和闸片，它将制动控制装置输出的空气压力转换为闸片和制动盘间的摩擦制动力，将列车的动能转化为热能。

制动系统一般具有常用制动、紧急制动 EB、紧急制动 UB、停放制动、保持制动、比例制动、清洁制动、防滑控制、踏面清扫、撒砂控制和制动夹钳防冻结等功能。

动车组采用直通式空气制动系统，电空复合制动方式，其中空气制动通过制动控制装置接收司机发出的制动指令，直接控制风缸中的压缩空气充入制动夹钳单元，通过转向架上的制动盘和闸片之间的摩擦实施空气制动进行降速或停车；电制动即再生制动，制动时，原来驱动轮对的牵引电动机变为发电机，由轮对带动发电，将动能转变成电能，并将电能反馈回电网，从而产生制动作用。

（六）网络系统

列车网络系统是动车组的核心系统，具有对列车进行控制、监视和诊断的功能，与列车运行的安全性、可靠性及舒适性紧密相关。网络系统主要负责对动车组牵引、制动、转向架、辅助供电、车门、空调等进行控制、监视和诊断。

列车网络系统通过车载计算机来实现列车上各个系统之间的信息交换，对车辆运行状态和车载设备信息进行集中管理，完成车载各个部件故障数据的采集、分析、转储和显示，对动车组和各个重要部件的性能进行实时监测和报警，确保动车组运行安全。网络系统主要由列车总线、车辆总线、具有通信功能的网络设备（如中央控制单元 CCU、人机接口显示屏 HMI 等）和各子系统控制器（如牵引控制单元 TCU、制动控制单元 BCU 等）组成。

目前国内 CRH1A、CRH3A、CRH3C、CRH5A、CRH380B、CRH380D 等平台动车组采用 WTB＋MVB 总线，CRH2A、CRH2C、CRH380A 平台动车组采用 ARCNET＋电流环总线，CRH380C 平台动车组采用 ATI＋RS-485 总线，CR400AF、CR400BF 型动车组控制网采用 WTB＋MVB 总线，维护网采用以太网总线，CR300AF、CR300BF 型动车组及复兴号智能配置动车组控制网和维护网均采用以太网总线。CR200J 型动力集中动车组司机室采用 MVB＋以太网总线，动力机车和控制机车采用 WTB 总线，（直车体）客车与司机室之间采用 LonWorks 总线；（鼓形车体）客车与司机室之间采用以太网总线。

(七) 驾驶设施

驾驶设施是动车组司机操纵控制动车组的区域及设备，包括司机操纵台和驾驶配套设施两部分。

司机操纵台是司机驾驶动车组的操作平台，主要用于控制动车组行驶，获取车辆运行信息，显示动车组运行状态，显示故障提示，进行紧急制动施加和缓解、升降弓、合断主断路器、开关门、设备复位等重要操作；操纵台上安装有列控系统显示器、列车网络系统显示器，司机警惕系统，司机控制器，紧急制动、升降弓、合断主断路器、开关门、复位等按钮。驾驶配套设施包括遮阳帘、风笛、雨刮器、外部照明等部件。

(八) 车内设备

车内设备是指服务于旅客和司乘人员的车内附属装置，包括旅客信息系统、给水卫生设备、空调系统、采暖设备、照明设备、车窗、车门、座椅、行李架等设备和系统。

其中，旅客信息系统是为旅客和司乘人员提供音视频服务的分布式信息系统，其具有信息显示功能、广播与对讲功能、娱乐功能。

视频监控系统包含客室视频监控和受电弓视频监控系统，客室视频监控系统用于采集和存储车厢内公共区域的视频，受电弓视频监控系统用于采集、存储受电弓的状态，并可利用人工智能分析技术对受电弓的状态进行智能分析。

空调系统可为司乘人员提供一个舒适的车内空气环境，主要包括客室空调机组、废排装置、压力波保护装置、空调控制柜、司机室空调机组、温度传感器、风扇、电加热器等零部件。

任务6-3 动车组运用与检修认知

【任务目标】

本任务要求学生掌握铁路动车组运用与检修的相关制度。教师组织学生到动车检修基地参观,听现场工作人员介绍铁路动车组运用与检修规定。学生根据活动要求做好课前准备,参观时针对现场工作提问,教师组织学生在课堂上进行小组讨论,然后全班交流。

通过本任务的学习,学生能够掌握动车组运用与检修的制度和技术。

【知识准备】

一、动车组运用概论

（一）动车组管理体系

我国动车组按资产归属分为国铁动车组和非国铁动车组。中国国家铁路集团有限公司（以下简称国铁集团）及所属企业、国铁控股合资公司所属的动车组称为国铁动车组;其他动车组称为非国铁动车组。

国铁动车组实行国铁集团、铁路局集团公司、动车（客车）段（以下简称动车段）三级专业管理。

国铁集团、铁路局集团公司、动车段三级职责的具体要求如下：

国铁集团负责明晰动车组相关专业管理界面；根据运输需要,规划全路动车组运用维修能力布局,统筹运力资源配置；制定动车组运用维修顶层管理规定,并监督实施,指导国铁集团所属运输企业开展运用维修工作。

铁路局集团公司是动车组专业管理的责任主体,其负责根据国铁集团的专业管理界面明确各相关专业部门的管理职能,承担所属动车组运用维修的安全、质量责任；依据国铁集团《铁路动车组运用维修规则》等相关管理规定及动车组技术手册等,制定相关管理办法及技术标准并组织实施。

动车段是动车组运用维修工作的责任主体,其负责贯彻执行上级相关规章制度、管理办法及技术标准,制定现场作业指导书并组织实施；规范段内各部门的人员配备及管理,优化生产组织和流程,协调联劳单位共同做好动车组运用维修工作。

（二）动车组运用相关工作

动车组运用工作主要围绕动车组运行展开,由动车组随车机械师、调度员、应急指挥员等运用相关人员负责实施,主要包括动车组运行安排、途中乘务担当、故障应急处置以及在动车组交付、检修、转属等各环节实施的动车组接送车、回送、试运行等工作,还包括动车组调车、存放等相关管理工作。

运营动车组的运行安排以列车运行图为载体,除了要落实动车组运行的各种技术要求,还要匹配动车所检修、存放、整备能力并为落实动车组检修标准创造条件。为了适应不同阶段客流运输需求,最大限度满足高峰期动车组用车需要,计划安排时应将动车组维修作业尽量安排在客流低谷进行,以提高客运高峰期运用效率。

二、动车段与动车所

(一) 动车段概况

铁路部门根据路网布局及发展规划,结合动车组投放、配属和旅客列车开行方案等各方面因素设立动车段,配属动车组并承担动车组的运用、各级检修、临修及整备和存放等职责。动车段均具有一、二级运用检修能力(设置有检查库),部分动车段还具有高级检修能力(设置有检修库、转向架库、调试库)。

(二) 动车段类型

目前,全路动车段主要有以下类型:

动车段:仅配属检修动车组,主要从事动车组运用检修工作,下辖动车所和相关配套设备、综合车间等,一般命名为××动车段,如哈尔滨动车段、青岛动车段、南京动车段等。部分动车段还具有动车组高级检修能力,如北京动车段、上海动车段、广州动车段等。

客车车辆(机辆轮渡)段:配属、检修动车组和其他铁路机车车辆。有些地区设置的动车所较少,没有成立单独的动车段,而是由客车车辆段或机辆轮渡段进行管理,如南昌车辆段、兰州车辆段、海口机辆轮渡段等。

(三) 动车所概况

动车所承担动车组的一级检修、二级检修、临修、整备等作业,是动车组日常运用维修的具体场所。动车所归属动车段管理,其设立和撤销须经国铁集团批准。

动车所应设置在路网客运中心和始发终到客流较大的地区,其设置、建设、维护应符合相关规范、规定,满足快速检修、安全可靠、高效运营的技术要求;应配置出入段线、走行线、存车线、车体外皮清洗线、轮对踏面诊断线、检查库线、不落轮旋轮线、临修线,根据需要可设置吸污线、客运整备线、融冰除雪线、人工清洗线。吸污线宜与检查库线或整备线合设,融冰除雪线可与检查库线合设。

(四) 动车所设备设施

动车所应配备基础设施设备有:检查库、临修库、洗车机(库)、检查地沟、人工清洗线、融冰除雪设施、三层作业平台、轨道桥、地面电源、安全监控系统、真空吸污系统、动车组管理信息系统、立体仓库、上水设施、空压机间等。

检修设施设备一般配备有：不落轮旋床、移动式空心车轴探伤设备、在线移动式轮辋轮辐探伤设备、便携式空心车轴探伤设备、便携式轮对轮辋探伤仪、转向架更换设备、公铁两用车、除尘设备、头车检修平台、救援用悬轮装置等。

检测设施设备一般配备有：轮对故障动态检测系统、受电弓动态检测系统、作业监控评价管理系统、动车组运行故障图像检测系统等。

▶三、动车组修程修制

在常规铁路上，旅客列车的机车和客车车底的运用与管理一般是分离的。

高速铁路的旅客运载工具由牵引动力和运输载体一体化的"动车组"构成，这同常规铁路有很大不同。

高速铁路动车组的运用与管理特点如下：

1. 运营效益的提高

高速铁路的牵引动力与运输载体联成一体，动车组在担当某一车次的全运程中，不需要在途中换挂机车。因此可以实现连续完成多个不同远程服务的联程交路运用方案，这就缩减了换挂机车的作业时间，既有利于提高列车的旅行速度，又减少了工作环节，提高了工作效率。此外，牵引动力（机车）和运输载体（客车车底）的管理合二而一，管理机构和相应的管理人员减少了，同样也提高了运营效率。

2. 整备和维修体系的革新

与常规铁路不同，高速动车组采用了新的整备和维修体系。

高速动车组的整备和日常检修作业一般在各高速线上的动车段（所）进行，大修需在专门的维修中心（或维修基地）进行。

3. 动车组的运用与整备、维修的一体化

动车组的整备、维修是保证动车组有效使用和运用质量的前提条件，而动车组的运用计划同时又是合理安排整备、维修工作的重要依据。列车运行图中动车组运用交路的安排即动车组周转图，必须按照动车组实际走行公里数和定检期限，及时安排相关的入段或入厂检修作业，检修作业应符合整备、维修作业总时间标准的要求，以保证动车组的高质量和高可靠性。而动车组的整备与维修工作，又必须严格按照动车组周转图的要求来进行计划和安排，以保证动车组按图行车。

（一）基本情况

目前，我国动车组修程修制采用以走行公里周期为主、时间周期为辅（先到为准）的计划预防修。其修程分为五级，一级检修、二级检修（可简称为一级修、二级修）为运用检修，在动车组运用所（以下简称动车所）内进行；三、四、五级检修为高级检修（可简称为高级修），在具备相应车型检修资质的检修单位进行，比如动车组制造企业或者动车段高级修基地。

(二) 检修相关工作

动车组运用维修工作包括动车组一级检修、二级检修、临修、技术改造、季节性整修、专项普查整治等检修工作，以及动车组运行、调车、回送、试运行、存放、乘务、应急等运用工作。

动车组日常检修工作主要内容为一级检修、二级检修，一级检修为动车组上线前的安全检查，是对运用动车组的车顶、车下、车体两侧、车内和司机室等部位实施快速例行检查、试验和故障处理的检修作业。一级检修是例行作业，是通过对动车组外部配件进行检查，防范意外损坏风险。因此，一级检修注重"检"，通过检查，发现故障或隐患，进而实施维修。

结合一级检修过程，一般还要进行动车组外皮清洗、污物箱清空作业。一级检修结束后还应该进行联合质量检查。

二级检修为动车组周期性的深度检查、维护保养和功能检测，重点是轮轴探伤、车轮踏面修形、冷却装置清洁、机械传动装置润滑、油脂性能化验等。因此，二级检修不仅有"检"的部分，还有"修"的内容，而且更注重通过清洁、润滑等"修"的行为，保证设备技术状态和性能良好。

(三) 高级修相关工作

动车组高级修是对关键系统、部件实施的分解检修和整车的全面检查、试验，主要目的是恢复动车组基本性能。

三级修主要是对转向架进行分解检修，对车体、制动、牵引、辅助、网络、空调、内装系统等进行状态检查和功能测试。

四级修主要是对转向架、制动系统、牵引系统、空调系统等进行分解检修，对车体、辅助、网络、内装等进行状态检查，对电气部件进行性能测试等。

五级修主要是对整车各系统进行较为全面的分解检修和性能测试，较大范围地更新零部件，根据需要对动车组进行升级和改造。

(四) 动车组检修周期

我国铁路动车组运用检修周期、高级检修周期示例分别见表 6-3-1、表 6-3-2。

表 6-3-1 动车组运用检修周期 (一、二级检修)

运营速度等级	修程	
	一级检修	二级检修
速度 200 km/h 及以下	≤ (6 000+600) km 或 96 h	周期结合具体项目确定，介于一级检修同高级检修之间
速度 200~250 km/h	≤ (6 000+600) km 或 72 h	
速度 300~350 km/h	≤ (7 000+700) km 或 48 h	

表 6-3-2 动车组运用检修周期（三、四、五级检修）

车型平台	修程		
	三级检修	四级检修	五级检修
CRH1A/CRH3A/CRH5A/CRH3C/CRH380B/CRH380C/CRH380D	(120+12) 万 km 或 3 年	(240+24) 万 km 或 6 年	(480+48) 万 km 或 12 年
CRH2A/CRH2C/CRH380A	(120+5) 万 km 或 3 年	(240+10) 万 km 或 6 年	(480±20) 万 km 或 12 年
CR400AF/CR400BF	(120+12) 万 km 或 3 年	(240+24) 万 km 或 6 年	(480+48) 万 km 或 12 年

（五）动车组检修基地

我国动车组检修基地有北京、武汉、广州、上海检修基地，其辐射范围分别如下：

北京：重点辐射东北、华北及京津冀环渤海地区。辐射管理京哈、京沪、胶济、石太等客运专线，环渤海地区城际铁路等；管辖哈尔滨、沈阳、大连、北京西、石家庄、济南、青岛等动车运用所。

上海：重点辐射华东及长三角地区。辐射管理沿江通道（沪汉蓉客运专线）东段，浙赣等客运专线，沪宁杭城际铁路等，管辖南京、上海南、杭州、南昌、福州动车运用所。

武汉：重点辐射华中（中原）、西南地区及华北部分地区。辐射管理陇海东段（徐兰）等客运专线；管辖汉口、郑州、西安等动车运用所。

广州：重点辐射华南及珠江三角洲。辐射管理东南沿海、广深港客运专线，珠三角城际铁路；管辖广州东、深圳、三亚等动车运用所。

我国拟建成都、福州等动车检修基地。

【思政课堂】

中国动车组发展之路

一、自主探索

自 20 世纪 90 年代以来，我国先后自主研制了大白鲨、中原之星、中华之星和先锋号等动车组，如图 6-3-1 所示。

1999 年 5 月，我国第一代高速铁路电力动车组"大白鲨"在株洲试制成功，此后在我国第一条准高速铁路——广深城际铁路的上线试验中跑出了 223.2 km/h 的瞬间速度。1999 年 9 月 27 日，我国"大白鲨"正式在广深铁路载客试运营，标志着我国跨入准高速铁路运输时代。"大白鲨"是我国第一列国产速度 200 km/h 的商业营运列车。

2001 年 9 月，"中原之星"动力分散式动车组下线，后在郑州—武昌线投入运营。2001 年，动力集中式动车组"中华之星"开始研制，并在 2002 年 11 月的冲刺试验中跑出了 321.5 km/h 的速度，中国动车组首次迈过速度 300 km/h 门槛！

这些科研实践和成果为随后高速铁路快速发展积累了宝贵的技术经验。

(a) 大白鲨动车组

(图片来源：https://www.360doc.cn/article/5299136_278702027.html)

(b) 中原之星动车组

(图片来源：http://xhncloud.voc.com.cn/portal/news/show?id=239764)

(c) 中华之星动车组

(图片来源：https://m.sohu.com/a/428603078_120734081/?pvid=000115_3w_a)

图 6-3-1　动车组的自主探索

二、引进消化吸收

21 世纪初，通过引进消化吸收再创新的模式，我国系统掌握了动车组九大关键技术和十大配套技术，构建了速度为 200~250 km/h、300~350 km/h 的动车组的研发制造平台，形成了 4 种技术平台，20 余种型号动车组产品，并成功研制了 CRH380 型新一代动车组，在京沪高速铁路先导段创造了 486.1 km/h 试验速度纪录。

三、自主创新

我国成功研制了具有完全自主知识产权的速度为350 km/h的复兴号动车组，自主掌握了高速动车组关键技术，在安全性、列车信息管理、可靠性、节能环保技术方面实现了新的提升。复兴号动车组创造了420 km/h交会和重联运行世界纪录，率先实现350 km/h商业运营，在全世界树立了高速铁路建设运营新标杆。

基于复兴号动车组技术平台，运行速度350 km/h的长编组和17辆扩大编组、运行速度160 km/h的动力集中动车组陆续投入运营，运行速度250 km/h的复兴号动车组完成设计定型，具备工作状态自感知、运行故障自诊断、导向安全自决策的京张智能型复兴号动车组已经在京张高铁小批量投入使用，初步形成不同速度等级（350 km/h、250 km/h、160 km/h）、不同编组形式（8辆、16辆、17辆编组）、不同配置（普通型、高寒型、智能型）的复兴号系列化产品，复兴号动车组家族体系不断完善。17辆超长编组复兴号动车组在京沪高铁投入运用，载客能力提升7.5%。同时，我国还成功研制了高寒抗风沙动车组、城际动车组、混合动力动车组等产品，满足了不同线路的个性化需求，CRH5G高寒抗风沙动车组已应用于兰新高铁。

我国研发了自主化动车组轮轴、齿轮箱、轴承、牵引变流器、制动系统、网络控制系统等关键系统部件，系统掌握了牵引制动、网络、转向架等十大关键和九大配套核心技术，进一步提高了动车组关键技术自主创新能力，提升了运用检修效率和自主掌控能力。

2023年6月28日，在湄洲湾跨海大桥，CR450新一代动车组试验列车实现单列最高运行速度453 km/h、双向两列相对交会最高速度891 km/h运行（图6-3-2）。6月29日，在海尾隧道，试验列车实现单列最高运行速度420 km/h、双向两列相对交会最高速度840 km/h运行（图6-3-3），对新技术部件进行了有效的性能验证，各项指标表现良好，为"CR450科技创新工程"的顺利实施打下了坚实基础。

图6-3-2　CR450动车组试验列车在湄洲湾跨海大桥交会运行

图 6-3-3　CR450 动车组试验列车通过海尾隧道

（资料来源：中国新闻网，《试验时速超 400 公里！CR450 动车组研制取得阶段性成果》，https://cj.sina.com.cn/articles/view/1784473157/6a5ce64502002q5vn，2023 年 7 月 1 日）

模块七　铁路供电

【内容描述】

铁道电气化，是以电能作为牵引动力的，现代化交通运输设备、电力机车及电动车组自身不带能源，必须由外部供给电能，因此电气化铁路是由电力机车和牵引供电装置组成的。牵引供电装置一般包括牵引变电所和接触网两个部分，所以，人们将电力机车、牵引变电所和接触网称为电气化铁路的"三大元件"。

通过对本模块的学习，学生能够对电气化铁路供电基本常识、供电设备和铁路供电运行与检修制度等相关知识有一个系统的了解。

【学习目标】

学习目标	知识目标	(1) 了解铁路供电装置及电流制式 (2) 掌握铁路供电系统的组成、设备分类及作用 (3) 掌握铁路牵引变电所、接触网运行和检修知识
	能力目标	(1) 掌握铁路供电系统整体组成及作用 (2) 掌握铁路供电设备作用及应用场合 (3) 能正确识别牵引变电所和接触网运行情况
	素养目标	(1) 培养认真、细致的工作作风 (2) 培养尊重客观、尊重劳动的职业精神 (3) 积极参与学习过程，遵守秩序，服从安排

【建议学时】

2～4 学时。

任务 7-1 电气化铁路供电基本常识

【任务目标】

本任务要求学生了解铁路供电系统的组成及作用等基本常识。教师组织学生到相关车辆基地或实训基地的牵引变电所、接触网工区现场参观，听现场工作人员介绍铁路供电系统的组成及维护检修的规定。学生根据活动要求做好课前准备，参观时针对现场工作提问，教师组织学生在课堂上进行小组讨论，然后全班交流。

通过对本任务的学习，学生能够掌握铁路供电系统的基本组成及作用。

【知识准备】

一、牵引供电系统

将电能从电力系统传送给电力机车的电力装置的总称为电气化铁路的供电系统，其又称牵引供电系统，主要由牵引变电所和接触网两大部分组成。牵引变电所将电力系统输电线路电压从 110 kV（或 220 kV）降到 27.5 kV，经馈电线将电能输送至接触网；接触网沿铁路上空架设，电力机车升弓后便可从接触网取得电能，用以牵引列车。牵引变电所所在地的接触网设有分相绝缘装置，两相邻牵引变电所之间设有分区亭，接触网在此也设有相应分相绝缘装置。牵引变电所至分区亭之间的接触网（含馈电线）称供电臂。

牵引供电系统的基本组成如图 7-1-1 所示。

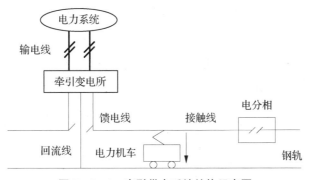

图 7-1-1 牵引供电系统结构示意图

（1）牵引变电所

牵引变电所是牵引供电系统的心脏，它的主要任务是将国家电力系统送来的三相高压电变换成适合电力机车使用的单相交流电。牵引变电所从国家电网引入 220 kV 或

110 kV 三相交流电,并将三相电转换为适合电气列车使用的 27.5 kV 单相交流电并送上接触网。除此而外,它还起着供电保护、测量、控制电气设备、提高供电质量、降低电力牵引负荷对公共电网影响的作用。为确保牵引供电万无一失,牵引供电系统都采用"双备份"模式,两套设备可以互为备用并可通过切换装置切换。两套设备随时处于"战备"状态,以备不时之需。

变电所设备通常分为一次设备和二次设备,一次设备是指接触高电压的电气设备,如牵引变压器、高压断路器、高压隔离开关、高压(电压和电流)互感器、输电线路、母线、避雷器等,它们主要完成电能变换、输送、分配等功能。二次设备则主要是控制、监视、保护设备。随着科技的发展,二次设备更加集成化和智能化,牵引变电所自动化系统为牵引变电所的远程控制提供了可能。牵引变电所空间结构图如图 7-1-2 所示。

图 7-1-2 牵引变电所空间结构图

(2) 接触网

当我们乘坐电气化铁路的旅客列车出行时,会看到路基两旁有一根根电杆竖立着,其顶端安装有单臂结构装置伸向线路侧上方且悬挂有电线,电线固定在距轨道面一定高度的地方,在股道多的车站或编组站,悬挂结构及各种线网多如蛛网。这就是电气化铁路牵引供电系统的主要供电设备——接触网。

接触网设置在露天,不但会受到各种气象条件的影响,而且还会受到电力机车行走时带来的动作用力,加上接触网又无法设置备用的条件,所以其工作环境条件非常恶劣。为了保证电气化铁路可靠安全运营,接触网的结构必须经久耐用,这就要求接触网要具有特殊的结构。

接触网不但要把电能输送给边行走边受流的电力机车使用,还要保证走行时的电力机车的受电弓与接触线在滑动摩擦接触过程中有良好的受流条件,特别是在环境条件变化的时候，线路基础引起的振动，轨道的不平顺，车体上下弹性跳动，受电弓弓臂和接触滑板受压状态下机车快速运行时产生的垂直加速度，以及接触网导线不平整等因素都不应引起受电弓与接触线分离现象（通常称离线），否则将会出现受流恶化，严重时会产生电弧烧伤接触线和受电弓的滑板的现象，后果不堪设想。安全可靠的供电对接触网的结构提出了特殊的要求。通过不断优化，现在的接触网主要由以下几个部分构成。

① 接触悬挂部分：包括承力索、接触线、吊弦、中心锚结、锚段关节、补偿装置等。其中接触线是与电力机车受电弓直接接触，处于滑动摩擦受流状态的导线。

② 支持装置：用以悬吊和支撑接触悬挂并将其各种受力载荷传递给支柱或桥隧等大型建筑物，还可通过定位构件将承力索和接触线固定在一定范围内，使受电弓在滑行时与接触线有良好的接触。根据接触网所在位置及工作环境的不同，支持装置的结构又可分为腕臂支持装置、软横跨、硬横跨、桥梁支持装置及隧道支持装置等。

③ 支柱与基础：用以安装支持装置、悬吊接触悬挂并承受其载荷。另有因供电系统需要的供电线、加强线不同，以及因供电方式不同而设置的回流线、正馈线、保护线等。附加导线均安装在支柱的不同高度位置上，为满足供电安全与维护检修作业的需要而设置的保护设备、电气设备等也安装在支柱上。

电气化铁路特别是高速电气化铁路的发展，对接触网结构和供电质量提出了更加严格的要求。接触网的悬挂方式也衍生为简单接触悬挂、简单链形悬挂、弹性链形悬挂、复链形悬挂等多种方式。接触网空间结构图如图 7-1-3 所示。

图 7-1-3　接触网空间结构图

（3）分区所

分区所：设置在两个牵引变电所的中间，可使两相邻的接触网供电区段实现并联或单独工作，增加供电的灵活性、可靠性。

位置：两个牵引变电所中间。

作用：分相；越区供电；缩小事故的范围。

（4）开闭所

开闭所：指不进行电压变换而用开关设备实现电路开闭的配电所。

位置：设在车站、货场附近、电力机务段、枢纽站等大宗负荷处。

作用：将供电臂分段，有事故发生时可缩小事故范围，提高供电的可靠性、灵活性；减少变电所的复杂性；不改变电压大小，只扩大馈线回路数，相当于配电所。

（5）自耦变压器

自耦变压器（selftransformers）是具有"自耦"特性的变压器，是一种新型变压器，它可以实现低压侧和高压侧的自动调节，有效地改善电压无功损耗。它能够实现高效率、低噪声和稳定性高的输出，广泛应用于电力、航空、军事等领域。

自耦变压器的工作原理：变压器核心在不同分段的变压器上，采用"自耦"技术，可以有效地进行变压。自耦变压器的输出电压可以自动调节，主要是由于变压器具有核心的非线性自耦结构，当输入电压变化时，变压器的输出电压也会自动跟随变化。

自耦变压器的优点：

① 输出电压可随输入电压自动变化，系统不会因输入电压变化而产生不必要的损耗，能够有效降低电源损耗。

② 结构比较紧凑，可以提供高功率的输出。

③ 系统的可靠性提高了，因为自耦变压器对输入电压的变化具有良好的抗扰性。

④ 低噪声等特性，通常不需要外接电源。

自耦变压器也有一些缺点，例如：

① 变压器核心的构造使得它的静态和动态性能都不太理想。

② 噪声会有所降低，但还是比较高。

③ 安装时也需要一定的技术和工艺。

④ 成本比较高。

在调节电压时，自耦变压器具有良好的抗扰能力，可为用户提供高效、低噪声、稳定的输出电压。此外，它还具有紧凑的结构，其将成为新一代变压器的主要发展方向。

综上所述，自耦变压器是一种新型变压器，可以实现低压侧和高压侧的自动调节。它具有输出电压随输入电压自动变化、结构紧凑、噪声低和高可靠性等特点，既可以有效降低电源损耗，又可以提高系统的可靠性，在电力、航空、军事等领域受到了广泛的应用，它将成为新一代变压器的主要发展方向。

二、牵引网供电方式

常见的牵引网供电方式有直接供电方式、吸流变压器-回流线供电方式、带回流线的直接供电方式、自耦变压器供电方式和同轴电缆供电方式。

目前电气化铁路和高铁主要采用直接供电方式和自耦变压器供电方式两种供电方式，下面以单线直接供电方式和单线 AT 供电方式为例，介绍两种供电方式的原理及接线。

1. 直接供电方式

直接供电方式分为最基本的直接供电方式和带回流线的直接供电方式。最基本的直接供电方式牵引网结构简单，如图 7-1-4 所示，牵引网只由接触线和钢轨组成，投资最小，但钢轨电位较高，对通信线的感应干扰最大。基本型直流供电方式在法国、英国被广泛应用，在通信要求不高的线路使用较多。

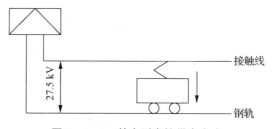

图 7-1-4 基本型直接供电方式

带回流线的直接供电方式是在最基本的直接供电方式基础上增加一根回流线，钢轨每隔 5~6 km 与回流线并联一次，如图 7-1-5 所示，使钢轨电位大大降低，其屏蔽作用使通信线的干扰得到较好的抑制。

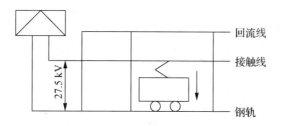

图 7-1-5 带回流线的直接供电方式

2. 自耦变压器供电方式

自耦变压器供电方式，简称 AT 供电方式，如图 7-1-6 所示。AT 供电方式的牵引网由接触网、钢轨、大地、AF 线（正馈线）、PW 线（保护线）、AT 变压器组成，AT 变压器并接在接触线和钢轨之间。

AT 供电方式彻底消除了 BT（吸流变压器）串入网中产生 BT 分段的情况，该供

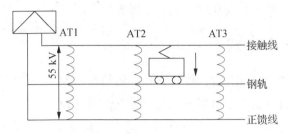

图 7-1-6 AT 供电方式

电方式牵引网阻抗小，电压和电能损失更小，使供电电压成倍提高，适合大功率机车运行。但是供电网络结构特殊，电压电流分布复杂，分析计算难度大。AT 供电方式和基本型直接供电方式是开发牵引供电系统计算软件适用的两种主要供电方式。

3. 各供电方式对比

(1) 直接供电方式

① 优点：接线简单、节省投资。

② 缺点：由于牵引供电系统为单相负荷，该供电方式的牵引回流是通过钢轨流回变电所，是不平衡的供电方式，电流流出不等于流入，对通信线路产生感应影响。

③ 牵引网阻抗：0.33 Ω/km。

(2) AT 供电方式

由于自耦变压器的中心点与钢轨连接，牵引网的供电电压为 2×25 kV，电压提高了一倍，因此牵引变电所间的距离也增加了一倍。一般 AT 供电方式用于重载和高速铁路，需要牵引电流比较大的供电系统，而馈线电流只有直供方式的一半。

AT 供电方式阻抗：0.09 Ω/km。

三、电力牵引的特点及优越性

电气化铁路的供电系统是由发电厂集中提供电能，三相电经变电站，通过高压输电线 (110 kV) 传输给牵引变电所，转变成 27.5 kV 或 55 kV 电压送到接触网上，供给沿线运行的电力机车。而牵引供电是指电力系统从铁路牵引变电所开始，向牵引接触网供电。电力牵引是一种新型有轨运输牵引动力形式，是利用电能作为牵引动力，将电能转换为机械能，驱动铁路列车、电动车组和城市轨道交通车辆等有轨运输工具运行的一种运输形式，在干线铁路、城市轨道交通运输和工矿运输中得到广泛作用。

电力牵引按其牵引网供电电流制式不同，分为工频单相交流制、低频单相交流制和直流制。我国电气化铁路采用工频单相交流制电力牵引，直流制电力牵引仅用于城市轨道交通运输系统和工矿运输系统。我国电力牵引供电系统的主要特点有以下几方面：

(1) 电力机车是单相移动性随机负荷，是一种负序源。

(2) 供电方式及设备种类多样化，供电方式包括直接供电方式、带回流线的直接供电方式、串联吸流变压器、BT 供电方式、AT 供电方式，这些供电方式的技术和经济特性有较大的差异。牵引变压器有单相、YN、d11 接线、斯科特接线、伍德桥接线、阻抗匹配平衡型、三相不等容量型等形式，它们具有不同的结构和性能特点。不同供电方式对应接触网结构类型一般也不同。

（3）牵引供电系统和电力机车在电气上是一个连续的整体，易于实现自动化和信息化管理。

电力牵引的优越性主要体现在以下几个方面：

（1）电力牵引的动力大，生产效率高

电力牵引的能量来自强大的电力系统，牵引动力大，就能最大限度适应铁路运输多拉快跑的需要。据有关资料统计，电力牵引的生产效率比内燃机车的生产效率高50%以上，对于客货运输繁忙的铁路干线，电力牵引的这种优越性尤为显著。

（2）电力牵引节省能源，经济效益好

一方面，电力机车本身的电能转换效率高；另一方面，电力的生产能够高效率地综合利用各种廉价的自然能源，这对于节约国家有限的煤炭、石油资源，提高铁路运输的经济效益十分有利。

（3）有利于优化生态环境，改善劳动条件

电力机车运行时不会产生有害气体，对铁路沿线的居民和列车乘客不会造成危害，特别是在多隧道的山区线路，这种无有害气体产生的优点更为可贵。电力机车的司乘人员工作条件好，维护检修工作量小，这大大降低了工人的劳动强度。

任务 7-2　电气化铁路供电设备认知

【任务目标】

本任务要求学生通过调研或现场参观对电气化铁路供电设备形成基本认知，能够简单识别部分设备并掌握设备的作用和应用场合，对于有条件的学校，教师可组织学生到电气化铁路牵引变电所现场参观。学生根据活动要求做好课前准备，参观时针对现场工作提问，教师组织学生在课堂上进行小组讨论，然后全班交流。

通过对本任务的学习，学生能够掌握电气化铁路电气设备的分类、作用及所在场合。

【知识准备】

变、配电设备主要包括变、配电所，变压器，互感器，高压电器、电力电容器等。不论是从配电网引进高压电源还是自己备有发电设备的工业企业，都必须有相应的变、配电装置。完成变电和配电工作的场所叫作变、配电所（站或室）。有的场所只有配电任务，没有变电任务，则根据电压的高低，可把这些场所叫作高压配电所或低压配电所。变压器是变配电站的核心设备。电力变压器属于静止的电气设备，起升高或降低电压的作用。互感器的原理与变压器相似，其功能是把线路上的高电压变换成低电压，把线路上的大电流变换成小电流，以便于各种测量仪表和继电保护装置使用。变换电压的互感器叫电压互感器；变换电流的互感器叫电流互感器。互感器不但大大简化了仪表和继电器的结构，有利于仪表和继电器产品的标准化，而且能使工作人员远离高压部分，免受高压威胁。高压电器与低压电器相似，也包括保护电器和开关电器，前者指各种高压熔断器；后者指各种高压断路器、高压负荷开关和高压隔离开关。电力电容器是改善电能质量，降低电能损耗，提高供电设备利用率的常用设备。运行中电容器的爆炸危险和断电后电容器残留电荷的危险是必须重视的安全问题。

1. 供变电一次设备

（1）变电所一次设备概念

直接生产和输配电能的设备称为一次设备，包括发电机、变压器、断路器、隔离开关、母线、电抗器、自动空气开关、电力电缆、架空线路、避雷器、电流互感器、电压互感器等。

（2）高压开关设备

高压开关设备用于开断和关合额定电压为 3 kV 及以上的电力设备。在电力系统中，根据电力系统的安全、可靠和经济运行的需要，须将发电机、变压器等设备投入或退出而进行相应操作。

例如：

① 正常情况下可靠地接通和开断电流。

② 改变运行方式时，可以灵活地进行切换操作。

③ 在电路发生故障时或在不正常工作状态时，可以迅速地切断故障电流。将故障范围限制在局部地区内，并使未故障部分继续运行，以提高电力系统运行可靠性。

④ 在检修设备时，可隔离带电部分，保证工作人员的安全等。为了完成以上的运行操作要求，在电气系统中必须安装一些高压开关设备。

（3）变压器

① 基本概念：变压器是一种改变交流电源的电压、电流而不改变频率的静止电气设备，它具有两个（或几个）绕组，在相同频率下，其通过电磁感应将一个系统的交流电压和电流转换为另一个（或几个）系统的交流电压和电流以传送电能。

② 分类：变压器可按用途、相数、冷却介质、绕组形式等分类。

按用途分类：

Ⅰ．电力变压器：用于输配电系统的升、降电压（例如：主变、站变等）。

Ⅱ．仪用变压器：用于测量仪表和继电保护装置［例如：电流互感器（CT）、电压互感器（PT）］。

Ⅲ．试验变压器：能产生所需电压，用于对电气设备进行试验。

Ⅳ．特种变压器：包括电炉变压器、整流变压器、调整变压器等。

按相数分类：

Ⅰ．单相变压器：用于单相负荷和三相变压器组。

Ⅱ．三相变压器：用于三相系统升、降电压。

按冷却介质分类：

Ⅰ．干式变压器：依靠空气对流进行冷却，绕组置于气体中（空气或六氟化硫气体），或是浇注环氧树脂绝缘。

Ⅱ．油浸式变压器：依靠油作冷却介质，冷却方式有油浸自冷、油浸风冷、油浸水冷、强迫油循环风冷等。

按绕组形式分类：

Ⅰ．双绕组变压器：用于连接电力系统中的两个电压等级。

Ⅱ．三绕组变压器：一般用于连接电力系统区域变电站中三个电压等级。

Ⅲ．自耦变电压：用于连接具有不同电压的电力系统，也可作为普通的升压或降后变压器用。

图7-2-1所示为变压器结构图。

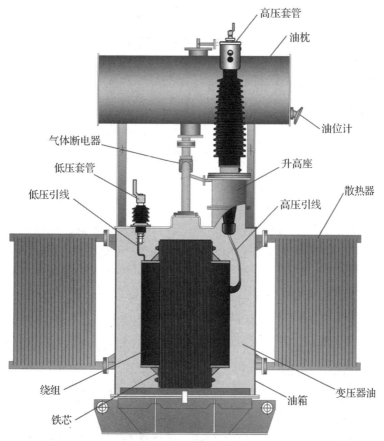

图7-2-1 变压器结构

图7-2-2所示为主变压器。

图7-2-2 主变压器

(4) 断路器

① 基本概念：能够关合、承载和开断正常回路条件下的电流，并能关合在规定的时间内承载和开断异常回路条件（包括短路条件）下的电流的开关装置。

② 分类：断路器可按灭弧介质分类。

Ⅰ. 油断路器：采用绝缘油作为灭弧介质，利用绝缘油在电弧高温作用下分解产生的高压油气灭弧。

Ⅱ. 空气断路器：利用高速流动的压缩空气灭弧。

Ⅲ. 真空断路器：将用于灭弧的动、静触头封在真空泡内，利用真空作为绝缘介质和灭弧介质。

Ⅳ. 六氟化硫（SF_6）断路器：利用 SF_6 气体作为灭弧介质。

Ⅴ. 磁吹断路器：利用磁场的作用使电弧熄灭的一种断路器。

③ 作用。

Ⅰ. 控制作用：根据需要使部分线路或电气设备投入或退出运行，以改变电网的运行方式或者使部分设备恢复或停止供电。

Ⅱ. 保护作用：当电网中部分电气设备或线路发生故障时，高压断路器在继电保护的配合下，快速将故障切除。

④ 知识拓展——电弧。

电弧是一种气体放电现象，是电流通过某些绝缘介质（例如空气）所产生的瞬间火花。电弧是一种自持气体导电（电离气体中的电传导），其大多数载流子为一次电子发射所产生的电子。触头金属表面一次电子发射（热离子发射、场致发射或光电发射）导致电子逸出，间隙中气体原子或分子会因电离（碰撞电离、光电离和热电离）而产生电子和离子。另外，电子或离子轰击发射表面又会引起二次电子发射。当间隙中离子浓度足够大时，间隙被电击穿而发生电弧。

⑤ 断路器的基本部件（主要针对巡检内容）：Ⅰ．外观；Ⅱ．分合指示；Ⅲ．储能指示；Ⅳ．六氟化硫表；Ⅴ．油位计；Ⅵ．气压（液压）打压表；Ⅶ．动作计数器；Ⅷ．电气指示灯；Ⅸ．旋钮开关。图7-2-3所示为断路器结构。

图7-2-3　断路器

(5) 隔离开关及接地开关

① 隔离开关基本概念：在分闸位置能够按照规定的要求提供电气隔离断口的机械开关装置。它能够在正常回路条件下承载电流，且能够在异常的回路条件（如短路）下在规定的时间内承载电流。

Ⅰ．一般隔离开关只能在电路断开的情况下进行分合闸操作，或接通及断开符合规定的小电流电路。

Ⅱ．隔离开关没有专门的灭弧装置，不能用来开断负荷电流和短路电流，它通常与断路器配合使用。

② 接地开关基本概念：用于将回路接地的一种机械式开关装置。

Ⅰ．在异常条件（如短路）下，可在规定时间内承载规定的异常电流；但在正常回路条件下，不要求承载电流。

Ⅱ．有些接地开关还具有关合短路电流或开合和承载感应电流的能力。

③ 隔离开关作用。

Ⅰ．隔离电源，保证安全。隔离开关的主要用途是保证装置中检修工作的安全。在需要检修的部分和其他带电部分之间，用隔离开关构成足够大的明显可见的空气绝缘间隔。隔离开关的断口在任何状态下都不能发生火花放电，因此它的断口耐压一般比其对地绝缘的耐压高10%～15%。必要时应在隔离开关上附设接地刀闸，供检修时接地用。

Ⅱ．倒闸操作。即用隔离开关将电气设备或线路从一组母线切换到另一组母线上。

Ⅲ．分、合小电流。隔离开关没有灭弧装置，不能开断或闭合负荷电流和短路电流。但具有一定的分、合小电感电流和电容电流的能力。

④ 隔离开关的基本要求。

Ⅰ．分开后应具有明显的断开点，易于鉴别设备是否与电网隔开。

Ⅱ．断开点之间应有足够的绝缘距离，以保证在过电压及相间闪络的情况下，不致引起击穿而危及工作人员的安全。

Ⅲ．有足够的动热稳定、机械强度、绝缘强度。

Ⅳ．跳、合闸时的同期要好，要有最佳的跳合闸速度，以尽可能降低操作过电压。

Ⅴ．应结构简单、动作可靠。

Ⅵ．带有接地刀闸的隔离开关必须装设联锁机构，以保证隔离开关的正确操作。

图7-2-4所示为隔离开关结构。

图7-2-4 隔离开关

(6) 互感器

① 基本概念：互感器是电流互感器和电压互感器的统称，是将高电压变成低电压、大电流变成小电流，用于量测或保护的设备。

② 分类：电流互感器和电压互感器。

电流互感器（CT）：将大电流变成小电流的互感器。在正常使用情况下，其比差和角差都应在允许范围内。

电流互感器分类：

Ⅰ. 按用途分：a. 测量用互感器；b. 保护用互感器。

Ⅱ. 按绝缘介质分：a. 干式互感器；b. 浇筑式互感器；c. 油浸式互感器；d. 气体式互感器。

电流互感器的特点：

Ⅰ. 电流互感器一次绕组串联在电力线路中，匝数较少，二次绕组与二次负荷的电流线圈串联，匝数较多。

Ⅱ. 电流互感器二次侧可以短路，但不得开路。

电压互感器（PT）：将高电压变成低电压的互感器。在正常使用情况下，其比差和角差都应在允许范围内。

电压互感器分类：

Ⅰ. 按绕组数目分：a. 双绕组电压互感器；b. 三绕组电压互感器。

Ⅱ. 按绝缘介质分：a. 干式电压互感器；b. 浇筑式电压互感器；c. 油浸式电压互感器；d. 气体式电压互感器。

Ⅲ. 按工作原理分：a. 电磁式电压互感器；b. 电容式电压互感器；c. 电子式电压互感器。

电压互感器的特点：

Ⅰ. 电压互感器一次绕组并联在电力线路中，匝数较多，而二次绕组与测量仪表或继电器电压线圈并联，匝数较少。

Ⅱ. 电压互感器二次侧可以开路，但不得短路。

③ 互感器的作用。

Ⅰ. 把高电压和大电流按比例地变换成低电压（100 V 或 $100/\sqrt{3}$ V）和小电流（5 A 或 1 A），以便提供测量和继电保护所需的信号，并使测量仪表和继电保护装置标准化、小型化。

Ⅱ. 把高电压（一次）部分与低电压（二次）部分相互隔离，且互感器二次侧均接地，以保证运行人员和设备的安全。

④ 互感器基本零部件（主要针对巡检内容）：Ⅰ. 外观；Ⅱ. 油位计；Ⅲ. 六氟化硫（SF_6）。

图 7-2-5 所示为互感器结构。

（7）避雷器

① 基本概念：一种能释放过电压能量、限制过电压幅值的设备。当过电压出现时，避雷器两端子间的电压不超过规定值，使电气设备免受过电压损坏；过电压作用后，系统迅速恢复正常状态。

图 7-2-5 互感器

② 分类。

避雷器按发展先后分：Ⅰ. 保护间隙避雷器；Ⅱ. 管型避雷器；Ⅲ. 阀型避雷器；Ⅳ. 磁吹阀型避雷器；Ⅴ. 金属氧化物型避雷器。

2. 供变电二次设备

(1) 供变电二次设备定义

对一次设备进行监察、测量、控制和保护的辅助设备称为二次设备。

(2) 供变电二次设备组成

供变电二次设备主要包括测量、计量仪表，继电保护和自动装置，远动装置，通信装置，操作电源系统。二次设备按一定的顺序连成的电路称为二次电路或二次回路，它包括交流电压回路、交流电流回路、控制和信号回路、继电保护及自动装置回路、操作电源系统。

任务 7-3　电气化铁路供电运行与检修制度认知

【任务目标】

本任务要求学生通过调研或现场参观学习电气化铁路供电运行与检修的基本常识，掌握牵引变电所和接触网的运行特点及检修内容。学生根据活动要求做好课前准备，参观时针对现场工作提问，教师组织学生在课堂上进行小组讨论，然后全班交流。

通过对本任务的学习，学生能够掌握电气化铁路供电运行与检修制度。

【知识准备】

▶一、牵引变压器运行基本条件

（1）变压器本体、内部铁芯及绕组应正常，所有电气试验结果应符合要求。

（2）冷却器、风扇、潜油泵旋转方向应正确，旋转时无杂声；油流继电器动作灵活、指示正常。

（3）调压装置、无励磁分接头开关位置符合调度规定挡位，且三相一致；运行挡直流电阻复测合格；有载调压开关装置远方及就地操作可靠，指示位置正确。

（4）套管无破损，油位指示正确，套管的电气、油化分析试验结果合格。

（5）变压器各放气部位应放尽残留空气，所有紧固件完好、齐全并紧固。

（6）保护装置与测量仪表全部符合要求，储油柜油位指示正常，吸湿器装置正确，呼吸畅通。

（7）新投运或大修后变压器的竣工（大修）资料应齐全。

（8）变压器和电抗器送电前必须试验合格，各项检查合格，保护装置按整定配置要求投入，经验收合格后方可投运。

▶二、牵引变压器运行相关规定

1. 有关温度的规定

（1）变压器使用寿命与温度有密切关系，绝缘温度经常保持在 95 ℃时，使用年限为 20 年。

（2）运行中设备温度高出环境温度的数值称为温升。变压器绕组的温升规定为不超过 65 ℃，变压器上层油温不宜经常超过 85 ℃。

2. 有关电压、电流的规定

（1）变压器的运行电压一般不应高于该运行分接额定电压的 105％，超过 105％时应有相关规定。

（2）无励磁调压变压器在额定电压±5％范围内改换分接头位置运行时，其额定容量不变。

（3）新装、大修、事故检修或换油后的变压器，施加电压前静置时间相关规定如下：110 kV 及以下 24 h，220 kV 及以下 48 h。

（4）变压器三相负荷不平衡时，应监视最大一相的电流。

3. 中性点接地方式的规定

（1）自耦变压器的中性点必须直接接地或经小电抗接地。

（2）在 110 kV 及以上中性点有效接地系统中投运或停运变压器时，中性点必须先接地。

(3) 变压器高压侧与系统断开时，由中压侧向低压侧（或相反方向）送电，变压器高压侧的中性点必须可靠接地。

4. 冷却器的运行规定

定期切换冷却器电源及冷却器的运行方式，运行电流达到规定值时，自动投入风扇；当油温降低至 45 ℃，且运行电流降到规定值时，风扇退出运行。

5. 变压器瓦斯保护的有关规定

(1) 在新装、吊芯、调换气体继电器、更换变压器的散热器或套管后，投运时必须将空气排尽，变压器送电时瓦斯保护只发信号，跳闸连接片必须断开，带负荷运行 24 h 无异常后投入。

(2) 运行中的变压器进行下述工作时，重瓦斯保护应由跳闸位置改为信号位置运行：

① 带电进行注油和滤油时；

② 进行吸湿器畅通工作或更换硅胶时；

③ 除采油样和气体继电器上部放气阀放气外，在其他所有地方打开放气、放油和走油阀门时；

④ 气体继电器二次回路上有工作。

6. 变压器过负荷的规定

(1) 正常过负荷一般允许最高不超过额定容量的 20%。

(2) 事故过负荷只考虑变压器的冷却方式和当时的环境温度。

(3) 事故过负荷允许过负荷倍数及持续时间按照规定数据执行。

▶三、牵引变压器巡视

1. 日常巡视

(1) 变压器的运行声响均匀、正常，运行时无异味。

(2) 变压器的油位、油色应正常，各部位无渗油、漏油现象；储油柜油位应与温度相对应，现场指示与远方记录（或监控系统显示）一致。

(3) 变压器温度计正常、温升正常。

(4) 变压器套管油位正常，套管外部应清洁、无破损裂纹、无严重油污、无放电痕迹及其他异常现象。

(5) 引线接头、电缆、母线应无发热迹象，接触应良好，各引线接头应无变色、过热、发红现象，接头接触处的示温蜡片应无融化现象。

(6) 吸湿器应完好、畅通，硅胶无变色（变色不超过 2/3），油封呼吸器的油位正常。

(7) 压力释放阀或安全气道及防爆膜应完好无损，无渗漏油现象。

(8) 散热片（管）、进出口油管法兰和阀门无渗漏油现象，冷却器油循环阀门开启正确。

(9) 变压器铁芯接地线和外壳接地线接触良好，必要时用钳形电流表测量的铁芯接地电流值应不大于 0.5 A。

(10) 气体继电器应充满油，无气体。

(11) 调压分接头位置指示应正确，各调压分接头位置应一致。

(12) 各控制箱和二次端子箱内各种电器装置应完好，位置和状态正确，箱壳密封良好，无受潮现象。

(13) 变压器外壳及各部件应保持清洁。

2. 定期检查

(1) 外壳及箱沿应无异常发热。

(2) 各部位的接地应完好，必要时应测量铁芯和夹件的接地电流。

(3) 强油循环冷却的变压器应做冷却装置的自动切换试验。

(4) 有载调压装置的动作情况应正常。

(5) 各种标志应齐全、明显。

(6) 各种保护装置应齐全、良好。

(7) 各种温度计应在检定周期内，超温信号应正确可靠。

(8) 消防设施应齐全完好。

3. 特殊巡视

(1) 大风、雷雨、冰雹后的检查。

(2) 浓雾、毛毛雨、下雪时的检查。

(3) 气温骤变时的检查。

(4) 夜巡时，应注意引线接头处，线卡应无过热、发红及严重放电等现象。

(5) 过负荷运行时的检查。

(6) 在系统发生短路故障后变压器的检查。

(7) 气体保护及差动保护动作后应立即检查。

(8) 新投入或经大修的变压器投入运行后的检查。

四、接触网运行管理

1. 运行管理机构及职责

接触网是电气化铁路电力牵引供电系统的重要组成部分，接触网竣工经验收合格后交付运营，由管理部门接管，进行接触网运行管理。电气化铁路中接触网设备的运营管理和检修，按区段由各供电（维管）段分别进行。供电段实行段、领工区、工区

（班组）三级管理。每个供电段管辖的范围一般为 300～400 正线公里，超过 500 km 应增设一个供电段。在城市轻轨交通和地铁中，与机电、车辆段合建一个检修基地时，负责牵引供电设备管理和检修的供电段通常称为供电车间。供电段下设领工区，是接触网工区与牵引变电所的直接领导和监督部门。供电领工区管辖范围一般为 100 正线公里左右。接触网工区按区段（或站场）设置，一般管辖三个区间，在隧道密集区段，管辖两个区间；枢纽站、区段站等大站应设立接触网工区。随着交通工具的发展及交通条件的逐渐完善，为便于集中管理，在保证完成维修任务的前提下，可适当增大工区规模，以减少工区数目。每个工区管辖里程应为 50～70 折算公里。折算方法是：对于区间为区间长度乘 1；对于车站，其正线为里程乘 1，复线区段时，第二正线为里程乘 0.7；每公里隧道等于 2 折算公里；每公里站线等于 0.4 折算公里。

供电（维管）段的职责是：贯彻执行上级的有关规章、制度和标准；补充制定相关的管理标准、工作标准和技术标准；制定各部门、车间的管理职责和范围；下达接触网的工作计划并组织实施，组织好日常维修和大修改造工程；定期检查、分析设备运行状态，制定改进措施，组织检查、评比和考核；组织技术革新和职工培训，提高设备运行质量，保证安全可靠的供电。督促施工单位按相关规定签订安全施工协议。

领工区的职责是：贯彻执行段部下达的有关各项规章制度；根据接触网检修计划给接触网各工区布置检修任务，并监督任务完成的质量及生产完成情况。

接触网工区是接触网运营管理的最基层单位，直接负责接触网设备的日常维修以及事故后的抢修恢复工作。其具体职责是：

（1）根据段、领工区下达的检修计划和检修任务，制定日常检修作业计划，按时完成管内接触网的检修任务，随时接受上级领导部门的质量检查和安全监督。

（2）建立管内设备台账、技术履历簿，管内所有设备的检修巡查记录和部分设备的试验记录。

（3）良好保存接触网设备移交接管后的所有技术资料，如接触网平面图、装配图、安装曲线、竣工报告、轨道电路以及设备的出厂说明书等。

（4）经常组织学习有关的规章制度等，定期组织技术训练，使每个接触网工都熟练掌握接触网的检修技术、检修规程及安全规则等。

（5）接触网工区的每个成员都要对本工区管辖范围内的所有设备的技术状况、地理环境十分熟悉。接触网一旦发生事故，成员应立即承担起抢修任务和事故预防工作。

2. 运行管理组织及有关人员的职责

运行管理组织的总体要求是机构精简、管理层次少、职责分工明确，从而提高管理和检修效率。

接触网管理人员、专业技术人员及检修人员的配置，除考虑管理层次、管理范围和生产任务量之外，还应考虑人员素质、技术设备配备等因素。下面着重介绍接触网工区的人员的配备及职责。

接触网工区实行工长负责制。每个接触网工区的定员应按至少保证有两个作业组的情况考虑。根据多年的实际经验,平均每人负责管理的接触网长度约为2.5折算公里,考虑值班人员和防护人员在内,一般不应少于20人,较大的工区(可按3个作业组考虑)可增加至30人左右。

负责接触网的运行值班、维修及应急抢险等工作的人员,没有严格的区分,可"捆绑"在一起,由接触网当值人员承担,即接触网人员在不同时段,分别担任运行值班、维修及应急抢险任务;或同一时段,接触网当值人员既是运行值班人员,也是维修人员,同时也是应急抢险人员。但接触网工区必须设专职安全员和工具材料员。

(1) 工班长的职责

工班长是整个工班在行政和业务上的领导人,应负责做好以下工作:

① 接受行政上级的领导和专业工程师的业务指导,主持本班组的工作。

② 根据部门下达的工作计划,编制检修工作计划,并负责组织实施。

③ 督促全体工班人员并以身作则严格遵守有关规程和制度,发现问题及时处理,确保人身和设备的安全。

④ 制定班组管理制度并负责实施。

⑤ 负责工班的工器具使用、保养和班前维修的管理,及时提出工器具的补充和报废计划。

⑥ 负责管理班组备用材料,按程序领用和储备备品备件,负责填写备品备件使用报表,并上报相关部门。

⑦ 负责收集和上报各种票据作业单。

⑧ 做好班组的修旧利废组织工作,降低各种维修开支。

⑨ 负责本班组的检修记录、用工记录工作,以及原材料消耗、能源消耗、工作量的记录和统计工作。

⑩ 审核班组人员的工作表现和工作能力,编制有关的培训计划,并在获准后负责实施。

⑪ 组织学习有关安全生产的文件和规程;组织进行事故预想演习;组织分析本工班的事故和事故苗头,并提出反事故措施。

⑫ 按时完成工作总结及填报各种报表。

⑬ 组织并搞好班组的文明生产。

(2) 班员的职责

① 在工班长领导下,负责对所辖设备进行日常巡视、检查、维护、维修和抢修工作。

② 熟悉所管辖范围内设备和供电系统情况,并能根据技术标准、工作程序完成操作任务和生产任务。

③ 熟悉、掌握所管辖设备的维护、保养方法和检修工艺。

④ 正确使用和维护工器具和测试仪表、仪器。

⑤ 严格执行各项规章制度和电气安全、技术规程，确保设备及人身安全。

⑥ 认真做好设备运行及维护、抢修工作的各项原始记录工作，认真填写各种工作作业票。

⑦ 积极主动参加各种培训，不断提高技术业务能力。

⑧ 有权督促操作者正确作业、向工班长及各级反映情况和提出意见，有权参与工班的各种考评。

(3) 安全员的职责

① 负责组织职工学习接触网检修规程、安全规程及上级下达的有关安全文件、命令和通知。

② 维护规章制度的严肃性，积极开展安全教育和事故预测预想活动。

③ 积极钻研技术，做到既懂理论又精于实际工作。

④ 建立健全并管理好安全生产统计、分析资料、台账、安全文件、总结资料等。

⑤ 监督有关安全文件的执行情况。

⑥ 在日常检修作业和事故抢修过程中，有权制止作业组成员的违章行为，在安全措施不齐全和不完备的情况下，有权制止作业的进行。

(4) 工具材料员职责

① 主要负责接触网工区工具材料的保管和发放。

② 具有较强的责任心和业务水平，熟悉工区管内设备的质量状况及运行情况。

③ 熟知工区管内配备的工具材料的规格型号、用途、性能、价格、数量等，并有一定的堆放技术和检测技术。

④ 预算和统计本工区的材料日消耗用量以及工具质量状况，制定出工具材料的增补计划。

⑤ 配备各种设备的日常检修和事故抢修的工具材料。

⑥ 建立健全并管理好各种有关台账、工具材料说明书、清单、报表、计划、文件等。

(5) 值班员的职责

① 值班员是工区值班室的负责人，是外部与工区信息的传递人员。

② 值班员在工长的领导下负责工区内部的日常安全、防水、防盗等工作，在特殊情况下（工长、班长、安全员不在工区）充当事故抢修的组织者。

③ 值班员必须坚守岗位，不得擅离职守。

④ 对于段、领工区、电调的指示和通知，值班员应认真在"值班日志""重要记事"栏中详细记录，并及时向工区负责人汇报。

⑤ 事故情况下,值班员要迅速通知工区负责人,并将事故发生的时间、区段、电调通知时间、事故抢修人数、集合时间、工具材料、准备时间、车辆或人员出动时间详细记录在"跳闸及事故抢修记录本"上,尽快将事故及抢修情况准确地向段生产调度、分局电调、领工区作简明扼要的汇报,并随时掌握工区作业地点和事故现场的动态,及时向电力调度和工区负责人请示汇报。

⑥ 值班员按规定妥善保管工具、材料库钥匙,妥善保管并正确使用值班室的备品,搞好值班室卫生区的清洁卫生。

⑦ 值班员每日18点前向生产调度员汇报当日工区生产任务、巡视测量及安全情况等,不得弄虚作假。

⑧ 值班员交接班要严格履行交接班手续,交接人员应对值班室备品进行清点查看,交班人员主动向接班人员介绍接班人员休假期间的重要工作和生产任务进行情况,当面交接清楚后,双方在"值班日志"上签字。

五、接触网运行管理的规程和制度

负责接触网运行的管理部门除贯彻执行国家、行业颁发的有关规程、规则、标准、条例外,还必须根据具体实际情况制定切实可行的管理制度。

对于从事接触网运行维修人员,掌握有关规程、规章是十分必要的。有关接触网运行维修的规程、规章主要有:

(1) 铁道部发布的《接触网安全工作规程》;
(2) 铁道部发布的《接触网运行检修规程》;
(3) 中国铁路总公司发布的《铁路技术管理规程》;
(4) 北京铁路局发布的《行车组织规则》;
(5) 铁道部发布的《电气化铁路接触网事故抢修规则》;
(6) 铁道部发布的《牵引供电事故管理规则》;
(7) 水利水电部发布的《通用电气安全规则》;
(8) 铁道部发布的《牵引供电调度规则》;
(9) 铁道部发布的《事故抢险组织程序》;
(10) 铁道部发布的《复线电化区段接触网"V型天窗"作业规定》;
(11) 中国铁路总公司发布的《红线管理细则》;
(12) 铁道部发布的《设备技术鉴定办法》。

08

模块八 铁路通信

【内容描述】

现代铁路运输生产和建设中,必须要用到各种通信方式进行各种信息的传输和处理。铁路通信以运输生产为重点,主要功能是实现行车和机车车辆作业的统一调度指挥。因为铁路线路分散,业务种类多样,所以组成统一的通信网的难度较大。为了指挥运行中的列车,需要采用无线通信,因此铁路通信系统是有线通信和无线通信的集合,采用多种通信方式。

通过对本模块的学习,学生对铁路通信系统组成、通信网分类、通信设备等相关知识有一个系统的了解。

【学习目标】

学习目标	知识目标	(1) 了解铁路通信的基本常识 (2) 掌握铁路通信系统常见设备名称及功能 (3) 掌握铁路通信网基本常识
	能力目标	(1) 能识别常见的铁路通信设备名称、符号 (2) 能描述通信设备主要功能及运用
	素养目标	(1) 培养认真、细致的工作作风 (2) 培养尊重客观、尊重劳动的职业精神 (3) 积极参与学习过程,遵守秩序,服从安排

【建议学时】

2~4学时。

任务 8-1 铁路通信概况

【任务目标】

本任务要求学生了解铁路通信的发展,掌握铁路通信线路的相关知识。条件允许的情况下,教师可组织学生到铁路车站现场参观,听现场工作人员介绍铁路通信基本常识。学生根据活动要求做好课前准备,参观时针对现场工作提问,教师组织学生在课堂上进行小组讨论和交流。

【知识准备】

▶ 一、铁路通信发展历程

早期的铁路通信方式主要为电报和电话。电报只能发送电码,从发出电报到对方收到电报要经过译报、发报、收报、抄报等多道手续,不能立即得到回答。而电话一旦接通,双方可以立即通话,传递信息,电话比电报更方便实用。

1876年,英国人在上海修建的中国第一条铁路——淞沪铁路正式通车运营,使用的通信设备是指针式电报机。1877年,中国在台湾自行架设了第一条有线电报线。1881年,中国自建的第一条标准轨运货铁路——唐胥铁路开通,采用西门子莫尔斯电报机作站间闭塞和通信联络之用。

1896年,唐胥铁路在电报线上开通了风拿波式电话。1899年,唐胥铁路开始使用磁石电话,电话以人工交换为主。1917年,共电式人工电话交换机投入使用。1918年,唐胥铁路开始使用步进制自动电话。

此后,铁路通信经历了四个具有历史意义的飞跃,被誉为铁路通信发展的"四大里程碑":

(1) 1960年宝鸡—凤州段第一条电气化铁路工程实现了架空明线到电缆的突破;

(2) 1975年成(都)昆(明)铁路工程实现了对称电缆到小同轴综合电缆的突破;

(3) 1988年大(同)秦(皇岛)铁路工程实现了铁路长途、区段通信光缆化的突破;

(4) 1996年(北)京九(龙)铁路工程实现了同步数字系列大容量光数字通信的突破。

20世纪90年代开始,铁路通信走过了模拟通信时代,全面开启数字化征程,业务也逐渐多样化,不断涌现程控交换、GSM-R(铁路专用全球移动通信系统)、电视电话会议、综合视频监控、数据通信、波分传输、软交换等一大批新通信技术。

二、铁路通信特点

铁路运输作业分散在铁路沿线和各车站、车场上,要实现列车行车和机车车辆等部门间的统一调度和指挥,组织运输生产和铁路建设,保证行车安全和效率,必须有一个迅速可靠、四通八达、综合性的铁路专用通信系统,能直接为铁路运输生产和铁路信息化服务。铁路专用通信设备采用数字化、信息化技术,并具有集中网管、监控、遥测功能,便于实现系统的远程管理和集中维护,确保设备和电路安全可靠。随着铁路的不断提速和铁路信息化业务的不断发展,铁路通信技术正在发生着日新月异的变化,以满足铁路业务发展和安全生产的需要。铁路通信主要具有以下特点:

1. 铁路通信应具有高可靠性,可保证列车的高速安全运行

铁路通信是以铁路运输为重点的通信,其主要任务之一是实现列车和机车车辆运行的统一调度和指挥,保证行车安全和效率。因此,在铁路通信业务中,要确保调度电话和站间行车电话畅通,一旦铁路通信发生故障,首先应抢通调度电话和站间行车电话。

2. 铁路通信是一种有线电与无线电相结合的通信

铁路运输生产是通过列车和机车车辆的运行来实现的,为了便于运行中的列车同行车指挥机构及时联系,铁路通信应发展成为一个以有线通信为主,同时广泛应用无线通信,将两者相结合的通信系统。

3. 铁路通信是设备分散、线路分歧点多、组网难度较大的一种专用通信

铁路通信的架空明线、电缆、光缆线路等均沿铁路线设置。通信用的终端设备除了安装在铁路各管理机构外,还安装在铁路沿线的机务段、车务段、车辆段、工务段、电务段,以及沿线各车站、车场和工区。此外,铁路沿线每隔一二公里,还设置从通信线路分歧引出的区间电话,以满足行车事故应急通信和铁路沿线维护用通信的需要。

4. 多种通信方式结合形成统一的铁路通信网

铁路通信的业务种类繁多,设备多样,且铁路通信要求准确、迅速、分秒不断,铁路通信网是一种业务综合、通信方式多样的通信网。

三、通信线路

铁路通信作为保障列车运行安全的"千里眼""顺风耳",担负着铁路运输生产指挥、信息快速传递等职责和任务。"铁路修到哪里,通信信号就要跟到哪里",在四通八达的铁路线上有着纵横交错且独立的铁路通信网络。通信线路是构成铁路通信网的重要组成部分,可为各种信息提供安全畅通、稳定可靠的传输通路,其质量直接影响铁路通信系统的传输性能。通信线路分为有线线路和无线线路。有线线路主要有架空明线、通信电缆、通信光缆,目前以通信光缆为主;无线线路主要有无线电波、微波、红外线等,目前以无线电波为主。

1. 架空明线

架空明线是在电杆上架设的裸导线通信线路，简称明线。明线是对称式双线传输回路，构成回路的各导线必须具有相同的材料和直径，可以传输从直流到频率高达几万赫兹的交流信号，目前部分铁路既有线使用这类通信线路。

架空明线的每个音频回线可以开通1路音频电话和1路回路电报。每个有色金属回线在连接3路载波电话机和12路载波电话机后，可开通1＋3＋12路电话。架空明线的双线回路电磁场是开放式的，当杆面上有两个或更多的双线回路时，因回路间存在着电磁耦合而互相产生串音干扰，采用回线交叉可以把串音降低到允许标准以内。

2. 通信电缆

通信电缆是缆芯由多根互相绝缘的导线或导体构成，其外部具有密封护套的通信线路。有的在护套外面还装有外护层。现在常用的通信电缆有全塑通信电缆、双绞线、同轴电缆等。

（1）全塑通信电缆

全塑通信电缆是用于较小范围的区域电话连接的对称通信电缆，其主要特点为对数多（最多可达数千对，一般为数百或数十对），如图8-1-1所示。全塑通信电缆的缆芯主要由芯线、绝缘、扎带、包带层等组成。芯线由纯电解铜制成，一般为软铜线，标称线径有 0.32 mm、0.4 mm、0.5 mm、0.6 mm 和 0.8 mm 等 5 种。全塑市内通信电缆的芯线绝缘主要采用高密度的聚乙烯、聚丙烯或乙烯-丙烯共聚物等高分子聚合物，称为聚烯烃塑料。全塑通信电缆主要用于铁路用户线。

（2）双绞线

双绞线是由两条相互绝缘的导线按照一定的规格互相缠绕（一般为逆时针缠绕）在一起而制成的一种通用配线。扭绞越密，电缆抗电磁波干扰和近端串扰越强。双绞线分为屏蔽双绞线与非屏蔽双绞线。屏蔽双绞线电缆的外层由铝箔或铜丝编织层包裹，以减小辐射，但并不能完全消除辐射，屏蔽双绞线价格相对较高，安装时要比非屏蔽双绞线电缆困难，常用于保密级别要求高的场合。非屏蔽双绞线没有屏蔽外层，具有成本低、重量轻、易安装的优点，在铁路数据通信系统广泛采用，如图8-1-2所示。

图8-1-1 市内通信电缆

图8-1-2 非屏蔽双绞线

(3) 同轴电缆

同轴电缆属于不对称通信电缆，即构成通信回路的两根导线的对地分布参数不同。同轴电缆由铜芯导体、绝缘层、金属屏蔽层、外部保护层组成，铜芯导体和外屏蔽层共用同一轴心，如图 8-1-3 所示。金属屏蔽层将磁场反射回铜芯导体，同时也使铜芯导体免受外界干扰，故同轴电缆具有比双绞线更高的带宽和更好的噪声抑制特性。低频同轴电缆能够传输比双绞线传输信号频率范围更宽（100 kHz～500 MHz）的信号，射频同轴电缆则传输频率更高（500 MHz～18 GHz）的射频信号。低频同轴电缆常作为传输与接入、交换系统的连接线，射频同轴电缆常用作无线信号发射机和天线间的馈线等。

在铁路隧道中，无线电磁波传播效果不佳，利用天线传输通常也很困难，常采用漏泄同轴电缆来替换天线。漏泄同轴电缆是在同轴电缆的屏蔽层外导体上周期性开槽孔，如图 8-1-4 所示。漏泄同轴电缆既具有信号传输作用，又具有天线功能，其通过对外导体开口的控制，将受控的电磁波能量沿线路均匀地辐射出去或接收进来，实现无线信号的覆盖。

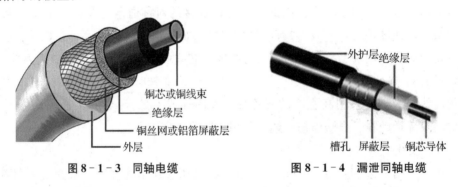

图 8-1-3　同轴电缆　　　　图 8-1-4　漏泄同轴电缆

3. 通信光缆

通信光缆主要由缆芯、加强构件和护层等部分组成，如图 8-1-5 所示。

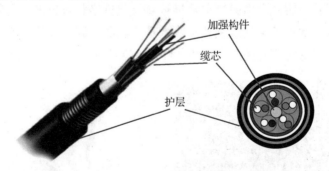

图 8-1-5　通信光缆结构图

缆芯是光缆结构中的主体，它由套塑后并满足机械强度要求的单根或者是多根光纤与不同形式的护套管和填充物组合而成，其主要作用是传输光信号。光纤具有频带宽、速率高、传输距离长、重量轻、成本低、衰耗低、不受电磁场影响等诸多优点，适用于大容量、远距离、干线的信息传送，已成为当今高铁通信领域中一种重要的传输介质。

光纤的结构一般分为纤芯、包层、涂覆层。纤芯位于光纤的中心部位，用于传输光信号。包层位于纤芯周围，折射率比纤芯折射率略高。涂覆层主要保护光纤不受水汽的侵蚀和机械的擦伤，同时又增加了光纤的柔韧性，起着延长光纤寿命的作用。涂覆层常按照标准色谱着不同的颜色，以区分光纤。在某个角度范围内入射到光纤端面的光可以在纤芯中形成全反射现象，从而使光波向光纤的另一端传播，如图8-1-6所示。

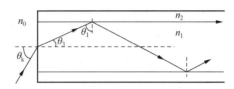

图8-1-6 光波在阶跃型光纤中的传播路径

加强构件主要承受光缆敷设时80%以上的负荷和张力。加强构件一般有金属钢线和非金属玻璃纤维增强塑料两种。

光缆护层主要对缆芯起保护作用，使缆芯免受外界机械作用和环境条件带来的影响。光缆护层应具有阻燃、防潮、耐压、耐腐蚀等特性。护层分为内护层和外护层。内护层用来防止钢带、加强元件等金属构件损伤光纤，一般采用聚乙烯（PE）和聚氯乙烯等材料。外护层在光缆内护层外，包括铠装层和外被层。铠装层用于提高光缆的抗拉和抗压性能，采用的材料主要是钢带或钢丝；外被层用于保护光缆不受外界环境影响，以延长光缆的使用寿命，主要材料是聚乙烯和尼龙。

通信电缆和通信光缆的敷设有直埋、管道、架空和水底敷设等方式。既有干线的通信电缆和通信光缆大多采用直埋敷设方式，铁路站场采用管道或槽道敷设方式，客运专线或城际铁路新建光电缆多采用槽道敷设方式。

4. 无线电波

无线电波是分布在3 KHz到3 000 GHz的频率范围之间的电磁波，可以在自由空间利用电磁波发送和接收信号进行通信。无线电技术的原理在于导体中电流强弱的改变会产生无线电波。利用这一现象，通过调制可将信息加载于无线电波之上。当电波通过空间传播到达收信端，电波引起的电磁场变化又会在导体中产生电流。通过解调将信息从电流变化中提取出来，就达到了信息传递的目的。

在不同波段内的无线电波具有不同的传播特性。频率越低，传播损耗越小，覆盖距离越远，绕射能力也越强。低频段的无线电波主要应用于广播、电视、寻呼等系统。高频段频率资源丰富，系统容量大。但是频率越高，传播损耗越大，覆盖距离越近，绕射能力越弱。另外，频率越高，技术难度也越大，系统的成本相应提高。铁路无线通信主要使用频带为30～300 MHz的甚高频（VHF）和300～3 000 MHz的超高频（UHF）（图8-1-7）。

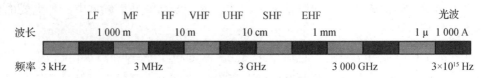

注：LF 表示低频，MF 表示中频，HF 表示高频，VHF 表示甚高频，UHF 表示超高频，SHF 表示极高频，EHF 表示极超高频。

图 8-1-7　无线电频谱范围

铁路通信骨干传输、局内干线传输以及本地通信传输，大量采用通信光缆线路。通信机房到用户终端的接入传输部分，也应用了较多的光缆。通信电缆、同轴电缆、双绞线主要用于区段通信和业务接入。列车与地面通信系统之间采用无线线路传输信息。

任务 8-2　铁路通信网

【任务目标】

本任务要求学生掌握铁路通信网的组成，包括承载网、业务网和支撑网，用以传输铁路运输所需的语音、数据、图像等各种信息，构成传输语音、数据、图像等各种信息的综合业务通信网，是现代铁路安全运营和高效管理的信息基础平台。教师组织学生到铁路车站现场参观，听现场工作人员介绍铁路通信网基本常识。学生根据活动要求做好课前准备，参观时针对现场工作提问，教师组织学生在课堂上进行小组讨论和交流。

【知识准备】

▶一、承载网

承载网是铁路通信系统的主体，它是由通信线路连接各类通信设备构成的网络，主要包括传输系统、接入网系统、数据通信系统和铁路移动通信系统，为所有的铁路提供通信业务网，以及为各专业的信息网提供传输信道。

（一）传输系统

铁路传输系统是铁路通信网的重要组成部分，是各通信网元间连接的纽带，它为各种专业提供透明的传输通道，是铁路各种语音、数据和图像等通信信息的基础承载平台，应满足铁路运输组织、客货营销和经营管理等通信的需要。铁路传输系统分为骨干传输网、局干传输网、接入传输网。

骨干传输网节点布设在国铁集团和铁路局集团公司（简称集团公司）所在地、省会城市及干线铁路交会点，构建环形或网孔型结构，主要承载国铁集团到 18 个集团公司，以及各集团公司之间的通信信息。骨干传输网采用光传送网（OTN）和同步数字体系（SDH）技术，构成 6 个传输环，OTN 为 40 波或 16 波，单波主要速率为 100 Gb/s 或 10 Gb/s。

局干传输网节点布设在通信枢纽、铁路交会点及铁路枢纽和客、货运作业较集中的车站，以链形 1+1 拓扑网络为主，主要承载集团公司内较大通信站点之间的通信信息，实现集团公司内各站段间及各站段至集团公司调度所的业务传送。局干传输网采用同步数字体系/多业务传送平台（SDH/MSTP）技术，主要速率为 100 Gb/s、10 Gb/s 和 2.5 Gb/s，可利用局干 OTN 设备承载。

接入传输网节点布设在车站信号楼、站房、区间信号中继站、区间基站、牵引变电所、分区所、开闭所、电力配电所、工区、公安派出所等处，构成一个或多个自愈环，主要承载各铁路车站以及区间等站点的通信信息，提供铁路沿线车站、区间的移动基站、信号中继站、牵引供电站和电力供电段所有业务节点的业务接入和传输服务。接入传输网采用 SDH/MSTP 技术，主要速率为 2.5 Gb/s、622 Mb/s 和 155 Mb/s。

1. 同步数字体系/多业务传送平台（SDH/MSTP）

同步数字体系（SDH）是一套可进行同步信息传输、复用、分插和交叉连接的标准化数字信号的结构等级。SDH 具有统一规范的速率，信号以同步传送模块（简称 STM）的形式传输。SDH 具有 STM-1（155.520 Mb/s）、STM-4（622.080 Mb/s）、STM-16（2 488.320 Mb/s）、STM-64（9 953.280 Mb/s）、STM-256（39.813 12 Gb/s）5 个速率等级，能适应各种网络组织形式，并有很强的保护恢复能力和强大的网管功能，已成为目前最广泛使用的光传输技术之一。

多业务传送平台（MSTP）是指基于 SDH 平台，同时实现时分复用（TDM）、异步传输模式（ATM）、以太网等业务的接入、处理和传送，提供统一网管的多业务节点。它在基于 TDM 传送的 SDH 功能之上，增加了 EoS（Ethernet over SDH，基于 SDH 的以太网）和 AoS（ATM over SDH，基于 SDH 的异步传输模式）两大关键功能，实现同一平台的技术融合，使单一设备能适应多种业务的需要。

2. 密集波分复用（DWDM）

光波分复用（WDM）技术就是在一根光纤内同时传送多个不同波长的光波，使得光纤通信系统容量得以倍增的一种技术。WDM 技术充分利用单模光纤的低损耗区的巨大带宽资源，WDM 技术在发送端采用合波器（也称光复用器）将不同规定波长的信号光载波合并起来送入一根光纤进行传输，在接收端再由分波器（也称光解复用器）将这些不同波长承载不同信号的光载波分开。由于不同波长的光载波信号可以看成是互相独立的（不考虑光纤非线性时），因此在一根光纤中可实现多路光信号的复用传输。

DWDM 技术是在波长 1 550 nm 窗口附近,在 EDFA(掺铒光纤放大器)能提供增益的波长范围内,选用密集的但相互又有一定波长间隔的多路光载波,这些光载波各自受不同数字信号的调制,复合在一根光纤上传输,这提高了每根光纤的传输容量。40 波 DWDM 系统工作在 C 波段,频率间隔为 100 GHz;80 波 DWDM 系统工作在 C 波段,频率间隔为 50 GHz;160 波 DWDM 系统工作在 C 波段和 L 波段,频率间隔为 50 GHz。

3. 光传送网(OTN)

光传送网(OTN)是以波分复用技术为基础、在光层组织网络的传送网,它的基本特征表现为大容量、长距离的传输能力。OTN 涵盖了光层和电层两层网络,其技术继承了 SDH 和 DWDM 的双重优势。OTN 在超大传输容量的基础上引入了 SDH 强大的操作、维护、管理与指配(OAM)能力,同时弥补了 SDH 在面向传送层时的功能缺乏和维护管理开销的不足,解决了传统 DWDM 网络无波长/子波长业务调度能力差、组网能力弱、保护能力弱等问题。OTN 使用内嵌标准 FEC(前向纠错编码),丰富的维护管理开销,适用于大颗粒业务接入 FEC 纠错编码,其能提高误码性能,增加光传输的跨距。

OTN 电层具有 OTU1(2.666 057 143 Gb/s)、OTU2(10.709 225 316 Gb/s)、OTU3(43.018 413 559 Gb/s)、OTU4(111.809 Gb/s)四个速率等级,具备强大的 IP、ATM(异步传输模式)、TDM 综合传送能力,是骨干网的主要传输技术。

(二)接入网系统

铁路接入网系统主要承载于铁路传输系统接入层上,通过铁路通信接入网,可以将用户信息接入相应的通信业务网络节点,并在传输系统的支撑下,实现铁路通信的相应功能。

铁路接入网系统使用光纤接入方式,系统包括光纤线路终端(OLT)、光网络单元(ONU)、光分配器(ODN)和接入网网管等设备,铁路光纤接入网系统组成如图 8-2-1 所示。OLT 位于网络侧,从业务节点接入业务。ONU 位于用户侧,为用户提供丰富的业务接口,能接入专网自动电话及电力直通电话。OLT 和 ONU 之间通过光纤连接。接入网网管负责整个接入系统的网络管理。

(三)数据通信系统

铁路数据通信系统包括以承载运输管理信息系统为主的铁路运输管理信息系统网、以承载各铁路局视频监控及会议等应用为主的铁路局区域数据网,以及正在全路范围建设的客运专线综合 IP 数据网。这三张数据承载网建设周期不同、管理运营单位不同,网络覆盖范围也不同。随着铁路信息化的建设和统一部署,它们正在按照通信网规划逐步实施互联和整合。

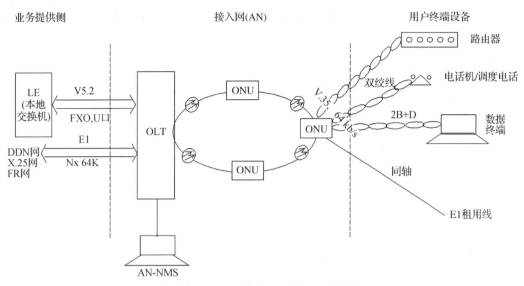

图 8-2-1 铁路光纤接入网系统组成

1. 铁路运输管理信息系统网

铁路运输管理信息系统网（简称 TMIS 网）的发展始于 20 世纪 90 年代，以铁路运输管理为核心全面覆盖国铁集团、铁路局及有 TMIS 系统的车站，采用星型汇聚结构形成骨干网、基层网两层结构。TMIS 网主要承载以铁路货运管理及铁路生产调度系统、办公网（简称 OA）为主的业务，逐步覆盖车辆 5T 系统、车务等部门的视频会议系统。TMIS 网络覆盖范围较广，但是通道速率较低，一般为 $n\times 2$ Mb/s。

2. 铁路局区域数据网

铁路局区域数据网是铁通公司为开展市场化运营而建设的，采用星型汇聚结构组网，主要承载视频监控、视频会议、红外轴温、信号微机监测等业务。铁路局区域数据网位于所在铁路局区域网络中，由核心节点、汇聚结点、接入节点组成。核心节点路由器一般设置在铁路局所在地，可实现业务的高速转发。汇聚节点路由器设置在通信枢纽、大型车站所在地。接入节点路由器设置在各车站、动车段所、综合维修机构和调度所等地。根据路局信息化建设需求，光纤到车间、班组的建设逐步完成，数据网系统覆盖段、车间、班组的目标同步实现。

3. 客专数据通信网

客专数据通信网建设最晚，系统带宽大，承载业务系统丰富，网络弹性较好，能很好地实现网络间互联和资源共享。目前客专数据通信网承载了包括综合视频监控、会议电视、GSM-R/GPRS、动力环境监控、旅客服务信息、时钟等业务，网络覆盖范围局限于客专站段。

铁路三张数据通信网都是以光纤、传输网作为底层的承载网络，以 IP 技术构建

TCP/IP 网络，由路由器、交换机、域名系统、网络安全设备、网管设备组成。

（四）铁路移动通信系统

1. GSM-R 系统

GSM-R 系统的基础是公用的全球移动通信系统（GSM）平台，它在成熟的 GSM 基础上，增加了铁路调度通信功能和适合高速环境下使用的要素，如优先级和强插功能、语音组呼和广播功能、位置寻址和功能寻址、安全数据通信等，能满足国际铁路联盟提出的铁路专用调度通信的要求。

GSM-R 系统是专门为铁路通信设计的综合专用数字移动通信系统，它基于 GSM 的基础设施及其提供的高级语音呼叫业务（ASCI），提供铁路特有的调度业务，将现有的铁路通信应用融合到单一网络平台中，并以此为信息化平台，使铁路部门用户可以在此信息平台上开发各种铁路应用。它承载了调度通信、CTCS-3 级列车控制信息传送、机车同步操控信息传送、调度命令信息和车号校核信息传送、检测信息传送等与行车相关的业务，基本满足铁路运输生产对移动通信的需求。

（1）GSM-R 系统组成

GSM-R 系统一般由交换子系统（SSS）、基站子系统（BSS）、通用分组无线业务系统（GPRS）、移动智能网系统（IN）、固定用户接入交换机系统（FAS）、运行与维护子系统（OMC）及终端子系统等 7 个子系统组成，如图 8-2-2 所示。

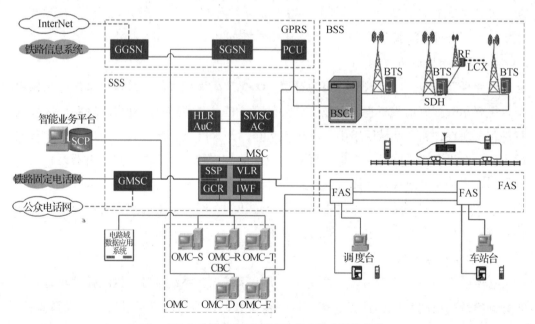

注：RF 表示射频拉远，LCX 表示漏泄同轴电缆。

图 8-2-2 GSM-R 系统网络组成

SSS 子系统包括网关移动交换中心（GMSC）、移动交换中心（MSC）、访问位置寄存器（VLR）、归属位置寄存器（HLR）、鉴权中心（AuC）、组呼寄存器（GCR）、网络互连功能模块（IWF）、短消息中心（SMSC）、确认中心（AC）等设备。

BSS 子系统包括基站收发信机（BTS）、基站控制器（BSC）以及编译码和速率失配单元（TRAU）、小区广播短消息中心（CBC）等设备。

GPRS 子系统可实现 GSM-R 系统的分组无线数据传输业务，主要包括网关支持节点（GGSN）、业务支持节点（SGSN）、分组控制单元（PCU）、域名服务器（DNS）等设备。

IN 子系统提供的业务包括功能寻址、基于位置的寻址、基于车次功能号的动态组呼、自动获取调度中心 IP 地址、灵活的呼叫限制等。移动智能网子系统（IN）主要包括业务交换点（SSP）、智能外设（IP）、业务控制点（SCP）、业务管理系统（SMS）等设备。

FAS 子系统由枢纽 FAS 和车站 FAS 及网络维护终端、调度台、车站台等构成。枢纽 FAS 一般放在各路局调度中心，车站 FAS 一般放在各路局下属的车站。FAS 系统通过枢纽 FAS 提供的 30B＋D 接口与 GSM-R 系统的移动交换中心（MSC）连接，枢纽 FAS 和车站 FAS 之间及车站 FAS 与车站 FAS 间通过数字传输通道连接，形成一张有线、无线统一的铁路调度通信网络。FAS 与 GSM-R 连接示意图如图 8-2-3 所示。

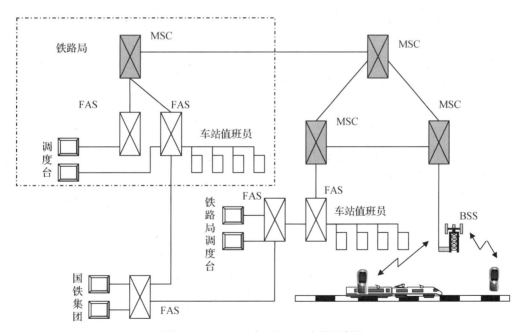

图 8-2-3　FAS 与 GSM-R 连接示意图

OMC 包括无线网络管理子系统（OMC-R）、交换网络管理子系统（OMC-S）、数字业务管理子系统（OMC-D）、直放站及中继器管理子系统（OMC-T）、固定用户接入交换机（FAS）网管系统等。

终端子系统包括固定终端、移动终端等设备。固定终端包括调度终端、车站终端及其他用户电话，以及呼叫记录和录音系统等设备。移动终端由移动设备和用户识别（SIM）卡组成，包括机车综合通信设备、列控数据传输设备、便携台等。

（2）GSM-R 系统的功能

GSM-R 系统在提供话音、数据业务的同时，针对铁路运用提供了功能寻址、基于位置的寻址、广播呼叫、紧急呼叫、直通模式等特殊功能，其提供的铁路应用功能有：

① 调度通信：列车调度、货运调度、牵引供电调度、编组站调车作业通信等。

② 施工维护通信。

③ 专用通信：工务、电务、供电、水电、机务、公安等专用通信。

④ 车的数据：采用通用分组无线业务系统（GPRS）方式，可进行列车控制系统信息传送、机车同步控制信息传送、列尾信息传送、调度命令传送、调车无线机车信号和监控信息传送、无线车次号传送、进站停稳信息及接车进路信息的传送等数据通信业务。

⑤ 旅客服务：采用 GPRS 方式，为旅客信息服务、移动互联网、旅客列车售票等提供传输通道。

目前，我国铁路的 GSM-R 核心网架构基本形成，无线网覆盖全部客运专线、重载铁路、高原铁路和部分新建、改建铁路。

2. LTE-R 系统

GSM-R 在我国铁路通信中应用广泛，它承担了 CTCS-3（中国列车控制运行系统第 3 级）等诸多核心业务，但其窄带通信系统先天不足，频谱利用率较低，承载的数据速率也不高，使其在日益增长的业务承载需求下心余力绌，难以为继。国际铁路联盟（UIC）在 2010 年 12 月召开的第七届世界高速铁路大会上，明确指出：高速铁路移动通信长期演进采用铁路宽带移动通信系统（LTE-R）技术发展战略。

LTE-R 网络架构对 GSM-R 进行了优化，采用了扁平化的网络结构和 IP 化的接入方式。LTE-R 系统由用户终端设备（UE）、演进的通用地面无线接入网（E-UTRAN）、演进型分组核心网（EPC）组成。

3. 5G-R 系统

5G 网络具有大带宽、大连接、低时延等优势，可实现人与物、物与物的泛在互联，是支撑经济社会数字化、网络化、智能化转型的关键新型基础设施。目前我国正在进行 5G 公共通信网的建设。

5G-R 系统是在 5G 系统平台上增加了铁路运输专用调度通信功能，它具有适应铁路运输特点的功能优势，可满足下一代铁路移动通信系统功能及业务需求。5G-R 将是一个广泛应用、大连接、多切片的网络。5G-R 核心网是基于服务化接口的全新网络架构，各功能实体间使用 HTTP2.0 信令协议来进行 SBA（基于服务的架构）接口通信，信令网络如何组网成为 5G 核心网规划和建设的关键。随着 3GPP（第三代合作伙伴项目计划）标准的不断完善和发展，为满足更多部署场景和需求，5G-R 系统的 R15 版本中引入 NRF（NF Repository Function，网络存储库功能）功能实体，主要负责 NF 的功能服务注册、业务发现和维护可用网元实例，数据配置和路由查询可通过 NRF 实现。R16 版本引入 SCP（Service Communication Proxy）功能实体，支持 HTTP（超文本传输协议）信令间接通信功能，为 5G 核心网各 NF（网络功能）间提供信令消息路由及转发，新增 SCP（服务通信代理）提供路由策略及管理功能。从而使各 NF 可专心于业务功能的实现，路由控制等功能统一由 SCP 来实现。SCP 类似于现有七号信令网中的 STP 和 Diameter 信令网中的 DRA（路由代理节点），是 5G 核心网内 HTTP 消息转接代理设备，用于简化 NF 的信令路由和网络组织。

▶二、业务网

铁路通信业务网主要面向用户，提供语音、图像和数据通信服务，主要包括调度通信、视频监控、视讯会议、电报电话、应急通信等业务。

调度通信系统是铁路行车指挥的神经枢纽，是直接为铁路运输生产服务的重要通信设施。为保证列车运行畅通无阻、安全高速，调度通信系统必须提供迅速、准确、安全、可靠的通信服务。调度通信系统由有线调度通信系统和无线调度通信系统组成。目前，有线调度通信系统正在进行大规模数字化改造，在实际使用时常称为数字调度通信系统。

（一）无线调度通信系统

无线调度通信系统包括无线列车调度通信系统和无线站场调度通信系统。无线列车调度为列车调度员、机车调度员、车站值班员与机车司机建立通信联系，无线站场调度为车站调度员、驼峰值班员等站场作业指挥人员和调车司机建立通信联系。由于无线列车调度通信系统使用量广，下文只介绍无线列车调度通信系统。

1. 无线列车调度通信系统功能

调度员除了利用有线数字调度系统与车站值班员进行通信联络外，在很多场合，尤其是紧急情况下，还需要通过无线电波直接或经车站值班员与运行中的列车通信，指挥调度列车的运行。行进中的列车也需要把运行中发生的情况通过无线通信及时向调度员和车站值班员报告。

无线列车调度通信系统就是以铁路运输调度为目的，利用无线电波的传播，完成调度中心、车站、列车三者之间通信的系统，简称无线列调。这是一种专用的移动通信系统，在铁路既有线上得到了广泛的应用和普及，是调度通信系统的重要组成部分。

2. 无线列车调度通信系统组成

无线列车调度通信系统包括调度所设备、沿线地面设备、移动电台设备、传输设备，如图 8-2-4 所示。

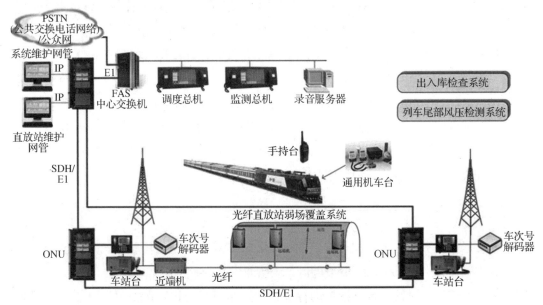

图 8-2-4　无线列车调度通信系统网络结构示意图

调度所设备包括调度总机、调度控制台、录音机以及监控总机等部分，如图 8-2-5 所示。调度所设备设置在调度中心，供调度员与机车司机、车站值班员进行通话，必要时还可以用于数据通信。

图 8-2-5　调度所设备

沿线地面设备是设在铁路沿线地面的固定电台，称为基地电台或车站电台，包括与传输设备相连的控制转接部分、收信机和发信机、双工器和传输线及天线（合称天馈线系统），以及供车站值班员通话用的调度分机。

移动电台设备是装载于运行列车上的无线通信设备，包括机车电台和车长电台。机车电台是固定在机车上的，体积较大，由收信机、发信机、短传输线和装在驾驶室外的天线及通话手机等组成,如图 8-2-6 所示。车长电台通常为体积小的手持电台或便携电台,收、发信机,通话装置及天线集于一体。

图 8-2-6 机车电台

传输设备用于把调度设备和沿线各地面固定电台连接起来,为信息传输提供通道。目前,最常用的方法是先将若干个车站电台通过 ONU 接入同步数字体系(SDH)或光传送网(OTN)传输设备,再由 SDH 或 OTN 将其连接至调度中心的光纤线路终端(OLT),调度中心的 OLT 与调度主机相连,实现车站电台和调度主机相连。

列车无线调度电话系统采用有线通信和无线通信相结合的方法,调度所到车站固定电台采用有线链路方式,车站固定电台与机车电台之间采用无线链路方式。有线链路可利用调度电话回线或专门的电缆线路,无线链路采用的工作频段为 150 MHz、400 MHz、800 MHz。列车有线调度电话的呼叫方式可为全呼、组呼和选呼。

3. 无线列车调度通信系统的不足

由于铁路既有的单信道模拟制式的无线列车调度通信系统主要是为满足话音通信设计的,长期以来一直存在着枢纽地区同频干扰严重、信道接入困难、语音不清晰,以及数据与话音争夺信道、相互干扰等问题。随着铁路信息化的发展和高速客运专线的建设,现代铁路对移动通信提出了更高的要求,而无线列车调度通信系统承载业务的信道能力已经饱和,我国正在全面展开铁路无线列调系统的数字化改造。

(二)数字调度通信系统

数字调度通信系统是在铁路通信传输系统数字化实现后,用一种综合的接入系统把铁路沿线各车站和单位的专用通信业务综合起来,利用数字通道连接各种业务,替代原来的专用通信系统的所有功能,以实现行车调度、货运调度、供电调度、工务调度等调度电话、站场直通电话、区间抢险电话的转接、通话和录音等功能。数字调度通信系统兼容了各种模拟业务,简化了专用通信系统的结构。

数字调度通信系统按铁路运输指挥系统分为干线、局线和区段三级调度通信系统,如图 8-2-7 所示。

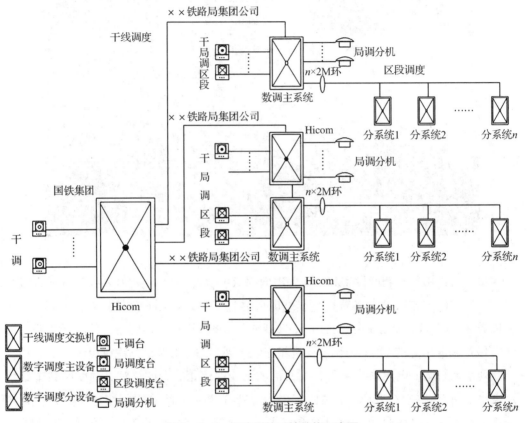

图 8-2-7 调度通信系统结构示意图

1. 干线调度通信系统

干线调度通信系统设立在国铁集团到各铁路局之间,由设在国铁集团的 Hicom382 数字调度交换机为汇接中心,与设在各铁路局集团公司的 Hicom372 数字调度交换机用 E1（2 Mb/s）数字中继通道相连接。相邻铁路局的 Hicom372 数字调度交换机之间也以 E1 数字中继通道作为直达路由。可见,干线调度通信系统为一个复合星型网络。

干线调度专用系统用户与局线调度专用网用户的电话号码,全路统一编号,采用五位码（ABCDE）编号,前两位 AB 为调度局编号,后三位 CDE 为用户号,分别以国铁集团、各铁路局集团公司、各调度区段为一个编号区。纳入调度平台的用户,调度员无需拨号,可单键直呼所属调度分机。分机遇忙,调度员可强插通话,调度员还可进行全呼、组呼。调度网内用户相互间呼叫,听一次拨号音直拨五位码。

2. 局线调度通信系统

局线调度通信系统设立在铁路局至站段及区段内站之间，利用区段调度设备组成局线调度通信网络，在铁路局所在地设数字专用通信主系统，与干调 Hicom372 调度交换机及所属各分局的区段调度设备主系统之间以 E1 数字中继通道相连，构成一个星形的局线调度通信网络。

3. 区段调度通信系统

区段调度通信系统按专业、部门设置在调度员与所管辖区段的铁路各中间站。铁路局和站段为各层网络的相切点，干线、局线调度通信系统是一个呈辐射型的星形网络，区段调度网络是一个链状的总线型网络。

区段调度通信系统设备覆盖面广、数量多，本节主要介绍区段调度通信系统的组成。

区段调度通信系统的调度业务包括列车调度、客运调度、货运调度、机车调度、牵引供电调度和其他调度等。

区段调度通信系统分为模拟系统和数字系统，目前，模拟系统已基本改造成数字系统。区段数字调度通信系统在 GSM-R 中被称为固定用户接入交换机（FAS）系统，由枢纽主系统、车站分系统、传输通道、网管系统等组成，如图 8-2-8 所示。

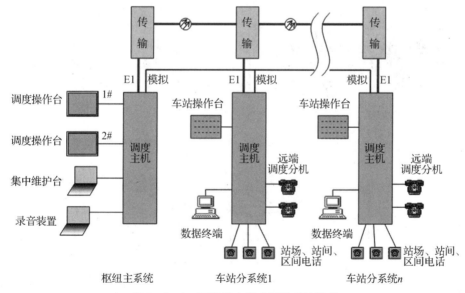

图 8-2-8　区段数字调度通信系统组成

（三）枢纽主系统

枢纽主系统包括调度主机、调度操作台、集中维护台、录音装置，是整个系统的核心。车站分系统供车站值班员使用，包括车站（站场）调度主机、车站操作台（值班台）、调度分机、录音装置。枢纽主系统与车站分系统配套使用，两者之间通过 E1 通道组成调度通信网络，构成整个数字调度通信系统。调度员和车站值班员处设置键控式操作台，一般以 2B+D 接口连接于枢纽主系统或车站分系统，完成呼叫、通话等功能。根据维护管理的实际需要，网管系统可由设置在调度所的枢纽主系统或沿线各车站分系统侧的数据网管终端构成。

目前，我国铁路区段调度主机主要有北京佳讯飞鸿电气有限责任公司生产的 FH98 Ⅱ 和 MDS3400 系统、中软网络技术股份有限公司生产的 CTT2000L/M 系统、济南铁路天龙高新技术开发有限公司研发的 ZST-48 系统。

(四) 综合视频监控系统

综合视频监控系统直接服务于铁路客运、货运运输生产，各编组站、客运站、铁路局、国铁集团的各级用户，根据需要可选择实时调用或回放各采集视频图像，系统同时显示车次号、视频分析提示等辅助信息。该系统是分析旅客客流量和行车安全的重要手段。

铁路综合视频监控系统由视频核心节点、区域节点、接入节点、视频采集点和各部门监控终端组成，由铁路传输网和数据通信网承载，主要设备包括摄像机、视频光端机、视频编码器、视频管理服务器、路由器、网络交换机，以及网络与通信设备，如图 8-2-9 所示。

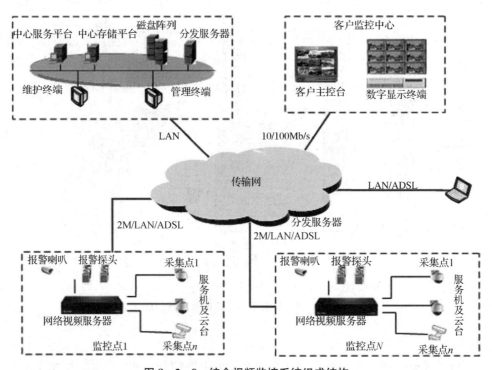

图 8-2-9　综合视频监控系统组成结构

视频核心节点设在国铁集团，主要实现视频的分发、系统和用户管理、重要视频图像信息存储。视频区域节点设在客专调度所或铁路局，主要实现视频分发/转发、认证授权、接入网关、节点内重要视频信息存储。视频接入节点设在大型客运站、车站、段（所）所在地，或者是视频采集点较集中的位置，实现视频的接入、分发/转发、视频内容分析、接入的所有视频信息和告警信息存储。视频采集点设置在铁路沿线的车站、段所以及沿线线路的重点场所和区域，采集的视频经光电缆线路传输到视频接入点机房，由机房内编码器进行编码、压缩、存储、分发和传送，用户根据需要对视频图像进行实时监控和非实时调看。系统还可以提供视频内容分析等功能，并可实现和其他系统联动告警。

铁路综合视频监控系统在沿线重点部位、车站站房、咽喉区设置摄像机，在调度、维修、公安等部门配置用户监视终端，可调看铁路环境和作业的视频图像。综合视频监控系统支持与电源及机房环境监控、SCADA（数据采集与监视控制系统）、旅客服务信息等系统的告警或事件信息进行联动，对于要求全天候监视的区域，采用宽动态高清摄像机加夜间照明方式、宽动态高清摄像机加红外灯激光方式或热像仪方式进行监视。

（五）视讯会议系统

视讯会议系统是专为铁路运输生产和管理服务的，为国铁集团与各铁路局、铁路局与站段等相关单位之间传送活动图像、语音，以及会议资料图表、电子白板等应用数据信息，为参加会议的各部门提供交换式的会议业务，为远距离进行重要决策传达、工作部署、信息沟通等提供及时、高效沟通的重要通信设施。视讯会议系统已部署到站段，将逐步覆盖车间、班组。

视讯会议系统利用音视频编解码技术构建的国铁集团、铁路局间视讯会议系统和铁路局内视讯会议系统，用于召开不同层级的视频会议，该系统降低了会议成本，提高了各级会议的效率。国铁集团，局、站段，甚至部分车间、工区设置会议室，可以召开或参加会议。

视讯会议系统主要由终端设备、传输系统、多点控制单元（MCU）三部分组成。终端设备主要是将音频、数据、图像等各种信号处理后合成一路复合的数字码流，再将其变换成符合传输系统的信息送到传输系统进行传输。MCU 相当于一个交换机，它将来自各会议场点的信息流，同步分离，抽取出音频、视频、数据等信息和信令，再将各会议场点的信息和信令，送入同一种处理模块，完成相应的音频混合或切换，视频混合或切换，数据广播和路由选择，定时和会议控制等过程，最后将各会议场点所需的各种信息重新组合起来，送往各相应的终端系统设备。MCU 外形如图 8-2-10 所示。

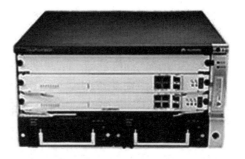

图 8-2-10　多点控制单元（MCU）外形图

(六) 应急通信系统

铁路应急通信系统是在铁路发生自然灾害、行车事故或其他突发性公共事件时，为满足铁路运输实时救援指挥的需要，在突发事件救援现场内部、现场与救援指挥中心之间以及各相关救援指挥中心之间建立的语音、图像等通信系统。应急通信系统平时为铁路抢险救灾、应对突发事件提供通信保障，战时为铁路的抢修（建）提供指挥联络，是铁路战备通信系统的重要组成部分。

应急通信系统由应急中心设备和应急现场设备组成，如图 8-2-11 所示。

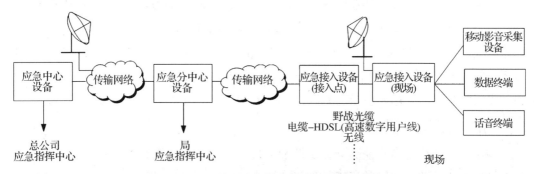

图 8-2-11　铁路应急通信系统网络结构示意图

应急中心设备设置在国铁集团应急中心和铁路局调度所应急救援指挥中心，包括应急中心通信主设备、应急指挥台、应急操作台、应急值班台、音视频终端设备。

综合无线接入台放在现场，内含无线接收端，实现与应急通信包的双向通信，并把接收到的信息通过移动基站实时地传回指挥中心。应急通信包配置有现场电话，可以加入包括应急现场、指挥中心的综合语音指挥系统，建立应急指挥中心与事故现场间的应急通信网络，可以使指挥中心的领导在第一时间了解各种复杂的实际情况从而做出准确的决策。

在高铁应急现场中，一般采用野战光缆和无线两种方式，在特殊情况下，可以使用卫星电话和卫星数据终端设备与应急指挥通信中心直接建立语音、数据通道。应急通信传输通道实施统一指挥，多段管理，密切协作，树立全程全网观念，当需要跨地区、跨省建立应急通信时，配合单位必须全力支持，不得拖延推诿。

(七) 广播系统

铁路广播系统是为铁路旅客服务以及在站场内进行作业指挥、业务联系的通信设备，是直接为铁路运输生产服务的重要通信手段。

铁路广播系统包括车站客运广播子系统、旅客列车广播子系统和站场广播子系统，这三个系统相互独立。车站客运广播子系统通常由广播控制设备、机械设备、广播线路和外部扬声器等组成。广播控制设备放在广播室或通信机械室内，外部扬声器采用多路广播，分布在售票厅、候车室、进站口、出站口、站台、站前广场等区域。旅客列车广播子系统主要包括列车广播机和列车车载视频播放系统。站场广播子系统是专为站内运输人员指挥站内行车和调车作业，以及联系车站日常运输组织工作而设置。

(八) 电报系统

铁路电报系统是铁路运输组织、生产、建设中传达上级指令、办理公务联络，并取得依据的重要通信工具。电报人员可通过对电报终端的操作，实现铁路电报的受理、接收、发送等业务。

铁路电报系统包括电报交换机、电报终端、传真机、复印机、打印机及其附属设备。铁路电报系统分级组网，国铁集团电报交换机为一级电报通信枢纽，铁路局电报交换机为二级电报通信枢纽，办事处、车站电报交换机为三级电报通信枢纽。

现在常用的铁路电报系统为基于 TCP/IP 协议的铁路智能电报交换系统，采用存储转发方式自动转报，实现铁路电报的受理、译电、发送、接收，具备存储、统计等功能。

(九) 防灾系统

铁路防灾安全监控系统是铁路信息系统的重要组成部分，为铁路运营提供可靠的灾害预警及报警信息，是铁路列车行车安全的重要保障系统之一。系统对沿线的风、雨、雪、地震及上跨铁路的道路桥梁的异物侵限进行实时监测，为调度指挥及维护管理提供报警、预警信息，有效防止或减少灾害对高速铁路列车运行安全的影响。

防灾安全监控系统由风监测子系统、雨量监测子系统、异物侵限监控子系统以及地震监控子系统构成。

风监测子系统实时采集并计算、分析风速变化情况，在风速达到报警门限 10 s 以上报警，风速低于报警门限 5 min 以上解除报警。在实际运用中可结合本线的大风特征，合理调整报警时限和解除报警时限以及报警方法。

雨量监测子系统实时监测降雨情况，当雨量超过警戒值时，工务终端和调度终端同时报警，提醒调度人员限速操作、工务人员上线巡检；工务人员经巡检后确认可解除限速时，工务调度终端上操作解除雨量报警，此时调度终端雨量报警才能解除；在工务调度终端具有设置雨量限速的功能，可根据线路实际情况设置限速值。

在公跨铁立交桥设置异物侵限监测设备，实时监测各双电网传感器的状态，发生异物侵限时，设备立即通过监控单元向信号列控系统、联锁系统发送控制命令，通过信号列控系统、联锁系统使列车自动停工，并向列车调度员发出异物侵限报警信息。异物侵限监控子系统除具有上述基本功能外，根据实际需要，还可具有现场试验、远程试验、应急恢复等功能。

地震监控子系统可以实现强震检测、报警及联动控制牵引供电系统、信号列控系统等应用功能，并预留 P 波预警功能。同时，系统预留可根据地震动加速度值设置多重报警门限的功能。

防灾系统利用传输网提供的网络接口,网络为带宽不低于 2 Mb/s 的业务专网,以实现各监控单元、监控数据处理设备以及调度所设备间的数据传输。

▶三、支撑网

铁路通信支撑网是维持通信网稳定可靠运行的基础设施,是配合承载网、业务网和移动通信网正常工作、增强网络功能、保证通信网服务质量的专用网络,主要包括信令系统、同步系统、通信电源系统及机房环境监控系统、综合网管和监测系统等。

1. 信令系统

通信网中的各种设备需要协调工作,设备之间所传递的用于实现业务而协同工作的对话信息,称为信令。比如在交换机和交换机之间传递的通路建立和拆除的信息等。信令包括随路信令和公共信道信令,在通信网络规模较大时,通常需要建立专门传送公共信道信令的网络,即信令网。例如七号信令网就是传送和转接数字程控交换设备之间信令信息的网络。

2. 同步系统

铁路同步网分为时钟同步网和时间同步网,这两张网基本是独立组网,分别建设的。其中时钟同步也称为数字同步、频率同步,用于为数字通信网中需要实现信号同步的各设备提供基准时钟源。时间同步用于为需要实现时间一致性的各类设备提供基准时间信号源。现有铁路通信网时钟主要取自时钟同步网,时间信号取自时间同步网。

(1) 时钟同步网

铁路时钟同步网分为铁路骨干时钟同步网和铁路局内时钟同步网。骨干时钟同步网由 6 个全网基准时钟 (PRC)、31 个区域基准时钟 (LPR) 及相应定时链路组成。在全国各区域中心设置 PRC 设备,在各铁路局所在地设置 LPR 设备 (或由 PRC 设备兼任),在铁路局另一个重要节点设置备用 LPR 设备。铁路局内时钟同步网设置二级时钟设备 (SSU-T) 和三级时钟设备 (SSU-L),以跟踪本局主用 LPR 设备,当主用 LPR 故障时跟踪备用 LPR。铁路时钟同步网定时链路由相关 SDH 传输系统承担,在 SDH 系统不可达之处由 OTN 系统承担。铁路时钟同步网 PRC 及 LPR 设备主用时钟采用北斗二代卫星导航系统,备用时钟采用 GPS 卫星导航系统。在 PRC 设备处均设置铯原子钟作为第三备用时钟。二级时钟设置在铁路局内传输重要节点,配置铷原子钟或高稳石英晶体振荡器。三级时钟根据需要设置在接入层传输网的重要节点,配置高稳石英晶体振荡器。

(2) 时间同步网

铁路时间同步网由一级时间节点设备、二级时间节点设备、三级时间节点设备、移动授时设备及相应授时链路组成。一级时间节点设备设置于总公司调度指挥中心;

二级时间节点设备设置于各铁路局调度所；三级时间节点设备设置于各站段，授时链路由 OTN 及 SDH 系统承担；移动授时设备设置于列车上，由卫星授时。一级时间节点设备的主用时间来自 GPS 卫星导航系统，备用时间来自北斗一代卫星导航系统，原设计未配置铯原子钟。铁路时钟同步网和时间同步网已覆盖全路通信网络。

（3）北斗卫星导航系统

北斗卫星导航系统是中国自主建设、独立运行的卫星导航系统，是为全球用户提供全天候、全天时、高精度的定位、导航和授时服务的国家重要空间基础设施。北斗卫星导航系统由空间段、地面段和用户段三部分组成。空间段由若干地球静止轨道卫星、倾斜地球同步轨道卫星和中圆地球轨道卫星组成。地面段包括主控站、时间同步/注入站和监测站等若干地面站，以及星间链路运行管理设施。用户段包括北斗及兼容其他卫星导航系统的芯片、模块、天线等基础产品，以及终端设备、应用系统与应用服务等。基于北斗卫星导航系统的导航服务，铁路管理部门可以感知行驶中的每一列车以及每座车站、桥梁和隧道的实时信息。2019 年 12 月 30 日，京张高铁首次采用北斗卫星导航系统，实现了有人值守的无人驾驶，开启了我国智能化高铁的建设步伐。

3. 通信电源系统及机房环境监控系统

通信电源系统是铁路通信网的动力源泉，在铁路通信网中具有非常重要的地位。电源安全可靠，是保证其他通信系统正常运行的重要条件。通信电源系统包含 48V 直流组合通信电源系统、不间断电源（UPS）、交直流配电设备和蓄电池等设备。

通信电源系统及机房环境监控系统主要用于对各通信机房、基站等通信站点电源系统的各种指标和机房内的温度、湿度、烟雾、水浸设备，以及门禁和空调等设备的异常情况进行集中监控、管理并报警，以便维护人员及时发现并排除机房内的异常情况，确保其他通信系统安全可靠地运行。电源及机房环境监控系统可利用传输系统所提供的各种传输信道资源，实现通信机房无人值守，这节约了运行维护投入，降低了铁路运营成本。

4. 综合网管和监测系统

铁路综合网管和监测系统是对通信网络进行有效管理的设备，它监控、记录全网设备运行状态，远程进行设备遥控和数据配置，当设备异常时及时发出告警。铁路综合网管和监测系统包括铁路通信综合网管系统和铁路通信网监测系统。

铁路通信综合网管系统分为国铁集团通信综合网管设备和铁路局通信综合网管设备，用于集中呈现重要设备告警、资源管理和统计分析等功能，可提高运行维护的效率。通信综合网管的终端设置在国铁集团、铁路局集团公司、通信段等各级通信管理部门及调度指挥中心，在网管中心、技术支持中心、区域监控中心等设备维护部门设置综合网管终端，有利于维护人员的集中监控。该系统由服务器、磁盘阵列、网络交换机、路由器、防火墙和终端等构成。

铁路通信综合网管系统对网络进行统一的、一体化的管理，它是收集、传输、处理和存储有关网络维护、运营和管理信息的一个综合管理平台。系统涵盖了通信网各个层面，实现了对通信线路、传输与接入系统、调度通信系统、综合视频监控系统、会议电视系统、广播系统、电报系统、应急通信系统、通信电源系统、电源及环境监控系统等网络资源的集中管理、优化配置和统一调度。系统通过结合地理信息系统技术和大型数据库，综合维护管理系统，以地理信息方式直观地管理各种网络资源。铁路通信网综合维护管理系统可实现多级网管，提高维护管理效率。系统实现了跨子系统（业务/专业）网络维护与管理、资源数据的整合，实现了故障的集中监控、故障工单的流程化管理、全网的资源共享和数据同步，提供端到端的电路信息查询、电路开通建议功能。

铁路通信网监测系统主要包括通信电源及机房环境监控系统、光纤监测系统、漏缆监测系统、铁塔监测系统等，有条件的还设置GSM-R干扰监测系统。

随着智能化高铁建设驶上快车道，云计算、大数据、物联网（智能物联网已成为新趋势）、移动互联、人工智能、北斗导航、BIM（建筑信息建模）等通信新技术也将应用到铁路中，以实现高铁移动装备、固定基础设施及内外部环境间信息的全面感知、泛在互联、融合处理、主动学习和科学决策，实现全生命周期一体化管理的新一代铁路系统。

09

模块九　铁路信号

【内容描述】

铁路运输的特点是列车必须沿着轨道运行，铁路信号设备可保证列车运行安全、提高运输效率、改善运输人员劳动条件等。铁路信号技术历经一百多年的发展，随着科学技术的发展，尤其是云计算、大数据、物联网、移动互联、人工智能、北斗导航、BIM、5G等新一代信息技术的发展，形成了今天的现代化铁路信号系统，它是铁路运输的"中枢神经"系统，是铁路现代化的重要标志之一。

通过对本模块的学习，学生能了解铁路信号的基本概况、基础设备和信号系统组成、作用、显示等相关知识，熟悉铁路信号基本应用与维护等相关技能，培养学生爱岗敬业、按标作业的职业精神。

【学习目标】

学习目标	知识目标	(1) 掌握铁路信号基本概况与组成 (2) 了解铁路信号系统组成、作用、基本原理 (3) 了解铁路信号的显示及意义
	能力目标	(1) 能识别常见铁路信号设备、铁路信号显示 (2) 能进行铁路信号设备日常操作、测试、调整
	素养目标	(1) 牢记信号故障-安全原则 (2) 培养严谨细致、按标作业、精益求精的职业精神 (3) 培养遵章守纪、爱岗敬业的家国情怀

【建议学时】

4～6学时。

任务 9-1　铁路信号概述

【任务目标】

本任务主要要求学生掌握信号与铁路信号、铁路信号系统基本组成与功能、信号的分类等基本知识。在学习过程中,教师组织学生到电务段或学校实训基地参观,听现场工作人员/实验员介绍铁路信号基本常识。学生根据活动要求做好课前准备,参观时积极互动,教师组织学生在课堂上进行小组讨论和交流。

【知识准备】

一、信号与铁路信号

信号是指在行车、调车工作中,为给乘务人员与行车有关人员指示运行条件而规定的物理特征符号,即指示列车运行及进行调车作业的命令。

铁路信号是铁路运输系统中,保证行车安全、提高区间和车站通过能力以及解编能力的手动控制、自动控制和远程控制技术的总称。

人们常说的"铁路信号系统"就是指铁路信号。

二、铁路信号系统基本组成及其功能

铁路信号系统从功能实现角度来看,通常由车站联锁、调度集中、列车运行控制、信号检测及监测设备、数据传输网络、信号电源及信号基础设备等设备组成,如图 9-1-1 所示。

1. 车站联锁

车站联锁是指通过技术方法,使信号、道岔和进路必须按照一定程序并满足一定条件,才能动作或建立起来的相互关系。车站联锁一方面接受远程调度系统的控制命令,实现进路的自动排列;另一方面可完成对辖区设备的联锁运算。

2. 调度集中

调度集中系统(Centralized Traffic Control,CTC),设在调度所(或中心),该系统通过对列车进行自动识别和对线路运用状态进行监督,远程集中控制线路内各站信号和道岔,进而达到合理组织并指挥列车运行的目的。

3. 列车运行控制

列车运行控制简称列控(或称 CTCS),主要对列车运行过程实施列车追踪间隔和超速防护控制,由列控地面和车站设备两部分组成。

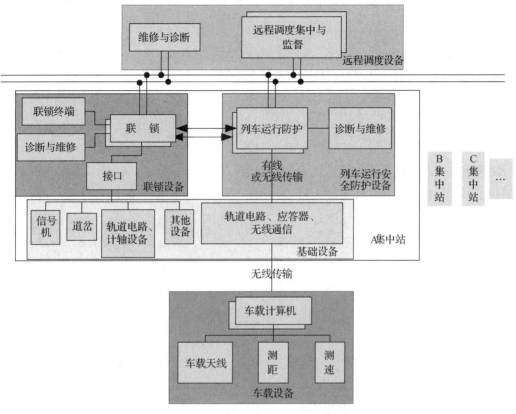

图 9-1-1　铁路信号设备组成框图

4．信号检测及监测

信号检测及监测主要实现对信号系统运用状态的集中检测和监测，实现实时监测、超限报警、存储再现、过程监督、远程监视等功能。

5．数据传输网络

数据传输网络实现信号数据的安全传输。

6．信号电源

信号电源为信号系统提供可靠和稳定的电源。

7．信号基础设备

信号基础设备主要由开关与继电设备、地面固定信号装置、道岔转辙装置、轨道状态检查装置、应答器等组成。

（1）开关与继电设备用于接通和断开电路。

（2）地面固定信号装置构成信号显示，用来指示列车运行和调车作业命令。

（3）道岔转辙装置用以改变列车和调车车列运行方向。转辙机是转辙设备的核心和主体，通过各类杆件和安装装置完成道岔的解锁、转换和锁闭。

（4）轨道状态检查装置用来检查铁路线路是否空闲，目前常用的有轨道电路和计轴设备。

（5）应答器是一种由地面向列车传递报文信息的点式传输设备。它分为固定应答器和可变应答器，分别传递固定的线路参数信息和列车运行的可变信息。

8. 编组站综合自动化系统

为了适应铁路不断提速、货物列车的密集到发的需要，同时提高货运质量，使点线能力相匹配，铁路信号系统还配套有编组站综合自动化系统。编组站综合自动化系统由编组站综合管理系统和编组站综合控制系统两大部分构成，是在综合控制系统的基础上，以编组站综合管理系统为核心，组建的一个完整系统。编组站综合自动化是指在编组站上采用驼峰解体作业过程控制系统、驼峰调车场尾部平面调车计算机联锁系统、编组站车辆信息管理系统、枢纽调度监督系统、编组站车辆实时跟踪系统、编组站实时信息网、站内调车无线指挥系统等先进技术和设备，实现编组站调度、管理、作业的全盘自动化。

▶ 三、信号分类

信号按感官分为听觉信号和视觉信号。

1. 听觉信号

听觉信号是以不同器具发出音响的强度、频率和音响的长短时间等表达的信号。如号角、口笛、响墩发出的音响以及机车、轨道车鸣笛等发出的信号，都是听觉信号。

2. 视觉信号

视觉信号是以颜色、形状、位置、显示数目、灯光状态表达的信号。如用信号机、信号旗、信号灯、信号牌、信号表示器、信号标志及火炬等显示的信号都是视觉信号。

视觉信号包括固定信号、移动信号及手信号。由色灯信号机、臂板信号机、机车信号机显示的信号为固定信号；在铁路线路旁边临时设置的信号牌、信号灯等显示的信号为移动信号；由手拿信号灯、信号旗或用手势显示的信号为手信号。

我国铁路规定的视觉信号的基本颜色是：

红色——停车；

黄色——注意或减低速度；

绿色——按规定速度运行。

任务 9-2 铁路信号基础设备、器材

【任务目标】

本任务要求学生掌握铁路信号基础设备、器材类型、作用、基本组成等基本知识。在学习过程中，教师组织学生到实训基地参观，熟悉铁路信号机、道岔及转辙设备、轨道电路、应答器等设备的安装位置、外部和内在结构、基本功能等。学生根据活动要求做好课前准备，教师组织学生在课堂上进行小组讨论，然后全班交流。

【知识准备】

铁路信号基础设备、器材主要包括信号装置、道岔及转辙设备、轨道状态检查装置、应答器、开关、按钮和继电器等。

▶一、信号装置

信号装置一般分为信号机和信号表示器两类。

（一）信号机

信号机是表达固定信号显示所用的器具，分为臂板信号机、色灯信号机和机车信号机三种。

1. 臂板信号机

臂板信号机是固定信号机的一种，其白天用臂板的不同位置表示信号，夜间用不同颜色的灯光显示信号。按每一信号机上装设臂板的数目来划分，臂板信号机分为单臂板信号机、双臂板信号机和三臂板信号机。

图 9-2-1 所示为臂板信号机中的一种——三臂板进站信号机。它有三块臂板，上

图 9-2-1 三臂板信号机

面一块叫主臂板,它的形状和颜色与出站信号机的臂板相同;中间的叫通过臂板,它的端部为鱼尾形,黄色带黑条,外表示镜上装有绿色、黄色两块玻璃;下面的一块叫辅助臂板,端部为方形,红色带白条,外表示镜上只装一块黄色玻璃,平时与机柱重合。

臂板信号机操纵烦琐,效率低,可靠性差,也不利于实现自动化,因此现今不再采用。

2. 色灯信号机

如今采用较多的色灯信号机是透镜式色灯信号机。透镜式色灯信号机后又发展为组合式色灯信号机以提高在曲线上的显示距离。为了节能,同时为了便于安装和维护,LED 色灯信号机目前也得到了很好的运用。现以透镜式色灯信号机为例说明色灯信号机的结构。

(1) 透镜式色灯信号机的类型和结构

透镜式色灯信号机有高柱和矮型两种类型,高柱信号机的机构安装在钢筋混凝土信号机柱上,矮型信号机的机构安装在信号机水泥基础上。

高柱透镜式色灯信号机由机柱、机构、梯子等部分组成,如图 9-2-2 所示。机柱用于安装机构和梯子。机构的每个灯位配备有相应的透镜组和单独点亮的灯泡,给出信号显示。托架用来将机构固定在机柱上,每一机构需上、下托架各一个。梯子用于方便信号维修人员攀登及作业。

矮型透镜式色灯信号机用螺栓固定在信号机基础上,没有托架,更不需要梯子。如图 9-2-3 所示。

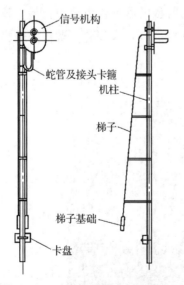

图 9-2-2 高柱透镜式色灯信号机

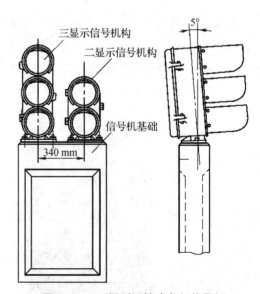

图 9-2-3 矮型透镜式色灯信号机

高柱和矮型透镜式色灯信号机又各有单机构和双机构之分。单机构只有一个机构，色灯信号机可构成二显示、三显示和单显示信号机，图9-2-2所示即为单机构二显示信号机。双机构色灯信号机可构成四显示、五显示信号机，图9-2-3所示即为双机构五显示信号机。各种信号机根据需要还可以分别带有引导信号机构、容许信号机构或进路表示器。

(2) 透镜式色灯信号机机构

透镜式色灯信号机的每个灯位由灯泡、灯座、透镜组、遮檐和背板等组成，如图9-2-4所示。

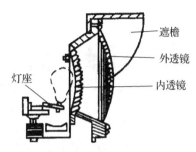

图9-2-4 透镜式色灯信号机机构

灯泡是色灯信号机的光源，透镜式色灯信号机采用直线双丝铁路信号灯泡。灯座用来安放灯泡，透镜式色灯信号机采用定焦盘式灯座，在调整好透镜组焦点后固定灯座，更换灯泡时无需再调整。透镜组装在镜架框上，由两块带棱的凸透镜组成，里面是有色带棱外凸透镜（可为红色、黄色、绿色、蓝色、月白色、无色六种颜色），外面是无色带棱内凸透镜；两块透镜组成光学系统，利用光的折射和反射原理，将光源发出的光线集中射向所需要的方向，以增强该方向上的光强。这样，就能满足信号显示距离远而且具有很好的方向性的要求。信号机构的颜色取决于有色透镜，可根据需要选用。遮檐用来防止阳光等光线直射时产生错误的幻影显示。背板是黑色的，构成较暗的背景，可衬托信号灯光的亮度，改善瞭望条件。只有高柱信号机才有背板，一般信号机采用圆形背板。各种复示信号机、遮断信号机及预告信号机、容许信号机则采用方形背板，以示区别。

3. 机车信号机

机车信号机装在司机室内，能显示和地面信号机同样的信号，其能保证行车安全，提高运行效率，改善司机的工作条件。目前采用的机车信号机分为接近连续式和连续式两种。

(1) 接近连续式

接近连续式机车信号机多用于非自动闭塞区段。在进站信号机外方制动距离附近的固定地点设置发送设备，并在固定地点到进站信号机之间加装一段轨道电路。从列车最前面的车轮轧在轨道电路上开始，发送装置就连续不断地往机车上传送地面信号，使机车信号机连续复示进站信号机显示的信号。

(2) 连续式

连续式机车信号机没有距离限制，只要列车在轨道上行驶，被机车第一轮对短路的轨道信号电流就会在钢轨周围产生磁场。装在机车上的感应器接收到信号，并将信号解码，机车信号机不断地显示与前方地面信号机相同的信号。

机车信号主机是处理机车从地面上接收到的信号的主要部件，其通过主机板处理机车感应器从钢轨上接收到的移频信号，将其对应显示在机车信号机相应灯位上，给司机提供下一区段列车占用情况信息。

（二）信号表示器

信号表示器是向行车人员传达行车或调车意图，或对信号进行某些补充说明的器具，按用途分为道岔、脱轨、进路、发车、发车线路、调车及车挡表示器。图9-2-5所示是道岔表示器。

图9-2-5 道岔表示器

二、转辙设备

转辙设备用于完成道岔的转换和锁闭，是关系行车安全的最关键设备，由转辙机及附属杆件组成。

（一）转辙机概述

转辙机是道岔控制系统的执行机构，除转辙机本身外，还包括外锁闭装置（内锁闭方式无外锁闭装置）和各类杆件、安装装置，它们共同完成道岔的转换和锁闭。

1. 转辙机的作用

（1）转换道岔的位置，根据需要将其转换至定位或反位；

（2）道岔转至所需位置而且密贴后，转撤机实现锁闭，防止外力转换道岔；

（3）正确地反映道岔的实际位置，道岔的尖轨密贴于基本轨后，转撤机给出相应的表示；

（4）道岔被挤或因故处于"四开"（两侧尖轨与基本轨均不密贴）位置时，及时给出警报。

2. 转辙机的分类

按动作能源和传动方式分类，转辙机可分为电动转辙机、电动液压转辙机和电空转辙机。

电动转辙机由电动机提供动力，采用机械传动的方式。目前我国铁路大量采用的电动转辙机是ZD6系列电动转辙机和S700K型电动转辙机。

电动液压转辙机简称电液转辙机,由电动机提供动力,采用液力传动的方式。目前大量采用的电动液压转辙机是 ZYJ7 型电液转辙机。

电空转辙机将压缩空气作为动力,由电磁换向阀控制。目前在驼峰分路道岔上大量采用的电空转辙机是 ZK 系列电空转辙机。

(二)转辙机的设置

转辙机安装在道岔一侧,控制道岔的转换和锁闭,是直接关系行车安全的关键设备。图 9-2-6 所示为普通单开道岔及转辙机示意图。

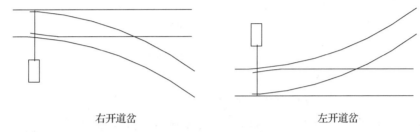

右开道岔　　　　　　　　　　左开道岔

图 9-2-6　单开道岔及转辙机示意图

(三)转辙机基本结构及其工作原理

转辙机的种类较多,下面介绍常见转辙机的结构及其基本原理。

1. ZD6 系列电动转辙机

我们以 ZD6-A 型电动转辙机为例介绍 ZD6 系列电动转辙机。

(1)结构

ZD6-A 型电动转辙机主要由电动机、减速器、摩擦联结器、主轴、动作杆、表示杆、移位接触器、外壳等组成,如图 9-2-7 所示。

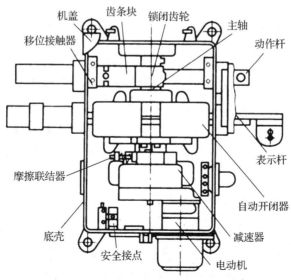

图 9-2-7　ZD6-A 型电动转辙机结构图

① 电动机为转辙机提供动力，ZD6-A 型电动转辙机采用直流串激电动机。

② 减速器由两级减速器组成，其可降低转速以换取足够的转矩，并完成传动。

③ 摩擦联结器由弹簧和摩擦制动板组成，用以实现输出轴与主轴之间的摩擦连接，防止尖轨受阻时损坏机件。

④ 主轴由输出轴通过起动片带动锁闭齿轮旋转，将转动运动变为平动。

⑤ 动作杆与齿条块之间用挤切削相连，带动尖轨运动，并完成锁闭作用。

⑥ 表示杆由前后表示杆以及两个检查块组成，可实现道岔表示电路的接通与断开。

⑦ 移位接触器用来监督挤切削的受损状态，道岔被挤或挤切削折断时，断开道岔表示电路。

⑧ 自动开闭器由动静接点（包括 1、2、3、4 共四排接点）、速动爪、检查柱组成，用来表示道岔尖轨所在的位置。

⑨ 安全接点（遮断开关）用来保证维修安全。

⑩ 外壳用来固定各部件，防止内部器件受机械损坏和雨水、尘土等的侵入。

(2) 基本原理

以转辙机初始位置为 1、3 排接点闭合，道岔未定位为例说明其动作原理。当电动机通入规定方向的道岔控制电流时，电动机轴按逆时针方向旋转。电动机通过齿轮带动减速器，这时输入轴按顺时针方向旋转，输出轴按逆时针方向旋转。输出轴通过起动片带动主轴，使其按逆时针方向旋转。锁闭齿轮随主轴逆时针方向旋转，锁闭齿轮在旋转中完成解锁、转换、锁闭三个过程，并拨动齿条块，使动作杆带动道岔尖轨向右移动，密贴于右侧尖轨并锁闭。同时起动片、速动片、速动爪带动自动开闭器的动接点动作，与表示杆配合，断开第 1、3 排接点，接通第 2、4 排接点。完成电动转辙机转换、锁闭及给出道岔表示的任务。

2. S700K 型电动转辙机

(1) 结构

S700K 型电动转辙机主要由外壳、动力传动机构、检测和锁闭机构、安全装置、配线接口五大部分组成，其结构如图 9-2-8 所示。

① 外壳主要由铸铁底壳、机盖、动作杆套筒、导向套筒、导向法兰等组成。

② 动力传动机构主要由三相交流电动机、齿轮组、摩擦联结器、滚珠丝杠、保持连接器、动作杆等组成。

③ 检测和锁闭机构主要由检测杆、叉形接头、速动开关组、锁闭块和锁舌、指示标等部分组成。

④ 安全装置主要由开关锁、遮断开关、连杆、摇把齿轮等组成。

⑤ 配线接口主要由电缆密封装置、接插件插座组成。

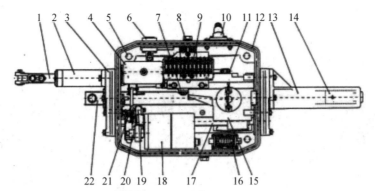

1—检测杆；2—导向套筒；3—导向法兰；4—遮断开关；5—地脚孔；6—开关锁；7—锁闭块；
8—接地螺栓；9—速动开关组；10—电缆密封装置；11—指示标；12—底壳；13—动作杆套筒；
14—止挡片；15—保持连接器；16—插座；17—滚珠丝杠；18—电机；19—摩擦联结器；
20—摇把齿轮；21—连杆；22—动作杆

图 9-2-8　S700K 型电动转辙机结构示意图

（2）基本原理

S700K 型电动转辙机的动作可分为三个过程：第一个为解锁过程，也是断开表示接点的过程；第二个为转换过程；第三个为锁闭过程，也是接通表示接点的过程。

具体的机械传动机构按如下过程工作：

① 电动机的转动通过减速齿轮组传递给摩擦联结器；

② 摩擦联结器带动滚珠丝杠转动；

③ 滚珠丝杠的转动带动丝杠上的螺母水平移动；

④ 螺母通过保持连接器经动作杆、锁闭杆带动道岔转换；

⑤ 道岔的尖轨或心轨经外表示杆带动检测杆移动。

3. ZYJ7 型电液转辙机

（1）结构

ZYJ7 型电液转辙机由主机和 SH6 型转换锁闭器两部分组成，分别用于第一牵引点和第二牵引点。ZYJ7 型电液转辙机主机、SH6 型转换锁闭器结构图分别如图 9-2-9、图 9-2-10 所示。

（2）基本原理

ZYJ7 型电液转辙机机械运动包括解锁、转换、锁闭三个过程。

以初始状态为拉入锁闭状态为例，具体动作过程包括：

① 电动机启动；

② 油泵泵出高压油推动油缸向伸出方向移动；

③ 转辙机解锁；

④ 动作杆、锁闭杆移动；

⑤ 尖轨移动，直到伸出位锁闭、给出表示。

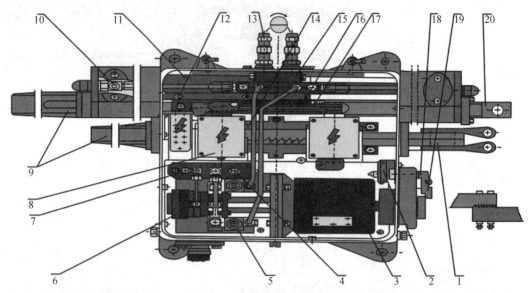

1—表示杆；2—安全接点；3—电机；4—注油孔；5—溢流阀；6—油泵；7—油标；8—接点组；9—保护管；10——动调节阀；11—油缸；12—油杯；13—二动调节阀；14—锁闭柱；15—空动油缸；16—动作板；17—滚轮；18—开关；19—锁栓；20—动作杆

图 9-2-9　ZYJ7 型电液转辙机主机结构图

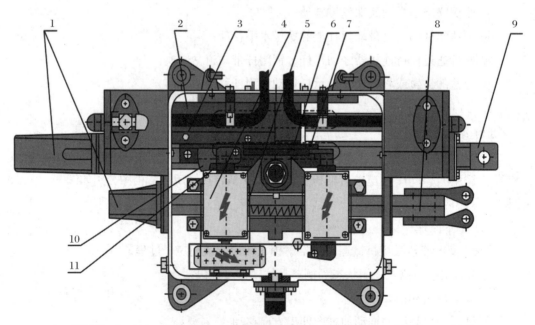

1—保护管；2—油缸；3—油杯；4—挤脱接点组；5—检查柱；6—动作板；7—滚轮；8—表示杆；9—动作杆；10—锁块；11—锁闭铁

图 9-2-10　SH6 型转换锁闭器结构图

三、开关、按钮及继电器

1. 开关

开关主要是用来控制设备通电与断电,防止漏电和短路带来的危险。常见的开关有高压隔离开关、高压断路器、高压熔断器、高压负荷开关、低压熔断器、低压负荷开关、低压自动空气开关、闸刀开关等。

2. 按钮

按钮是在排列进路、办理闭塞等作业时,由人工操作的信号器材。按照是否能自动复原可分为自复式按钮、非自复式按钮,常见的按钮有绿色按钮和白色按钮、带灯按钮和不带灯的按钮等,它们可实现不同的用途。

3. 继电器

继电器用来构成逻辑关系,利用继电器接点可构成各种信号控制电路,将信号机、转辙机、轨道电路等有机地连接起来,完成严密的联锁关系,控制信号机和转辙机等的动作。继电器是铁路信号技术使用的重要部件,既是继电式信号系统的核心部件,也是电子式和计算机式信号系统的接口部件。

（1）组成

目前,AX系列继电器使用广泛,其基本结构是直流无极继电器。安全型直流无极继电器的结构如图9-2-11所示,它由直流电磁系统和接点系统两大部分组成。直流电磁系统由线圈、铁芯、衔铁、轭铁等组成；接点用来反映继电器的状态,它包括动接点片和静止的上接点片和下接点片。动接点片和上接点片组成前接点,动接点片和下接点片组成后接点。接点托片用来使接点间保持一定的间隙。接点拉杆和重锤片用来使动接点动作。

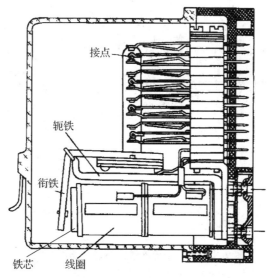

图 9-2-11 直流无极继电器结构图

(2) 基本原理

当向继电器通以一定的直流电后，即产生磁通。于是铁芯对衔铁产生吸引力。当吸引力克服重锤片、拉杆等的反作用力时，就将衔铁吸向铁芯，衔铁通过拉杆推动动接点片，使之向上运动，从而使后接点断开，前接点接通。

当线圈中电流减小到一定数值时，铁芯对衔铁的吸引力不足以克服重锤片和拉杆的重力，衔铁即离开铁芯（称为释放衔铁），通过拉杆推动，使前接点断开，后接点接通。

四、轨道状态检查装置

轨道状态检查装置主要用来检测线路是否空闲或是否有车占用，分为轨道电路和计轴轨道检查装置。轨道电路是将铁路线路的钢轨作为导体，用以检查线路上有无列车，传递列车占用信息，实现地面与列车间传递信息的电路。计轴轨道检查装置是利用传感器和计算机完成车辆进出区段轮轴数的计算，分析区段是否有车占用的一种技术设备。

（一）轨道电路组成及状态

1. 组成

轨道电路通常由发送端、钢轨和接收端三个部分组成，如图 9-2-12 所示。

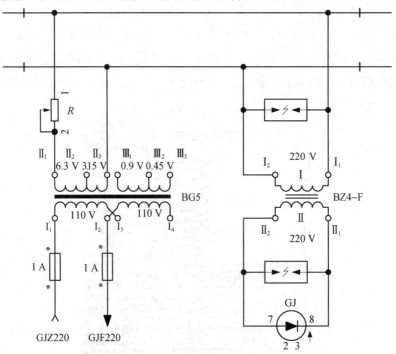

图 9-2-12 交流连续式轨道电路组成图

2. 状态

轨道电路工作状态分为调整状态（无车占用）、分路状态（有车占用）、断轨状态三种，图 9-2-13 所示为轨道电路三种工作状态的原理图。

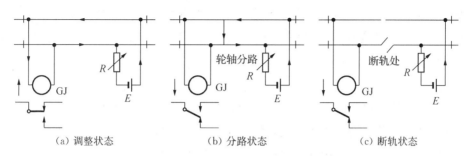

图 9-2-13 轨道电路工作状态原理图

（1）调整状态

轨道电路的调整状态，就是轨道电路完整和空闲，接收设备（如轨道继电器）正常工作时的状态。在调整状态，两根钢轨完好，无列车占用，电源电流通过两根钢轨和轨道继电器 GJ 产生电磁感应，GJ 保持吸起状态，如图 9-2-13（a）所示。

（2）分路状态

轨道电路的分路状态，就是有列车占用轨道区段时的状态。在分路状态，电源电流被列车轮轴分路，使 GJ 由于得不到足够的电流而失磁落下，如图 9-2-13（b）所示。

（3）断轨状态

断轨状态也叫开路状态，就是轨道电路发生断轨、断线故障时的状态。在断轨状态，轨道电路接收电流减少，GJ 失磁落下，如图 9-2-13（c）所示。

（二）典型轨道电路

轨道电路种类很多，下文将介绍交流闭路式轨道电路、25 Hz 相敏轨道电路、移频轨道电路等典型的轨道电路。

1. 交流闭路式轨道电路

（1）组成

交流闭路式（也叫交流连续式）轨道电路如图 9-2-12 所示，在送电端接有轨道变压器 BG5 和限流电阻 R_x；在受电端接 BZ4 型中继变压器和轨道继电器 GJ。

（2）基本原理

轨道电路在调整状态时，电流经由 BG5 型变压器，变压器将 220 V 交流电降压后送到轨道，电流经过轨道的传输，在受电端经过 BZ4 型中继变压器，使钢轨线路的特性阻抗与继电器阻抗相匹配，然后经过 JZXC-480 带桥式整流器的安全型继电器，使继电器励磁吸起，表示轨道区段空闲。

轨道电路在分路状态,表示列车进入轨道区段,轮对分路使继电器失磁落下。

这种轨道电路的设备简单,广泛用于非电气化区段车站。

2. 25 Hz 相敏轨道电路

在电气化铁路区段,由于轨道中有强大的牵引电流,就不可能运用与牵引电流频率相同的 50 Hz 交流制式轨道电路,为了防止干扰,目前,我国铁路车站内广泛采用 25 Hz 相敏轨道电路。

(1) 组成

25 Hz 相敏轨道电路由 25 Hz 的轨道电源和局部电源、轨道电源变压器(BG25)、送电端限流电阻、送电端扼流变压器(BE25)、受电端轨道变压器、受电端扼流变压器、25 Hz 防护盒、防雷补偿器、交流二元轨道继电器等组成。

(2) 基本原理

25 Hz 相敏轨道电路采用交流 25 Hz 电源连续供电。其受电端采用交流二元轨道继电器。从电网送入的 50 Hz 电源,经专设的 25 Hz 分频器分频,作为轨道电路的专用电源。由于交流二元轨道继电器具有可靠的频率选择性,故该轨道电路不仅可用于交流电气化区段,而且可用于非电气化区段。25 Hz 相敏轨道电路的原理如图 9-2-14 所示。

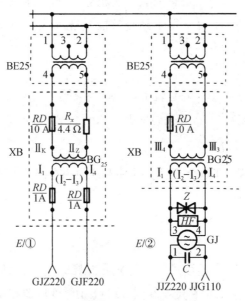

图 9-2-14 25 Hz 相敏轨道电路原理图

3. 移频轨道电路

由于交流闭路式轨道电路、25 Hz 相敏轨道电路等都采用单一频率的电流驱动轨道继电器,它们的电路简单,只能检查列车的占用/出勤情况,无法传递列车运行的信息。随着客运专线和高速铁路的建成,列车运行速度不断提高,密度也不断增加,轨道电路仅仅检查列车的占用/出勤情况已经不能满足列车运行控制的要求。因此，需要采用抗干扰能力强、传输距离远的移频轨道电路，它主要应用在区间线路或车站-区间一体化区段。

移频轨道电路采用频率调制的方法，把调制信号（即低频信号 F_c）搬移到较高的频率（载频 f_0）上，如图 9-2-15 所示。在通道中，移频信号传输的振幅不变，频率随低频信号的幅度作周期性变化。它是一种频率在 f_1 和 f_2 间交替变换的移频波（中心频率为 f_0），其交替变换的速率即低频信息。钢轨作为传输通道传输移频信号，以控制信号机、机车信号或列控车载设备的显示，达到自动指挥列车运行的目的。

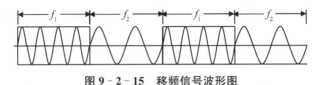

图 9-2-15　移频信号波形图

（三）计轴

计轴是一种重要的铁路信号设备，用以实现列车占用检查。

（1）功能

计轴设备与半自动闭塞结合，完成列车完整到达接车站的自动检查，构成计轴自动站间闭塞，利用计轴设备实现定点计轴自动闭塞。

（2）组成

计轴设备主要由计轴传感器、计轴轨旁盒、计轴主机等组成。

（3）基本原理

当列车进入某一计轴区间时，计轴设备检测点借助于每个传感器被经过的次序检测列车运行方向，分别对车轴进行递增和递减计数。若计数为零，说明进入区间和离开区间的轮轴数相等，则区间空闲，否则认为区间有车占用，计轴可用于确保行车安全。

五、应答器

随着列车运行速度的不断提高，仅依靠轨道电路将闭塞信息送至车载设备的方式，在信息量方面已经不能满足列车安全高速行驶的要求，需要增加应答器设备，用以向车载设备提供大量固定信息和可变信息。

应答器是利用电磁感应原理，用于在特定地点实现地面与车载设备间高速点式数据传输的设备，分为无源应答器、有源应答器。

1. 无源应答器

无源应答器用于发送固定不变的数据，如线路坡度、最大允许运行速度、轨道电路参数、列控等级转换等信息。

图9-2-16 无源应答器

无源应答器用于存储固定信息，与外界没有物理连接，如图9-2-16所示。无源应答器平时处于休眠状态，当列车经过无源应答器上方时，它会接收到车载天线发射的电磁能量，并将其转换成电能，使地面应答器中的电子电路工作，并把存储在地面应答器中的数据循环发送出去；随着列车离去（即车载天线已经离去），电能减弱，直至消失，有源应答器再次处于休眠状态。

2. 有源应答器

图9-2-17 有源应答器

有源应答器通过电缆与室内地面电子单元（LEU）连接，如图9-2-17所示。有源应答器用于发送来自LEU的车站联锁排列进路、临时限速服务器或调度中心的临时限速命令等实时变化的信息。

当列车经过有源应答器上方时，有源应答器会接收到车载天线发射的电磁能量，并将其转换成电能，使地面应答器中发射电路工作，将LEU传输给有源应答器的数据循环实时发送出去。随着列车离去（即车载天线已经离去），电能减弱，直至消失，无源应答器再次处于休眠状态。

当有源应答器与LEU通信发生故障时，有源应答器切换至无源应答器工作方式，发送存储的固定信息（默认报文）。

任务9-3 信号显示

【任务目标】

本任务要求学生掌握铁路信号的类型、显示及显示意义等基本知识。在学习过程中，教师组织学生到实训基地参观，熟悉各类固定信号和移动信号位置、外部和内在结构、各自信号显示、显示意义等。学生根据活动要求做好课前准备，参观过程中积极互动，教师组织学生在课堂上进行小组讨论，然后全班交流。

【知识准备】

信号显示是指信号的显示方式、显示含义和使用方法的统称。为了统一指挥行车或调车作业，以保证行车和人身安全，信号必须有一个统一的显示方式、显示含义和使用方法，各种信号机和表示器的灯光排列、颜色和外形尺寸必须符合《铁路技术管理规程》的要求。

一、固定信号显示

臂板信号机、色灯信号机和机车信号机等三种不同的固定信号机的信号显示不同。

1. **臂板信号机信号显示**

臂板信号机按用途分为进站臂板信号机、出站臂板信号机、通过臂板信号机、预告臂板信号机、电动臂板复示信号机等。臂板信号机白天用臂板的不同位置表示信号，夜间用不同颜色的灯光显示信号。

如图9-3-1所示，臂板信号机昼间红色主臂板及辅助臂板下斜45°，黄色通过臂板在水平位置；夜间用一个绿色灯光和两个黄色灯光，表示准许列车经道岔侧向位置，进入站内准备停车。

图9-3-1　臂板信号机

2. **色灯信号机设置及其显示**

我国铁路实行左侧行车，因此色灯信号机一般安装在列车运行方向的左侧或所属线路中心线的上空。按照用途的不同，色灯信号机分为进站、出站、通过、进路、预告、接近、遮断、驼峰、驼峰辅助、复示、调车信号机等。常用的固定信号机设置位置，如图9-3-2所示，以下介绍进站、出站、预告、通过、调车等信号机的设置及显示。

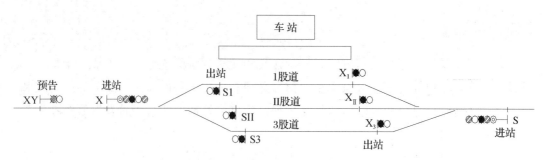

符号注释：○—绿灯；⊘—黄灯；●—红灯；⊙—蓝灯；◎—白灯；✹—亮稳定灯光；
✺—亮闪光；⊛—双半黄灯（机车信号）；⊜—半红半黄灯（机车信号）

图 9-3-2 信号机设置举例图

（1）进站信号机的设置及显示

进站信号机是防护车站用于指示列车可否由区间进入车站。图 9-3-2 中的 X、S 分别表示下行、上行进站信号机。它应设在距车站进站道岔尖端（逆向道岔）或警冲标（顺向道岔）不小于 50 m 的地方。进站信号机的显示意义见表 9-3-1。

表 9-3-1 进站信号机的显示意义

显示灯光	一般区段	四显示自动闭塞区段
一个绿色灯光	准许列车按规定速度经正线通过车站，表示出站及进路信号机在开放状态，进路上的道岔均开通直向位置	准许列车按规定速度经道岔直向位置进入或通过车站，表示运行前方至少有三个闭塞分区空闲
一个黄色灯光	准许列车经道岔直向位置，进入站内正线准备停车	准许列车按限速要求越过该信号机，经道岔直向位置进入站内正线准备停车
两个黄色灯光	准许列车经道岔侧向位置，进入站内准备停车	准许列车按限速要求越过该信号机，经道岔侧向位置进入站内准备停车
一个黄色闪光和一个黄色灯光	准许列车经过 18 号及以上道岔侧向位置，进入站内越过下一架已经开放的信号机，且该信号机所防护的进路，经道岔的直向位置或 18 号及以上道岔的侧向位置	准许列车经过 18 号及以上道岔侧向位置，进入站内越过下一架已经开放的信号机，且该信号机所防护的进路，经道岔的直向位置或 18 号及以上道岔的侧向位置
一个红色灯光	不准列车越过该信号机	不准列车越过该信号机
一个绿色灯光和一个黄色灯光	准许列车经道岔直向位置，进入站内越过下一架已经开放的接车进路信号机准备停车	准许列车按规定速度越过该信号机，经道岔直向位置进入站内，表示下一架已经开放一个黄灯

（2）出站信号机的设置及显示

如图 9-3-2 所示，X_1、X_{II}、X_3、S_1、S_{II}、S_3 为出站信号机。它的作用是：防护区间，作为列车占用区间的凭证，指示列车可否由车站开往区间；与敌对进路相连锁，在信号开放后保证进路安全可靠；指示列车站内停车的位置，防止列车越过警冲标。每条发车线均应单独设置出站信号机以免误认信号造成行车事故。出站信号机应设在每一发车线路警冲标内方的适当地点。出站信号机的显示意义如表 9-3-2 所示。

表 9-3-2 出站信号机的显示意义

显示灯光	三显示自动闭塞区段	四显示自动闭塞区段
一个绿色灯光	准许列车按规定速度运行，表示运行前方至少有两个闭塞分区空闲	准许列车按规定速度运行，表示运行前方至少有三个闭塞分区空闲
一个绿色灯光和一个黄色灯光	—	准许列车按规定速度运行，要求注意准备减速，表示运行前方有两个闭塞分区空闲
一个黄色灯光	要求列车注意运行，表示运行前方有一个闭塞分区空闲	要求列车减速运行，按规定限速要求越过该信号机，表示运行前方有一个闭塞分区空闲
一个红色灯光	列车应在该信号机前停车	列车应在该信号机前停车

（3）预告信号机的设置及显示

图 9-3-2 中的 XY 为预告信号机。当非自动闭塞区段未装机车信号时，在进站、通过、防护等信号机前方均应设置预告信号机；在采用色灯式进站信号机或进站信号机的显示距离不足、瞭望条件受限制的情况下，也必须设置预告信号机。它的作用是将主体信号机的显示状态提前告诉司机。它应设在距主体信号机不少于一个列车制动距离（目前我国为 800 m）的地点。

（4）通过信号机的设置及显示

通过信号机通常设在所间区间或闭塞分区的分界处，如图 9-3-3 所示。它的作用

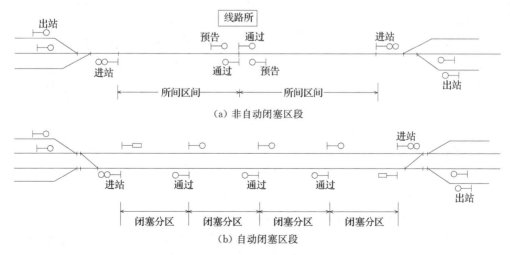

图 9-3-3 通过信号机的设置位置

是防护自动闭塞区段的闭塞分区或非自动闭塞区段的所间区间,指示列车可否开进它所防护的闭塞分区或所间区间。通过信号机的显示意义见表9-3-3。

表9-3-3 通过信号机的显示意义

显示灯光	三显示自动闭塞区段	四显示自动闭塞区段	半自动闭塞区段
一个绿色灯光	准许列车由车站出发,表示运行前方至少有两个闭塞分区空闲	准许列车由车站出发,表示运行前方至少有三个闭塞分区空闲	准许列车由车站出发
一个绿色灯光和一个黄色灯光	—	准许列车由车站出发,表示运行前方有两个闭塞分区空闲	—
一个黄色灯光	准许列车由车站出发,表示运行前方有一个闭塞分区空闲	准许列车由车站出发,表示运行前方有一个闭塞分区空闲	—
一个红色灯光	不准列车越过该信号机	不准列车越过该信号机	不准列车越过该信号机
两个绿色灯光	准许列车由车站出发,开往半自动闭塞区间	准许列车由车站出发,开往半自动闭塞区间	准许列车由车站出发,开往次要线路

(5)调车信号机的设置及显示

调车信号机是用来指示调车机车在车站内的作业的,通常设在调车作业繁忙的线路上(如到发线、咽喉道岔区),以及从非联锁区到联锁区的入口处。如图9-3-4所示,D_1、D_3、D_5、D_7为调车信号机,S_I、S_{II}、S_3、S_4为出站兼调车信号机。

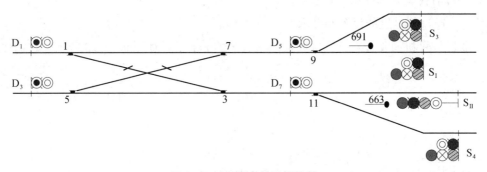

图9-3-4 调车信号机设置

调车信号机一般采用矮型色灯信号机。在到发线上也可以在出站信号机上添设一个允许调车的月白色灯,使其成为出站兼调车信号机。

调车信号机多为色灯信号机,调车色灯信号机的显示方式如下:

① 一个月白色灯光,表示准许越过该信号机调车。
② 一个月白色闪光灯光,表示装有平面溜放调车区集中联锁设备时,准许溜放调车。
③ 一个蓝色灯光,表示不准越过该信号机调车。

3. 机车信号机信号显示

机车信号机向司机发出各种信号，报告线路和道岔情况，帮助司机安全正点地运行。

（1）铁路机车信号机显示

铁路机车信号机显示如图9-3-5所示，左图为双面板显示信号机，采用LED显示方式，主机输出的灯位信息直接反映到信号机上。左图右侧为机车信号机的8个灯位，其显示从上到下排列依次为：绿、半绿半黄、黄、黄2（黄色印"2"字）、半黄半红、双半黄、红、白。右图为机车信号机的显示，与地面信号机显示一致。

图9-3-5 机车信号机的显示

图9-3-5所示的"一个黄色灯光"信号显示，表示要求列车注意运行。

（2）动车组车载信号

动车组车载信号安装在动车组司机室内，具有机控优先和人控优先两种控制模式，拥有A~F功能区。A区为距离信息区，B区为速度信息区，C区为辅助驾驶信息区，D区为计划区，E区为报警信息区，F区为功能键区，如图9-3-6所示。

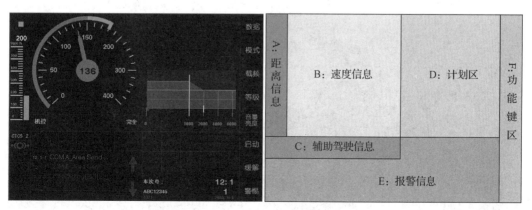

图9-3-6 列控车载信号显示

二、移动信号与手信号

1. 移动信号显示

当线路上出现临时性障碍或线路进行施工要求列车停车或减速时，线路上设置的信号牌、带有脱轨器的固定或移动信号牌（灯）就是移动信号。移动信号分停车信号、减速信号和减速防护地段终端信号。图9-3-7所示为移动信号中的一种"停车信号"，信号显示为：白天柱上为一个红色方牌；夜间柱上为一个红色灯光。

图9-3-7 移动信号显示

2. 手信号显示

手信号也是一种铁路移动信号，是由人直接挥动信号旗和信号灯来下达各种命令。信号旗有3种基本颜色，分别为绿、黄、红；信号灯（也叫号志灯）有4种基本灯光，分别为绿、黄、红、白。手信号种类很多，常见的有列车运行手信号、调车手信号、联系用手信号等。

图9-3-8所示为列车运行手信号中的"停车信号"，信号显示为：白天展开红色信号旗；夜间为红色灯光。如果白天没有信号旗，可将两臂高举头上向两侧急剧摇动；如果夜间没有红色灯光，也可用白色灯光上下急剧摇动，表示要求列车停车。

图9-3-8 手信号显示

3. 响墩及火炬信号

响墩外形扁圆，内装有炸药。防护时，将其放在钢轨上，当车轮压上后会发出爆炸声要求司机立即停车。火炬在风雨天气都能点燃并发出火光。司机发现火炬的火光时应立即停车。响墩爆炸声及火炬的火光（图 9-3-9），均是要求紧急停车的信号。停车后如无防护人员，机车乘务人员应立即检查前方线路，如无异状，列车以在瞭望距离内能随时停车的速度继续运行，但最高不得超过 20 km/h。在自动闭塞区间，运行至前方第一个通过信号机前，如无异状，即可按该信号机显示的要求执行；在半自动闭塞区间，经过 1 km 后，如无异状，可恢复正常速度运行。

图 9-3-9　响墩及火炬信号

4. 无线调车灯显信号

铁路平面无线调车灯显系统是调车人员在调车作业中利用无线电台传输调车作业命令、指挥调车机车运行的实时控制系统。无线调车灯显设备使铁路调车作业甩掉了传统的灯旗指挥方式，极大提高了调车作业的工作效率，有效保证了作业人员的人身安全。

图 9-3-10 所示为使用无线调车灯显制式的信号显示方式，其中"停车信号"显示表示为"一个红灯"。

图 9-3-10　无线调车灯显信号

三、信号表示器及标志

1. 信号表示器

信号表示器是用以表示某些与行车有关设备的位置和状态，或表示信号显示的某些附加意义的铁路信号机具，和信号机不同的是，它没有防护（进路和区间等）意义。信号表示器分为道岔、脱轨、进路、发车、发车线路、调车及车挡表示器。下面介绍道岔表示器、脱轨表示器的信号显示。

（1）道岔表示器

用在非集中联锁车站上，表示道岔的开通方向，以便车站扳道及有关行车、调车人员确认道岔开通方向是否正确。它的两种显示方式如下：

① 昼间无显示；夜间为紫色灯光——表示道岔位置开通直向，如图9-3-11所示。

图9-3-11　道岔开通直向位置显示

② 昼间为中央划有一条鱼尾形黑线的黄色鱼尾形牌；夜间为黄色灯光——表示道岔位置开通侧向，如图9-3-12所示。

图9-3-12　道岔开通侧向位置显示

（2）脱轨表示器

设在集中联锁以外的脱轨器、脱轨道岔及引向安全线、避难线的道岔上，表示线路的开通或遮断。脱轨表示器的显示方式如下：

① 昼间为带白边的红色长方牌；夜间为红色灯光——表示线路在遮断状态。

② 昼间为带白边的绿色圆牌；夜间为月白色灯光——表示线路在开通状态。

2. 线路标志及信号标志

线路标志分为公里标、半公里标、百米标、曲线标、圆曲线和缓和曲线的始终点标、桥梁标、隧道标、涵渠标、坡度标及铁路局、工务段、线路车间、线路工区和供电段、电力段的界标等。

信号标志分为警冲标、站界标、预告标、引导员接车地点标、放置响墩地点标、司机鸣笛标、作业标、减速地点标、桥梁减速信号标、补机终止推进标、机车停车位置标和电气化区段的断电标、合电标、接触网终点标、准备降下受电弓标、降下受电弓标、升起受电弓标、四显示区段机车信号通断标、点式标、调谐区标，以及除雪机用的临时信号标志等。

图 9-3-13 所示为司机鸣笛标，设在道口、大桥、隧道及视线不良地点的前方 500～1 000 m 处。司机见此标志，须长声鸣笛。

图 9-3-13　司机鸣笛标

3. 线路安全保护标志

在铁路线路安全保护区的范围应按规定设置线路安全保护区标，如图 9-3-14 所示。

图 9-3-14　线路安全保护区标

在有关地点应设置警示、保护标志，在允许行人、自行车通过，禁止机动车通过的铁路线路人行过道应设置人行过道路障桩，如图 9-3-15 所示。

图 9-3-15　人行过道路障桩

4. 列车标志

应根据列车种类及运行的线路和方向，在列车头部和尾部分别显示不同的列车标志。列车标志昼间与夜间显示方式相同，但昼间不点灯。如列车在双线区段正方向及单线区段运行时，其显示方式为机车前端一个头灯及中部右侧一个白色灯光，列车尾部两个侧灯，向后显示红色灯光，向前显示白色灯光；挂有列尾装置时，列尾装置显示红白相间的反射标志和一个红色闪光灯光。

▶ 四、听觉信号

听觉信号，长声为 3 s，短声为 1 s，音响间隔为 1 s。重复鸣示时，须间隔 5 s 以上。

任务 9-4　铁路信号系统

【任务目标】

本任务要求学生掌握铁路信号系统的车站联锁、区间闭塞、列车运行控制、列车调度指挥、分散自律调度集中、驼峰调车及控制等子系统的组成、作用、基本原理及基础操作、日常维护等相关知识。在学习过程中，教师组织学生到实训基地参观，听现场工作人员介绍铁路信号系统相关知识。学生根据活动要求做好课前准备，教师组织学生在课堂上进行小组讨论，然后全班交流。

【知识准备】

铁路信号系统由车站联锁、区间闭塞、列车运行控制、列车调度指挥、分散自律调度集中、驼峰调车及控制子系统等构成。

▶ 一、车站联锁系统

车站联锁系统是保证站内运输作业安全、提高作业效率的铁路信号子系统，其控制对象是道岔、进路和信号机，其可实现道岔、进路和信号机集中控制与监督。

（一）联锁的基本概念

1. 联锁与进路

在车站内，进路、信号、道岔之间按一定程序、一定条件建立起来的相互联系、相互制约的关系称为联锁关系，简称联锁。

进路是指列车或调车车列在站内行驶时所经过的径路。在车站，为列车进站、出站所准备的通路，称为列车进路；为各种调车作业准备的通路称为调车进路。一般每一个列车、调车进路的始端都应设有一架信号机进行防护,以保证作业时的安全。(信号机灯光显示的一方为信号机的前方,信号机的后方则为所防护的进路。)

2. 联锁设备的分类

用继电器实现联锁关系的设备称为继电联锁,用计算机实现联锁关系的设备称为计算机联锁。

3. 联锁的基本技术条件

(1) 进路空闲时才能开放信号。如果在进路上有车占用时开放信号,则会引起列车或调车车列与原停留车冲突。

(2) 进路上有关道岔在规定位置时才能开放信号,信号开放后,其防护进路上的有关道岔必须被锁闭在规定位置而不能转换。

(3) 敌对信号未关闭时,防护该进路的信号机不能开放,信号开放后,与其敌对的信号也必须被锁闭在关闭位置。

(二) 联锁系统

目前,车站联锁系统经历了从机械联锁到继电联锁、计算机联锁、全电子计算机联锁的发展过程。机械联锁已不再使用,随着微电子技术、计算机技术、信息技术、通信技术、容错技术的不断发展,计算机联锁技术不断走向成熟。

1. 继电联锁

(1) 工作原理

继电联锁是由电磁继电器组成的电路,其通过信号楼内的控制台控制信号机和电动转辙机开放或关闭,通过电缆将指令传送到继电器室的继电器组合上,继电器组合上的继电器接收到指令后开始动作,使继电器的衔铁被吸动或复原,继电器动作的信号再由电缆传送到相应的信号机和控制相应道岔动作的电动转辙机,使信号机处于开放或关闭状态,使道岔处于定位或反位状态,从而使进路上的信号机、道岔与相应的进路实现联锁。在继电联锁中实现联锁的主要元件是继电器。

(2) 设备组成

继电联锁设备由室内设备和室外设备两部分组成,图9-4-1所示为目前铁路现场广泛使用的6502电气集中联锁。

① 室内设备

室内设备主要有控制台、继电器组合及组合架、分线盘和电源屏等。控制台设置在信号楼车站值班员室内,用来控制全站的道岔转换、信号开放,并对进路、道岔、信号进行监督;继电器组合及组合架设置在信号楼继电器室内,由继电器构成逻辑电路,构成进路、信号、道岔之间的联锁关系;分线盘用于连接室内、室外设备;电源屏为继电联锁提供所需要的各种电源。

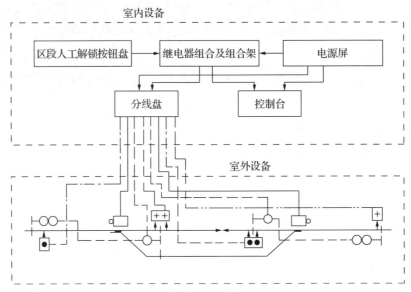

图 9-4-1 6502 电气集中联锁组成示意图

② 室外设备

室外设备主要包括色灯信号机、电动转辙机、轨道电路、电缆线路及箱盒等。信号机用以指挥列车或调车车列运行,防护进路;转辙机用以转换道岔位置,并反映道岔状态;轨道电路用以检查轨道区段是否空闲,监督轨道电路的工作状态;电缆线路及箱盒用以连接电缆设备与室外设备。

2. 计算机联锁

计算机联锁是用计算机取代继电器构成联锁机构来完成车站信号的联锁任务的联锁设备,是从电气集中联锁系统发展起来的,具有电气集中联锁系统的所有功能。计算机联锁以信号机、转辙机、轨道电路、区间闭塞的状态为联锁条件,以信号机、转辙机为驱动对象,运用计算机强大的逻辑运算能力完成对车站信号设备的控制,保证车列行进过程的安全,实现车站信号设备控制自动化。

（1）功能

① 联锁逻辑运算：接收调度或车站值班员的进路命令,进行联锁逻辑运算,实现对道岔和信号机的控制。

② 轨道电路信息处理：处理列车检测功能的输出信息,以提高列车监测信息的完整性。

③ 进路控制：设定、锁闭和解锁进路。

④ 道岔控制：解锁、转换和锁闭道岔。

⑤ 信号机控制：确定信号机的显示。

(2) 组成

根据系统各主要组成部分的功能和设置的不同，系统可划分为人机会话层、联锁层、执行层和室外设备层，如图9-4-2所示。

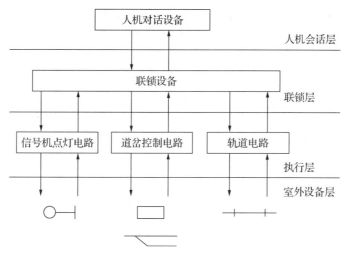

图9-4-2 联锁系统层次结构

① 人机会话层。人机会话层是通过车站值班员或维修人员的操作，向联锁层输入操作信息，接收联锁层输出的反映设备工作状态和行车作业情况的表示信息。

② 联锁层。联锁层是车站联锁系统的核心，可实现联锁逻辑运算。其主要功能是接收来自人机会话层的操作信息；接收来自执行层的反映转辙机、信号机和轨道电路状态的信息；根据联锁条件，对输入的操作信息和状态信息，以及联锁机构的当前内部信息进行处理，产生相应的输出信息，即信号控制命令，并将其交付执行层的控制电路予以执行，最终实现动作室外设备的目的。

③ 执行层。执行层是联锁层与各个监控对象之间的控制电路层，其主要功能是接受来自联锁层的道岔控制命令，使转辙机动作，驱动道岔转换；接收来自联锁层的控制命令，改变信号显示；向联锁层传输信号状态信息、道岔状态信息，以及轨道电路状态信息。

④ 室外设备层。该层设备与继电联锁的室外设备相同。

二、区间闭塞系统

(一) 闭塞基本概念

1. 概念

区间就是两个车站之间或车站与线路所之间的铁路线路。为了保证列车运行的安全，在同一区间，同一时间之内只准许一列列车占用区间。为了达到这一技术要求而采取的方法就叫闭塞。

用以完成闭塞作用的设备称为闭塞设备。闭塞设备是用来保证列车在区间内运行安全,并提高区间通过能力的信号设备。

2. 类型

我国铁路信号闭塞主要经历了电报或电话闭塞、路签或路牌闭塞、半自动闭塞、自动闭塞的发展过程。按闭塞方式的不同,闭塞可分为人工闭塞、半自动闭塞、自动站间闭塞、自动闭塞、移动闭塞等。

(二) 人工闭塞

人工闭塞采用电气路签(牌)作为占用区间的凭证,相邻两站都设有电气路签(牌)机,非经两站同意,并办理一定手续,不能从中取出路签(牌);在取出一个路签(牌)后,不能再次取出。这就保证了同一时刻只有一列列车在区间内运行。因为这种方法在交接凭证和检查区间状态时都要依靠人来完成,所以叫作人工闭塞,这种闭塞方法在我国已经很少采用。

(三) 半自动闭塞

半自动闭塞以出站信号机或线路所的通过信号机显示作为列车占用区间的凭证,发车站的出站信号机(或线路所的通过信号机)必须经两站同意,办理闭塞手续后才能开放,列车进入区间后信号机自动关闭,而且在列车未到达接车站以前,向该区间发车用的所有信号都不得开放,这就保证了两站间的区间内在同一时刻只有一列列车运行。

半自动闭塞设备由半自动闭塞机、半自动闭塞用的轨道电路、操纵和表示设备、闭塞电源、闭塞机外线等部分组成。半自动闭塞设备的组成框图如图 9-4-3 所示。

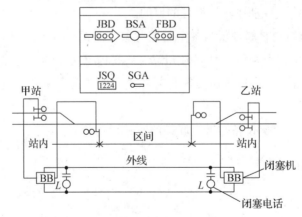

JBD—接车表示灯;BSA—闭塞按钮;FBD—发车表示灯;JSQ—计数器;
SGA—事故按钮;BB—闭塞机

图 9-4-3 半自动闭塞设备组成框图

半自动闭塞机是闭塞设备的核心,它由电源、继电器、电阻器、电容器等组成。

区间两端车站上各设一台闭塞机,它们之间用通信线路相连接,用来控制出站信号机并实现相邻车站之间的闭塞。

操纵和表示设备有按钮、表示灯、电铃和计数器等。这些设备安装在控制台上。

轨道电路应设在车站进站信号机内方适当地点,用以监督列车的出发和到达,并使双方闭塞机的接发车表示灯有相应的表示。专用轨道电路的长度一般不少于 25 m。

闭塞电源应连续不间断供电,以保证闭塞机可靠动作。

闭塞机外线用于连接相邻的闭塞机,传输闭塞信号。

(四)自动闭塞

自动闭塞是根据列车运行及有关闭塞分区状态,自动变换通过信号机显示,而司机凭信号行车的闭塞方法。自动闭塞是在列车运行过程中自动完成闭塞工作的。

自动闭塞将两个相邻车站之间的区间正线划分成若干个小段——闭塞分区,每个分区的起点设置一架通过色灯信号机进行防护,如图 9-4-4 所示。闭塞分区内钢轨上装设轨道电路,因而能够正确反映列车的运行情况和钢轨是否完整,并及时将信息传给通过信号机显示出来,向接近它的列车指示运行条件,使行车安全有了进一步的保证。

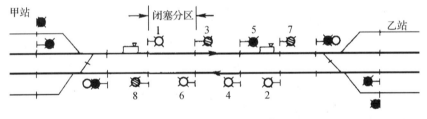

图 9-4-4 自动闭塞示意图

移频自动闭塞是目前我国应用最为广泛的自动闭塞。我国铁路曾经采用过 4 信息、8 信息、18 信息移频自动闭塞以及 UM71 等移频制式。

目前,我国铁路既有线单线多为半自动闭塞,双线多采用 ZPW-2000 系列移频自动闭塞;客运专线和高速铁路多采用 ZPW-2000 系列自动闭塞或移动闭塞。

(五)移动闭塞

这种制式不需要将区间划分成固定的若干闭塞分区,而是在两个列车之间自动地调整运行间隔,使列车间经常保持一定的距离。这种闭塞方式由列车自动地调整间隔,使两列车之间的间隔最小,从而提高区间内的行车密度,大大提高区段的通过能力。

三、列车运行控制系统

列车运行控制系统是根据列车在铁路线路上运行的客观条件和实际情况,对列车运行速度及制动方式等状态进行监督、控制和调整的技术装备。它是利用地面设备向运动中的列车传送各种信息,使司机了解地面线路状态并控制列车速度的设备,该设备同时也用于保证行车效率。

根据线路条件、列车特性、退行速度等运输需求,中国列车运行控制系统(CTCS,下文简称列控系统)分为 CTCS-0 级、CTCS-1 级、CTCS-2 级、CTCS-3 级、CTCS-4 级等 5 个等级。

(一) CTCS-0/1 级列控系统

CTCS-0 级列控系统,由通用机车信号(JT-A/B)和运行监控装置(LKJ)构成,主要面向既有线现状,120 km/h 以下区段。CTCS-1 级列控系统由主体化机车信号(JT-C)和安全型运行监控装置组成,面向 160 km/h 以下的区段,在既有设备基础上强化改造,达到机车信号主体化要求,增加点式设备,实现列车运行安全监控功能。

1. 通用机车信号

图 9-4-5 所示为通用机车信号(JT-A/B)设备组成框图。通用机车信号由地面发送设备和通道、信息接收部分、机车信号主机箱及接线盒、机车电源、显示器等构成。

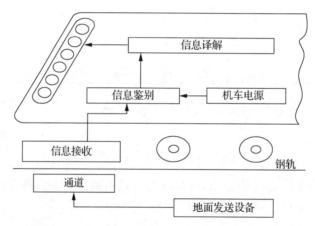

图 9-4-5　JT1-A/JT1-B 机车信号设备组成框图

(1) 地面发送设备和通道

地面发送设备和通道将线路状态情况或地面信号机的显示情况变换为可以进行传递的电信号,发送到通道(轨道电路),然后由通道向机车上发送信息。

(2) 信息接收部分

信息接收是由机车传感设备(接收线圈)完成的。信息接收部分是机车信号控制系统中的重要部分,它直接接收地面的信息,因此要求接收线圈具有稳定、准确、可靠的性能。

(3) 机车信号主机箱及接线盒

机车信号主机箱及接线盒是通用式机车信号的系统核心,它采用数字信号处理

(DSP）技术对信息进行鉴别和译解等运算处理，最后得到所需要的输出信号。

（4）机车电源

机车电源是采用机车发电机和机车蓄电池浮充供给的直流电源。机车电源被直接引到接线盒，由接线盒进行电源变换供主机使用。

（5）显示器

显示器（机车色灯信号机）大体分两种类型，即双面六显示机车信号机和双面八显示机车信号机。其作用是复示前方地面信号机显示。

2. 列车运行监控装置

列车运行监控装置俗称"黑匣子"，一方面对列车运行情况进行监督和记录，另一方面又可自动控制系统，对列车进行速度控制。它是控制列车运行的执行部分，通过它可以控制报警，报警时司机要采取措施，否则，就使机车进行紧急制动。

3. 主体化机车信号

主体化机车信号（JT-C）设备组成框图如图 9－4－6 所示，其由机车信号主机、机车信号机、接收线圈、机车信号主机内置的记录器、无线远程监测终端等组成。

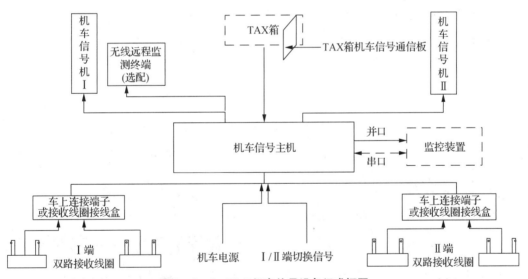

图 9－4－6　JT-C 机车信号设备组成框图

（1）机车信号主机

机车信号主机用来对接收线圈接收到的信息进行处理，把译码结果送由机车信号机显示输出，并将输出结果提供给列车运行监控记录装置作为控制基础信息。

（2）机车信号机

机车信号机以八显示信号灯方式向司机提供地面轨道电路信息。机车信号机上的开关用来选择接收载频组。机车信号机下方有正在接收的载频组指示灯以及操作端指示。

(3) 接收线圈

接收线圈通过电磁感应接收钢轨中以电流形式传输的信息，并将其转换成电压信号供机车信号主机接收。

(4) 机车信号主机内置的记录器

机车信号主机内置的记录器可以记录机车信号运行状态信息、环境信息，接收线圈接收的原始波形信息，并辅助以时间及机务 TAX 箱辅助信息。地面分析软件的使用为机车信号的使用、维护、管理提供便捷的手段。

(5) 无线远程监测终端

无线远程监测终端是机车信号系统的一个可选配件。车载终端采集机车信号记录器的输出信息，并将这些数据以无线方式发送到地面设备，通过服务端与客户端的数据处理和显示，实时提供机车信号的运用状态信息，为机车信号的实时维护、管理提供了方便的手段。

(二) CTCS-2 级列控系统

CTCS-2 级列控系统是基于轨道传输信息的列车运行控制系统。CTCS-2 级列控系统面向提速干线和高速新线，采用车-地一体化设计，适用于各种限速区段，地面可不设通过信号机，机车乘务员凭车载信号行车。图 9-4-7 所示为 CTCS-2 级列控系统结构示意图，其由地面子系统和车载子系统组成。

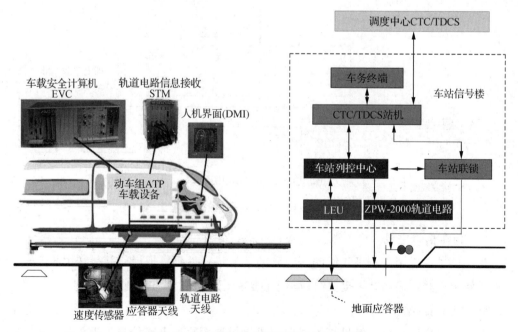

图 9-4-7　CTCS-2 级列控系统结构示意图

1. 地面子系统

（1）列控中心（TCC）：根据列车占用情况及进路状态计算行车许可及静态列车速度曲线并传送给列车。

（2）轨道电路：完成列车占用检测及列车完整性检查，连续向列车传送控制信息。车站与区间采用同制式的轨道电路。

（3）点式信息设备：用于向车载设备传输定位信息、进路参数、线路参数、限速和停车信息等。

（4）车载安全计算机：对列车运行控制信息进行综合处理，生成控制速度与目标距离模式曲线，控制列车按命令运行。

（5）人机界面：车载设备与机车乘务员交互所用的设备。

（6）运行管理记录单元：规范机车乘务员驾驶，记录与运行管理相关的数据。

2. 车载子系统

（1）连续信息接收模块：完成轨道电路信息的接收与处理。

（2）点式信息接收模块：完成点式信息的接收与处理。

（3）测速模块：实时监测列车运行速度并计算列车走行距离。

（4）设备维护记录单元：对接收信息、系统状态和控制动作进行记录。

（三）CTCS-3 级列控系统

CTCS-3 级列控系统是基于无线传输信息并通过轨道电路等检查列车占用情况的列车运行控制系统。CTCS-3 级列控系统面向提速干线、高速新线或特殊线路，适用于各种限速区段，地面可不设通过信号机，机车乘务员凭车载信号行车。

CTCS-3 级列控系统包括地面子系统和车载子系统，如图 9-4-8 所示。

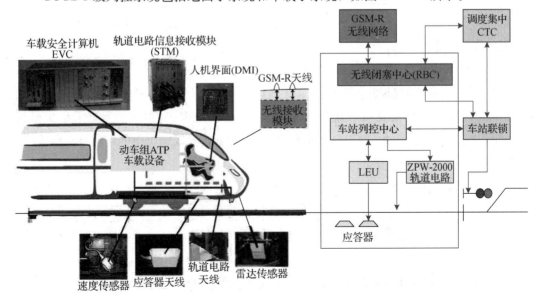

图 9-4-8 CTCS-3 级列控系统结构示意图

1. 地面子系统

(1) 无线闭塞中心（RBC）：CTCS-3 级列控系统的核心，是基于信号故障安全计算机的控制系统。负责根据线路特性（如坡度、线路固定限速）、运输条件（列车间隔）和其他系统的情况（如轨道占用信息、联锁进路状态等）生成行车许可（MA），并通过 GSM-R 无线通信系统将线路参数、临时限速信息传输给 CTCS-3 级系统车载设备；同时通过 GSM-R 无线通信系统接收车载设备发送的位置和列车数据等信息，保证其管辖范围内列车的运行安全。

(2) 临时限速服务器：集中管理临时限速命令。分别向 TCC、RBC 传递临时限速命令，TCC 将临时限速信息经 LEU 传输至有源应答器，RBC 将临时限速信息经 GSM-R 传输至车载设备。

(3) 列控中心（TCC）：TCC 接收轨道电路的信息，并通过联锁系统将信息传送给 RBC。同时，TCC 具有轨道电路编码、应答器报文实时编码、站间安全信息传输、临时限速功能，可满足后备系统需要。

(4) 无线通信（GSM-R）：GSM-R 采用单网交织的冗余覆盖方案，完成车-地之间的信息双向传输。

(5) 地面应答器：发送线路参数、临时限速、等级转换、RBC 切换等信息，用于识别列车运行方向、发车进路始端等。

(6) 轨道电路：实现列车占用及完整性检查，在 CTCS-2 级系统运行时连续向具有 CTCS-2 级功能的列车传送空闲闭塞分区数量等信息。

2. 车载子系统

车载子系统根据地面设备提供的信号动态信息、线路静态参数、临时限速信息及有关动车组数据，生成控制速度和目标距离的一次模式曲线，以控制列车运行，为司机提供机车信号与行车监督服务。同时，记录单元对 ATP 有关数据及操作状态信息进行实时动态记录。

车载子系统由司机驾驶台上人机界面（DMI）、主机柜（ALA）、安全计算机（EVC）、测速测距功能模块（TMM）、无线电网络接口模块（RIM）、CTCS-2 级控制功能模块、轨道电路信息接收模块（TCR）、司法记录仪（JRU）、无线子系统模块（RSS）、应答器传输模块（BTM）、速度传感器、BTM 天线、轨道电路信息接收天线、GSM-R 天线等组成。其功能如下：

(1) 无线通信（GSM-R）车载设备：作为系统信息传输平台完成车-地间大容量的信息交换。

(2) 点式信息接收模块：完成点式信息的接收与处理。

(3) 测速模块：实时监测列车运行速度并计算列车走行距离。

(4) 设备维护记录单元：对接收信息、系统状态和控制动作进行记录。

(5) 车载安全计算机：对列车运行控制信息进行综合处理，生成目标距离模式曲线，控制列车按命令运行。

(6) 人机接口：车载设备与机车乘务员交互的接口。

(7) 运行管理记录单元：规范机车乘务员驾驶，记录与运行管理相关的数据。

(四) CTCS-4 级列控系统

CTCS-4 级列控系统是基于无线传输信息的列车运行控制系统。CTCS-4 级列控系统面向高速新线或特殊线路，基于无线通信传输平台，可实现虚拟闭塞或移动闭塞。CTCS-4 级列控系统由 RBC 和车载验证系统共同完成列车定位和列车完整性检查；CTCS-4 级列控系统地面不设通过信号机，机车乘务员凭车载信号行车。CTCS-4 级列控系统是面向未来的列车运行控制系统。

(五) 列控系统等级比较

CTCS 各等级是根据设备配置来划分的，各级系统均采用目标距离控制模式，但不同等级的系统在地对车信息传输的方式、线路数据的来源、闭塞方式、有无地面信号、轨道占用检查等方面存在差异，见表 9-4-1。

表 9-4-1 列控系统等级比较表

应用等级	CTCS-0	CTCS-1	CTCS-2	CTCS-3	CTCS-4
适用速度	120 km/h 以下	160 km/h 以下	200 km/h 以上	300 km/h 以上	300 km/h 以上
控制模式	目标距离	目标距离	目标距离	目标距离	目标距离
闭塞方式	固定闭塞	固定闭塞	固定闭塞	固定闭塞	移动闭塞或虚拟闭塞
地对车信息传输	轨道电路	多信息轨道电路+点式设备	多信息轨道电路+点式设备	无线通信双向信息传输+点式设备	无线通信双向信息传输+点式设备
轨道占用检查	轨道电路	轨道电路	轨道电路	轨道电路、计轴设备等	车载定位，应答器校正
地面信号机	有	有	可取消	无	无
线路数据来源	车载数据库	车载数据库	应答器提供	应答器提供	应答器提供
对应 ETCS 级	—	—	ETCS1 级	ETCS2 级	ETCS3 级

四、列车调度指挥系统（TDCS）

列车调度指挥系统（简称 TDCS）是对列车进行实时监督、跟踪、集中调度指挥的现代化运输设备,是综合通信、信号、计算机、网络、多媒体、运输组织等多门学科技术的庞大的系统工程,是一个覆盖全路的现代化铁路运输调度指挥系统。该系统极大地改善了调度人员的工作条件,提高了行车指挥的技术水平。

TDCS 具备列车到发自动报点、车次号自动跟踪、行车日志自动生成、列车运行时自动生成实际运行图、列车运行方案自动调整、通过网络下达运行计划、通过网络下达调度命令等功能。TDCS 是铁路调度指挥向新型的数字化、网络化、综合化、智能化发展的重要标志。

(一) 结构

TDCS 系统由铁路总公司调度指挥中心、铁路局调度指挥中心及基层网组成,如图 9-4-9 所示。

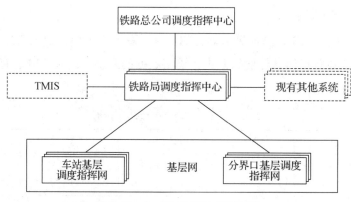

图 9-4-9 TDCS 网络体系结构

1. 铁路总公司调度指挥中心

铁路总公司调度指挥中心 TDCS 处于系统最高层,是核心部分,是现代化铁路运输调度指挥的心脏。铁路总公司调度指挥中心 TDCS 以铁路总公司调度指挥中心大楼为主体,构成一个为调度指挥服务的局域网;通过专线通道、数据网链路、路由器与 18 个铁路局调度指挥中心远程连接,进行信息交换,并建立全路有关专业技术资料库。铁路总公司调度指挥中心能获得各铁路局分界口、重要铁路枢纽、主要干线等的运输状况信息和 TDCS 基层网实时信息等。

2. 铁路局调度指挥中心

铁路局调度指挥中心 TDCS 处于系统第二层,在各铁路局所在地建有铁路局调度指挥中心局域网。铁路局调度指挥中心通过专线通道、数据网链路、路由器与铁路总公司、相邻铁路局调度指挥中心远程连接,进行信息交换。铁路局调度指挥中心 TDCS 不仅是一个管理层,同时也是直接调度指挥行车的指挥层,不仅要完成基层网信息的汇总、处理和标准化,对铁路局各级调度进行监视,还要按要求将基层信息通过专线通道、数据网链路传送到上层铁路总公司调度指挥中心。铁路局调度指挥中心 TDCS

具有列车调度指挥功能，其不仅是指挥和管理中心，同时也是行车控制中心，对于部分区段和车站，铁路局控制中心还可在TDCS的基础上发展调度集中（CTC），实现对列车进路的自动控制。

3. 基层网

TDCS基层网处于系统最下层，主要包括车站行车调度指挥系统等。

为适应三层网络体系结构，TDCS构造了一个覆盖全国铁路的大型网络。各局域网间通过专线方式，或者采用专线为主用通道、数据网链路为备份通道的方式连接，进行远程信息交换。

（二）组成与功能

1. 铁路总公司调度指挥中心TDCS

（1）组成

铁路总公司调度指挥中心TDCS主要由路由器、服务器、工作站、大屏幕投影系统以及网络安全设备、打印机、绘图仪和电源系统等组成。

（2）功能

铁路总公司调度指挥中心TDCS具备调度实时信息宏观显示、调度实时监视功能，技术资料查询、显示功能，报表统计功能，系统维护及管理功能，用户培训功能，与TMIS、ATIS（车号自动识别系统）进行信息共享的功能，还可在分界口列车调度指挥管理和跨局客车及行包专列调度指挥管理方面提供预警和报警等功能，列车调度指挥从"被动式管理"向"主动式管理"过渡。

① 路由器。路由器通过专线通道方式与18个铁路局调度指挥中心进行信息交换，利用TCP/IP协议进行信息共享和通信。

② 服务器。服务器是局域网中的重要设备。所有服务器共享连接一套存储系统（SAN光纤磁盘阵列和磁带库），对所有工作站提供数据库访问与应用服务。

③ 工作站。工作站由铁路总公司调度人员、各级管理人员及维护人员使用。调度人员使用工作站进行日常调度工作，各级管理人员使用工作站行使审批和监督检查的管理职能，维护人员使用工作站对系统进行实时维护。

④ 大屏幕投影系统。大屏幕投影系统能集多种信息于一体，提供高清晰度、大画面的宏观显示，为调度人员及有关领导提供图形、图像、文字等多种形式的信息。调度人员能对大屏幕进行控制显示操作，还能将大屏幕授权给某些工作站用户使用，使他们能将各自屏幕上的显示内容送至大屏幕上显示，以供调度大厅的现场人员观看。

2. 铁路局调度指挥中心TDCS

铁路局调度指挥中心TDCS（简称铁路局TDCS）由中心机房设备、调度所设备和远程工作站设备三大部分组成。铁路局TDCS网络结构如图9-4-10所示。

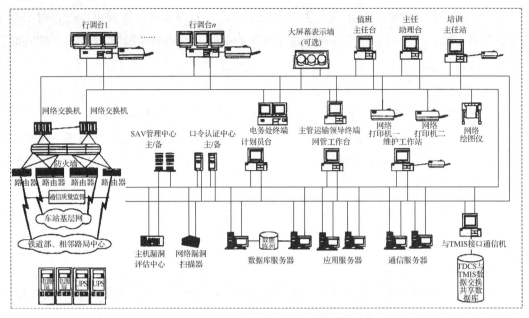

图 9-4-10　铁路局 TDCS 网络结构

中心机房设备包括数据库服务器、应用服务器、通信服务器、网络交换机、网络管理工作站、系统维护工作站、电源屏设备、防雷设备和远程通信设备；调度所设备包括行车调度台工作站、基本图维护工作站、调度主任工作站、主任助理工作站、值班主任工作站、分析室工作站，以及机调、货调、局长等工作站和大屏幕系统；远程工作站设备包括机务段（折返段）、车务段调度命令工作站和电务段调度工作站。

铁路局 TDCS 采用双网系统，系统重要设备，如服务器、交换机和路由器等软硬件均为双套冗余。

3. 基层站段 TDCS

基层站段 TDCS 主要由车站计算机网络设备、车站分机采集及控制设备、车站值班员终端三部分组成。TDCS 基层网系统构成见图 9-4-11。

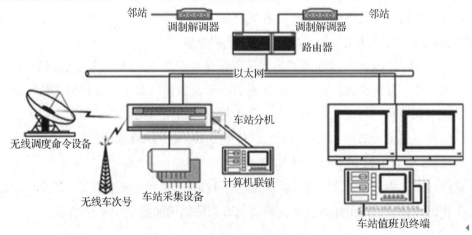

图 9-4-11　TDCS 基层网系统构成图

(1) 车站计算机网络设备

车站计算机网络设备主要由网络集线器、路由器、协议转换器构成。车站的网络集线器构成了车站局域网。车站同 TDCS 中心的连接一般为通过调制解调器接入 2 M 的数字通道，并采用环形、星形或星环形相结合的结构，构成广域网。

(2) 车站分机采集及控制设备

车站分机采集及控制设备由中央采集控制单元、开关量采集设备及相应的机柜和机笼组成，一般要求分机采集及控制设备由互为热备的两套系统构成。在继电联锁车站，车站分机应从分线盘上直接采集信号联锁设备的状态信息；在计算机联锁车站，车站分机通过串行通信接口，接收车站计算机联锁送来的站场表示信息。车站分机通过 RS-422 串行通信接口同无线车次号设备相连，接收车站无线车次号信息。同时安装 450 M 无线调度命令传输设备的车站，分机可通过 RS-422 串行通信接口同无线调度命令发送装置相连，发送无线调度命令。

(3) 车站值班员终端

车站值班员终端一般考虑采用双机热备的双屏终端，双机热备保证了系统的可用性，双屏分别用于站场显示和运统二、运统三的显示。车站 TDCS 终端具有车站及邻站显示、车次号管理、到发点人工报点、行车日志管理、调度命令接收和打印、现在车和甩挂车编组管理、用户登录管理和其他辅助功能。

五、分散自律调度集中系统

调度集中（简称 CTC）是调度中心（调度员）对某一区段内的信号设备进行集中控制、对列车运行进行直接指挥及管理的技术装备。分散自律调度集中系统是综合了计算机技术、网络通信技术和现代控制技术，采用智能化分散自律设计原则，以列车运行调整计划控制为中心，兼顾列车与调车作业的高度自动化的调度指挥系统。

1. 基本原理

分散自律调度集中系统以 TDCS 为平台，以调度集中为核心，以行车指挥自动化为目标，实现了铁路运输指挥的现代化。

分散自律调度集中系统采用计算机分布式网络控制技术和信息化处理技术，将列车运行调整计划下传到各个车站自律机中自主自动执行；在列车运行调整计划的基础上，解决列车作业与调车作业在时间与空间上的冲突，实现列车和调车作业的统一控制。

2. 控制模式

分散自律调度集中在信号设备控制与行车指挥方式上，设有分散自律控制与非常站控两种模式。

分散自律控制的基本模式是用列车运行调整计划自动控制列车运行进路，同时，在分散自律条件下，调度中心具备人工办理列车、调车进路的功能，车站具备人工办理调车进路的功能。

非常站控模式是指当调度集中设备故障、发生危及行车安全的情况或设备天窗维修、施工需要时，控制模式脱离系统控制转为车站传统人工控制的模式。此时调度中心不具备直接控制权。

3. 系统功能

分散自律调度集中系统实现了列车运行计划人工、自动调整，实际运行图自动描绘，行车日志自动生成、储存、打印，调度命令传送，车次号校核等 TDCS 功能。系统在列车调整计划下达前进行合法性、时效性、完整性和无冲突性的检查。

4. 系统结构

从系统构成看，调度集中由调度中心系统、车站系统、传输网络系统三部分构成；从运输指挥模式看，调度集中由调度中心及车站两级结构构成。系统总体结构示意图如图 9-4-12 所示。

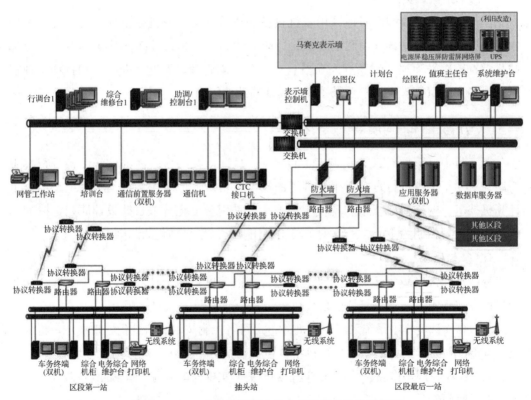

图 9-4-12 分散自律调度集中系统总体结构示意图

（1）调度中心子系统

调度中心子系统包括数据库服务器、应用服务器、通信前置服务器、网络设备、电源设备、防雷设备、网管工作站、系统维护工作站、调度员工作站、助理调度员工作站、值班主任工作站、控制工作站、计划员工作站、综合维修工作站等。根据需要也可为其他调度台设置相应显示终端。

（2）车站子系统

车站子系统主要设备包括车站自律机、车站值班员终端、综合维修终端、电务维护终端、网络设备、电源设备、防雷设备、联锁系统接口设备和天线系统接口设备等，如图 9-4-13 所示。

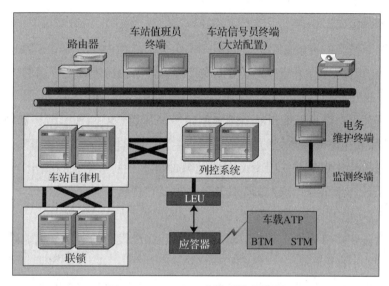

图 9-4-13　CTC 车站系统结构图

（3）传输网络子系统

传输网络子系统由网络通信设备和传输通道构成双环自愈网络，采用迂回、环状、冗余等方式提高其可靠性。

六、驼峰调车及控制系统

（一）概述

1. 驼峰概念

驼峰是编组站的主要特征，它是地面上修筑的犹如骆驼峰背形状的小山丘，设计成适当的坡度，上面铺设铁路，是利用车辆的重力和驼峰的坡度所产生的位能辅以机车推力来解体列车的一种调车设备。利用蛇峰解体车列是编组站解体车列的一种主要方法。在进行驼峰调车作业时，先由调车机将车列推向驼峰，当最前面的车组（或车辆）接近峰顶时，提开车钩，这时就可以利用车辆自身的重力，使车辆顺坡自动溜放到编组场的预定线路上，从而大大提高调车作业的效率。驼峰一般设在调车场头部，该处适合于车列的解体作业。

2. 驼峰分类

根据设备条件的不同，可将驼峰分为简易驼峰、非机械化驼峰、机械化驼峰、半自动化驼峰和自动化驼峰。简易、非机械化、机械化驼峰的进路控制设备由继电器电路实现，自动化驼峰的进路控制由计算机控制实现。

3. 驼峰的范围

驼峰的范围是指峰前到达场（在不设峰前到达场时为牵出线）与调车场之间的一部分线段，包括推送部分、溜放部分和峰顶平台等。

（1）推送部分

推送部分是指经驼峰解体的列车的第一钩车位于峰顶时车列全长所在的线路范围。设置这一部分的目的是使车辆得到必要的位能，并使车钩压紧，便于摘钩。

（2）溜放部分

溜放部分是指由峰顶至编组场头部各股道警冲标后 100 m（机械化驼峰）或 50 m（非机械化驼峰或简易驼峰）处的线路范围。这个长度叫作驼峰计算长度，计算长度的末端叫作驼峰的计算停车点。因为调车线的警冲标不在同一横向位置上，所以每一调车线各有一个计算停车点。该点只是计算的根据，在现场并无任何标志。

（3）峰顶平台

峰顶平台是在驼峰的推送部分与溜放部分的连接处设有的一段平坦地段。

4. 驼峰自动化

提高铁路编组站工作效率的最有效的措施之一就是实现驼峰自动化。驼峰调车作业的自动化，主要包括车辆溜放速度的自动调节和自动控制，车辆溜放进路的自动选排和自动控制，驼峰机车推送速度的自动调节和自动控制，摘解风管和提钩作业的自动化等。

车辆溜放速度的自动控制是驼峰自动化的关键，是驼峰自动化的核心内容。车列在驼峰编组站进行解体作业时，为了保证安全和达到作业的要求，必须在一定地点设置调速工具，以根据需要对车辆的溜行速度实行调节，使之符合运营要求。

现代科学技术的成就，特别是电子学、自动控制理论和计算机技术的飞跃发展，为实现车辆溜放速度自动调节和自动控制这一目标创造了条件。

（二）自动化驼峰

1. 设备

自动化驼峰设备由道岔转辙设备、轨道电路、信号机、减速器、测长设备、测速雷达、测重设备、传感器、机车遥控设备、气象站、自动控制机柜等构成，如图 9-4-14 所示。

图 9-4-14　自动化驼峰目的制动位减速器图

2. 进路控制

驼峰进路控制包括驼峰推送进路控制、驼峰调车进路控制和驼峰溜放进路控制。其中,推峰进路、峰上调车进路、峰下调车进路的控制电路称为电气集中电路,溜放进路称为自动集中电路。

(1) 驼峰电气集中电路

驼峰电气集中电路与 6502 电气集中电路基本相同,所不同的是:为了保证驼峰头部咽喉区的调车作业安全和提高作业效率,驼峰电气集中电路一般在驼峰头部采用峰上调车信号电路。峰上调车信号电路普遍采用进路分段解锁式调车信号电路,它是在 6502 电路的基础上改造而成的。在线束分路道岔,为了使分路道岔具有较大的灵活性,采用一次性解锁方式的调车信号电路。自动化驼峰控制系统联锁关系的编制按照以上联锁关系进行。

(2) 驼峰道岔自动集中电路

驼峰道岔自动集中是专门为驼峰分路道岔设置的一种特殊的控制电路,由计算机、继电电路完成自动控制。

(3) 功能

驼峰电气集中可用来实现调车作业时信号机与道岔的联锁关系,保证作业安全。

驼峰道岔自动集中电路保证分路道岔能够随着车组溜放进路的变化自动而又及时地转换到正确的位置,即完成随机选择溜放进路。

3. 调车作业计划的储存

利用自动化系统与编组站现车管理系统或调车单传输系统的接口,可实现调车作业计划的自动获取。

以采用串行通信联机接收为例,TW-2 系统的计划接收是通过调车长工作站或区长工作站的计算机串口进行的，通常按照基本数据链规程交换数据，在相关检错纠错保障措施支持下，确保计划接收的正确性。工作站接收到计划后，经校验确认无误后，按照系统对计划的要求进行格式化处理，然后将其作为新建调车作业计划文件分别送至A、B两台上层管理机中保存。

4. 钩车的跟踪与控制

在溜放作业过程中，系统按预先输入、编辑并确认的调车作业计划去向规定，向全场分路道岔转辙设备发定、反位转换控制指令，正确、及时地逐级排列进路，将钩车输送到相应的调车线。由于溜放过程是连续的，可能同时有数辆钩车在分路道岔控制区域内，其位置是随机的，并且钩车有长有短，这就要求控制系统的跟踪逻辑有正确的输入采样、实时的反应速度、较高的分析判断能力和极强的适应性。

5. 驼峰进路控制执行设备

（1）驼峰信号机分为驼峰主体信号机和驼峰调车信号机。驼峰主体信号机的作用是指挥驼峰机车进路预推、推送、去禁溜线取送车及机车下峰整理等。驼峰场的调车信号机分为峰上调车信号机和线束调车信号机，主要用来指挥解体作业以外的调车作业。

（2）驼峰轨道电路除了监视车辆是否占用道岔区段外，还要向自动集中（或控制系统）传递溜放车组的占用信息，控制道岔、传递控制命令、监督车组溜放状态等。

（3）驼峰转辙机。为了缩短道岔的保护区段，要求道岔的转换时间越短越好，因此驼峰上采用的是快动转辙机。这样有利于缩短岔前保护区段，防止车辆溜错股道，同时又可缩短驼峰咽喉的长度，缩短溜放行程。目前，驼峰上使用两类快动转辙机，一类是电空转辙机，另一类是快动型电动转辙机。

（4）驼峰控制台用于操纵和监督所管辖的信号设备。控制台设在驼峰信号楼内，供驼峰作业员使用。在控制台设有终端显示器，用于所管辖驼峰设备的操纵，进路光带、道岔定、反位表示，减速器状态显示及信号复示器状态显示等。

（三）驼峰速度控制设备

按照调速设备的配置分类，调速方式可分为点式、连续式和点连式三类。

点式调速——采用车辆减速器作为调速设备。

连续式调速——采用减速顶作为调速设备。

点连式调速——一般设Ⅰ、Ⅱ间隔制动位，Ⅲ部位目的制动位减速器点式调速设备，在目的制动位后设有一段打靶区，在连挂区设有连续式调速设备减速顶。

（四）驼峰主体信号机显示

一个绿色灯光——定速信号，准许机车车辆按规定速度向驼峰推进。

一个绿闪光灯——加速信号，指示机车车辆加速向驼峰推进。

一个黄闪光灯——减速信号，指示机车车辆减速向驼峰推进。

一个红色灯光——停车信号,不准机车车辆越过该信号机或指示机车车辆停止作业。

一个红闪光灯——后退信号,指示机车自峰顶后退。

一个月白色灯光——调车信号,指示机车去峰下。

一个月白色闪光灯——指示机车车辆去禁溜线或迂回线。

(五)调车进路

可以采用始终端办理方式,自动选排基本进路;依次选择始端、变更点和终端,自动选排变更进路。

可办理长调车进路,长调车进路可以跨越峰上作业区和溜放作业区;信号由远至近依次开放。

【铁路故事】

铁路信号"活化石"——中国第一代铁路信号灯见证轨道交通百年巨变

"这是一盏煤油灯,在铁路信号系统里叫号志灯,我国第一条自主设计建造的干线铁路——京张铁路,当年就是用这样的煤油灯来调度列车的。"

这盏煤油号志灯是新中国第一代铁路信号灯,应用于20世纪50年代,它历经半个多世纪的岁月洗礼,见证了中国铁路信号发展历程,开启了国家轨道交通列车控制领域从跟跑、并跑到领跑的新篇章!这背后又有着怎样一个发展历程?

70余年来,在国家发展铁路事业的总体布局和发展需求下,中国铁路信号技术从手信号—机械信号—继电式电气信号,一直发展到现在的智能自动驾驶时代,真正实现了从零发展到引领世界的巨大科技飞跃。

今天,让我们一起重温中国铁路信号系统,了解铁路信号系统从摇曳的煤油小灯到色灯信号机、机车信号,再到如今列车运行自动控制的发展历程。

悠悠灯火闪耀青龙桥

1951年冬天,京张铁路青龙桥站迎来了一位年轻人,他叫杨宝华,是刚刚被分配到青龙桥站的铁路信号员,与他同行的是一盏底部为方形铁灯座,铁框架,三面有玻璃,一面为铁开门,碗盖为伞形,靠烧煤油照明的形状特殊的四面方灯。在一万多个深夜里,每当列车穿过八达岭长城脚下的一片树林时,就会看到远处摇曳的一点光芒,指引着进站的方向,而发出这悠悠火光的,就是杨宝华带来的这盏煤油号志灯。

京张铁路是第一条由我国自主设计修建的干线铁路,青龙桥站就位于京张铁路"人"字形铁轨的一侧。抗日战争年代,日本曾在此驻军,切断了北京与张家口之间的联系,中华人民共和国成立后,杨宝华来到这里,青龙桥站的铁路信号系统才重新亮起。

走进铁路

图 9-4-15　老京张铁路行车路径图

那个时候，青龙桥站的行车设备非常落后。信号机都用煤油灯显示，每天天黑之前，杨宝华都要爬到臂板信号机那根高高的杆子上面，将手中的煤油号志灯点燃、挂上。煤油灯一亮就是一夜，第二天凌晨，杨宝华再将它取下、熄灭，送到办公室保存。没有煤油了，就要步行好几十里路到延庆县城去买，但无论是刮风还是下雨下雪，杨宝华都风雨无阻，这盏号志灯一亮就是数十年。

杨宝华的儿子杨存信，就出生在距离青龙桥站旁边不到 30 m 的一排小平房内，他是后来的青龙桥站站长。生于斯、长于斯，从小看着父亲接发列车，每晚枕着汽笛声入睡，这盏特殊的煤油灯伴随了他的整个童年。1982 年，杨宝华退休，杨存信便接过父亲的接力棒，继续守护这座大山深处的小站。

如今，中国的铁路事业已经有了长足的进步，列车车速也已经翻了两倍不止。19 世纪 80 年代初，京张铁路的信号系统全部完成替换。新系统的应用，大大提高了调度列车的效率，为不久以后的火车大提速奠定了基础。而这盏号志灯，在褪去使用价值后，被珍而重之地收藏进它曾经工作过的青龙桥站。

历史与科技的历史交会

2019 年 12 月 30 日，就在这座百年老站向下 4 m 深的地方，一列火车疾驰而过，速度为 350 km/h。中国第一条智能化高铁——京张高铁开通了（图 9-4-17）。京张高铁的列车自带数千个传感器，可随时监控列车的情况。此外，北斗导航系统的应用，使列车自动驾驶真正实现了。中国铁路信号的最高标准，在中国第一条智能化高铁上得以集中呈现。

图 9-4-16 蒸汽火车运行在京张铁路

图 9-4-17 建成通车的京张高铁

从最初的煤油灯，红绿灯，到如今的计算机信号控制系统，杨存信父子守护的 70 年，也是中国铁路信号发展的 70 年。历史与科技在同一时空中交会，描绘出一幅波澜壮阔的铁路信号画卷。

如今，依托中国通号世界领先的列控系统，最高速度达 350 km/h 的高铁列车穿山越湖跨海奔驰在祖国的大江南北，为配合运输效率和安全的需要，迭代而来的"号志灯"业已逐步退出历史舞台。但"号志灯"的悠悠灯火，是中国铁路百年沧桑华丽腾飞的见证。它那摇曳在夜色中的焰火，点亮了中华民族引领全球轨道交通民族产业的熊熊火炬。

图 9-4-18 现代化的列车调度大厅

攻坚——从跟跑、并跑到领跑的华丽转变

1952 年，为解决我国铁路信号制式不统一、显示混乱的问题，原铁道部决定实施"改新显示"改革；1953 年，中国通号前身——铁道部通信信号工程公司成立。自此，中国铁路通信信号技术发展开启新篇章。

因轨道交通民族产业而生的中国通号牢记初心使命，几代科研人胸怀"功成不必在我，功成必定有我"的崇高境界与使命担当精神接续奋斗。相继完成国家轨道交通列控系统的迭代升级，中国铁路信号技术从手信号—机械信号—继电式电气信号一直发展到现在的智能自动驾驶时代，使中国铁路列控系统技术实现从跟跑、并跑到领跑的超越，使中国轨道交通产业完成从成品引进、学习仿制到自主创新的华丽转变，实现了国家轨道交通产业科技的进步与产业的腾飞。

如今的列控技术越来越复杂，但人们能看到的信号装置却越来越少。在铁路信号引导下，呼啸的高铁动车组与充满历史感的绿皮车交相辉映，人文和科技的碰撞，共同谱写辉煌。

1954 年，我国仿制生产出中国第一台色灯信号机。

1965 年，我国研制出中国首个电气集中联锁系统。

2003 年，我国制定了中国首个高铁列车运行控制技术标准。

2007 年，我国开通了中国第一条高速铁路。

从 35 km/h 到 350 km/h，从手信号、机械信号到自动无人驾驶，从低速低效到全球领先，中国通号牢记初心使命，以发展轨道交通民族产业为己任，以科技创新为引领，奋力打造高铁国家名片，强化科研攻关，牢牢掌握关键核心技术，完成核心装备完全自主化替代；中国通号以国家高铁自动驾驶、地铁无人驾驶尖端核心技术为依托，打造中国轨道交通原创技术策源地，以轨道交通领域"国家队"的使命担当，为国家经济社会发展作出应有贡献，信物百年，薪火相传。

模块九　铁路信号

图 9-4-19　中国通号世界领先的高铁列控系统

图 9-4-20　中国高铁全自动运行模拟驾驶舱

模块十　铁路运输组织

【内容描述】

铁路运输组织包括客运工作组织、货运工作组织和行车组织等，它是铁路运输生产计划、组织与指挥、实施的综合体现，贯穿于运输生产过程的每一个环节都属于铁路运输组织的范围。通常，关于旅客、行李和包裹等方面的工作，属于客运工作组织范围；关于货物以及铁路和托运人、收货人关系方面的工作，属于货运工作组织范围；运输生产过程中关于机车、车辆和列车的工作，属于行车组织工作范围。

通过对本模块的学习，学生能了解铁路运输组织的基本概况、基本内容，培养学生爱岗敬业、按标作业的职业精神。

【学习目标】

学习目标	知识目标	(1) 了解铁路运输组织的组成 (2) 掌握铁路客运组织的基本内容 (3) 掌握铁路货运组织的基本内容
	能力目标	(1) 能识别旅客列车车次及其代表的含义 (2) 能区分货物运输种类 (3) 能判断不同货物列车和货车的计算作业过程 (4) 能说明车站作业计划的基本内容
	素养目标	(1) 培养认真、细致的工作作风 (2) 培养遵章守纪、团结合作的职业精神 (3) 积极参与学习过程，遵守秩序，服从安排

【建议学时】

4～6学时。

任务 10-1 旅客运输组织

【任务目标】

本任务要求学生掌握铁路客运组织的基本内容：客流的概念和意义、旅客列车车次的含义、旅客运输合同的意义等。教师充分利用教学资源，通过视频、动画、先进模范和岗位标兵的典型案例等，丰富学生的感性认识，调动其学习积极性和争先创优的意识。学生根据活动要求做好课前准备，认真预习，在课堂上积极讨论和交流。

【知识准备】

旅客运输组织是铁路运输组织的一个重要组成部分。随着我国经济建设的迅速发展和人民物质文化生活水平的不断提高，经由铁路运送的旅客人数大幅度增长，运送范围大幅扩大。因此，做好铁路旅客运输组织工作，对于实现旅客运输的基本任务，有着十分重要的意义。

▶ 一、铁路旅客运输组织概述

旅客运输的基本任务是：最大限度地满足广大人民群众在旅行上的需要，安全、迅速、准确、便利地运送旅客、行李、包裹和邮件，保证旅客在旅行途中舒适愉快并得到文化生活上的优质服务。

做好铁路旅客运输组织工作，必须要对客运市场、客流进行客观、准确的调研分析，科学合理地分析运量的波动及其分布情况，准确编制旅客运输计划，确定旅客列车的开行方案，安全、便捷、高效地完成旅客运输工作。

（一）客流

客流是指铁路区段某一方向上，一定时间内的旅客流量和流向，它由旅客数量、运输行程和方向构成。根据旅客乘车距离和铁路局集团公司管辖范围，一般将客流分为以下两种：

（1）直通客流：旅客乘车距离跨及两个及以上铁路局集团公司的客流。

（2）管内客流：旅客乘车距离在一个铁路局集团公司范围内的客流。

近年来，铁路客流表现出增长速度快、波动性大、地区差异大等特点。为了更好地进行运输组织工作，必须准确把握客流的特点及其规律性，掌握客流的变化和发展情况，正确编制旅客运输计划和开行方案，图 10-1-1 和图 10-1-2 所示分别为春运客流和暑运客流。

图 10-1-1 春运客流

图 10-1-2 暑运客流

（二）旅客列车的种类及车次

1. 旅客列车的种类

按照列车的编组、旅行速度和运行要求的不同，旅客列车主要分为动车组旅客列车、特快旅客列车、快速旅客列车、普通旅客列车等。

2. 旅客列车的车次

车次是铁路运输列车最基本的标识码。为方便运输组织，铁路规定了列车运行上下行方向，车次的编排尾数跟列车运行方向相关，上行方向列车车次尾数为双数，下行方向列车车次尾数为单数。一趟旅客列车在运行途中变换上下行方向时，其车次也随之变换。

列车运行原则上以开往北京方向为上行，反之为下行。各线的列车运行方向，以国铁集团的规定为准。枢纽地区的列车运行方向，由铁路局集团公司规定。

现行旅客列车种类及车次编号见表 10-1-1。

表 10-1-1 现行旅客列车种类及车次编号表

序号	列车种类		车次	备注
1	高速动车组旅客列车	跨局	G1～G5998	"G"读"高"
		管内	G6001～G9998	
2	城际动车组旅客列车	跨局	C1～C1998	"C"读"城"
		管内	C2001～C9998	
3	动车组旅客列车	跨局	D1～D3998	"D"读"动"
		管内	D4001～D9998	
4	直达特快旅客列车	跨局	Z1～Z9998	"Z"读"直"
5	特快旅客列车	跨局	T1～T4998	"T"读"特"
		管内	T5001～T9998	

续表 10-1-1

序号	列车种类		车次	备注
6	快速旅客列车	跨局	K1～K6998	"K"读"快"
		管内	K7001～K9998	
7	普通旅客快车	跨三局及以上	1001～1998	
		跨二局	2001～3998	
		管内	4001～5998	
8	普通旅客慢车	跨局	6001～6198	
		管内	6201～7598	
9	通勤列车		7601～8998	
10	旅游列车		Y1～Y998	"Y"读"游"

（三）旅客运输合同

1. 铁路旅客运输合同的含义和凭证

铁路旅客运输在法律上体现为承运人和旅客间的合同关系。铁路旅客运输合同是明确承运人与旅客之间权利义务关系的协议。承运人与旅客在起运地订立的旅客运输合同，对于运输过程中所涉及的承运人来说，具有同等约束力。

铁路旅客运输合同从售出车票时起成立，自旅客进站检验车票，为合同履行开始，至按票面规定运输结束旅客出站时止，为合同履行结束。

车票是铁路旅客运输合同的基本凭证，按载体形式分，车票可分为：纸质车票、电子客票以及承运人认可的乘车证、乘车卡或虚拟乘车凭证。

2. 承运人、旅客的基本义务和权利

承运人应为旅客提供良好的旅行环境和服务设施，规范旅客服务内容和方法，确保旅客运输安全、正点；对运送期间发生的旅客身体损害以及因承运人过错造成的旅客随身携带物品损失，应予以赔偿；对违反国家法令法规、妨碍运输安全的行为依法依规提请有关部门介入。

旅客应购票乘车，旅行中遵守国家法令法规和铁路运输规章制度，爱护铁路设备、设施，维护公共秩序和运输安全，听从铁路车站、列车工作人员的引导，按照车站的引导标志进出站。对运送期间发生的身体损害以及因承运人过错造成的随身携带物品损失，旅客有权要求承运人赔偿。

3. 合同的法律特征

根据铁路运输方式的特点，铁路旅客运输合同主要有以下特征：

（1）采取要约、承诺方式订立合同。

（2）属于格式合同。

(3) 具有法律强制性。

4. 铁路旅客票价

铁路旅客票价，是铁路旅客运输产品的销售价格，是国民经济价格体系的组成部分。其基本票价率由国务院铁路主管部门拟定，报国务院批准。

旅客票价根据列车种类、车辆类型、设备条件等的有关规定分类与确定，旅客票价由客票票价和附加票票价两部分组成。客票票价由硬座、软座客票票价组成，附加票票价由加快票、卧铺票、空调票的票价组成。旅客票价是以每人每千米的票价率为基础，按照旅客旅行的距离和不同的列车设备条件，采取递远递减的办法确定。硬座的票价率为 0.058 61 元/（人·km），动车组一等软座车票价的基准价为 0.336 6 元/（人·km）、二等软座车票价的基准价为 0.280 5 元/（人·km），其他票价的票价率按规定的加成或减成计算。

儿童票可享受客票、加快票和空调票的优惠，儿童票票价按相应客票和附加票票价的 50% 计算。免费乘车及持儿童票乘车的儿童单独使用卧铺时，应另收全价卧铺票价，有空调时还应另收半价空调票票价。

学生票可享受硬座客票、加快票、空调票及动车组列车二等座车的优惠，学生票票价按相应客票和附加票票价的 50% 计算，动车组列车的学生票价按全价票价的 75% 核收。持学生票乘车的学生使用硬卧时，应另收全价硬卧票价，有空调时还应另收半价空调票票价。

残疾军人票可享受客票和附加票优惠，票价按相应客票和附加票票价的 50% 计算。

铁路发售车票票价实际为联合票的票价，如 T183 次新型空调硬卧车票的票价包括硬座客票、加快票、硬卧票、空调票。

5. 适用于铁路旅客运输的主要法规

为规范铁路运输，维护铁路旅客运输正常秩序，保护铁路旅客运输合同各方当事人的合法权益，国家有关部门及国务院铁路主管部门制定了适用于铁路旅客运输的有关法律、规章制度，其中适用合同各方的主要法规有《中华人民共和国民法典》《中华人民共和国铁路法》《铁路旅客运输规程》《铁路客运运价规则》等，适用铁路内部的主要规章制度有《铁路旅客运输办理细则》《铁路旅客运输管理规则》等。

二、铁路旅客运输生产过程

铁路运输旅客主要经历以下生产过程。

1. 售票

（1）车票种类

铁路发售的车票票价分为普速列车票价和动车组列车票价。普速列车票价是以人公里票价率为基数，按照规定的旅客票价里程区段，采取递远递减的办法确定的；动车组列车票价是根据各席位适用的票价率、运价里程来确定的。

普速列车车票包括客票和附加票两部分，客票部分分为软座票、硬座票，附加票部分分为加快票、卧铺票、空调票。附加票是客票的补充部分，除儿童外，不能单独使用。为了方便旅客，简化发售手续，提高售票速度，铁路直接发售各种联合票以及临时填制的区段票和代用票。除车票外，有关人员还可以持铁路乘车证和特种乘车证乘车。见图10-1-3～图10-1-6。

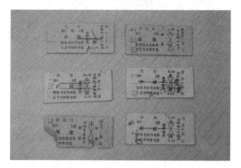

图10-1-3 卡片票图

10-1-4 软纸票

图10-1-5 站台票

图10-1-6 乘车证

为了更好地体现人民铁路为人民的宗旨，铁路部门对儿童、学生及残疾军人实行票价优惠。中国人民解放军和中国人民武装警察部队因伤致残的军人凭"中华人民共和国残疾军人证"、因公致残的人民警察凭"中华人民共和国伤残人民警察证"购买残疾军人优惠票。

（2）车票有效期

车票是运输合同，具有一定的时效，即有效期（图10-1-7、图10-1-8）。车票有效期计算规定：直达票（从发站至到站不需中转换乘的车票）当日当次有效。通票（从发站至到站需中转换乘的车票）有效期按1 000 km为2 d，超过1 000 km的，每增加1 000 km增加1 d，不足1 000 km的尾数按1 d计算。有效期自指定乘车日起至有效期最后一日的24时止。

图 10-1-7　电子票

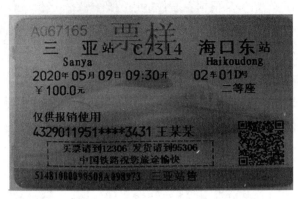

图 10-1-8　卡片票

（3）车票发售

车票应在承运人或销售代理人的售票处购买。在有运输能力的情况下，承运人或销售代理人应按购票人的要求发售车票，但动车组列车车票最远发售至本次列车终点站，并于当日当次有效，全程在铁路运输企业管内运行的动车组列车车票有效期由企业自定。承运人可以开办往返票、联程票（指在购票地能够买到换乘地或返回地带有席位、铺位号的车票）、定期、不定期、储值、定额等多种售票业务，以便于购票人购票和使用。

目前，铁路的售票方式有人工售票、自动售票（图 10-1-9）、电话订票、网络订票、手机 App 购票等方式，这些购票方式方便了旅客购票，加强了铁路系统座位管理功能、候补功能，提高了铁路客运市场竞争力。

图 10-1-9　自动售票

2. 候车

图 10-1-10　候车

候车室是旅客休息和等候乘车的场所。车站昼夜都有大量的旅客，而且旅客流动性很大，因此必须为旅客创造一个良好舒适的候车环境（图 10-1-10）。候车室一般实行凭票候车制度。候车室工作人员要主动、热情、诚恳、周到地为旅客服务，搞好清洁卫生，及时通告列车到、开和检票进站时间，加强安全和旅行常识的宣传，做好饮水、购物、娱乐等延伸服务。

为了维护车站的良好秩序，确保运输安全，方便旅客进出站、上下车，在旅客进入候车室之前需对旅客的随身携带物品进行安全检查。旅客不得携带国家禁止或限制运输的物品、危险品、动物及妨碍公共卫生、能够损坏或污染车辆的物品进站上车。

此外，普速旅客列车每名旅客可免费携带物品重量为成人 20 kg，儿童（含免费儿童）10 kg，外交人员（持外交护照者）35 kg；旅客携带物品的外部尺寸，每件长、宽、高之和不得超过 160 cm；杆状物品长度不得超过 200 cm。残疾人旅行时代步的折叠式轮椅可免费携带，不计入上述范围。动车组列车旅客携带物品的外部尺寸，每件长、宽、高之和不得超过 130 cm，超过规定尺寸的物品应办理托运。

3. 检票

为维护车站秩序，保证旅客安全，防止旅客乘错车，车站对进站的旅客进行实名制验证验票。按照国家有关规定，车站办理实名制验证时，将对旅客、电子客票及有效身份证件原件进行查验。票、证、人不一致（含成年人持儿童票的情形）或无法出示有效身份证件原件的旅客，不得进站乘车。无法出示有效身份证件原件的旅客，可到车站铁路公安制证口办理乘坐旅客列车临时身份证明。

检票时应按先重点（老、弱、病、残、孕等旅客）、后团体、再一般的顺序进行。在旅客通过检票口后，表明铁路旅客运输合同开始履行，铁路负责运输开始。

4. 旅客上下车

上下车极易发生事故，为确保旅客安全，客运人员应有秩序地组织旅客上下车，做到先下后上，做好进出站引导工作，派人坚守检票口、天桥口、地道口及进站或出站通路交叉地点，严禁旅客在列车底下钻爬或爬上车顶、跳下站台、进入铁路线路等，禁止旅客随未停稳的列车奔跑和抢上、抢下。对老、弱、病、残、孕等行动不便的旅客应提供帮助，督促购物旅客及时上车，保证旅客安全。

动车组列车应当接入固定站台并停于固定位置。站台上应以颜色区别车型标出车门位置，划出旅客上下车指示线，站车有关工种应当紧密配合，组织旅客按照车厢号在车门位置处排队等候，上下车旅客分开，有序乘降（图 10-1-11）。

普速列车车门验票工作由列车员负责，动车组列车车门验票工作由车站负责。

图 10-1-11 上车

5. 列车服务

旅客乘坐列车旅行大部分时间是在列车上度过的，列车服务的质量直接影响到铁路的声誉、形象（图 10-1-12）。列车乘务人员应主动、热情、文明、礼貌地为旅客服务，妥善照顾旅客乘降，开展好验票工作，及时安排旅客席位，保持车厢内清洁卫生，维护车内秩序，做好广播宣传、餐饮和开水供应工作，保障旅客人身财产安全，保证列车运行安全。

图 10-1-12　列车服务

6．出站

旅客到达车站出站时，应通过自动检票机自助出站。车站设置自动检票机时，闸机的数量和布局应当与车站设施设备相协调，以满足旅客快速出站的需要。使用自动检票机的车站应同时留有人工通道。

三、特殊情况的旅客运输处理

（一）退票

铁路车票一经售出，铁路旅客运输合同即成立。为了强化合同管理，旅客因故或因铁路企业责任要求退票，即与铁路运输企业解除合同，铁路企业需在一定的条件下才允许办理退票。

旅客因故退票，须在发站开车前办理，特殊情况也可在开车后 2 h 内办理，铁路退还全部票价；旅客开始旅行后不能退票，但如因伤、病不能继续旅行时，经站、车证实，可退还已收票价与已乘区间票价差额，以上情况均核收退票费。退票费执行梯次核收规定，即票面乘车站开车时间前 48 h 以上的按票价 5% 计，24 h 以上、不足 48 h 的按票价 10% 计，不足 24 h 的按票价 20% 计。

旅客因列车超员、晚点、卧铺发售重号、车辆故障途中甩车、行车事故等铁路责任产生的退票，铁路企业应退还全部票价或已收票价与已使用部分票价差，不收退票费。

（二）旅行变更

旅客购票及开始旅行后，要求办理旅行变更的情况经常发生，其变更类别很多，办理的时间短。要求办理旅行变更的情况如下：

1．提前或推迟乘车

旅客不能按票面指定的日期、车次乘车时，应当在票面指定的日期、列车开车前办理一次提前或推迟乘车签证手续，特殊情况下经站长同意可在开车后 2 h 内办理。持动车组列车车票的旅客改乘当日其他动车组列车时不受开车后 2 h 内限制。团体旅客改乘不应晚于开车前48 h，在车站售票预售期内且有运输能力的前提下，车站应予办理。

2. 变更等级

旅客办理中转签证或在列车上办理补签、变更席（铺）位时，签证或变更后的车次、席（铺）位票价高于原票价时，核收票价差额；签证或变更后的车次、席（铺）位票价低于原票价时，票价差额部分不予退还。

因承运人责任使旅客不能按票面记载的日期、车次、座别、铺别乘车时，站、车应重新妥善安排。重新安排的列车、座席、铺位高于原票等级时，超过部分票价不予补收。低于原票等级时，应退还票价差额，不收退票费。

3. 变更径路

变更径路是指发到站不变，经过的线路发生改变。持通票的旅客在中转站和列车上要求变更径路时，必须在通票有效期能够到达到站时方可办理。办理时，原票价低于变径后的票价时，应补收新旧径路里程票价差额，核收手续费；原票价高于或相当于变更后的径路票价时，持原票乘车有效，差额部分（包括列车等级不符的差额）不予退还。

4. 越站乘车

旅客在车票到站前要求越过到站继续乘车时，在有运输能力的情况下列车应予以办理，核收越站区间的票价和手续费。

5. 旅客分乘

两名以上旅客共持一张代用票要求办理分票手续时，站、车从方便旅客出发予以办理。

（三）发生特殊情况的处理

1. 误售、误购、误乘的处理

由于站名相似、口音不同等原因，发生车票误售、误购时，在发站应换发新票。在中途站、原票到站或列车内应补收票价时，换发代用票，补收票价差额。应退还票价时，站、车应编制客运记录交旅客，作为旅客乘车至正当到站要求退还票价差额的凭证，铁路企业应以最方便的列车将旅客运送至正当到站，均不收取手续费或退票费。

因误售、误购或误乘需送回时，承运人应免费将旅客送回。在免费送回区间，旅客不得中途下车。如中途下车，铁路企业对往返乘车区间补收票价，核收手续费。

2. 丢失车票的处理

旅客丢失车票应另行购票。在列车上应自丢失站起（不能判明时从列车始发站起）补收票价，核收手续费。旅客补票后又找到原票时，列车长应编制客运记录交旅客，作为旅客在到站出站前向到站要求退还后补票价的依据。退票时核收退票费。

旅客丢失实名制车票时，可凭购票时所使用的有效身份证件原件、原车票乘车日期和购票的车站名称等到车站售票窗口办理挂失补办手续,办理时间不晚于票面发站停止检票时间前 20 min。

(四) 不符合乘车条件的处理

不符合乘车条件的情况较多,情况不同,处理方法不同。

(1) 属于有意取巧,不履行义务的,除按规定补票,核收手续费以外,铁路运输企业有权对相应旅客身份进行登记,并加收已乘区间应补票价 50% 的票款。如无票乘车,持失效车票乘车,持伪造或涂改的车票乘车,持儿童票、学生票、残疾军人票没有规定的减价凭证或不符合减价条件等情况。

(2) 属于客观原因,不符合乘车条件的,只补收票价,核收手续费。如应买票而未买票的儿童、主动补票或者经站、车同意上车补票的情况。

四、行李、包裹运输及中铁快运

(一) 行李、包裹运输合同

1. 铁路行李、包裹运输合同的含义、凭证

铁路行李、包裹运输合同是指承运人与托运人、收货人之间明确行李、包裹运输权利义务关系的协议。

行李、包裹运输合同的基本凭证是行李票、包裹票。

行李、包裹运输合同自承运人接收行李、包裹并填发行李票、包裹票时起成立,到行李、包裹运至站交付给收货人止,此时,合同履行完毕。

2. 承运人、托运人的基本权利和义务

承运人应为托运人提供方便、快捷的运输条件,将行李、包裹安全、及时、准确运送到目的地;行李、包裹从承运后至交付前,发生灭失、损坏、变质、污染时,承运人负赔偿责任。

托运人应缴纳运输费用,完整、准确填写托运单,遵守国家有关法令及铁路规章制度,维护铁路运输安全;对因自身过错给承运人或其他托运人、收货人造成损失时,托运人应负赔偿责任。

(二) 行李、包裹及中铁快运的范围

1. 行李范围

行李是指旅客自用的被褥、衣物、个人阅读的书籍、残疾人车(每张客票限 1 辆并不带汽油)和其他旅行必需品。另外,凭地、市级以上文化行政部门证明和"营业演出许可证"要求托运的文艺团体演出器材也可按行李运输。为保证安全、贯彻国家有关运输政策,行李中不得夹带货币、证券、珍贵文物、金银珠宝、档案材料等贵重物品和国家禁止、限制运输物品、危险品。

行李每件最大重量为 50 kg，体积以适于装入行李车为限，但最小不小于 0.01 m³。行包运输如图 10-1-13 所示。

图 10-1-13　行包运输

2. 包裹范围

包裹是指适合在旅客列车行李车内运输的小件货物。包裹分为四类：

(1) 一类包裹：自发刊日起 5 d 以内的报纸；中央、省级政府宣传用非卖品；新闻图片和中小学生课本。

(2) 二类包裹：抢险救灾物资，书刊，鲜或冻鱼介类，肉、蛋、奶类，果蔬类。

(3) 三类包裹：不属于一、二、四类包裹的物品。

(4) 四类包裹：一级运输包装的放射性同位素、油样箱、摩托车；泡沫塑料及其制品；国务院铁路主管部门指定的其他需要特殊运输条件的物品。

另外，为保证安全，有些物品是不能按包裹运输的，如危险品。

包裹每件的体积、重量的规定与行李相同。

3. 快运包裹的范围

快运包裹是铁路包裹运输的一种方式，业务全称为"小件货物特快专递运输服务"，简称中铁快运，注册商标为"CRE 中铁快运"，业务性质为运输服务业。

快运包裹以铁路为主要运输工具，配合航空、公路、海运开展综合运输，辅以汽车运输实行门到门服务，同时根据国家主管部门批准的国际货物运输代理经营权，开展国际运输，以满足顾客不同的需求。

快运包裹外部尺寸长、宽、高之和不得小于 0.6 m，货物外部的最大尺寸应不超过长 3 m、宽 1.5 m、高 1.8 m，超过时应先与中转机构或到达机构协商，经同意后方能办理包裹托运，并根据快运包裹的外部尺寸及重量选择合适的运输工具。每件包裹最大重量一般不得超过 50 kg，超过时按超重快运包裹办理。

(三) 行李、包裹的运送组织过程

行李、包裹的运送组织过程包括托运、验货、承运、运送、到达、保管、交付等。

任务 10-2 货物运输组织

【任务目标】

本任务要求学生掌握货物组织的基本内容：货物运输合同的概念和意义、货物运输种类、运输生产过程等。教师利用教学资源，通过视频、动画、先进模范和岗位标兵的典型案例等，丰富学生的感性认识，调动学生学习积极性和争先创优的意识。学生根据活动要求做好课前准备，认真预习，在课堂上积极讨论和交流。

【知识准备】

铁路货运组织工作是铁路运输组织工作的一个重要组成部分（图 10-2-1）。货运工作涉及面广、政策性强、办理复杂，做好货物运输组织工作，对于国家经济建设、国防建设和人民生活都具有重要的意义。随着经济结构的调整和人民生活水平的提高，运输市场的需求发生了很大变化，高效、便捷、安全、舒适将是运输市场需求的主要特征，快捷化、重载运输将是货物运输的发展方向。

图 10-2-1 铁路货运站航拍图

▶ 一、货物运输概述

（一）铁路货物运输合同

1. 铁路货物运输合同概述

铁路货物运输是利用铁路运输工具将货物从发站运往到站的运输生产过程，在法律上体现为铁路运输合同关系。根据《中华人民共和国铁路法》和《铁路货物运输合同实施细则》，承运人和托运人（代表收货人）就铁路货物运输须签订铁路货物运输合同。铁路货物运输合同是承运人与托运人、收货人之间为明确铁路货物运输中的权利、责任、义务而签订的协议，即承运人根据托运人的要求，按约定将托运人的货物运至目的地，完好无损地交与收货人的合同。

2. 铁路货物运输合同的签订与履行

托运人利用铁路运输货物，应与承运人签订货物运输合同。托运人以铁路运输货物,可按年度、半年度、季度或月度签订货物运输协议,也可以签订更长期限的运输协议;在协议期内,托运人可与承运人按阶段确定需求,交运货物时,向承运人按批提出货物运单,作为运输合同的组成部分。

履行铁路货物运输合同要遵循实际履行、全面履行、诚实信用的原则,双方当事人要按照合同的约定或者法律、法规的规定,认真履行各自的义务。

托运人应完整、准确填写货物运单(图10-2-2),缴纳运输费用,遵守国家有关法令及铁路规章制度,维护铁路运输安全。托运人因自身过错给承运人或其他托运人、收货人造成损失时应负赔偿责任。

承运人应为托运人提供方便、快捷的运输条件,将货物安全、及时、准确地运送到目的地。货物自承运时起至交付后止,发生灭失、损坏、变质、污染,承运人应承担赔偿责任。

图10-2-2 货物运单

(二) 货物运输的种类

根据托运人托运货物的数量、性质、形状和运输条件等,结合我国铁路技术设备条件,可将铁路货物运输分为整车、零担和集装箱运输三类。

1. 整车运输

一批货物在重量、体积或形状上需要以一辆及以上货车运输的,应按整车托运。按一批托运的货物,必须托运人、收货人、发站、到站和装卸地点相同(整车分卸货物除外)。

整车货物运输运输费用较低，运送速度较快，安全性能好，承担的运量也较大，整车货物运输是铁路的主要运输方式，如图10-2-3所示。

2. 零担运输

凡不够整车运输条件的，即一批货物在重量、体积或形状上都不需要单独使用一辆货车来运输的货物应按零担货物托运。按零担托运的货物，一件货物体积最小不得小于0.02 m³（重量在10 kg以上的除外），每批不得超过300件。

零担货物运输具有运量零星、批数较多、到站分散、品种繁多、性质复杂、包装条件不一、作业复杂等特点。零担运输在铁路总运量中所占的比重虽不大，但承担了铁路货物运输的大部分工作。零担运输如图10-2-4所示。

图10-2-3　整车运输

图10-2-4　零担运输

3. 集装箱运输

托运人托运的货物，符合集装箱运输条件的，使用铁路集装箱或自备集装箱装运，可按集装箱托运。集装箱运输只能在铁路开办集装箱业务的车站间办理。

集装箱运输具有保证货运安全，简化货物包装，提高装卸效率，加速车辆周转，便于组织"门到门"运输等优点，是一种现代化的运输方式，是铁路运输的发展方向。集装箱运输如图10-2-5所示。

托运人可以按照托运货物的数量、体积、形状和状态等特点选用合适的运输种类，以达到合理使用铁路运输工具，安全、迅速、经济、便利地运输货物的目的。

图10-2-5　集装箱运输

（三）适用铁路货物运输的主要法规

为规范铁路运输，维护铁路货物运输正常秩序，保护铁路货物运输合同各方当事人的合法权益，国务院铁路主管部门及其他有关部门制定了适用铁路货物运输的有关法律、规章制度,其中有些是适用于合同各方的,有些是用于规范铁路内部的。适用合同各方的法规主要有《中华人民共和国民法典》《中华人民共和国铁路法》《铁路货物运输合同实施细则》《铁路货物运输规程》《铁路货物运价规则》《铁路集装箱运输规则》《铁路鲜活货物运输规则》《铁路危险货物运输管理规则》《铁路超限货物运输规则》等,适用铁路内部的规章制度主要有《铁路货物运输管理规则》《铁路货运事故处理规则》等。

(四)货物运到期限

货物运到期限是从承运人承运货物的次日起算的,其由货物的发送时间、运输期间和特殊作业时间三部分组成。

承运人应在规定的运到期限内将货物运至站交付给收货人,逾期到达要承担违约责任,支付违约金。货物运到期限既是对承运人的要求和约束,也是对托运人或收货人合法权益的保护,它有利于托运人和收货人安排其他运输组织工作。

二、货物运输生产过程

货物运输生产过程可分为发送作业、途中作业和到达作业三部分。

(一)发送作业

货物的发送作业一般包括货物的托运、受理、进货与验货、制票、承运和装车作业等,见图10-2-6。铁路整车货物发送作业流程如图10-2-7所示。

图10-2-6 发送作业

(二)途中作业

货物在途中的作业主要包括货物的交接检查、货物的换装整理、货物运输合同的变更和解除及运输阻碍的处理等。

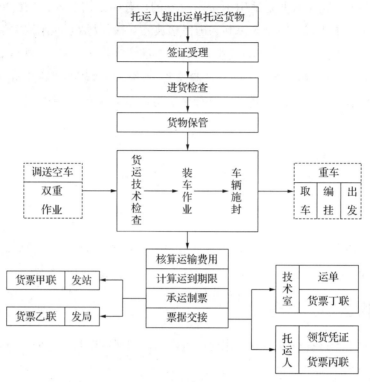

图 10-2-7 铁路整车货物发送作业流程

(三) 到达作业

1. 重车和票据的接收

重车到达到站后,车站应按规定接收重车及票据。车站根据到达车次,在车系统中选择正确的到达确报。

2. 卸车作业

卸车作业是铁路运输的又一个重要环节,其工作质量直接影响装车质量、车辆的周转速度以及排空任务的完成。因此,卸车作业各环节工作都应及时、认真完成。

3. 货物的领货和保管

承运人在车站公共装卸场所内组织卸车的货物,到站应不迟于卸车完了的次日内,承运人可用电话、短信或邮件等,向收货人发出催领通知、领货通知或送货通知,并在货票内记明通知的方法和时间。收货人也可与到站商定其他通知方法。

收货人在到站查询所领取的货物未到时,到站应在领货凭证背面加盖车站日期戳证明货物未到。

货物运抵到站,收货人应及时领取。收货人拒绝领取时,应出具书面说明,自拒领之日起3日内,到站应及时通知托运人和发站,征求处理意见。托运人自接到通知之日起,30日内提出处理意见答复到站。

从承运人发出领货通知或送货通知次日起（不能实行领货通知或送货通知时，从卸车完了的次日起），经过查找，满 30 日（搬家货物满 60 日）仍无人领取的货物或收货人拒领，托运人又未按规定期限提出处理意见的货物，承运人可按无法交付货物处理。

对不宜长期保管的货物，承运人根据具体情况，可缩短通知和处理期限。

4. 交付

（1）内交付

收货人凭纸质领货凭证领货的，收货人为个人时，还需提供收货人身份证；收货人为单位时，还需提供委托书或介绍信和经办人身份证。委托书或介绍信应记明货物的发站、托运人、收货人、运单号码、品名、件数和重量，并与运单的记载完全相符，否则不得交付。未记明或所记载的各项与运单记载不一致时，到站不得向领货人提示其具体内容。

货运内勤人员必须核实确认车辆到达本站且已完成系统卸车操作（专用线专用铁路完成路企交接）后，方可在货票系统中调取运单信息，核实领货凭证、领货人身份等，采集收货人（经办人）身份证及头像影像资料，办理内交付手续。对于委托他人领取货物的情况应同时核实领货凭证、收货人身份证复印件、被委托人身份证原件和委托书。

纸质领货凭证未到或丢失时，可凭有经济担保能力的企业出具的担保书，同时按上述要求办理内交付手续。按照相关的要求，国家机关、以公益为目的的事业单位和社会团体、收货人的分支机构或主管单位不应做经济担保人。

领货凭证上没有发站承运日期戳时，到站不得办理交付手续，并应联系发站处理。承运人不受理"领货凭证"挂失业务，不受理各类抵押形式的交付。

收货人凭领货密码领货的，货运人员在货票系统中验证领货验证码，核实收货人身份信息，采集经办人身份证及头像影像资料，办理内交付手续。对于委托他人领取货物的情况，应查验收货人在电商系统录入的被委托人姓名、身份证号码、手机号码等委托信息及领货密码办理内交付手续。

专用线可凭企业出具的委托领货手续办理交付。

货运人员在货票系统中补充确认到达及卸车相关信息，核收相关费用后，打印运单到站存查联、收货人存查联加盖车站日期戳。运单收货人存查联交收货人，运单到站存查联由收货人签章后留存。运单状态变为"已内交付"。

纸质领货凭证与运单到站存查联、变更要求书、调卸作业单、普通记录等应合订留存。

（2）外交付

货场卸车，货运人员在货运站系统或集装箱系统对"已内交付"的运单进行外交付操作,通过"整车装卸"功能卸车则必须做"整车货场进出货"操作。通过"专用线装卸"功能卸车则不需要做"整车货场进出货"操作。货运人员通过"作业组织"功能卸车,货场卸车则必须做"整车货场进出货"操作,专用线卸车则不需要做"整车货场进出货"操作。货运人员凭加盖车站日期戳的运单收货人存查联点交货物,运单须加盖"货物交讫"戳记。分批领取货物时,应在运单收货人存查联上逐批记载领取货物的品名、件数、重量、时间等信息,全批点交完毕后,运单加盖"货物交讫"戳记。货物及自备箱凭运单收货人存查联出站,铁路箱凭铁路箱出站单出站。

货物的到达作业流程如图 10-2-8 所示。

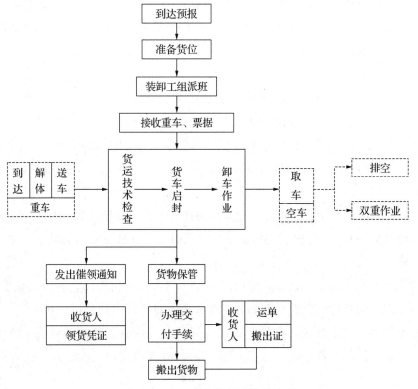

图 10-2-8 货物的到达作业流程

任务 10-3 铁路行车组织

【任务目标】

本任务要求学生掌握铁路行车组织的基本内容:掌握列车及列车的编组,掌握列车运行图及通过能力,了解车站行车组织工作以及铁路运输调度指挥等。教师利用教学资源,通过视频、动画、先进模范和岗位标兵的典型案例等,丰富学生的感性认识,调动学生学习积极性和争先创优的意识。学生根据活动要求做好课前准备，认真预习，在课堂上积极讨论和交流。

【知识准备】

铁路行车组织是铁路运输组织的重要组成部分，是铁路综合运用各种技术设备、合理组织列车运行、实现旅客和货物运输过程的计划和组织工作。

一、列车及列车的编组

(一) 列车的定义、分类及车次

1. 列车的定义

列车是指编成的列车并挂有机车及规定的列车标志。也就是说，列车必须具备三个条件：

(1) 按有关规定编成的列车；

(2) 挂有牵引本次列车的机车；

(3) 有规定的列车标志。列车标志图见图 10-3-1。

单机（包括单机挂车）、大型养路机械及重型轨道车虽未完全具备列车条件，亦按列车办理。

图 10-3-1 列车标志图

2. 列车的分类

为适应旅客和货物运输的不同需要，列车按运输性质的分类如下：

(1) 旅客列车（动车组列车，特快、快速、普通旅客列车）；

(2) 特快货物班列；

(3) 军用列车；

(4) 货物列车（快速货物班列，快运、重载、直达、直通、冷藏、自备车、区段、摘挂、超限及小运转列车等）；

(5) 路用列车。

3. 列车运行等级顺序

(1) 动车组列车；

(2) 特快旅客列车；

(3) 特快货物班列；

(4) 快速旅客列车；

(5) 普通旅客列车；

(6) 军用列车；

(7) 货物列车；

(8) 路用列车。

开往事故现场救援、抢修、抢救的列车，应优先办理行车。

4. 列车的车次

为便于计划安排和具体掌握列车运行情况，各类列车均应有固定车次。这样，就可以根据不同的车次辨别该次列车的种类、等级和运行方向。

列车运行，原则上以开往北京方向为上行，车次编为双数；相反方向为下行，车次编为单数。在铁路支线上，一般以连接干线的车站开往支线的方向为下行，相反方向为上行。在个别区间使用直通车次时，上下行方向可与上述规定方向不符。

为确保旅客列车车次全路唯一性，各铁路局集团公司管内特快、快速列车车次不足时，需向国铁集团申请车次，不得自行确定车次。

(二) 列车编组 (图 10 - 3 - 2)

图 10 - 3 - 2　编组站航拍图

1. 旅客列车的编组

动车组以外的旅客列车按列车编组表编组，机车后第一位编挂一辆未搭乘旅客的车辆作为隔离车。行李车、邮政车、发电车等不搭乘旅客的车辆应分别挂于机车后第一位和列车尾部，起隔离作用；在装设集中联锁的区段，设有列车运行监控记录装置的旅客列车可不挂隔离车。如隔离车在途中发生故障摘下时，列车可继续运行。局管内旅客列车经铁路局集团公司主要领导批准，可不隔离。

2. 货物列车的编组

铁路行车组织面临的一个重要问题，就是如何正确地组织重空车流及合理地将规定车辆编入相应列车向目的地运送。

在流向有同有异、流量有大有小、流程有远有近、各站设备条件不尽相同、作业性质与能力互有差异的复杂条件下，如何将发、到站各不相同的重车流及不同车种的空车流合理地组织起来，在适当的地点编组成各种不同去向和种类的列车，是车流组织所要解决的问题。为此，铁路企业要制定货物列车编组计划，使全路编组的列车互相配合、互相衔接，成为统一的整体，保证各站产生的车流都能迅速而经济地运送到目的地。

货物列车编组计划是全路车流组织计划，由装车地直达列车方案和技术站列车编组方案两大部分组成。它根据全路车流结构、各站设备能力和作业条件，统一安排全路各站的解编作业任务，具体规定全路客货运站、编组站和区段站编组货物列车的种类、到站及车组编挂办法。

可在装车站利用自装车流编组装车的直达列车。装车的直达列车能最大限度地减少中间作业环节，降低运输成本，减轻运行途中有关技术站的改编作业负担，加速机车车辆周转和货物送达。没有被装车地直达列车吸收的车流，要将其送往技术站加以集中，以便和技术站自装车流汇合在一起分别编组不同种类和到站的列车。

二、列车运行图及通过能力

在组织旅客和货物运输的生产过程中，列车运行是一个很复杂的环节，需要利用多种铁路技术设备，在各个部门、各工种、各项作业之间互相协调配合的前提下，才能保证行车安全和提高运输效率。列车运行图在这方面起着极其重要的作用，如图 10-3-3 所示。

（一）列车运行图

1. 列车运行图的概念及作用

列车运行图是列车运行的图解，是全路组织列车运行的基础。列车运行图规定了各次列车占用区间的次序，列车在每个车站的到、发或通过时刻，列车在区间内的运

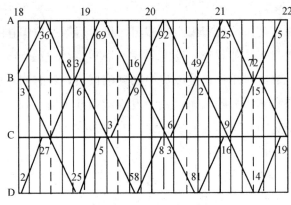

图 10-3-3 列车运行图

行时间和在车站上的停站时间及机车交路,列车的重量和长度标准等。

列车运行图实际上是利用坐标原理来表示列车运行的一种图解。它以垂直线等分横轴表示时间,用横线划分纵轴表示各车站中心线的位置,斜线称为列车运行线。

列车运行图不仅是日常指挥列车运行的重要依据,而且也是保证行车安全、改善铁路技术设备运用、加速机车车辆周转、提高铁路通过能力和运营工作水平的重要工具。

2. 列车运行图的分类

根据使用范围以及铁路线路的技术设备(如单线、复线)和列车运行速度、上下行方向的列车数量、列车的运行方式等条件,列车运行图可以分为多种不同类型。

(1) 按使用范围分,列车运行图可以分为铁路内部使用的列车运行图和社会使用的列车运行图。

铁路内部使用的列车运行图是铁路组织运输生产的依据,是实现"按图行车"的技术组织措施,是确保铁路运输产品质量的基础。在我国,通常采用图形列车运行图。

社会使用的列车运行图对铁路来说是铁路运输产品的供销计划,而对社会用户来说,则是旅客安排旅行计划、货主安排货物销售计划的依据。目前,我国有旅客列车时刻表供社会使用。旅客列车时刻表应在新运行图实行之前向社会公布。

(2) 按区间正线数目的不同,列车运行图可以分为单线运行图、双线运行图和单双线运行图。

单线运行图是指在单线区段上,上下行列车都在同一条正线上运行,因此,列车的交会必须在车站上进行,区间绝不会出现上下行列车运行线的交点。

双线运行图是指在双线区段上,上下行列车在各自的正线上运行,互不干扰,列车可以在区间内或车站上进行交会,但列车的越行必须在车站上进行。

单双线运行图指的是在有部分双线的区段上铺画出的运行图,它分别具有单线运行图和双线运行图的特征。

(3) 按同方向列车运行速度的不同，运行图又分为平行运行图和非平行运行图。

平行运行图指的是在同一区间内，同方向列车运行速度相同，因而铺画出的列车运行线相互平行，且在区段内无列车的越行。

非平行运行图指的是同方向列车运行的速度不相同，因而铺画出的列车运行线出现不平行，且在区段内有列车的越行。

(4) 按上下行列车数目的不同，运行图又分为成对运行图和不成对运行图。在成对运行图上，上下行的列车数目相等，而不成对运行图中上下行的列车数目不相等。

(5) 按同方向列车运行方式的不同，运行图又分为追踪运行图和非追踪运行图。

追踪运行图指的是在自动闭塞的双线（或单线）区段上，同方向列车以闭塞分区为间隔，实行追踪运行。

非追踪运行图指的是在非自动闭塞的单线（或双线）区段上，同方向列车以站间或所间区间为间隔，实行非追踪运行。

应该指出，上述分类都是针对列车运行图的某一特点而加以区别的。实际上，每张列车运行图都可能具有多方面的特点，例如某一区段的列车运行图，它既是双线的、非平行的，又是追踪的。

(二) 铁路区段通过能力

通过能力是指在一定的机车车辆类型和一定的行车组织方法的条件下，铁路区段内的各种固定设备，在单位时间内（通常指一昼夜）所能通过或接发的最多列车对数或列数。

铁路区段通过能力是指铁路区段内各种固定设备（如区间、车站、机务段设备、电气化铁路的供电设备等）中通过能力最薄弱的设备能力，也称为区段的最终通过能力。与铁路行车组织有关的铁路区段通过能力是区间通过能力和车站通过能力。

1. 铁路区间通过能力

铁路区间通过能力，主要取决于该区段的技术设备和所采用的行车组织方法，如区间正线数目、区间长度、线路纵断面、机车车辆类型及信号、联锁及闭塞方式以及列车运行图的类型等。列车运行图类型对区间通过能力影响很大，在同样的技术设备条件下，不同的列车运行图对应的通过能力就有很大不同。计算区间通过能力，一般是先计算平行运行图的区间通过能力，然后在此基础上计算非平行运行图的区间通过能力。

2. 铁路车站通过能力

铁路车站通过能力是指车站在现有设备条件下，采用合理的技术作业过程，于一昼夜内所能通过或接发的最多列车对数或列数。它包括咽喉通过能力和到发线通过能力两部分。车站通过能力最后是取咽喉通过能力和到发线通过能力中的最小值。

三、车站行车组织工作

车站是铁路运输的基层生产单位,是客货运输的起始、中转和终到地点,铁路运输生产过程中的绝大部分作业环节都是在车站上进行的。车站工作的质量直接影响着铁路区段方向乃至整个路网运输工作的安全性、准确性、连续性和节奏性,决定着全路运输工作任务完成的数量和质量。因此,正确组织车站工作,特别是车站的行车组织工作,对于实现安全、正点、畅通、优质、高效运输生产管理的基本要求有着十分重要的意义。

车站行车组织工作的主要内容包括接发列车工作、列车及货车的技术作业工作和调车工作等。为了使车站各车间、各工种协调而有节奏地进行日常运输生产,充分发挥技术设备的效能,技术站和货运站均应设有调度机构,调度机构可通过制定车站作业计划来组织指挥车站日常生产活动。

(一)接发列车工作

铁路行车与公路行车不同,列车的会让和越行往往必须在车站上进行,因此要办理接发列车作业。保证不间断地接发列车、严格按列车运行图行车是对车站接发列车工作的基本要求。

为了保证列车运行的安全,列车接入车站和出发车站,都必须按照一定的程序办理接发列车的必要作业。

在接发列车时需办理的作业有:

(1)办理闭塞;

(2)准备进路;

(3)开放和关闭进站信号或出站信号;

(4)交接行车凭证;

(5)迎送列车;

(6)发车;

(7)开通区间及报点。

(二)技术站货物列车及货车的技术作业

1. 基本概念

为了保证列车运行安全和货物完整,将货物列车在始发站、终到站和运行途经技术站的到发线上及摘挂列车在中间站办理的各项技术作业,统称为货物列车技术作业。货车自到达车站时起,至由车站发出时止,在车站办理的各项技术作业,统称为货车技术作业。这些作业的项目、程序与时间标准统称为货物列车及货车技术作业过程,如图10-3-4至图10-3-7所示。

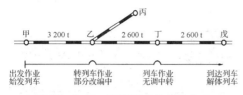

图 10-3-4 下行列车技术站作业

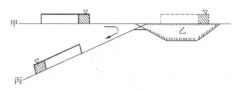

图 10-3-5 变更运行方向

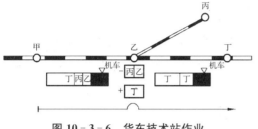

图 10-3-6 货车技术站作业

图 10-3-7 上行列车技术站作业

2. 技术站办理的货物列车的种类

（1）无改编中转列车：在该技术站不进行改编作业，只在到发场进行到发技术作业后继续运行的列车。

（2）部分改编中转列车：在该技术站需要变更列车重量、变更运行方向和换挂车组的列车。

（3）到达解体列车：在该技术站进行解体的列车。

（4）自编始发列车：由该技术站编成的列车。

3. 技术站办理的货车种类

技术站办理的货车种类如图 10-3-8 所示。

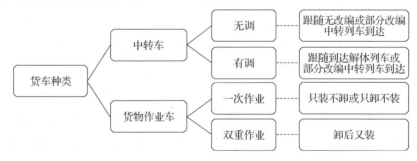

图 10-3-8 技术站办理的货车种类

（1）无调中转车：随无改编中转列车或部分改编中转列车到达，在该站进行到发技术作业后，又随原列车继续运行的货车。

（2）有调中转车：随到达解体列车或部分改编中转列车到达，在该技术站经过一系列改编作业后，再随自编始发列车或另一列部分改编中转列车继续运行的货车。有调中转车作业路径如图 10-3-9 所示。

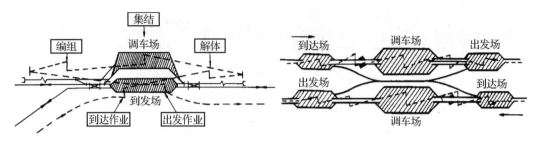

图 10-3-9　有调中转车作业路径

（3）货物作业车（或称本站作业车）：随到达解体列车或部分改编中转列车到达、需在车站进行货物作业（卸车或装车）的货车。它包括一次货物作业车和双重货物作业车。货物作业车作业路径如图 10-3-10 所示。

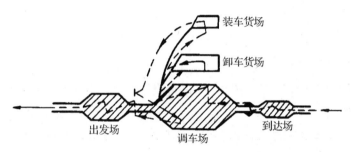

图 10-3-10　货物作业车作业路径

4．货车技术作业项目

货物列车到达技术站或列车编组完成后，须在技术站的到达场、出发场或到发场上为列车办理一系列的技术作业。虽然各种列车所需办理的作业内容和要求不完全相同，但下列一些技术作业都是必须办理的：

（1）车辆的技术检查和修理。

（2）车辆的货运检查及整理。

（3）车号员检查核对现车。

（4）车列及票据交接。

除此以外，到达解体列车还应进行准备解体作业；自编始发列车、无改编中转列车还应进行准备发车及发车作业；部分改编中转列车还应进行摘挂车辆的调车作业和准备发车及发车作业。

（三）调车工作

列车的形成离不开调车。除了列车在车站到达、出发、通过及在区间内运行之外，凡是机车车辆在站线或其他线路上进行的一切有目的的移动，统称为调车。调车工作是列车解编、摘挂、车辆取送过程中不可缺少的重要环节，对编组站来说，调车工作更是它的主要生产活动。

1. 调车工作分类

调车工作按其作业目的的不同可分为以下几类：

(1) 解体调车：将到达解体的列车或车组，按其车辆的去向或其他需要分解到调车场各固定线路上去的调车。

(2) 编组调车：按列车编组计划、列车运行图以及有关规章的规定和要求，将车辆选编成车列或车组的调车。

(3) 摘挂调车：对部分改编中转列车进行补轴、减轴、车辆换挂以及摘挂列车在中间站进行摘挂车辆的调车。

(4) 取送调车：将待装、待卸的车辆由调车场送至装卸作业地点以及从上述地点将作业完了的车辆取回调车场的调车。

(5) 其他调车：因工作需要对车列或车组进行转场、转线，对调车场内的停留车辆进行整理，以及机车出入段的调车作业等。

不同车站由于作业性质的不同，完成各种调车工作的比重也不一样，如编组站有大量的解体和编组调车，而中间站一般只进行摘挂和取送调车。

2. 调车作业方法

调车作业方法按使用设备的不同可分为牵出线调车和驼峰调车。

(1) 牵出线调车：一种最基本的调车作业方式，通常有推送调车法和溜放调车法两种，如图 10-3-11、图 10-3-12 所示。

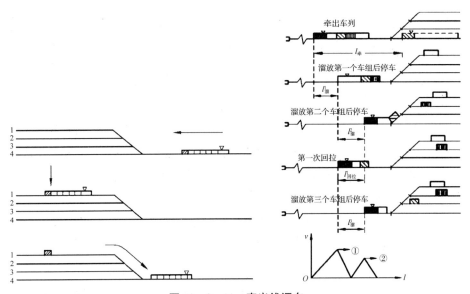

图 10-3-11　牵出线调车

推送调车法是利用机车将车辆从一股道调送到另一股道的指定地点，停妥后再摘车的调车作业方法。这种调车作业方法安全可靠，但调车效率较低。

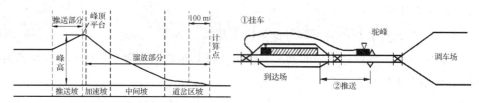

图 10-3-12 溜放调车法

溜放调车法是利用机车推送车列使其达到一定速度,并在行进中将计划摘下的车组提钩,司机根据调车长的信号指示减速制动,被摘下的车组借所获得的动能溜向指定地点,制动员用人力制动机使之停车或与停留车安全连挂的调车作业方法。

(2) 驼峰调车：是利用车辆本身的重力,辅以机车的一定推力,使摘下的车辆由峰顶自行溜入峰下调车场指定线路,由制动员使用铁鞋或车辆减速器、减速顶、加减速小车等使之停车或与停留车安全连挂的调车作业方法。这是编组站解体车列采用的主要方法。

(四) 车站作业计划

车站作业计划包括班计划、阶段计划和调车作业计划。班计划是车站最基本的计划,它体现了集团公司调度部门对车站规定的任务和要求,由站长或主管运输的副站长按照路局调度的要求编制；阶段计划是一个班各阶段工作的具体安排,是完成班计划的保证,由车站调度员根据该阶段工作开始前的具体情况编制；调车作业计划是列车解体、编组和车辆取送作业的具体行动计划,由调车区长编制。在车站作业计划编制中的时间一般是按行车日 18：01—次日 18：00。一日分两班：第一班 18：01—次日 06：00,第二班 06：01—18：00。

1. 班计划的主要内容

班计划的主要内容包括：列车到达计划,列车出发计划,装车、卸车和排空计划,班工作指标,重点任务和上级指示,如图 10-3-13 所示。

调度所向车站下达班计划任务,车站调度员将调度所下达的列车到达计划填制在班计划表内,车站不需另编列车到达计划。调度员将到达本站的列车车次、时分、编组内容（去向别重车数、车种别空车数、到达本站重车数）,直接填记在班计划表有关栏内并推算车站 18：00 (06：00) 编组场车流情况；车站货运调度员收集调度所承认的本班要车计划；机务段运用值班员提供的各方向机车的现有台数整备情况和交路计划,向调度所报告计划资料。

列车出发计划是班计划的核心内容。其中出发列车车次和时分是调度所作为任务下达的,车站编制列车出发计划主要是要确定每一出发列车的具体编组内容和车流来源。卸车计划是根据待卸车和本班内到达作业车车数及时间的相关资料,并考虑调车机车取送能力、卸车机具和劳力,以及卸车场地等情况确定的,卸车计划对到达的大宗货物车辆应作重点安排。

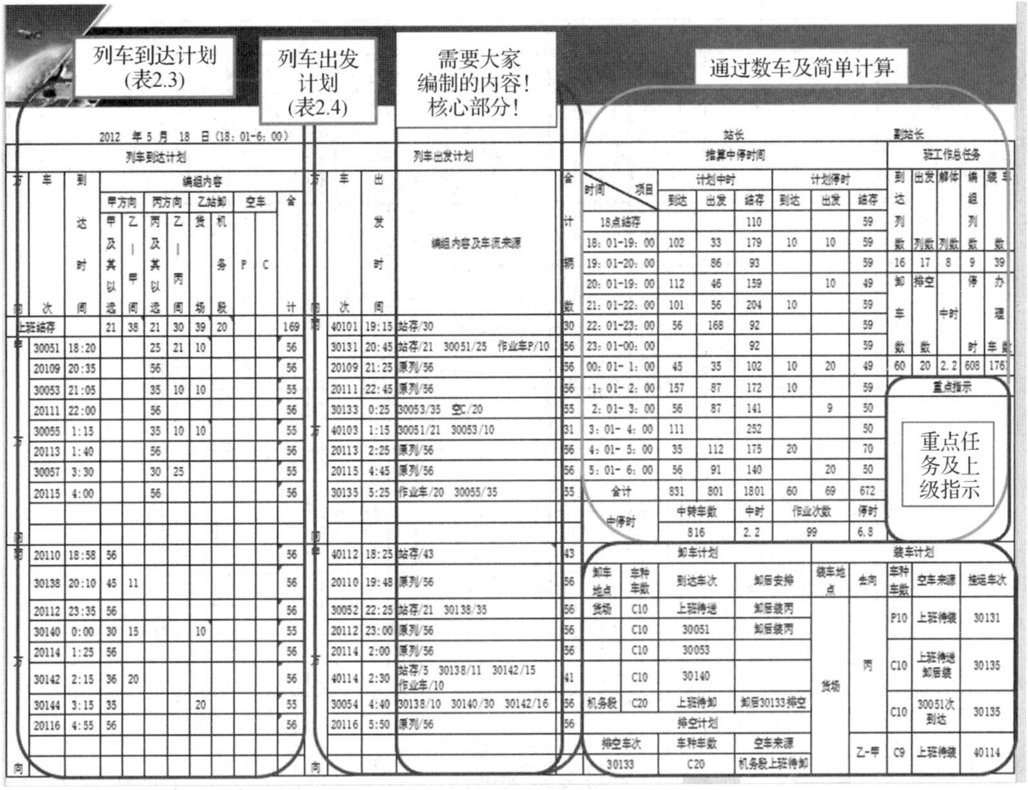

图 10-3-13 班计划

排空车计划一般按照调度所下达的命令确定，并按指定排空车次、车种、车数进行安排。

装车计划根据完成排空车计划后所余空车情况，按照"保证重点、照顾一般"的原则，并结合车辆集结过程的需要，确定各装车地点的装车货物品类、到站、车种、车数、配空来源、装完时间和挂运车次。

编组始发列车的车流来源主要有以下几个方面：

① 本班开始时的结存车；

② 班内到达的中转车；

③ 陆续装卸完了的货物作业车及出厂、站修修竣的车。

2. 阶段计划的主要内容

阶段计划是车站班计划分阶段的具体安排，是完成班计划的具体保证（图 10-3-14）。由于编制班计划时的有些资料是 18：00（06：00）前预计的，而本班内陆续到达的列车，其编组内容、到达时刻以及货物作业车装卸进度、调车作业进度等都可能发生变化，因此，车站应在执行班计划过程中，根据当时的实际情况，具体安排各阶段工作，并据变化情况及时采取调整措施，才能保证完成班计划的任务。阶段计划的主要内容包括：

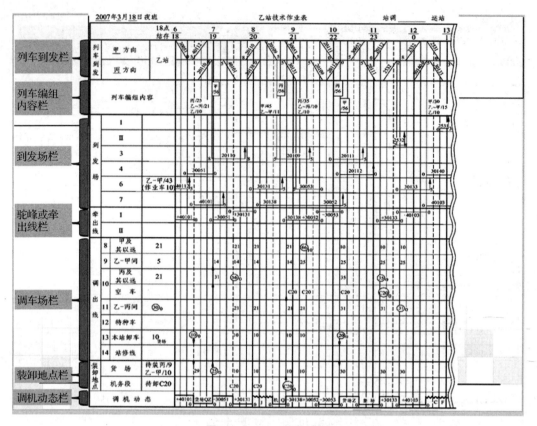

图 10‑3‑14　阶段计划

（1）各方向到达列车的车次、时分、机车型号、进入场别、占用线别、编组内容和解体顺序、起止时分。

（2）各方向出发列车的车次、时分、机车交路及型号、编组内容、车流来源、占用发车场别、线别、编组作业起止时分。

（3）各货场及专用线别的卸车数、品名、收货人、送车时间、卸空时间、空车用途。

（4）各货场及专用线别的装车数、车种、品名、到站、空车来源、送入时间、装完时间、挂运车次。

（5）重点军用、超限特种货物和车辆等加挂的车次、辆数、编挂限制。

（6）中转列车成组甩挂车次、时间、辆数、去向。

（7）各场（区）及货场、专用线间的车辆（包括检修车、洗刷、倒装等车辆）的交换次数、取送地点、时间、辆数。

（8）客车底取送及摘挂的车次、时间、地点、车种、辆数。

（9）调车机运用和整备计划，驼峰、牵出线等作业安排。

（10）施工和维修计划。

3. 调车作业计划

调车作业计划由调车领导人（调车区长、车站调度员）根据阶段计划任务、到达确报和存车情况编制，并以调车作业通知单形式下达给调车人员执行（图10-3-15）。调车作业计划要统筹考虑，要采用最有效的调车方法，以便为以后的调车作业创造有利条件，做到最大限度地解体照顾编组，以达到节省调车钩数、缩短调车行程、减轻调车重量、压缩调车时间、减少交叉干扰、确保调车安全的目的。

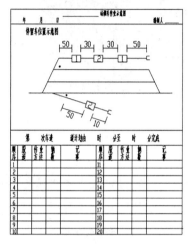 

图10-3-15　调车作业计划

调车作业计划以调车钩为单位，按其先后顺序排列。通常调车钩的多少表示调车工作量的大小。调车钩是机车完成连挂、摘解、溜放车辆等调车工作的基本单位，按其性质分为：

挂车钩：机车（或挂有车辆）驶往线路内连挂车辆后牵出至开始进行下一项作业地点的调车钩。

摘车钩：机车将车组摘解到指定线路内并返回至开始进行下一项作业地点的调车钩。摘车钩又分为推送钩和溜放钩。

▶四、铁路运输调度指挥

（一）铁路运输调度指挥系统及其基本任务

1. 铁路运输调度指挥系统

铁路运输业具有点多、线长、部门分工细、各作业环节紧密联系等特点。运输生产过程是在长距离的连续空间带上进行的，涉及部门多、变化大、时间性强，常常是一点不通影响一线，一线不畅影响一片。调度指挥如图10-3-16所示。

图 10-3-16 调度指挥

2. 铁路运输调度工作的基本任务

铁路运输调度是铁路日常运输组织的指挥中枢,分别代表各级领导组织并指挥日常运输工作。运输调度的基本任务是正确地编制和执行运输工作日常计划,科学地组织客流、货流和车流,搞好均衡运输,挖掘运输潜力,提高运输效率,经济合理地使用机车车辆及运输设备,与运输有关各部门紧密配合,协同动作,实现列车编组计划、列车运行图和运输方案,保证完成旅客运输计划、月度货物运输计划、技术计划,提高经济效率,努力完成铁路运输任务,为社会主义经济建设和国防服务。

(二) CTC 调度区段行车工作

新一代调度集中 CTC 是以现代通信技术和分散自律控制为基础的分布式远程控制系统。它吸取了传统的经验和教训,充分考虑中国铁路客货混跑、调车作业多的实际情况,将调车控制纳入 CTC 功能中,系统无需切换控制模式即可实现行车作业和调车作业的协调办理,并且能够进行无人值守车站的调车作业,从而将调度集中的优势彻底地发挥出来。

CTC 由调度中心子系统、车站子系统和调度中心与车站及车站之间的网络子系统三部分构成。

调度中心子系统是 CTC 的网络核心,由中心机房设备及各调度台应用终端组成。中心机房设备包括:数据库服务器、应用服务器、通信服务器、日志服务器、网络通信设备、电源设备、网管工作站、系统维护工作站。调度台应用终端包括:行调工作站、助调工作站、综合维修工作站、计划员工作站、值班主任工作站、培训工作站、备份工作站等。

【铁路故事】

传承"一点不差"的习惯,筑牢"差一点也不行"的信仰——小东精神

在繁密的中国铁路网中,有这样一个车站,它连续保持安全生产七十余年,曾荣获全国五一劳动奖状、全国模范职工小家、全国青年文明号、全路党支部"十面红旗"等荣誉400多项。这里涌现出的先进典型,曾作为铁路的代表,受到毛泽东、周恩来、邓小平等党和国家领导人的亲切接见……这个车站,就是中国铁路沈阳局集团有限公司高新线上的一个四等小站——小东站。到底是什么让这样一个四等小站历经七十余载,安全生产始终坚如磐石,成为中国铁路的一面旗帜呢?

☆小东精神的内涵

"一点不差,差一点也不行"的小东精神在薪火相传的实践中得到不断丰富发展(图10-3-17)。"忠诚、严细、自觉、精业、为先"构成了小东精神的基本内涵。

图10-3-17 小东精神

☆忠诚情怀:党叫干啥就干啥,干啥就要干好啥

解放战争时期,小东站人甘用胸膛作铺路石,确保大军顺利南下,为解放战争的胜利作出了积极贡献,成为党可信赖、可依靠的一支"铁军"。

1953年12月,沈有清光荣完成了党和国家交给的任务,从朝鲜回到了小东站。他没有向组织提出任何要求,在普通的扳道员岗位上一直勤勤恳恳、任劳任怨地工作。身边的人常听他说这样一句话,那就是"党叫干啥就干啥,干啥就要干好啥"。凭着对这一信念的坚守,沈有清被评为省级劳动模范,还当上了小东站副站长。20世纪70年代初,他远渡重洋,支援坦赞铁路建设,把小东站人的光荣传统、中国铁路工人的精神风貌带到了异国他乡。

"党叫干啥就干啥,干啥就要干好啥"是小东站人鲜明的政治底色。党支部号召党员带头做"一点不差,差一点也不行"的好职工,使"一点不差,差一点也不行"逐渐成为小东站人的职业操守和精神境界。当车站实现安全生产3 000天、创全路中间站的最高纪录时,《人民日报》头版报道了小东站的先进事迹,铁道部发出了"全路向小东学习"的号召。

1976年12月1日,小东站胜利实现安全生产28周年,被原铁道部命名为全路"学大庆先进集体"荣誉称号。改革开放初期,面对"铁路要当好经济建设火车头"的时代要求,车站党支部向党员发出了"四个带头"的号召,即带头遵章守纪、带头埋头苦干、带头廉洁奉公、带头关心群众。进入21世纪,党支部坚持把党员的先进性充分体现到"一点不差,差一点也不行"的小东精神上来,做到关键环节党员盯防、关键部位党员包保、关键流程党员卡控,充分地发挥了党员的先锋模范作用。

可以说,无论哪个时期、什么时候,小东站人始终不渝听党话、坚定不移跟党走,坚决完成党交办的各项任务,把"一点不差,差一点也不行"的小东精神深深地融入对党忠诚的血脉之中。

☆严细作风:安全生产大于一切,规范管理一丝不苟

在小东站人眼中,安全大如天、责任重于山,他们依靠"严在一点一滴、细在一丝一毫",把严谨态度与精细标准有机统一,让安全基础实而再实,持续创造着全路中间站安全生产的最高纪录。

小东站第二任站长岳光亚有一个别名叫"岳光严",大家习惯在背地里叫他"严站长"。有一次,他夜间抽查,发现扳道员超计划时间1 min没有通知接车,他抄起电话询问,对方称拉肚子去了趟厕所,岳光亚却较真地非要实地去看痕迹,这个扳道员一看瞒不住了,只好承认刚才打盹了。岳光亚在交班会上语重心长地跟大家说:战场上打盹容易吃败仗,是会要人命的;岗位上打盹容易出事故,同样是会要人命的!职工们听了深受教育。事后,有的职工在岳光亚的"亚"字上加上了一撇,"严站长"这个名字就这样被叫开了。从那时起,严字当头、一丝不苟就成了历任站长抓安全的准则,无论是干部还是职工,大家心里都有一杆秤,那就是安全连着千家万户的幸福,在安全上无论怎么严都不过分。

2013年6月,小东站迎来了单线变复线、半自动闭塞改自动闭塞的历史性改造。面对从未有过的安全风险考验,第十四任站长李强向全站和施工单位郑重提出"安全底线寸步不让,防控措施缺一不可"的硬性要求,他从施工计划、现场卡控、应急处置等6个方面出发,细化制定了22项控制措施,并且绘制了一目了然的施工卡控流程图,要求全站人员和每个施工单位必须对照流程图一点不差地组织施工。一开始有的施工单位还以为站长就是说说而已,可没想到施工过程中,小东站每一个人在每一处所、每一时刻都不打折扣地严格执行。施工单位负责人不解地说:"我干了十多年的活儿,就没见过你们这么细、这么严的,这活太难干了!"李强听罢,严肃地说:"咱们是边施工边行车,对运输干扰大、安全风险大,这些措施都是反复分析、推演出来的,只有这么干,心里才有底。"他从早到晚严格盯控施工和行车各个关键环节、关键节

点。施工单位每天早上 5 点钟到车站做准备，李强 4 点钟就起来，核对施工计划和调度命令，认真组织施工登销记，差一个字都不放过。为了防止差错，头天晚上他都要把登销记细节做成一个模板，在登销记前，对驻站联络员一对一进行讲解，并要求严格对照模板执行，确保无误。渐渐地，施工单位人员由质疑变为认同，由被动执行变为自觉执行。他们深有感触地说：" 小东站人让我们知道了什么叫'一点不差，差一点也不行'。在小东站干活儿，尽管累点，但心里最踏实！"

☆自觉养成：铁的纪律处处一个样，落实标准人人都一样

小东站人之所以能够创造安全骄人业绩，离不开他们 "干一行、爱一行、专一行、精一行" 的高度自觉。白天晚上不差样、好天坏天不差样、当班帮班不差样、干部在与不在不差样，这是他们日常工作和生活的真实写照。

熟悉铁路行车工作的人都知道，车站办理作业，最怕的就是不良天气和设备故障所产生的非正常接发车作业。一旦出现非正常情况，极易给安全带来威胁。1984 年 7 月 8 日凌晨，电闪雷鸣、暴雨倾盆，车站所有通信设备保险全部被雷击穿，一切电话中断，行车设备瞬间全部灭灯。正在车站调休的值班员刘俊第一时间补充上岗，协助当班值班员迅速启动一切电话中断非正常行车作业办法。他们严格按照标准填写、核对红色许可证，顶着狂风暴雨，向机车司机递交行车凭证。担当人工传递命令的周伯伸，每接发一趟列车就要在相距几百米的运转室、扳道房之间往返 4 次，及时准确地将命令一次次传达到位。在电话中断长达 4 h、设备失去联锁控制长达 3 天的时间里，全站干部职工都严格地执行每一环节的作业标准，安全接发列车 128 列，没有出现任何差错。日常自觉养成严格执行标准的习惯，是他们安全有序应对危急时刻的根本保证。

面对非正常情况立即上岗，已经变成了小东站人的 "下意识"。在小东站流传着一个非常有名的 "半个瓢" 的故事：扳道员洪瑞武休班去理发，刚剪一半，电推子坏了，他第一反应就是 "停电了"，起身就往车站跑，到车站后一看没有停电，这才意识到是电推子在作怪……工友们愣愣地看着老洪，追问发生了什么事。老洪摸着剪了一半的头发讲出经过，逗得大家捧腹大笑。其实，在小东站人的日常生活里，吃半顿饭、睡半宿觉、看半场电影是经常发生的事儿，一代代小东站人严格要求自己已经 "严" 到了一种境界、"严" 成了一种自觉。

新邱站站长魏巍就是从小东站历练出来的年轻站长，因为他一提到 "标准" 两个字就一脸威严，被职工们戏称为 "威站长"，在 "威站长" 的身上有着这样一则故事：那是 2006 年 11 月的一天，当时还担任着车站值班员的魏巍，按计划准备了下行列车进 1 道、上行列车进 3 道的进路后，接到调度员临时调整命令，下行列车会让 3 趟上行列车。为让助理值班员接车不横越 1 道停留列车，他没有和司机联控，就排了下行列车进 3 道、上行列车进 1 道的进路，被时任站长陆宝玉监控发现，他当即严肃制止，事后按违章进行考核。事后魏巍有些不服，说他变更接车进路的时机，比《车站工作

组织细则》规定的开放信号时机提前 1 min，啥都不影响。陆宝玉听后，就把魏巍拉到站线板前，一边模拟推演，一边耐心讲解：1 道的中间是道岔区段，取消进路时，白光带消失需要 3 s，如果你没有确认好道岔区段是否解锁，就会导致变更的进路无法形成，就会把列车撂到站外……魏巍一下子恍然大悟，惭愧地说："站长，我明白了，我错了。"这件事让魏巍懂得了，执行规章如果"差一点"，就等于给安全埋下了隐患。从此，他时时处处执行标准不走样，并把这种作风从作业岗位带到了管理岗位。

在小东站人心中，"安全第一"已经成为一种本能。自觉在执行标准上加一码、紧一扣，让安全有底数、有底气，成为"一点不差，差一点也不行"的小东精神的重要内涵，这也是小东站建站 70 多年从未发生过事故、创造全路中间站安全奇迹的一大秘籍。

☆精业品格：就是脱掉几层皮、功夫也要练到家

小东站人始终坚持勤学业务、苦练技能，把学规章、练硬功当责任、当习惯、当追求，用他们的话讲，"干好工作光有热情还不够，必须得凭真本事"。锻造精业品格，是小东站人十分珍重的传家宝。

老一辈小东站人大多出身贫寒，能识文断字的很少，尽管那时规章条款并不多，但对他们来说，学规章也是一个不小的难题。老工人洪瑞武，从小没念过书，为了学规章，他想出了一个笨招，就是在纸上画出线路、道岔、信号机等，然后在上面画些大圈套小圈、直线加速曲线、方方块块的只有他自己懂得的规章符号，画了一张又一张，把自家屋子贴得满墙都是。有人笑着说："这画的是啥呀，跟天书似的。"洪瑞武并不在意别人怎么说，他不仅画，还让有初小文化的妻子念规章给他听，妻子考、他来答……谁都没想到，大字不识几个的洪瑞武竟然在车站的学规章对手赛上把《铁路技术管理规程》《铁路行车组织规程》背得一字不差，随后，在分局技术表演赛上还荣获了技术能手称号。从那时起，"洪天书"的称号就叫开了，并且成为激励一代又一代的小东站人勤奋学习的榜样。人人学业务，个个背规章，蔚然成为一种风气、一种文化。一直到现在，小东站都始终坚持"百题百条"的规章学习法，即根据工种应知应会，从《铁路技术管理规程》中选出 100 题、从《铁路行车组织规程》《车站工作组织细则》中选出 100 条，每个人都要达到熟知弄懂、一字不差，这成了小东站人基本技能的标准，也是新职工进入小东站必修的"第一科目"。

（资料来源：中国国家铁路集团有限公司党组宣传部，《铁路红色基因》）

11

模块十一　铁路新技术

【内容描述】

近年来,世界铁路竞相采用高新技术,在客运高速、货运重载和信息技术等方面取得了重大突破,开始了从传统产业向现代化产业的转变。高速铁路和重载运输是一个国家铁路科技和运输技术综合水平的重要标志。世界各国铁路依靠科技进步在各种现代化交通运输方式的激烈竞争中得到了振兴和发展,代表性的有磁悬浮铁路和真空管道技术等,部分已经实现了商业化运营,大部分还处于研发和测试阶段。

通过对本模块的学习,学生能够对铁路新技术的发展有一个系统的了解。

【学习目标】

学习目标	知识目标	(1) 了解高速铁路新技术 (2) 了解重载货运铁路技术 (3) 了解磁悬浮铁路技术
	能力目标	(1) 能客观描述当今铁路发展新技术的特点 (2) 能识别铁路新技术的应用场合
	素养目标	(1) 培养客观认识事物,自我探索和知识更新的能力 (2) 积极参与学习过程,遵守秩序,服从安排

【建议学时】

2~4学时。

任务 11-1 高速铁路技术认知

【任务目标】

本任务要求学生了解高速铁路技术常识。

【知识准备】

高速铁路技术是当今时代高新技术的集成、人类文明的结晶和铁路现代化的标志。它是铁路的一项重大技术成就，集中反映了一个国家铁路牵引动力、线路结构、高速运行控制、高速运输组织和经营管理等方面的技术进步，也体现了一个国家的科技和工业水平。高速铁路在经济发达、人口密集地区的经济效益和社会效益尤为突出。

一、高速铁路的定义

根据国际铁路联盟的定义，高速铁路是指通过改造原有线路（直线化、轨距标准化），使营运速度达到 200 km/h 以上，或者专门修建新的"高速新线"，使营运速度达到 250 km/h 以上的铁路系统。在 20 世纪初期，火车"最高速度"超过 200 km/h 者寥寥无几。1964 年，日本的新干线系统开通，新干线系统是史上第一个实现"营运速度"高于 200 km/h 的高速铁路系统。高速铁路除了列车在营运时要达到一定速度标准外，车辆、路轨、操作都需要配合提升。广义的高速铁路包含使用磁悬浮技术的高速轨道运输系统。

欧洲将新建速度达到 250~300 km/h、旧线改造速度达到 200 km/h 的铁路称为高速铁路；1985 年联合国欧洲经济委员会在日内瓦签署的《国际铁路干线协议》规定：新建客运列车专用型高速铁路速度为 350 km/h 以上，以及新建客货运列车混用型高速铁路速度为 250 km/h 以上的铁路，都属于高速铁路。

我国《高速铁路设计规范》（TB 10621—2014）对高速铁路的定义为：新建高速铁路设计速度为 250~350 km/h；运行动车组列车的标准轨距客运专线铁路，设计速度分为 250 km/h、300 km/h、350 km/h 三级。

二、高速铁路的优势

高速铁路是用高新技术改造、更新传统铁路的一项创新工程体系，它以快速、安全、舒适、经济及与环境和谐的特点，在世界运输市场激烈的竞争中取得了较好的市场份额，推动了国民经济的发展与国土的开发，其社会经济效益十分显著。

高速铁路受到各国政府的普遍重视绝非偶然，这是由于高速铁路克服了普通铁路速度较低的不足，是解决大量旅客快速输送问题的最有效途径，与高速公路的汽车运输和长途航空运输比较，在各项技术经济指标中具有明显的优势，主要表现在以下几方面：

1. 输送能力大

目前各国高速铁路几乎都能满足最小行车间隔时间 4 min 及以下的要求，年运输能力可达 1.6 亿人次。相比较而言，4 车道高速公路，年均单向输送能力为 8 760 万人。航空运输主要受机场容量限制，如 1 条专用跑道的年起降能力为 12 万架次，采用大型客机的单向输送能力只能达到 1 500 万～1 800 万人。

2. 速度快

速度是高速铁路技术水平的最主要标志，速度快可以大幅缩短全程旅行时间。中长途旅客选乘交通运输工具首要考虑的是消耗的旅行总时间，即旅客从甲地到乙地的"门到门"时间。以北京至上海为例，在正常天气情况下，乘飞机的全程旅行时间（含市区至机场、候检等全部时间）为 5 h 左右，如果乘高速铁路的直达列车，全程旅行时间则为 5～6 h，与飞机相当。如果考虑高速列车的安全、方便、舒适等优点，高速列车优势更加明显。

3. 安全性好

安全是旅客最为关心的。有资料表明，各国交通运输中，铁路、公路、民航运输的事故率（每百万人公里的伤亡人数）之比大致为 1∶24∶0.8。高速铁路由于在全封闭环境中自动化运行，又有一系列完善的安全保障体系，如采用先进的 ATC（Advanced Train Control Systems，列车自动控制系统）列车速度控制系统，它能自动控制列车运行速度、调整列车运行间隔，按照允许行车速度的要求，自动使列车制动减速或停车，所以其安全程度是较高的。

4. 气候变化影响小，正点率高

高速铁路线路采用全封闭的结构，具有自动化控制系统和自动驾驶系统，且取消了地面信号，一般情况下不受天气变化的影响，可以全天候运营。而机场和高速公路在浓雾、暴雨和冰雪等恶劣天气情况下，则必须关闭停运。

正点率高也是高速铁路深受旅客欢迎的原因之一。所有旅客都希望正点抵达目的地，只有列车始发、运行和终到正点，旅客才能有效安排自己的时间。高速铁路系统的可靠性和较高的运输组织水平，可以使旅客列车达到极高的正点率。

5. 旅行方便、舒适

方便、舒适也是旅客极为关心的因素。为方便旅客乘车，高速列车应做到运行规律化，站台按车次固定化等。此外，高速铁路列车内装饰豪华，工作、生活设施齐全，车厢宽敞、座席舒适，每一旅客所占有的活动空间比其他运输工具都大得多，其甚至可以提供会议、娱乐、观光等条件，高速列车运行平稳，振动摇摆幅度很小。乘坐高速列车旅行无疑是一种愉快的享受。

6. 能源消耗低

根据有关方面的统计,如普通铁路每人公里的能耗为 1.0 J,则高速铁路为 1.42 J,公共汽车为 1.45 J,小汽车为 8.2 J,飞机为 7.44 J。这也是在当今石油能源紧张的情况下,选择发展高速铁路的原因之一。高速列车还可利用电力和其他形式的能源。

7. 环境污染小

在运送旅客的各种交通工具中,铁路的有害物质的换算排放量最低。这些物质是造成大面积酸雨,使植被生态遭到破坏和建筑物遭到侵蚀的主要原因。高速铁路电气化后,铁路基本上消除了粉尘、油烟和其他废气污染,而且极大地降低了噪声污染。

▶三、高速铁路的发展

(一) 世界高速铁路的建设

高速铁路这种经济快速的公共交通工具能适应社会发展和人们生活的需要,因而获得了世界各国的普遍关注。

1. 日本

1964 年 10 月 1 日,世界上第一条高速铁路——日本东海道新干线(东京—大阪)建成运营,全长 515.4 km,最高运行速度达到 210 km/h,高速铁路实现了从无到有。

日本共有 6 条标准轨距,运营速度 200 km/h 以上的新干线:东海道新干线(东京—大阪)、山阳新干线(大阪—博多)、东北新干线(东京—新青森)、上越新干线(上野—新潟)、北陆新干线(高崎—金泽)、九州新干线(博多—长崎、博多—鹿儿岛)。线路总长度约为 2 300 km。日本的高速列车全是动力分散式的,日本是世界上列车车型最多的国家。

新干线列车按照运行线路来划分,可分为东海道系列(包括东海道、山阳和九州新干线)、东北系列及其他线路。东海道系列的主要技术参数见表 11-1-1。

表 11-1-1　日本东海道系列新干线列车主要技术参数

车型	0 系	100 系	300 系	500 系	700 系	800 系	N700 系
运营年份	1964	1985	1992	1997	1999	2004	2007
编组形式	16 动	12 动 4 拖	10 动 6 拖	16 动	12 动 4 拖	6 动	12 动 4 拖
最高运营速度/(km·h^{-1})	220	230	270	300	285	260	300
起动加速度/(km·h^{-1}·s^{-1})	1.2	1.6	1.6	1.6	2.0	2.5	2.59
车头长/mm	25 150	26 050	26 050	27 000	27 350	27 350	27 350

续表 11-1-1

车型	0 系	100 系	300 系	500 系	700 系	800 系	N700 系
受电弓数	8	3	2	2	2		2
列车重量/t	976	925	710	688	708		
轴重/t	16	15	11.4	11.4	11.6		11
牵引电机制式	直流	直流	交流	交流	交流	交流	交流
牵引控制	低轴头切换控制	晶闸管连续相位控制	GTO C/I 控制	GTO C/I 控制	IGBT C/I 控制		IGBT C/I 控制
牵引总功率/kW	11 840	11 040	12 000 482/559	18 240	13 200		17 080

2. 法国

1981 年 9 月 27 日,欧洲第一条高速铁路——由法国巴黎至里昂的 TGV 东南线通车,全长 417 km,列车运行最高速度 270 km/h,经过改造后,目前速度可达 300 km/h。此后,法国相继建设开通了 TGV 大西洋线、北方线、地中海线、巴黎东部线等高速铁路,形成了以巴黎为中心,辐射全国的 TGV 高速铁路干线,并与周边国家连接。法国高速线路约 2 117 km,未来高速线路还将达到 3 500 km。法国 TGV 系列高速列车为动力集中式,采用铰接式转向架、同步牵引电机,其运营速度高并能在既有线上直通运行,主要参数见表 11-1-2。

表 11-1-2 法国 TGV 系列高速列车主要参数

车型	TGV-PSE	TGV-A	TGV-R	TGV-D	TGV-POS	欧洲之星	Thalys
运营线路	东南线	大西洋线	各路线	东南线、地中海线	东部线	国际列车	国际列车
运营年份	1981	1989	1993	1996	2007	1994	1996
编组形式	2 机 8 拖	2 机 10 拖	2 机 8 拖	2 机 8 拖	2 机 8 拖	2 机 2 动 16 拖	2 机 8 拖
最高运营速度/(km·h^{-1})	270	300	300	300	320	300	300
列车长度/m	200	237	200	200	200	394	200
动力配置方式	集中	集中	集中	集中	集中	集中	集中
转向架方式	铰接式	铰接式	铰接式	铰接式	铰接式	铰接式	铰接式
列车重量/t	418	484	416	424		816	418
轴重/t	16	17	17	17	17	17	17
牵引总功率/kW	6 450	8 800	8 800 484/559	8 800	9 280	12 240	8 800

法国从 TGV 系列发展到 AGV 系列高速列车。AGV 系列高速列车采用了动力分

散方式,最高运营速度在 350 km/h 以上,并确保乘客拥有最大的乘坐空间。

3. 德国

德国拥有 ICE 高速列车。德国高速铁路虽然开通得比日本和法国晚,但凭借其雄厚的技术实力,其依然很快在世界高速铁路领域取得了不可替代的地位。德国的高速列车叫作 ICE,先从动力集中方式开始,然后又向动力分散式发展,现在已从 ICE1 型、ICE2 型发展到 ICE3 型,成为系列。然而无论是动力集中式还是动力分散式,德国 ICE 高速列车舒适的乘坐环境和先进的技术都是世界铁路关注的焦点。目前,ICE 高速列车可通达德国境内多数大城市,总里程约 1 000 km,ICE 列车可通行的范围在 6 300 km 以上,列车速度最高可达 300 km/h。

德国 ICE 系列高速列车主要参数见表 11 - 1 - 3。

表 11 - 1 - 3　德国 ICE 系列高速列车主要参数

车型	ICE1 型	ICE2 型	ICE3 型	ICE3MF 型
运营年份	1991	1997	2000	2000
编组形式	2 机 12 拖	1 机 7 拖	4 动 4 拖	4 动 4 拖
最高运营速度/(km·h^{-1})	280	280	300	320
列车长度/m	358	205	200	200
动力配置方式	集中	集中	分散	分散
转向架方式	独立式	独立式	独立式	独立式
列车重量/t	798	418	409	435
轴重/t	19.5	19.5	16	16
牵引总功率/kW	9 600	4 800	8 000	8 000

4. 其他国家高速铁路

(1) 意大利高速铁路为"客货混运"模式,在线运行的列车有中长途高速列车、常速列车以及快速货物列车。

(2) 西班牙高速铁路主要采用宽轨(轨距 1 668 mm)标准,部分采用窄轨(轨距 1 000 mm),引进法、德两国的技术,建成了 471 km 长的马德里—塞维利亚高速铁路。2009 年马德里—巴塞罗那高速铁路正式运营通车,最高速度可达 350 km/h,从而使西班牙的高速铁路总里程达到 1 579 km,采用的是标准轨距。西班牙铁路部门规划了庞大的高速铁路网建设规模,主要以马德里为中心放射性修建 5 条主要高速干线,第 1 条为马德里—巴塞罗那—蒙特佩罗准轨高速线,从法国、西班牙边境延伸至法国东南部的佩比尼昂,与将要形成的欧洲高速铁路网接轨;第 2 条为马德里—瓦伦西亚—阿利坎特宽轨高速铁路;第 3 条为马德里向西南将已建成的马德里—塞维利亚准轨高速铁路延伸至加的斯、马拉加;第 4 条为马德里向西修高速线到葡萄牙;第 5 条为马德里向西北方向修建高速线到瓦拉多利特。总规模达到7 200多km。

(3) 瑞典、英国等国在既有线线路状态较好的前提下，铁路运输组织模式采用改造既有线、不建新线的方法，通过开行摆式列车来提高列车运行速度。

总之，由于各国国情、路情的不同，其铁路运输组织方式也不尽相同。日本、法国、西班牙采用纯高速型的客运专线，而德国、意大利则采用客货混运型高速铁路。

近年来，高速铁路在建设方面取得的成就影响了很多国家，促进了各国对高速铁路的关注与研究。一些国家和地区均先后投资建设高速铁路新线。虽然建设高速铁路所需资金较多，但从社会效益、节约能源、治理环境污染等方面分析，世界各国都认识到，修建高速铁路对整个经济社会的发展具有很大的推动作用。高速铁路的技术创新正在向相关领域辐射和发展。适合各个国家需要的多种运输组织模式正在形成。

四、高速铁路的修建模式

发展高速铁路采用什么途径，不同的国家根据本国的国情和路情，做出了不同的选择。归纳起来，修建高速铁路有如下几种模式：

(1) 新建双线高速铁路，专门用于旅客快速运输。如日本新干线和法国高速铁路。

(2) 新建双线高速铁路，实行客货共线运行。如意大利罗马—佛罗伦萨高速铁路，客运速度250 km/h，货运速度120 km/h。

(3) 新建高速线与部分既有线混合运行。如德国柏林—汉诺威线承担着客运和货运任务。

(4) 既不修建新线，也不对既有线进行大量改造，而是在既有线上采用由摆式车体的车辆组成的动车组运行，旅客列车货物列车混用。这在欧洲国家多见，如瑞典采用的X2000型列车。

高速铁路进一步的发展趋势是连线成网。原来欧洲各国已经建成的和正在修建的高速铁路，都是各自独立的，现已在几个国家间沟通，今后将进一步发展成国内、国际高速铁路网，并与既有线相衔接。由于这将涉及欧洲共同体等十几个国家，因此需要在轨距、信号、供电、机车车辆等技术设备方面制定统一的标准，使欧洲的高速铁路网不仅是欧洲各国高速铁路的总和，而且能形成一个综合性整体。

五、高速铁路的技术及设备

高速铁路是一个集众多高新技术于一身，异常复杂的超大型系统。要使高速列车高速、安全、平稳地运行，必须具备良好的线路条件、性能优越的动车组和先进的列车运行控制系统，以满足安全舒适的要求。

(一) 高速铁路线路

高平顺性是高速铁路与普通铁路最大的区别，高速铁路线路应能保证列车按规定的最高速度,安全、平稳和不间断地运行。因此,铁路线路,不论就其整体来说,或者就其各个组成部分来说,都应当具有一定的坚固性和稳定性。

列车运行速度的不断提高,对线路的建筑标准,包括最小曲线半径、缓和曲线、线路间距、坡度值有特定要求。因此,高速铁路应采用重型钢轨、弹性扣件和新型道岔等设备,并加强线路的检测和监视等。

(1) 最小曲线半径

最小曲线半径的选定主要应考虑行车速度、地形条件和机车牵引种类等因素,其中行车速度是选定最小曲线半径的主要因素。如日本除东海道新干线,其他高速线的最小曲线半径为 4 000 m。法国、德国高速铁路最小曲线半径都大于 4 000 m。

在我国,客运专线铁路设计行车速度为 350 km/h,区间线路最小曲线半径应为 7 000 m。

我国京沪高速铁路最小曲线半径应不小于 7 000 m。若考虑满足各种不同速度列车的组合、运行条件的舒适性,最小曲线半径采用 9 000~11 000 m 较好,最大曲线半径不宜大于 12 000 m。

(2) 缓和曲线

缓和曲线线型要力求简单,便于测设与养护;缓和曲线应尽量短些,以减少工程量和投资费用。缓和曲线的线型很多,我国京沪高速铁路采用三次抛物线形,该线型简单、设计方便、平立面的有效长度长、有现场运用和养护经验。

(3) 线路间距

在高速双线铁路上,当两列车相遇时,会产生较大的风压力(排斥力或吸引力),为避免强大风压造成损害,各国根据具体情况选择了适当的线路间距。如:日本铁路在区间线路上所取线路间距为 4.2 m,在站内线路上取 4.6 m;法国铁路线路间距取 4.8 m,德国取 4.7 m。

我国京沪高速铁路结合国外高速铁路的线路间距取值方法,并考虑我国高速铁路实际运行情况,线路间距最终选定为 5.0 m。

(4) 坡度值

与传统铁路相比,高速铁路比较突出的特点是允许采用较大的坡度值。日本新干线早期采用的最大坡度均小于 20‰,北陆新干线采用了 30‰ 的最大坡度值,九州新干线的最大坡度值为 35‰。法国铁路一直采用较大的坡度值,东南线和地中海线采用 35‰,其他几条高速铁路为 25‰。德国修建科隆—法兰克福线路时,采用了 40‰ 的坡度值。我国台湾高速铁路最大坡度为 35‰。我国京沪高速铁路最大坡度为 12‰,个别困难地段经牵引计算验算,可采用不大于 20‰ 的坡度。

(二) 高速铁路路基结构的特点

与普通路基相比,高速铁路路基具有强度高、刚度大的道床,可以控制路基缓慢沉降或使路基没有沉降等。因此，为了保证高速行车，路基工程必须要具有抵抗这些不良因素的能力，保证强度不降低，弹性不改变，变形不会加大，真正做到长寿命、少维修。只有这样，才能高速行车，减少维修费用，并增加行车的舒适性和安全性。

路基横断面除应满足高速行车的技术要求外，还要为高速行车的安全性及线路维修检查提供便利条件，因此需要设计较宽的路基。法国高速铁路路基宽度规定为 12.6 m；日本东海道新干线为 10.7 m，山阳新干线为 11.6 m；意大利高速线为 13 m；德国则采用 13.7 m。

道床的基底除路堤可用石块填筑外，均应铺设 15～55 cm 厚的垫层，以保证高速列车良好的运行条件及行车安全。

我国高速铁路对路基宽度的技术要求如下：

(1) 客运专线路堤、路堑两侧路基面宽度均应不小于 1.0 m。

(2) 高速铁路路基面宽度见表 11-1-4。

表 11-1-4　高速铁路路基面宽度

单线		双线	
路堤/m	路堑/m	路堤/m	路堑/m
8.8	8.8	13.8	13.8

(3) 高速铁路正线曲线地段路基面加宽，应在曲线外侧按表 11-1-5 规定的数值加宽。曲线加宽值应在缓和曲线内渐变。

表 11-1-5　曲线地段路基面加宽值

曲线半径/m	路基外侧加宽值/m
11 000～14 000	0.3
>7 000～<11 000	0.4
5 500～7 000	0.5

(三) 高速铁路对桥隧建筑物的要求

高速列车对桥梁结构的动力作用远大于普通列车对桥梁的作用力。桥梁出现较大挠度会直接影响桥上轨道的平顺性，使结构物承受很大的冲击力，旅客舒适度受到严重影响，轨道状态不能保持稳定，甚至会影响列车的运行安全。此外，为保证轨道的平顺性，还必须限制桥梁的预应力徐变上拱和不均匀温差引起的结构变形，这些都对高速桥梁结构的刚度和整体性提出了严格的要求。

1. 高速铁路桥梁的特点

(1) 所占比例大、高架长桥多

高速铁路设计参数有严格限制，要求曲线半径大、坡度小，需要全封闭行车，导致高速铁路桥梁建筑物数量要大大多于普通铁路。国外高速铁路桥梁所占比例见表 11 - 1 - 6。

表 11 - 1 - 6 国外高速铁路桥梁所占比例

国家	线路总长/km	桥梁总长/km	桥梁所占比例/%
日本	1 953	930	48
德国	603	46	8
韩国	411	135	33

我国京沪高速铁路的桥梁总延长占 80% 以上，合计超过 1 000 km。

(2) 以中小跨度为主

由于高速铁路对线路、桥梁、隧道等土建工程的刚度要求严格，因此，高速铁路桥梁的跨度不宜过大，应以中小跨度为主。法国高速铁路直到修建地中海线时才首次采用 100 m 跨度的桥梁。

我国京沪高速铁路线上桥梁绝大多数也为中小跨度，跨度有 24 m、32 m、40 m 几种，并以 32 m 居多，以保证桥梁具有足够的刚度和良好的整体性。

(3) 刚度大、整体性好

列车高速、舒适、安全行驶要求高速铁路桥梁必须具有足够大的刚度和良好的整体性，以防止桥梁出现较大挠度和振幅，同时，必须限制桥梁的预应力徐变上拱和不均匀温差引起的结构变形，以保证轨道的高平顺性。

(4) 结构的耐久性与环境的协调

高速铁路是极其重要的交通运输设施，因任何原因中断行车都会造成很大的经济损失和社会影响，因此，桥梁结构构造应易于检查与维修，并应尽量做到少维修或免费维修。

另外，高速铁路作为重要的现代交通运输线，应强调结构与环境的协调，重视生态环境保护。这主要指桥梁造型要与周围环境相一致并应注重结构外观和色彩，在居民点附近的桥梁应有降噪措施，避免桥面污水损害生态环境等。

2. 高速铁路隧道的特点

高速铁路隧道与普速铁路隧道最大的区别就是当列车以高速通过隧道时，会产生极强的空气动力学效应，即瞬间压力、洞口微气压和行车阻力，这对行车安全性、旅客舒适度及洞口环境等均会产生不利影响，见表 11 - 1 - 7。当列车以 200 km/h 以上的速度通过铁路隧道时，这种不利影响就已十分明显地起到控制作用。

另外，高速铁路隧道对于防排水标准、防灾救援和耐久性等方面也有较高的要求。

表 11-1-7 隧道特点

空气动力学效应		对隧道设计和运营的影响
瞬间压力	车内瞬变压力	影响旅客舒适度
	车上压力波动最大幅度	影响旅客和乘务员健康
	隧道内压力峰值	影响衬砌和设施的气动载荷
	车内外压差	影响车辆结构的气动载荷
	微气压波	影响隧道口环境
列车空气阻力	平均阻力	影响牵引计算
	阻力过程	影响限坡
空气流动	列车风 空气动压	影响隧道中的设备安全

(四) 高速铁路轨道结构

1. 高速铁路对轨道结构的要求

(1) 应具有可靠的稳定性和高平顺性

轨道结构是由钢轨、扣件、轨枕及枕下基础等轨道部件组成的结构体。其中,钢轨直接支撑着列车的运行,其合理外形及几何尺寸和良好的内在质量是保证列车运营高舒适性和高安全性的前提;而轨下基础的高精度和高可靠性,是钢轨精确稳定的几何位置的重要保障。因此,必须选用具有高精度和高可靠性的轨道部件。

轨道结构高精度铺设是实现轨道初始高平顺性的保证。轨道结构铺设阶段产生的初始不平顺,是运营阶段不平顺产生、发展、恶化的根源,一旦出现这种起源于铺设精度的不平顺,就会对轨道结构和路基基础产生不良的影响。因此,应高精度铺设轨道。我国高速铁路线路轨道铺设精度规定见表 11-1-8。

表 11-1-8 我国高速铁路线路轨道铺设精度规定

项目		高低	轨向	水平	扭曲 (6.25 m)	轨距
有砟轨道	幅值/mm	2	2	2	2	±2
无砟轨道	幅值/mm	2	2	1		±1
道岔	幅值/mm	2	2	2		±1
弦长/m		10				

(2) 应具有沿纵向轨道均匀分布的合理刚度

轨道必须有合理的弹性,以满足吸收振动与噪声和减少冲击作用的需要,并使钢轨轨底应力保持在允许范围内。此外,应保持沿线路纵向轨道弹性均匀分布,这是无砟轨道耐久性的重要保证。

(3) 质量良好的养护和维修

高速铁路对舒适性标准和安全性标准要求更高,因此,可维修性是轨道结构的重要特点,也是设计和运营阶段需要考虑的重要方面。

2. 高速铁路轨道结构特点

高速铁路一般铺设超长轨条无缝线路、重型轨道结构、有强韧性与弹性的轨道部件、有足够弹性及稳定性的道床,采用可动心轨或可动翼轨结构的大号道岔等。

3. 高速铁路轨道结构类型

高速铁路轨道结构可分为有砟轨道(道砟轨道)和无砟轨道(板式轨道)两种类型。

(1) 有砟轨道

有砟轨道即所谓的常规轨道,在国内外已获得广泛的应用(图 11-1-1)。在铁路线上有砟轨道占比 75%,无砟轨道占比 25%。有砟轨道结构形式简单,造价低,线路的弹性和减振性能较好,建设周期短,轨道超高和几何形态调整简单,而且噪声较小。

图 11-1-1 有砟轨道

(2) 无砟轨道

无砟轨道是用耐久性好、塑性变形小的材料代替道砟材料的一种新型轨道结构(图 11-1-2)。由于取消了碎石道砟道床,轨道保持几何状态的能力提高,轨道稳定性相应增强,维修工作减少,无砟轨道明显优于有砟轨道,成为目前高速铁路轨道结构的主要发展方向。德国、日本等国家的高速线路都大比例地应用无砟轨道。我国京沪高速铁路全线共铺设无砟轨道 1 200 双线公里,占总长的 91%。

无砟轨道大体上可分为两类,一类是有轨枕的,一类是无轨枕的。日本是发展无砟轨道最早的国家之一。板式轨道属于无轨枕的无砟轨道,钢轨直接用扣件联结到预

图 11-1-2 无砟轨道

制的轨道板上,轨道板直接"放置"在混凝土底座上,通过在轨道板与底座间充填沥青混凝土材料来调整轨道板,确保铺设精度。

无砟轨道虽然造价高于有砟轨道,但由于无砟轨道结构具有高度低、每延米重量轻的特点,其可使桥梁、隧道结构物的建筑费用降低。此外,采用无砟轨道降低道砟使用成本及资源的限制,还可大大减少工务综合维修工区的设置和大型养路机械的配备。

(五)高速铁路车站

高速铁路的车站是高速铁路运输组织的基地。高速铁路的建设模式不同,车站的修建也不同。

1. 修建模式

(1) 既有线改造,客货列车共线运行模式

该模式是对自然条件和技术条件较好的既有铁路线进行改造,将小半径曲线加大,采用新型轨下基础和无缝线路,以满足高速列车运行的技术条件,实行客货列车共线运行。这种模式由于高速铁路全部利用旧线,其线路走向、车站及枢纽布局一般不作变动,只对站场进行部分改造(如增加站线、咽喉区选用大号码道岔、高速列车通过的站台要加宽等)。

(2) 全部新建客运专线,全高速旅客列车运行模式

这种模式由于高速线与既有线的走向分开,沿线应单独设置一定数量的越行站和中间站,要考虑高速站房与既有站房的连通关系,以便利旅客的换乘等。

（3）高速线与既有线并行，全高速旅客列车运行或中、高速旅客列车共线运行模式

高速线全部开行高速旅客列车时，应尽可能利用既有线的客运设施，并考虑旅客换乘的方便性；若高、中速旅客列车共线运行，应考虑不同速度列车运行的安全和技术要求。

2. 车站的类型与作用

高速铁路车站主要是为高速客流提供运输服务，其服务对象决定车站在功能、分类上有别于普通的铁路车站。

根据技术作业性质不同，高速铁路的车站可划分为越行站、中间站、始发（终到）站和通过站。

（1）越行站主要是为办理高等级本线高速旅客列车越行跨线的低等级高速旅客列车而设置的车站。

（2）中间站是主要办理各项客运业务的车站。

（3）始发（终到）站主要位于高速铁路线的起点和终点及有大量客流出发和到达的大城市，其主要有以下几项功能：

① 办理高速旅客列车的始发、终到作业及客运业务。

② 办理高速旅客列车的折返、动车组的取送作业。

③ 设有动车段，办理动车组的客运整备和客车的检修作业等。

（4）通过站设在高速铁路沿线大、中城市的铁路枢纽，一般都有普通铁路干支线接轨，以办理通过的高、中速旅客列车作业为主，兼办部分始发、终到的高速列车作业。

▶六、高速铁路车辆

（一）传统车体车辆

高速客车一般可以包括动力车和非动力车（拖车），高速客车的动力车一般也有客室，也要运载旅客。客室部分与拖车完全一样，而拖车的基本构成与一般普通客车一样。

1. 车体及车内设施

为了使旅客在高速运行条件下具有较高的舒适度，与普通车体相比，高速客车车体有如下要求：车体重量轻；车体外形为流线型；气密性高；隔声性能好，车体金属表面涂刷防振阻尼层，以减少车内的噪声；采用带空气层的双层车窗，以提高车窗的隔声量等。

2. 走行部

要确保高速列车安全、平稳地运行，高速列车的转向架应具备以下性能：采用轴箱定位装置和回转阻尼装置，抑制蛇形运动，确保列车运行的稳定性；选择合理的踏

面形状与较小的踏面斜度,以防止车辆发生脱轨和颠覆,确保列车通过曲线时的安全性;采用空气弹簧和橡胶件以降低轮轨噪声对车内及环境的污染,确保旅客乘坐的舒适性。

3. 制动装置

在高速运行的条件下,要在规定的时间和距离内将列车的动能消耗或吸收,高速列车必须具有大功率、高安全、可靠性的制动装置。用常速列车的单一闸瓦制动方式无法达到要求,因此,高速列车的制动必须采用复合制动方式,即多种制动协调使用。

复合制动系统由制动控制系统,动力制动、摩擦制动(如盘形制动和踏面制动等)系统,微机控制的防滑器和非黏着制动装置等组成。

复合制动力的产生分别来自电气(动力制动)、机械(盘形制动或踏面制动)和非黏着制动(磁轨制动或涡流制动)。

我国高速铁路也采用复合制动系统,其动力制动方式是再生制动加盘形制动。高速列车制动方式见表 11-1-9。

表 11-1-9 高速列车制动方式

国别	列车型号	最高速度/(km·h^{-1})	动力制动方式
日本	300 系列	300	再生+盘形
法国	TGV-A	300	动车:电阻式踏面 拖车:盘形
法国	TGV-PSE	270	动车:电阻式踏面 拖车:盘形
德国	ICE	300	再生+盘形+磁轨

(二)摆式车体车辆

列车通过曲线时,由于惯性的作用,会产生一个指向曲线外侧的离心力,使车上旅客感到不舒适,这部分离心力与列车速度的平方成正比,由此限制了列车通过曲线时的速度。要克服这个问题,通常采用外轨超高的办法来平衡离心力的影响。但在利用既有线路并保留原半径曲线的条件下开行高速列车时,其超高难以达到高速列车的要求,因此摆式车体是较好的选择。

摆式车体的特点是当车辆进入曲线时,根据探测器测得的信息,让车体向轨道内侧倾摆(除超高倾斜角外再自动附加一个倾摆角度),这实际上相当于增加了外轨的有效超高,以提高抵消离心加速度的重力加速度的横向分量,从而提高列车安全通过曲线的速度。

从车体倾摆的原理分有两种摆式车体:被动式摆式车体和主动式摆式车体。

1. 被动式摆式车体(又称无源式或自然摆锤式车体)

被动式摆式车体动力来源于作用在车体上的离心力,其不需要动力装置,悬挂装置高于重心,可以得到适当的倾摆力矩。如西班牙的 TALGO 摆式车体客车,如图 11-1-3 所示。

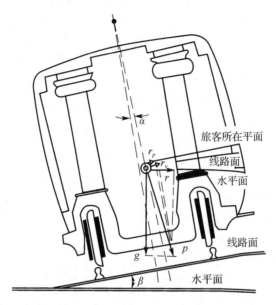

β—超高角;α—车体摆动角;g—重力;p—在 $p+\alpha$ 组合位置重力沿车体中心线的分力;
r—离心力;r_v—在 β 位置离心力的分力;r_p—在 $\beta+\alpha$ 组合位置离心力的分力

图 11-1-3 西班牙的 TALGO 摆式车体

2. 主动式摆式车体(又称有源式或强制式车体)

主动式摆式车体是靠外部动力使车体强制倾斜,如 X2000 型摆式列车设置了车体倾摆机构和控制装置。

车体倾摆机构设置于转向架的上下摇枕之间,上摇枕通过 4 根吊杆悬挂在下摇枕上,形同一个对称的四连杆机构。两侧各设一个液压伸缩油缸来驱动车体的倾摆。液压油缸的上下两端分别固定在上下摇枕体内。流向液压缸的油受伺服阀控制,它从控制系统接收电子基准信号,使车体倾摆。倾摆机构示意图如图 11-1-4 所示。

主动式摆式车体摆动角度大,一般在 8°~10°之间(被动式一般小于 3.5°),因而可以使列车通过曲线的速度比被动式更高。其缺点是结构较复杂。目前,大多数国家采用的是主动式摆式列车。我国广深铁路线上也采用此种类型车体。

(三) 动车组

动车组相关内容参见本书模块六。

▶七、高速铁路信号与控制系统

高速铁路的信号与控制系统是高速列车安全、高密度运行的基本保证。在普通速度线路上运行的列车,司机根据地面信号显示控制列车运行。而在高速线上,由于列

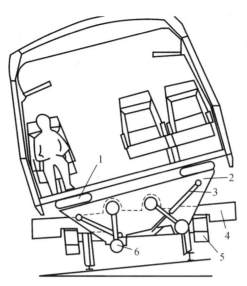

1—空气弹簧；2—上摇枕；3—液压缸；4—下摇枕；5—转向架构架；6—摆杆

图 11-1-4 倾摆机构示意图

车运行速度快，司机在很短时间内要辨认地面信号是非常困难的，必须根据地面发送的信息直接与机车制动系统相联系。

1. 高速铁路信号与控制系统的特点

(1) 采用列车运行自动控制系统（ATC）。高速铁路列车速度达到 200 km/h 以上，其紧急制动距离接近 4 000 m。通常的以地面信号为主体信号的自动闭塞制式已不能确保列车安全，因此已建成的高速铁路无一例外地全都采用了列车运行自动控制系统完成闭塞功能。该系统以车载信号作为行车凭证，直接向司机提供速度命令，信号直接控制列车制动。

(2) 采用调度中心指挥列车。由调度员统一指挥全线列车运行。调度集中系统（CTC）远距离控制全线信号、转辙机和列车进路，正常行车不需要车站本地控制。在各车站及区间信号室附近设置车次号核查等列车-地面信息传递设备（TIPB），对列车实际位置进行确认。

(3) 车站采用计算机联锁和大号码道岔，道岔转换采用多台转辙机多点牵引。

(4) 通信信号一体化在高速铁路得到充分体现。专用通信系统承载业务以数据为主，辅以话音和图像。信息传递的实时性、安全性、可靠性要求更高。车站和调度中心大都采用局域网。

(5) 重视安全防护。系统设置了热轴探测、限界检查、自然灾害报警等监测点并与调度中心联网，防患于未然。为保证安全，高速列车运行中不允许线路上进行施工及维修作业，因此高速铁路对信号系统可靠性及可用性要求更高。应尽可能采用设备冗余、故障监测记录、远程诊断等先进技术手段保证设备不间断使用。

2. 高速铁路信号与控制系统的组成

高速铁路信号与控制系统主要由列车运行控制系统（用于控制列车间隔）、联锁系统（用于控制进路）、调度集中系统（用于行车指挥）、代用信号设备和专用通信设备等组成。高速铁路信号系统的设备主要布置在调度中心、车站、区间信号室、线路旁和动车组内。

（1）列车运行控制系统（CTCS）

列车运行控制系统按照自动化程度、人-机关系、控制模式、信息传输通道可分为多种不同类型。一般按照自动化程度有：列车超速防护系统、列车自动限速系统和列车自动运行系统。

① 列车超速防护系统：当列车实际运行速度超过允许速度时，报警装置鸣响，给司机报警，若司机失去警惕，列车速度继续升高，当列车运行速度超过最大运行速度时，超速防护设备实施强迫制动，使列车停在显示"禁止"信号的信号机前方。

② 列车自动限速系统：当列车实际运行速度超过限制速度时，设备自动实施常用制动，使列车运行速度自动地降低，当列车运行速度低于限制速度一定值后，制动自动缓解。

③ 列车自动运行系统：该系统是叠加在自动限速系统上的，当列车不能按列车运行图正点到达时，在自动限速系统允许速度的前提下，对列车运行的速度自动调整（加速或减速）。除具有自动调速功能外，列车自动运行系统还具有定点停车、自动开关车门、自动列车广播等功能。

从上述3种速度控制系统中可以看出，列车超速防护系统在安全保障上是以人为主，设备起监督作用；列车自动限速系统在安全保障上则是以设备为主，人起监督作用；自动运行系统则是一种在列车运行上都是以设备为主的控制系统。

目前在高速铁路线上，大部分国家采用列车超速防护系统和列车自动限速系统两种列车运行控制系统。

CTCS是中国列车运行控制系统（Chinese Train Control System）的英文缩写。它以分级的形式满足不同线路的运输需求，在不干扰机车乘务员正常驾驶的前提下有效地保证列车运行的安全。它由地面信息发送设备、车载设备和地车信息传输设备3部分组成。

（2）列车运行控制系统的分级

列车运行控制系统根据系统配置按功能划分为CTCS-0级～CTCS-4级，共5级。

① CTCS-0级：为既有线的现状，由通用机车信号和运行监控装置构成，面向列车运行速度在120 km/h以下的区段。

② CTCS-1级：由主体化机车信号和安全型运行监控装置构成，面向列车运行速度在160 km/h以下的区段。在既有设备基础上强化改造，达到机车信号主体化要求，

增加了点式设备，实现列车运行安全监控功能。

③ CTCS-2 级：是轨道传输信息的列车运行控制系统，面向提速新干线和高速新线，采用车-地一体化设计，适用于各种限速区段，地面可不设通过信号机，机车乘务员凭车载信号行车。

④ CTCS-3 级：采用无线传输信息方式，并采用轨道电路方式检查列车占用、无线通信的固定闭塞或虚拟自动闭塞等，面向提速干线、高速新线或特殊线路，适用于各种限速区段，地面可不设通过信号机，机车乘务员凭车载信号行车。

⑤ CTCS-4 级：是采用无线传输信息的列车运行控制系统，面向高速新线或特殊线路，以及无线通信传输平台，可实现虚拟自动闭塞或移动闭塞，由 RBC 和车载验证系统共同完成列车定位和列车完整性检查，地面不设通过信号机，机车乘务员凭车载信号行车。

CTCS 级间的关系：凡符合 CTCS 规范的列车超速防护系统应能满足一套车载设备全程控制的运用要求；系统车载设备向下兼容；系统级间转换应自动完成；系统地面、车载配置如具备条件，在系统故障条件下应允许降级使用；系统级间转换应不影响列车正常运行；系统各级状态应有清晰的表示。

▶八、高速铁路运输组织特点

高速铁路在技术装备、运输服务和运输组织工作上都与常规铁路有着显著差别。其最根本的区别在于高速铁路的高技术、高安全性、高可靠性、高质量和高效益。因此，世界各国的高速铁路，根据本国的具体情况，在运输工作组织上采用了不同的模式，高速铁路运输组织工作具有以下特点：

(1) 运输服务系统覆盖旅客旅行服务的全过程，最大限度地满足不同层次的旅客出行的需求。旅客运输组织是整个铁路运输系统中的重要组成部分，高速铁路运输服务的对象就是旅客，要从客票预定和售票服务、站车信息服务、旅客换乘服务等方面，实现运输组织管理和运输服务管理的一体化，高质量、便捷地满足旅客的需求，安全、迅速、准确、舒适地将旅客送到目的地。

(2) 充分满足旅客出行需求、适应客流变化，制定运输计划和旅客列车开行方案。高速铁路主要为满足旅客快速旅行需求服务，因此列车运行图所规定的列车种类、数量、始发终到和途中停靠车站及其停站时分，都要从最大限度满足不同层次的旅客出行需求出发，统筹兼顾，合理安排。可以从以下 3 个角度出发：

① 认真调研并确定高速铁路网沿线吸收范围内的基本旅客群体及其出行的"黄金时间带"，在该时间带提供高频率、高质量的列车服务。

② 调整和优化列车开行方案。除开行适应季度客流、星期客流和日间客流变化规律的国内和管内各类不同速度、不同行程和不同停站的高速列车外，还可发展高速线

与既有线以及国际高速铁路之间的联程运输等。

③ 重视与既有铁路和其他交通方式的协调配合,方便旅客换乘。

(3) 建立以高新技术为基础的安全保障体系的运营管理系统。在保证高速铁路运输的高度安全性和可靠性的基础上,形成以设备运用、整备、检修一体化的系统运营管理特色和信息、机制、决策、运作、评估之间的高度协调统一,实现了运营组织管理的高水平和高效益。特别是建立了以人为核心的人-机-环境检测、控制和管理系统,包括列车控制与行车指挥自动化系统,技术设备的检测、控制、整备与维修系统,故障自动诊断、报警和防护系统,环境检测与报警系统,事故和灾害的应变、救援和恢复系统,自然灾害的预报、监测、告警、防护与减灾系统等。

任务 11-2 重载铁路认知

【任务目标】

本任务要求学生掌握国内外重载运输现状及相关技术。

【知识准备】

铁路重载运输技术始于 20 世纪 20 年代,至今已在世界上很多国家广泛采用,它是提高线路输送能力、运输效率的重要措施。特别是对于幅员辽阔的大陆国家,其具有更重要的现实意义。因此,重载运输已成为世界各国铁路货物运输发展的共同趋势,也是我国加速提高铁路运输能力的一条主要途径。

一、重载铁路的界定

(一) 重载铁路的标准

国际重载协会先后于 1986 年、1994 年和 2005 年对重载铁路标准进行了 3 次修订。2005 年国际重载协会理事会提出新的重载铁路标准,要求重载运输铁路至少应满足下列 3 个条件中的 2 个。

① 经常、定期开行或准备开行总重至少为 8 000 t 的单元列车或组合列车。

② 经常、正常开行或准备开行轴重 27 t 以上(含 27 t)的列车。

③ 在长度至少为 150 km 的线路区段上,年计费货运量至少达 4 000 万 t。

我国大秦铁路满足国际重载协会 2005 年的重载铁路新标准。

(二) 重载列车的运输方式

根据各国铁路运营条件和技术装备水平的不同,重载列车的运输方式大致可归纳为 3 种类型。

1. 单元式重载列车

单元式重载列车是由装车地到卸车地固定机车车辆，固定发电站和到站，固定运行线，运输单一品种货物，在装、卸站间往返循环运行，中途列车不拆散，不进行改编作业的列车。

单元式重载单元列车在运行过程中除利用铁路的正线和到发线外，不占用铁路的调车设备。在运输过程中，除列车接、发车作业外，不进行任何其他作业。单元列车不仅机车车辆固定编挂、固定回空，而且两端车站装卸设备必须配套，形成矿区至港口（或电厂）的装、运、卸一条龙重载运输组织形式。这种重载运输方式目前运用范围广，经济效益显著，我国的大秦铁路重载运输属于这种模式。

2. 整列式重载列车

整列式重载列车是由单机或多机重联牵引，机车挂于列车头部，在站线有效长为1 050 m的铁路线上开行的货物列车。

这种货物列车采用普通列车的作业组织方法，其到、解、编、发、取、送、装、卸和机车换挂作业与普通货物列车完全一样，只不过牵引重量有显著提高。在我国京沪、京广、京哈等繁忙提速干线上，货物列车牵引定数由5 000 t提升到了5 500～6 000 t，进一步提高了繁忙干线的运输能力。

3. 组合式重载列车

组合式重载列车是把两列符合运行图规定质量和长度、开往同一方向的单个列车首尾相接连成一个列车，机车分别挂在列车的前部和中部，在运行图上占用一条运行线，运行到前方某一技术站或终到站再分解的货物列车。

组合式重载列车除要进行普通货物列车所要进行的作业外，还要进行列车或车底的组合与分解，且接、发车作业，机车换挂，途中运行及调度指挥等作业也与普通货物列车有一些不同之处。

二、重载铁路的发展概况

（一）国外重载运输的现状

20世纪50年代以来，重载铁路运输因其运能大、效率高、运输成本低而受到世界各国的广泛重视，重载铁路在一些幅员辽阔、资源丰富，煤炭和矿石等大宗货物运量占有较大比重的国家（如美国、加拿大、巴西、澳大利亚、南非、瑞典等）发展尤为迅速。

20世纪80年代以后，由于新材料、新工艺、电力电子、计算机控制和信息技术等现代高新技术在铁路上的广泛应用，铁路重载运输技术及装备水平不断提高，重载列车的牵引重量也有很大提高。

国外重载列车牵引重量一般为 1 万～3 万 t，美国重载列车编组通常为 108 辆货车，牵引重量为 13 600 t；加拿大典型单元重载列车编组为 124 辆货车，牵引重量为 16 000 t；南非重载列车的牵引重量一般为 18 500～20 000 t；澳大利亚哈默斯利铁矿铁路重载列车一般编组为 226 辆货车，牵引重量为 28 000 t；巴西维多利亚—米纳斯铁路标准编组列车为 320 辆编组，列车牵引重量 31 000 t。2001 年 6 月 21 日，澳大利亚在纽曼山—海德兰铁路线上，试验开行了编组达 682 辆货车的重载列车，列车总长 7 353 m，牵引重量达 99 734 t，净载重为 82 000 t，创造了重载列车新的试验纪录。

目前，世界各国重载铁路年运量普遍在 1 亿 t 以下，超过 1 亿 t 的重载铁路仅有几条，如巴西维多利亚—米纳斯铁路（898 km）年运量为 1.3 亿 t；澳大利亚纽曼山—海德兰铁路（426 km）年运量为 1.09 亿 t；南非姆普马兰加—理查兹铁路（580 km）年运量为 1.05 亿 t。

（二）我国重载铁路的发展

我国铁路重载运输的发展，大致经历了 4 个阶段，并相应开行了 3 种模式的重载列车。

(1) 第一阶段（1984—1985 年）：改造既有线，开行重载组合列车。

(2) 第二阶段（1985—1992 年）：新建大秦铁路，开行重载单元列车。

(3) 第三阶段（1992—2002 年）：改造繁忙干线，开行 5 000 t 级重载混编列车。

(4) 第四阶段（2003—）：大秦铁路开行 2 万 t 级重载列车，提速繁忙干线开行 5 500～5 800 t 级重载列车。

目前，我国煤炭外运重载铁路有大秦铁路、朔黄铁路及晋豫鲁铁路。此外，还有一部分重载列车在客货混跑的线路上开行。

大秦铁路西起大同地区的韩家岭站，东至秦皇岛的柳村南站，途经山西、河北、北京、天津四省市，全长 653 km，是我国第一条以开行重载单元列车为主的双线自动闭塞电气化铁路运煤专线，于 1985 年建设，1992 年全线开通，设计能力 1 亿 t。大秦铁路作为我国北路煤炭运输的重要通道承担着我国"三西"（山西、陕西、内蒙古西部）煤炭基地外运任务，全国原煤产量的近 1/10、铁路煤炭运量的近 1/5 依靠大秦铁路运输。

朔黄铁路西起山西省神池县神池南站，东至河北省黄骅市黄骅港站，线路横跨山西、河北两省，与神朔、北同蒲、京广、京九等铁路干线接轨，正线总长 614 km，为国家Ⅰ级线路、双线电气化重载铁路，全线共设 33 个车站。2012 年 12 月完成扩能改造后，具备了接发 2 万 t 重载列车的能力。2012 年 12 月 27 日，朔黄铁路首次开行 2 万 t 重载列车。2013 年度和 2014 年度，朔黄铁路连续两年煤炭运量突破 2.4 亿 t。

晋豫鲁铁路西起山西兴县瓦塘站，途经山西、河南、山东 3 省 12 市，南至山东日照南站,线路全长 1 260 km,其中新建线路 1 089 km,设计标准为国铁Ⅰ级、双线电气化,设计速度为 120 km/h,设计货运能力 2 亿 t/年,客车 15 对/日,2014 年竣工。该项目竣工标志着国家东西向路网干线的进一步完善。经过科学论证、技术经济比选,结合我国国情和路情,依靠重载技术的自主创新,在保持列车速度、密度不降低的同时,将列车重量由 5 000 t 级提高到 1 万 t 和 2 万 t,以快速成倍提高大秦铁路的运输能力。2009 年实现了 4 亿 t 运量,并且成功开行了 1 万 t 级和 2 万 t 级重载组合列车,有效地缓解了晋煤外运的紧张状况,显著提升了我国铁路重载运输的技术装备水平,推动了铁路技术进步,取得了技术创新、体系创新和运输组织创新的重要成果。

三、重载运输技术设备

重载运输对铁路线路、机车车辆、行车组织等方面的要求比较高,为了保证行车安全、提高线路通过能力,实现多运、快运货物的目的,铁路技术装备和运输组织都需要满足新的要求。

（一）重载线路技术

1. 站线技术

重载运输的列车重量往往在 5 000 t 以上,按每节车载重 60 t 计算,大约需要 80 多节,连接起来长度超过 1 km。所以停靠重载列车的车站站线有效长度基本要达到 1 050 m,最好达到 1 700 m。在我国重载线路上,开行 1 万 t 和 2 万 t 列车,车站到发线有效长度分别为 1 700 m 和 2 600 m。

通过技术经济比选,尽可能采用较大的曲线半径。国外的重载铁路最小曲线半径一般为 400～1 200 m,困难地段可取 300 m。我国大秦铁路最小曲线半径一般段为 800 m,困难地段取 400 m。大秦线共有曲线 705 个,延长 388.872 km,占线路延长的 29.8%。

2. 爬坡度技术

重载列车拉得多,爬坡自然困难,重载铁路的限制坡度与所经地段的地形条件、线路等级、牵引类型等因素有关,需要经过技术经济比选后确定。一般按载重、空车方向分别确定。重车方向最大限制坡度在 4‰～10‰ 之间,空车方向在 12‰～30‰ 之间。

3. 轨道技术

（1）钢轨。国外重载线路普遍采用 60 kg/m 及以上的重型钢轨,并通过强化钢轨的材质来提高钢轨的强度、延长钢轨的使用寿命和减少维修工作量。表 11-2-1 所示为国内外一些重载铁路线的钢轨型号。

（2）无缝线路。无缝线路对提高重载线路的稳定性、平顺性具有重要意义,重车线现已全部铺设区间无缝线路。

表 11-2-1　国内外重载铁路线路轴重及钢轨型号

国别	加拿大	澳大利亚		美国	南非	巴西	中国
线路	魁北克北岸—拉布拉多铁路	哈默斯利铁路	BHP铁路	联合太平洋铁路	斯申—萨尔丹哈铁路	维多利亚—米纳斯铁路	大秦铁路
轨距/mm	1 435	1 435	1 435	1 435	1 065	1 000	1 435
轴重/t	30	30	37.5	35.4	30	22.5	25
钢轨重/(kg·m^{-1})	65.5	66.8	68.5	64~67	60	67.5	75

(3) 道岔。美国、加拿大、南非、澳大利亚、巴西等国家在重载线路上普遍采用可动心轨道岔及新型菱形辙叉，以减少线路道岔区间的动力作用，提高可靠性。

(4) 轨枕。混凝土轨枕比木枕具有更大的强度，但用于大轴重重载线路时对承轨面的磨损比较严重。加拿大太平洋铁路生产了拱形承轨面混凝土轨枕和双重硬度胶垫以减少轨枕磨损。

(5) 道床。各国重载线路还通过增加道砟厚度和密实度来改善轨道结构的整体承载能力，以提高线路的稳定性，使线路荷载较均匀地分布在路基上。

(二) 重载机车车辆技术

1. 重载运输的机车

作为重载列车的牵引动力，机车的牵引功率要求尽量大。电力机车的牵引功率远大于内燃机车，因此，电力机车相对而言更加适合牵引重载列车。采用内燃机车，可以通过适当增加机车数量来弥补牵引功率的不足。不过，使用的机车越多，协调越难，要求的行车技术越高。除美国和加拿大重载列车主要采用内燃机车牵引外，绝大多数国家均采用大功率电力机车牵引。

为满足重载列车的牵引要求，可通过增加机车的牵引功率和实现轮轨之间最佳黏着来提高机车的牵引力。此外，机车还需要有足够大的起动牵引力，以保证重载列车在长大坡道线路区段安全运行。机车在运行中的牵引和制动过程应能自动调整和控制，且机车上应装设必要的故障检测和诊断系统。

2. 重载运输的车辆

重载运输应采用载重量大、强度高、自重系数小的大型货车。货车大型化的主要途径是提高轴重，但轴重又受到轨道与桥梁结构强度的限制，因此要求线路结构与轴重提高相协调。如国外已采用 75 kg/m 的钢轨，货车载重量达到 90 t，轴重为 29 t。我国也正在研制轴重 25 t 的通用货车和轴重 30 t 的专用货车，以适应重载运输的需要。

大轴重、低自重、低动力作用是重载货车的发展方向。在轴重方面，美国、加拿大、澳大利亚等为 32.5~37.5 t，巴西、瑞典为 30 t，南非为 28 t（旧车 26 t），俄罗斯计划提高到 27 t，欧洲也向 25 t 迈进。目前，美国正在进行 39 t 轴重的安全性运行试验。

在车体材料方面，国外普遍采用了低合金钢、铝合金、不锈钢，美国 90% 的重载货车采用了铝合金车体。我国大秦铁路采用的是 80 t 级的运煤专用敞车，C80 型敞车采用铝合金结构车体，C80B 型敞车（图 11-2-1）采用不锈钢材料以降低车辆自重，底架（地板除外）主要型材、板材采用符合运装货物条件的高强度耐候钢。

图 11-2-1　C80B 型不锈钢运煤敞车

在转向架方面，南非、瑞典采用了谢菲尔自导向径向转向架，加拿大、美国、澳大利亚等国也研制了导向臂式货车转向架，大大降低了轮轨间的磨耗。开行重载列车的目的之一就是要降低运输成本，提高车辆的运用率，因此，重载列车一般均是固定编组循环往复运行。这种固定编组循环运行列车的车辆结构必须牢固可靠，无须经常修理。

为了减少列车的分离事故和列车的冲动，重载列车需要高强度的车钩和大容量、高性能的缓冲器。这对车钩缓冲装置的结构设计、材质工艺、维修保养以及机车操纵技术等方面都提出了具体要求。重载单元列车采用翻卸方式卸车，为创造不摘车卸车条件，在车辆一端一般装有高强度旋转式车钩。

3. 重载轨道的结构

列车荷载与轨道抗力的相互作用关系决定了轨道的破损程度和使用寿命。按照目前国际上普遍采用的连续弹性基础梁轨道强度理论,影响轨道结构受力的因素主要有荷载、轨枕、道床和钢轨。

(1) 荷载是造成轨道受力的根本原因,荷载与轨道的受力及变形成线性关系,荷载增加的百分数与轨道结构受力及变形增加的百分数基本相同。

(2) 轨枕的影响主要包括轨枕间距的影响和轨枕支撑面积的影响。轨枕间距对轨枕上的压力和道床上的应力影响较大,而对轨道弹性下沉和钢轨弯曲应力影响较小。每增减一个轨枕根数档次(按照我国 1 600~1 820 根/km 铺设标准,每增减 80 根/km 为一个轨枕根数档次),枕上压力和道床应力相应变化 3%~4%,而轨道弹性下沉和钢轨弯曲应力只变化 1.2% 左右。轨枕支撑面对轨道弹性下沉和道床应力都有明显影响。

(3) 道床刚性对道床应力和轨枕压力影响较大,枕上压力和道床应力与道床刚度呈同向变化,且变化幅度较大。

(4) 钢轨影响主要是断面尺寸和钢轨状态的影响。重载铁路的基本特征是运量大,轴重大。尤其是轴重,它是车辆每一轮对施加于轨道上的重力,其对轨道结构和线路状态产生着广泛而严重的影响。轨道破损与运量和轴重有着密切的关系,可见重载列车的载荷对轨道的破坏性是相当严重的。

重载铁路线路应选用重型和特重型的轨道标准。应采用 60 kg/m 及以上的钢轨。为了延长钢轨的使用寿命,减少养护维修的工作量,宜采用超常规无缝线路和可动心轨道岔。此外,在曲线地段,长大下坡制动地段和长隧道内,应采用全厂淬火钢轨、轨头硬化钢轨、承载力大的钢轨,以及扣压力大的弹性构件等,以减少钢轨因接触应力所引起的损伤。

【思政课堂】

大秦重载精神——"负重争先、勇于超越"

在我们伟大祖国辽阔的土地上,有一条西起煤都大同,东至渤海之滨,横跨桑干峡谷,穿越燕山山脉的钢铁巨龙,这就是大秦铁路(图 11-2-2)。几十年来,一代代大秦铁路人传承铁路听党话、跟党走的红色基因,不负重托、勇争一流、砥砺先行,创造出从无到有、由弱到强的骄人业绩,铸就了"负重争先、勇于超越"的大秦重载精神!

伴随改革开放的大潮,大秦铁路作为国家重大民生工程于 1985 年开工建设,1988 年首段开通运营,经过 30 多年的负重前行,截至 2020 年年底累计发运煤炭 70 多亿吨,连续创造并保持列车开行密度最高、退行速度最快、运输效率最优以及单条铁路运量最大等多项重载铁路世界纪录,实现了中国重载铁路由落后到追赶再到引领的"华丽转身",被誉为"中国重载第一路",是改革开放 40 多年来中国铁路的标志性成就。

"负重争先、勇于超越"的大秦重载精神是一代代大秦铁路人担当奉献、开拓创

图 11－2－2　蜿蜒在崇山峻岭之中的"钢铁巨龙"——大秦铁路

新、拼搏奋斗的真实写照，随着时代的更迭、历史的变迁，大秦铁路人用实际行动为大秦重载精神注入"不负重托、勇争一流、砥砺先行"的时代内涵，使其成为新时代交通强国铁路先行历史背景下，激励铁路人努力拼搏、勇创佳绩的强劲动力。

★大秦重载精神的历史渊源

伟大事业孕育伟大精神，伟大精神引领伟大事业。大秦重载精神的产生不是偶然的，它是在大秦铁路干部职工一代代接续奋斗、一次次使命担当、一项项突破纪录中形成的。它是铁路产业工人红色基因的传承，是传统铁路精神的赓续，富有鲜明的重载铁路特色。

20世纪80年代，乘着改革开放的春风，我国的工农业生产迅猛发展。然而，与这种发展势头不相适应的，却是能源需求问题与交通运输的紧张状况，特别是被称为"工业粮食"的煤炭，受到运能运力的制约，电厂缺煤、城市缺电，一场前所未有的"工业饥渴症"困扰着大半个中国。

1983年9月，为解决山西北部煤炭的外运问题，国务院召开常务会议，作出修建大秦铁路的重大战略部署。

1985年，承载着国家解决山西北部煤炭外运和东南沿海地区电煤需求问题的重托，7万筑路大军按照党中央、国务院的指示，逢山开路、遇水架桥，打响了建设中国能源大通道的重大战役……

1988年12月28日，跨越189条河流、穿越39座主峰、架起313座桥梁、打通45座隧道的大秦铁路一期工程——山西大同至河北大石庄区段开通运营。伴随胜利开通的喜悦，第一代大秦铁路人，王家湾线路车间河南寺工区的吴炳雄、王海山、颜廷芳3名共产党员，站在巍峨挺拔的燕山山间，脚下流淌着桑干河水，面对鲜红的党旗，发出了"扎根大秦、终生报国"的铮铮誓言！

走进铁路

1992年12月21日,从大石庄站直达秦皇岛码头的二期工程竣工,大秦铁路全线开通运营,一条长653 km、设计年运量1亿t的钢铁巨龙完美展现在世人面前。从此,以"负重争先"为鲜明特征、承载着党和国家的重托、寄托着几代铁路人梦想的大秦铁路,在中国铁路发展史上描绘出浓墨重彩的一笔。

★大秦重载精神的内涵

"负重争先、勇于超越"的大秦重载精神,是大秦铁路人不忘初心、牢记使命的充分体现,是贯彻落实新发展理念的生动实践,是勇担"交通强国、铁路先行"历史使命的强劲动力。一代代大秦铁路人在秉承铁路红色基因、赓续铁路优良传统的奋斗中,不断为大秦重载精神注入丰富内涵。

☆负重——不负重托的担当精神

回顾大秦铁路的发展历程,大秦铁路人始终集党和人民的重托、服务国家发展战略的重任和"交通强国、铁路先行"的重责于一身,把"中央有号召,铁路有行动"落实到货运增量中,把人民对铁路工作的期盼贯穿到实际工作中,圆满完成了党和人民交给的急难险重运输任务,用实际行动在服务国计民生、推动经济发展、防治污染、深化运输供给侧结构性改革中贡献着自己的全部,创造了一个又一个的重载奇迹。

(资料来源:中国国家铁路集团有限公司党组宣传部,《铁路红色基因》)

任务11-3 磁悬浮铁路认知

【任务目标】

本任务要求学生掌握磁悬浮铁路发展历史、技术特点、基本制式和工作原理。

【知识准备】

磁悬浮轨道交通作为轨道交通的一种新模式,具有速度快、环保、能耗低等优势,有望成为颠覆传统轮轨技术的下一代轨道交通主流模式。主要的轨道交通强国均十分重视磁悬浮技术的开发,日本、德国、美国、韩国等纷纷加强磁悬浮技术研发和布局,特别是日本和德国,作为两个先行国家,它们最早开始了技术探索和实践尝试,从基础研究、技术开发到整车研制和轨道测试,两国走出了不同的商业化技术路线。我国虽然研发起步晚,但在政府的大力支持下,通过技术引进的消化吸收和再创新,已初步形成我国磁悬浮轨道交通的工程化技术优势,速度达600 km/h的高速磁悬浮样车的下线,标志着我国在高速磁悬浮轨道交通领域实现了重大突破,我国也成为磁悬浮轨道交通领域有实力的竞争者。

一、磁悬浮铁路基本认知

(一) 磁悬浮铁路的发展

从 20 世纪 60 年代初开始，一些发达国家就开始研究非黏着式超高速车辆。德国和日本起步最早，但两国采用的制式却截然不同，德国采用常导磁吸式（即铁芯电磁铁悬挂在导体下方，导轨为固定磁铁，利用两者之间的吸力使车体浮起），日本则采用超导磁斥式（即用超导磁体与轨道导体中感应的电流之间的相斥力使车体浮起）。在车辆和线路结构上，两种制式在悬浮、导向和推进方式上虽各有不同，但基本原理是一样的。

德国是磁悬浮铁路研究起步最早的国家。1994 年，德国政府决定修建柏林至汉堡的世界第一条长距离磁悬浮列车运行线，采用新一代 TR08 型磁悬浮列车，列车由 5 节车厢组成，投入运营的商用速度为 450 km/h。

随后，美国、加拿大、比利时、澳大利亚、沙特阿拉伯、韩国等国也都投入磁悬浮铁路可行性研究。我国从 20 世纪 80 年代初开始对磁悬浮技术进行了跟踪研究，这为高温超导磁悬浮研究奠定了良好的基础。

2002 年，由我国和德国合作共同修建的我国第一条集交通、观光于一体的商用磁悬浮列车在上海浦东落户（图 11-3-1）。该线西起上海地铁 2 号线龙阳路站南侧，终点为上海浦东国际机场一期航站楼东侧，全长 40 km，速度为 400 km/h；磁悬浮列车有 9 节车厢，一次可乘坐 959 人，每小时可发 12 列，最大年运量可达 1.5 亿人次。全线运行时间 7~8 min。

图 11-3-1 上海磁悬浮

2016 年 5 月 6 日，长沙磁浮快线（图 11-3-2）开通运行，这是我国国内第一条自主设计、自主制造、自主施工、自主管理的中低速磁悬浮线路，其开通标志着长沙成为我国第二个开通磁悬浮的城市。长沙磁浮快线采用中低速磁浮列车，运用常导电磁铁悬浮技术、由直线感应电机牵引，设计最高速度为 100 km/h。运用"同极相斥、异极相吸"的电磁原理，每节车底部安装 20 组电磁铁、20 个悬浮稳定器。

图 11-3-2　长沙磁悬浮

2017 年 12 月 30 日，北京地铁 S1 线（又称北京磁浮线）开通（图 11-3-3），这是北京首条中低速磁浮线路，我国第二条中低速磁悬浮，线路起于金安桥站，途径石景山区、门头沟区，止于石厂站，共设置 8 座车站。列车运行最高速度可达 120 km/h，载客量相对普通地铁列车要小，北京地铁 S1 线列车每节车厢载客量在 150 人以内。

图 11-3-3　北京磁悬浮

目前，我国有多条磁悬浮线路正在建设中，今后，高速、安全、舒适、方便、环保的磁悬浮列车运输系统，会出现在我国和世界其他地区，它将以更高的效益在中短途运输竞争中争得一席之地。

（二）磁悬浮铁路的特点与优越性

1. 磁悬浮铁路的特点

磁悬浮铁路与传统铁路有着截然不同特点。在传统铁路上运行的列车，是将机车作为牵引力，以钢轨和轮缘作为运行导向设备，由铁路线路承受压力，借助车轮与钢轨之间的摩擦力滚动前进的。而在磁悬浮铁路上运行的列车，是利用电磁系统产生的吸引力或排斥力将车辆托起，使整个列车悬浮在导轨上，并利用电磁力进行导向，利用直线电机将电能直接转换成推进力而推动列车前进的。

所以，磁悬浮列车是介于铁路和航空之间的自动化的地面交通方式，磁悬浮列车的出现为世界陆上运输开辟了一个新领域。

2. 磁悬浮铁路的优越性

（1）速度快、旅行时间短。磁悬浮铁路由于消除了轮轨之间的接触，因而没有摩擦阻力，克服了传统轮轨铁路提速的主要障碍。磁悬浮铁路上运行的列车速度可达500 km/h，可以直达城市中心，节省旅客的旅行时间。

（2）安全、可靠。磁悬浮系统采用导轨结构，列车运行平稳，不会发生脱轨和颠覆事故，列车运行的安全性和可靠性得到了提高。

（3）能源消耗低。磁悬浮列车运行时没有轮轨及受电弓的摩擦损耗，由于其没有高速轮轨列车受电弓及复杂的转向架的阻力，再加上其具有良好的空气动力外形，在相同速度下所受空气阻力仅约为轮轨列车的60%，磁悬浮铁路的运行单位能耗比飞机低10%。

（4）无公害、无污染。磁悬浮列车可以离开地面（高架线或地下线），采用计算机技术自动控制，有专用线路，可避免交通事故和交通阻塞。由于采用橡胶轮支撑和悬浮运行，无噪声、无振动、无废气排出，对环境无污染。按德国标准，在离线路25 m处，磁悬浮列车以300 km/h的速度通过时，噪声为79 dB；而同样速度的高速轮轨ICE3为91 dB。磁悬浮列车以400 km/h的速度通过时噪声为86 dB，以450 km/h的速度通过时噪声为89 dB。

（5）启动、制动快，爬坡能力强，选线自由度较大。磁悬浮列车爬坡能力可达10%，而轮轨高速仅为4%。在同等速度下，磁悬浮列车转弯半径小，因而其选线自由度较大，这意味着其线路可较短，能少占地面、节约耕地，从而降低总投资，尤其是走地下线时，投资比一般地铁低20%。

二、磁悬浮列车的基本制式和工作原理

磁悬浮系统利用同性相斥、异性相吸的电磁感应原理，以直线电动机作为驱动力，

运行时车体斥浮或吸浮于导轨上面,并与之保持一定间隙。由于列车悬浮导轨之上,故没有轮轨间的摩擦,不受黏着条件限制。

(一) 磁悬浮铁路的基本制式

尽管磁悬浮列车的悬浮、推动和导向都利用了电磁力,但根据磁悬浮列车上电磁铁的使用方式,其基本制式可分为两大类,即常导磁吸式(Electro Magnetic Suspension,EMS型)和超导磁斥式(Electro Dynamic Suspension,EDS型),见表11-3-1。

表11-3-1 磁悬浮系统的分类

常导磁吸式 (电磁型)	长定子同步直线电机 (高速型)	德国 TR 系列 (450 km/h)
	短定子感应直线电机 (中低速型)	日本 HSST 系列 (110 km/h)
超导磁斥式 (电动型)	低温超导 (高速型)	日本 ML 系列 (552 km/h)
	高温超导	处于试验阶段

1. 常导磁悬浮

常导磁悬浮列车利用安装在列车上的电磁铁和导磁轨道的吸引力来实现悬浮,列车通过控制悬浮磁铁的励磁电流来保证稳定的悬浮间隙,通过直线电动机来牵引列车行走。高速常导磁悬浮以德国TransRapid(简称TR)系列列车为代表,这类磁悬浮式列车悬浮气隙较小,一般为8~10 mm,列车和轨道之间的相对状态不稳定,难以控制,但这类列车不需要辅助推进系统和导轮,静止时可以悬浮。

2. 超导磁悬浮

超导磁悬浮列车需要在车底安装超导磁体,在轨道两侧敷设一系列铝环线圈,利用置于车辆上的超导磁体与敷设在轨道上的无源线圈之间的相对运动来产生悬浮力抬起车辆。

根据冷却温度的不同,超导磁悬浮又可以划分为高温超导磁悬浮和低温超导磁悬浮,与低温超导磁悬浮的液氦冷却($-269\ ℃$)不同,高温超导磁悬浮采用液氮冷却($-196\ ℃$),工作温度得到了提高。

低温超导磁悬浮列车以日本Maglev(简称ML)系列列车为代表,电动型悬浮列车悬浮气隙可达100 mm,但电动型悬浮列车在静止和低速运行时不能悬浮,必须由轮子与轨道接触来支撑车体。电动型悬浮列车具有更高的负载能力,理论速度更高,但是需要更高的造价成本和维护成本,技术难度也更大。

常导磁悬浮列车与低温超导磁悬浮列车的技术特征比较如表11-3-2所示。

表 11-3-2　常导磁悬浮列车与低温超导磁悬浮列车的技术特征比较

技术参数	常导型 （以德国 TR 系列为代表）	超导型 （以日本 ML 系列为代表）
悬浮气隙/mm	8～10	100～200
静浮能力/mm	8～10	0
是否需要支撑轮	否	是
悬浮磁体质量	大	小
悬浮所需功耗	较大	较小
磁力线泄漏	几乎没有	很大
退行速度/(km·h^{-1})	400～500	>500
技术难点	精确控制技术	低温超导制冷技术
线路造价	较低	高

高温超导磁悬浮列车是利用非理想第二类超导体的磁通钉扎特性在具有梯度的磁场中产生的自稳定悬浮现象，来实现的一种新型的、悬浮导向一体化的轨道交通应用工具。高温超导磁悬浮整车系统主要由车载超导块材及其低温系统、地面永磁轨道系统和直线驱动系统三大关键部分组成。西南交通大学于 2000 年研制出了世界首个载人高温超导磁悬浮列车"世纪号"，该车可搭载 4 名乘客，悬浮高度大于 20 mm，在长 15.5 m 的直线轨道上运行，悬浮力可达 6 350 N，可持续工作 6 h。2004 年，德国也研制了高温超导磁悬浮实验车，于 2011 年建设了改进的环形实验线 SupraTrans Ⅱ。SupraTrans Ⅱ 可承载 2 人，最高加速度为 1 m/s^2，速度可达 20 km/h，轨道为 80 m 的环形线。此外，巴西里约热内卢联邦大学从 1998 年开始进行高温超导磁悬浮研究，并在 2014 年修建完成一条长度为 200 m 的 Maglev Cobra 高温超导磁悬浮试验线。车体采用轻质纤维材料以减小质量，可以搭载 24 人。其他国家，如美国、意大利等也积极开展了高温超导磁悬浮的相关研究，但高温超导磁悬浮系统目前仍处于试验阶段，并未开展商业化运营的探索。

3. 真空管道磁悬浮

真空管道磁悬浮系统是将悬浮列车技术和低气压管道技术相结合，最大限度减小列车高速运行时的摩擦阻力和气动阻力，实现悬浮列车地面最高运行速度的一种交通模式。早在 1934 年，德国人赫尔曼·肯佩尔（Hermann Kemper）在其磁悬浮列车技术专利中就阐述了采用管道抽真空法来实现其目标速度 1 000 km/h 的设想，但由于经济、技术原因，此后研究工作推动缓慢。直到 2013 年，特斯拉公司首席执行官埃隆·马斯克（Elon Musk）提出超级高铁（Hyperloop）的初始计划方案。Hyperloop 是一种管道运输系统，其设计的最高速度超过 1 000 km/h（现在一般民航速度仅为 900 km/h）。

Hyperloop 是由低压真空管道和小型高强度乘客舱组成的高速运输系统。乘客可以在位于管道末端或管道分支的车站乘车。Hyperloop 采用了磁悬浮技术消除车轮与轨道之间的阻力，并采用了低压真空管道，大大减少了空气摩擦，从而达到极高的运行速度，如图 11-3-4 所示。

图 11-3-4　Hyperloop 概念模型

真空管道磁悬浮系统受到主要发达国家的关注，掀起了真空管道交通研发和设计热潮。目前这些国家在真空管道材料开发、乘客舱设计等方面取得了一定进展，一些公司开展了实地测试，但都处于初步工程探索阶段（图 11-3-5）。真空管道磁悬浮的技术经济性、安全性仍有待进一步论证。

图 11-3-5　真空管道系统示意图

在上述磁悬浮列车模式中，常导磁悬浮和低温超导磁悬浮技术已经成熟，分别由德国和日本掌握，中德合作推动了常导磁悬浮在中国的商业化运营；高温超导磁悬浮和真空管道磁悬浮技术目前均处于研发和测试阶段，尚未实现商业化运营。

（二）磁悬浮列车的工作原理

1. 悬浮原理

（1）超导磁斥式

超导磁斥式磁悬浮列车属于电动型磁悬浮列车，该类列车是利用磁极同性相斥的原理，使车辆在轨道上浮起，如图 11-3-6（b）所示，车辆底部安装超导磁体（放在液态氦储存槽内），轨道两侧铺设一系列铝环线圈。超导线圈接通电源时产生强磁场，若车辆以一定速度前进（由直线电机推动），该磁场就在铝环内产生感应电流，感应电流产生的磁场与车上超导磁体的磁场方向相反，两个磁场产生排斥力。速度愈大排斥力就愈大，当排斥力大于车辆重量时（此时速度为 80 km/h），车辆就浮起来。由于采用了超导磁铁，磁场特别强，因此车辆悬浮高度也较高，可达 100 mm 左右，且列车能平稳运行。列车在低速运行或静止时，地上线圈感应电流减少，浮力减少至消失，列车便依靠辅助车轮支持停在轨道上。

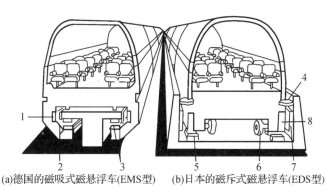

(a)德国的磁吸式磁悬浮车(EMS型)　(b)日本的磁斥式磁悬浮车(EDS型)

1—前导磁铁；2—导向与制动机；3—磁悬浮与推进电磁铁；4—前导轮；5—磁悬浮电磁铁；
6—支撑轮；7—推进电磁铁；8—超导磁铁

图 11-3-6　磁悬浮原理比较图

（2）常导磁吸式

常导磁吸式磁悬浮列车属于电磁型磁悬浮列车，如图 11-3-6（a）所示，其利用装在车辆两侧转向架上的常导电磁铁（悬浮电磁铁）和铺设在线路导向轨上的电磁铁在磁场作用下产生的吸引力使车辆浮起，车辆和轨面之间的间隙与吸引力大小成反比。为了保证悬浮的可靠性和列车运行的平稳性以及使直线电机有较高的功率，必须控制电磁铁中的电流，才能使磁场保持稳定的强度和悬浮力，使车体与导向轨之间保持 10～15 mm 间隙，使车辆浮起。常导磁吸式磁悬浮列车采用长定子同步直线电机推进，效率较高，速度也较快，这种列车的典型代表是德国的 TR 系列磁悬浮列车。

2. 导向系统及原理

（1）超导磁斥式

普通铁路列车的导向是靠车轮轮缘与钢轨之间的相互作用实现的。而磁悬浮列车是利用电磁力的作用进行导向的。

超导磁斥式磁悬浮列车的导向系统是在车辆上安装的专用的导向超导磁体,它使列车与导轨侧向的地面线圈产生磁斥力,该力与列车的侧向作用力相平衡,使列车保持正确的运行方向。导向装置如图 11-3-7 所示。

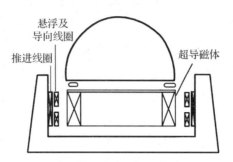

图 11-3-7 悬浮、导向及推进线圈的设置方式

(2) 常导磁吸式

常导磁吸式磁悬浮列车的导向系统与超导磁斥式相类似。

3. 推进系统及原理

(1) 超导磁斥式

磁悬浮列车会浮起一定的高度,使车轮与导轨脱离,故不能依靠车轮与导轨之间的摩擦力产生牵引力使车辆前进,而是采用直线电机的推进装置作为列车的牵引动力。

两种制式的磁悬浮列车均采用的是直线电机。直线电机是从旋转电机演变而来的。它的基本构成和作用原理与普通旋转电机类似,就如同将旋转电机沿半径方向切开展平而成,其传动方式也就由旋转运动变为直线运动。

(2) 常导磁吸式

常导磁吸式磁悬浮列车的推进系统与超导磁斥式相类似。常导磁吸式与超导磁斥式的技术特性比较见表 11-3-3。

表 11-3-3 常导磁吸式与超导磁斥式的技术特性比较

项目	常导磁吸式	超导磁斥式
悬浮高度及控制稳定性	10 mm 左右,控制不稳定	100 mm 以上,控制稳定
悬浮能耗	较小	较大
推力	小	大
外部停电影响	外部停电时必须靠蓄电池励磁悬浮,否则车辆会突然落下来	只要车辆有速度,外部停电时,车辆不会突然落下来
低速运行	不用车轮支持系统	必须有车轮支持系统,用于低速时启动或制动
车载励磁电源	必须具备	不用具备

续表 11-3-3

项目	常导磁吸式	超导磁斥式
车辆自重	较重，TR-08 型 1 000 座，492.8 t	轻，MLX950 座，270 t
强磁场影响	弱	强
成本	较高	高

三、磁悬浮铁路的基本设备

（一）磁悬浮铁路的线路

磁悬浮列车能够离开地面一定高度飞速地运行，但却不能像飞机那样以空气为依托，因而在地面上必须有一个坚实可靠的支撑和导向系统。也就是说，它虽不像传统铁路那样对线路有强烈的依附性，但必须有线路设备作为基础。所以，磁悬浮列车仍然属于铁路列车的范畴。

线路作为磁悬浮列车的基本组成部分和走行基础，在构造上应能满足磁悬浮列车的基本要求。因为磁悬浮列车不但在构造和原理上与传统铁路列车不同，而且其采用不同的悬浮方式，对线路的要求也不一样。磁悬浮列车的悬浮、导向和推进设备，无论采用什么形式，总有一部分安装在车辆上，另一部分安装在线路上，因此线路结构必须与之相适应，尤其是采用直线电机时，对线路平面的要求是较为严格的。

磁悬浮铁路与现代铁路一样，可以修建在路基上或类似地下铁道的隧道内，或者修建在高架桥上，目前采用最多的是高架桥式线路。

磁悬浮铁路高架线路的横断面一般采用 U 形、T 形或倒 T 形，如图 11-3-8 所示。

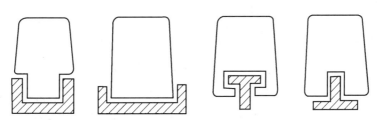

图 11-3-8 磁悬浮铁路高架线的横断面

磁悬浮铁路线路结构（以 U 形为例）如图 11-3-9 所示。

磁悬浮铁路也需要采用道岔来改变列车的运行方向，但道岔的形式和传统铁路大不相同，不采用尖轨、辙叉形式，而是采用活动轨转辙方式。磁悬浮铁路道岔由主动轨、从动轨、调整轨、结合轨、转动装置、锁定装置和操纵机构等组成。

当需要改变磁悬浮列车的运行方向时，主动轨转动，从动轨也随之转动，当转到

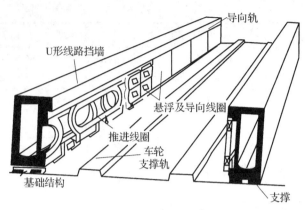

图 11-3-9 U 形线路结构图

规定部位时,由结合轨进行连接。调整轨调整定位后,由锁定装置进行锁闭。于是,列车可以安全地转变运行方向。

(二)磁悬浮铁路的车辆

磁悬浮铁路的车辆,是一种不与地面接触的运载工具。磁悬浮车辆的构造如图 11-3-10 所示,图(a)为倒 T 形导轨上的磁悬浮车辆,图(b)为 U 形导轨上的磁悬浮车辆。其车体外形酷似一个甲壳虫坐落在导轨上。车辆主要由 3 部分组成,即客

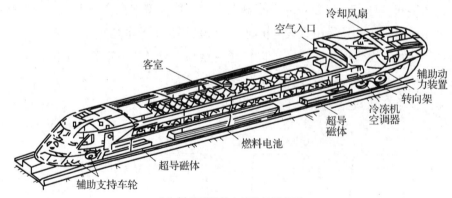

(a)倒 T 形导轨上的磁悬浮车辆

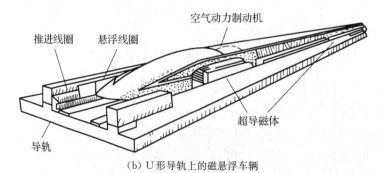

(b)U 形导轨上的磁悬浮车辆

图 11-3-10 超导磁悬浮车辆的构成

室、操纵室和动力室。客室占的比重较大,内设有若干排座椅;在动力室中,设有辅助动力装置、冷冻机空调器和冷却风扇等设备。此外,磁悬浮铁路车辆还设有车辆转向架,在车辆未浮起或减速停车着地时需用到的辅助支持车轮,以及超导磁体、燃料电池等。

【思政课堂】

我国速度600 km/h高速磁浮交通系统在青岛下线

新华社青岛2021年7月20日电 由中国中车承担研制、具有完全自主知识产权的我国速度600 km/h高速磁浮交通系统在青岛成功下线,这是世界首套设计速度达600 km/h的高速磁浮交通系统,标志着我国掌握了高速磁浮成套技术和工程化能力(图11-3-11)。

图11-3-11 600 km/h高速磁浮列车

据高速磁浮项目技术总师、中车四方股份公司副总工程师丁叁叁介绍,此次下线的高速磁浮,是世界首套600 km/h速度级的高速磁浮交通系统。该系统采用成熟可靠的常导技术,其基本原理是利用电磁吸力使列车悬浮于轨道,实现无接触运行。该系统具有高效快捷、安全可靠、运能强大、编组灵活、准点舒适、维护便利、绿色环保等技术优势。

600 km/h高速磁浮列车是当前可实现的速度最快的地面交通工具。按"门到门"实际旅行时间计算,是1 500 km运程范围内最快捷的交通模式。其采用"车抱轨"的运行结构,安全等级高,空间宽敞,乘坐舒适;单节载客量可超过百人,并可在2~10辆范围内灵活编组,满足不同载客量需求;行驶中不与轨道发生接触,无轮轨磨耗,维护量少,大修周期长,全寿命周期经济性好。

据了解,该高速磁浮交通系统成功攻克关键核心技术,系统解决了速度提升、复杂环境适应性、核心系统国产化等难题，实现了系统集成、车辆、牵引供电、运控通信、线路轨道等成套工程化技术的重大突破。

该项目于 2016 年 10 月启动，2019 年研制出试验样车，并于 2020 年 6 月在上海同济大学试验线上成功试跑，经过系统优化确定最终技术方案，于 2021 年 1 月研制出成套系统并开始了 6 个月的联调联试。至此，历时 5 年攻关，速度为 600 km/h 的高速磁浮交通系统正式下线。

目前，600 km/h 高速磁浮交通系统已完成了集成和系统联调，5 辆编组列车在厂内调试线上实现了整列稳定悬浮和动态运行，各项功能性能良好。

（资料来源：《我国时速 600 公里高速磁浮交通系统在青岛下线》，http：//www.xinhuanet.com/fortune/2021—07/20/c＿1127673912.htm）

参考文献

[1] 佟立本. 铁道概论[M]. 6版. 北京:中国铁道出版社,2012.
[2] 佟立本. 高速铁路概论[M]. 4版. 北京:中国铁道出版社,2012.
[3] 杨浩. 交通运输概论[M]. 北京:中国铁道出版社,2005.
[4] 郝瀛. 铁道工程[M]. 北京:中国铁道出版社,2000.
[5] 李学伟. 高速铁路概论[M]. 北京:中国铁道出版社,2010.
[6] 董昱. 区间信号与列车运行控制系统[M]. 北京:中国铁道出版社,2008.
[7] 王邠. 铁路通信技术[M]. 北京:中国铁道出版社,2008.
[8] 陈宜吉. 铁路货运组织[M]. 3版. 北京:中国铁道出版社,2001.
[9] 杨浩. 铁路运输组织学[M]. 2版. 北京:中国铁道出版社,2006.
[10] 铁道部信息技术中心项目组. 列车调度指挥信息系统[M]. 北京:中国铁道出版社,2002.
[11] 肖贵平,朱晓宁. 交通安全工程[M]. 北京:中国铁道出版社,2004.
[12] 武汛. 重载列车行车组织及非正常处理指南[M]. 北京:中国铁道出版社,2007.
[13] 卢春房. 中国高速铁路[M]. 北京:中国铁道出版社,2013.
[14] 中国国家铁路集团有限公司工电部. 铁路通信承载网[M]. 北京:中国铁道出版社,2022.
[15] 中国国家铁路集团有限公司工电部. 铁路通信业务网[M]. 北京:中国铁道出版社,2022.
[16] 中国国家铁路集团有限公司工电部. 铁路通信支撑网[M]. 北京:中国铁道出版社,2022.
[17] 国家铁路局. 铁路通信设计规范:TB 10006—2016[S]. 北京:中国铁道出版社,2017.
[18] 蓝茜英,蒋笑冰. 铁路专用通信[M]. 北京:中国铁道出版社,2011.
[19] 沈尧星. 铁路数字调度通信[M]. 北京:中国铁道出版社,2004.
[20] 王邠. 数字调度通信系统[M]. 北京:中国铁道出版社,2011.
[21] 庞高荣,张树凯. 高速铁路GSM-R通信系统[M]. 北京:中国铁道出版社,2011.
[22] 钟章队,艾渤,刘秋妍. 铁路数字移动通信系统(GSM-R)应用基础理论[M]. 北京:清华大学出版社,2009.
[23] 周平. 铁道概论[M]. 北京:中国铁道出版社,2007.

[24] 中国国家铁路集团有限公司党组宣传部. 铁路红色基因[M]. 北京:中国铁道出版社,2021.

[25] 中国国家铁路集团有限公司机辆部. 铁路动车组概论[M]. 北京:中国铁道出版社,2022.

[26] 中国国家铁路集团有限公司机辆部. 铁路动车组运用维修[M]. 北京:中国铁道出版社,2022.